经典战史回眸 抗战系列

漓江烽火
桂柳会战

冯杰 著

武汉大学出版社

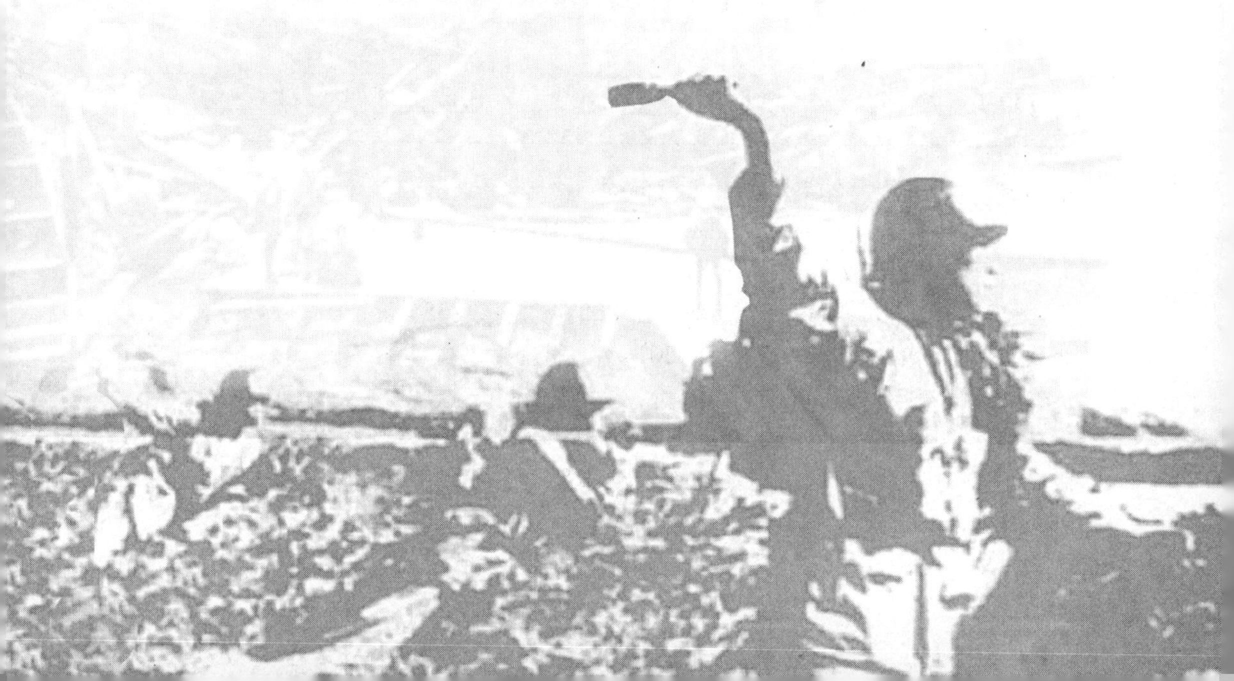

图书在版编目(CIP)数据

漓江烽火：桂柳会战/冯杰著.—武汉：武汉大学出版社,2014.10
（经典战史回眸　抗战系列）
ISBN 978-7-307-11512-5

Ⅰ.漓…　Ⅱ.冯…　Ⅲ.国民党军—抗日战争时期战役战斗—史料—广西　Ⅳ.K265.210.6

中国版本图书馆 CIP 数据核字(2014)第 232224 号

责任编辑：王军风　　责任校对：王　建　　版式设计：马　佳

出版发行：武汉大学出版社　　（430072　武昌　珞珈山）
（电子邮件：cbs22@whu.edu.cn　网址：www.wdp.com.cn）
印刷：武汉中科兴业印务有限公司
开本：720×1000　1/16　印张：18.5　字数：354 千字
版次：2014 年 10 月第 1 版　　2014 年 10 月第 1 次印刷
ISBN 978-7-307-11512-5　　定价：42.00 元

版权所有，不得翻印；凡购我社的图书，如有质量问题，请与当地图书销售部门联系调换。

目 录

前言 ·· 001

一、张发奎与第四战区 ·· 003
1. 始信人间有铁军 ·· 003
2. 粤海风云激荡 ·· 007
3. 势单力薄的小战区 ·· 013

二、打通大陆交通线 ·· 020
1. "一号作战"出台经纬 ··· 020
2. 横山勇和第 11 军 ·· 026
3. 冈村宁次这个家伙 ·· 031

三、桂北门户开 ·· 037
1. 重庆军委会的战略分歧 ·· 037
2. 白崇禧主导作战计划 ·· 044
3. 退色的"抗日劲旅" ·· 050
4. 陈牧农轻弃全县 ·· 054
5. 中将军长之死 ·· 059

四、功亏一篑的桂平反击战 ·· 065
1. "南集团" ·· 065
2. 余汉谋北江拒敌 ·· 070

3. 烽火漫西粤 075
4. "内线作战"对"外线作战" 081
5. "五省联军"大集结 087
6. 空地联合挫敌锋 094
7. 蒙墟屯兵 100

五、八桂风雨来 107
1. 湘桂路滞敌 107
2. 灌阳自卫队的抵抗 112
3. 战斗在龙虎关上 117
4. 南岳阴雨 122
5. 强敌压境 127

六、桂林保卫战 134
1. 漓水哀歌为谁泣 134
2. "小诸葛"临战变阵 140
3. 危城前夜 146
4. 江东地区战斗 152
5. 脆弱的漓江防线 159
6. 争夺北门屏障 165
7. 突围众生相 170
8. 将军百战殉城去 176

七、从柳州之战到南宁不守 183
1. "旭集团"抢攻柳州 183
2. 龙城覆棋残局在 189
3. 丁治磐临危受命 194
4. 丢城失地 199
5. 小胜仗难挽大溃败 205

6. 日军轻取桂南 ………………………………………………… 210

八、黔边风暴 ………………………………………………… 216
1. 陈素农布阵拒敌 ……………………………………………… 216
2. 误炸六寨与南丹失守 ………………………………………… 221
3. 交兵雄关古道 ………………………………………………… 226
4. 攻守之间的贵阳 ……………………………………………… 232
5. 最后的疯狂 …………………………………………………… 238
6. 黔南敌退 ……………………………………………………… 243

九、吹响南疆号角 …………………………………………… 249
1. 百色整军 ……………………………………………………… 249
2. 收缩战场与追击反攻 ………………………………………… 255
3. 两路会攻柳州 ………………………………………………… 261
4. 进击桂北 ……………………………………………………… 268
5. 血火桂穗路 …………………………………………………… 274
6. 胜利凯歌 ……………………………………………………… 280

参考文献 ……………………………………………………… 287

作者简介 ……………………………………………………… 290

前　　言

1944年4月，侵华日军发动了规模空前的"一号作战"。日军战史一般将这场大战划分为"京汉作战"和"湘桂作战"。因为战事先后在河南、湖南、广西境内进行，中国的抗日战史称之为"豫湘桂战役"，也拆分为豫中会战、长衡会战、桂柳会战。所谓"豫中会战"，顾名思义也就是发生在河南中部的战役；至于"长衡"，系指长沙和衡阳，可见湖南的战事多发生在这两个地方；"桂柳"是指广西桂林和柳州，尽管事实上日军还追击到了贵州，不过我们仍习惯叫做"桂柳会战"，而不是"桂黔会战"。

长期以来，对于1944年的抗日正面战场，人们总是将更多的眼光投向滇西、缅北地区。那里有远征军强渡怒江、翻越高黎贡山、血战腾冲、松山、龙陵的壮烈史诗；那里有驻印军横扫胡康河谷，力克密支那的辉煌篇章。反观东线豫湘桂战场，国民政府军兵败如山倒，丧师失地，除了惨烈的衡阳保卫战，很少有人去关注这场持续超过八个月的中日大战。胜利值得歌颂，面对失败则需更多的勇气，有鉴于此，笔者萌发了撰写"豫湘桂战役"最后阶段"桂柳会战"的想法。

档案资料采撷方面，中国第二历史档案馆编辑的《中华民国史档案资料汇编》、《抗日战争正面战场》收入有史料价值颇高的战斗详报和高级将领之间的来往电报；中国国民党中央委员会党史委员会编纂的《中华民国重要史料初编——对日抗战时期——作战经过》，虽然收入的档案量不大，但同样弥足珍贵。回忆性资料方面，首推大陆各级政协的文史资料，当事人写的东西或因立场和记忆力衰退的原因，往往存在不同程度的错误，然而结合档案史料，仍可获得不小收获。张发奎作为第四战区司令长官，几乎全程参与指挥了桂柳会战，他的口述历史无疑是最重要的参考资料。就在拙作快要杀青的时候，当代中国出版社出版了这本书的简体中文版，我为学术和出版的日益进步感到高兴。

日军深入黔南和1945年的"桂柳反攻战"，无论是作战时间还是作战地点，都与"桂柳会战"有着极大的关系，所以笔者专门安排了相关章节，并以反攻途中迎来抗日战争胜利作为全书的终结。从这一点来看，拙作可以说是第一次全景式展现了1944年至1945年的西南抗日正面战场。不过笔者视野狭隘，闻道浅薄，错谬失误之处在所难免，敬请方家及有心之士斧正，同时也期待各位读者的批评。

中国有句老话，叫"两军对垒看主将"。就让我们从中日双方指挥作战的将领，白崇禧、张发奎、冈村宁次、横山勇等人说起吧。

一、张发奎与第四战区

1. 始信人间有铁军

1927年6月，武汉渐入仲夏，设在武昌前清督练公所的第2方面军总司令部门庭若市。在长江流域出现的两个国民党中央和国民政府之间，32岁的总司令张发奎深信"只要追随武汉政府的汪精卫，就不会迷失方向"。武汉方面也极度倚仗张发奎，好像没有第2方面军，政府便不能支持下去。武汉"二次北伐"，张发奎的第1纵队出力最多，临颍一役大破奉军主力，直取开封。宜昌夏斗寅等乘机西犯，武汉政府亦是依靠第1纵队留守后方的叶挺第24师，才将其击退。汪精卫要东征"讨蒋"，张发奎立即回师武汉，下令部队向南昌、九江集结。汪精卫要"分共"，张发奎坦言自己没有认真地考虑："因为汪精卫认为这是正确的，我也就这样想，我对于军事的兴趣远高于政治。"

张发奎，字向华，1896年9月2日出生于广东始兴清化乡矮岭村（今隘子镇彩岭村）。幼年时曾就读于县立高等小学堂，1910年辍学到广州增步习艺所当学徒。辛亥革命后投入粤军模范团当兵，旋考取广东陆军小学接受军事训练，经教官邓铿介绍，加入同盟会。1914年升入武昌陆军预备学校。1916年5月，回粤参加讨袁之役，后在广东士敏土厂任事。1917年7月，孙中山在广州成立护法军政府，张发奎参加"援闽粤军"攻打福建漳州。1920年8月，粤军回师广东驱逐桂系军阀，担任督战队长。粤军整编，升任邓铿第1师少校副官。1921年4月，邓铿奉命成立大总统府警卫团，张发奎任第3营营长。次年6月，主张联省自治的陈炯明发动政变，张发奎率部转战粤北，被迫退入始兴仙人岭，其后接受改编，移驻番禺、肇庆等地。1923年1月，孙中山联络滇桂军入粤讨陈，张发奎加入讨贼联军，因功升任第1师独立团团长。1925年春，率部参加第一次东征，以及回师广州平定滇桂军叛乱。7月，第1师扩编为第4军，张发奎任独立旅旅长，积极投身统一广东革命根据地的一系列征讨战中。翌年1月升任第12师师长。

漓江烽火 桂柳会战

■ 就读于黄埔陆军小学的张发奎（前排右一）与部分同学合影。

1926年7月，广州国民政府兴师北伐，张发奎率领第12师进军湖南，连克醴陵、浏阳、长沙、平江等地。8月下旬，第4军向湖北挺进，吴佩孚集结重兵扼守汀泗桥，第12师配合左翼友军发起猛烈攻势。张发奎亲率第35团和以共产党员为主的叶挺独立团展开正面攻击，黄琪翔第36团乘夜渡江迂回敌后，一举占领汀泗桥。第4军随即又再克贺胜桥，会同第7军等合围武昌，终于在10月10日破城而入，取得了一场北伐战争中具有决定意义的胜利。10月末，张发奎挥师援赣，奋战德安马回岭，重创孙传芳五省联军谢鸿勋部，不久又随左路军克复九江、南昌等地。蒋介石电嘉张发奎："此次兄千里增援，不辞艰劳，殊胜爱慕！有将如兄，革命无虞不成矣。"11月下旬，第4军班师武汉，张发奎以战功卓著，升任副军长，仍兼第12师师长。1927年春，张发奎晋升军长，粤侨绅商特别铸了一枚铁盾，称颂第4军"摧锋陷阵如铁之坚革命负担如铁在肩"，"铁军"的称誉由此而起。蒋介石1月13日访武汉，14日见张发奎及第4军所属师团长，观感甚佳，日记中有"皆青年血性男儿也，可爱！"等语。

可以这么说，大革命时期的国民党高级将领中，张发奎与中共关系最友好，客观上对中共帮助最大。反过来，中共对张发奎也在多方面给予积极支持，尤其是在他部队工作的共产党员，无论是军事干部还是政工人员，工作都非常出色。30多年后，美国哥伦比亚大学口述史学者夏莲瑛这样问张发奎："共产党人是否给了你很多帮助？"张的回答很干脆："无可置疑,共产党员用不同的方法帮助了我,我钦佩他们的热忱和战斗精神。"

第2方面军下辖第4军、第11军和暂编第20军,黄琪翔、朱晖日、贺龙分任军长。第2方面军是共产党员最集中的部队,第4军第24师师长叶挺是张发奎的好朋友,莫斯科回来就告诉张加入了中共,张没半点反对的意思。周士第是叶挺推荐来的,起初担任第34团参谋长,因善战调任第25师第73团团长,他是共产党员张也知道。甚至连新成立的总部警卫团这样的直属部队,张发奎也不排斥中共,团长卢德铭、参谋长韩睿、指导员辛焕文、1营营长宋文彬、3营营长余洒度、特务连指导员罗荣桓等等都是共产党员。也有张发奎不知道的,比如第4军参谋长叶剑英、第25师参谋长张云逸、第73团3营7连连长林彪、第2方面军总部参谋徐向前、教导团文书陈毅。1980年3月10日,张发奎病逝香江,时任人大常委会委员长的叶剑英给将军家属发去唁电:

惊悉向华将军逝世,不胜哀悼。乡情旧谊,时所萦怀。特电致唁,尚希节哀。

8月1日凌晨,周恩来、贺龙、叶挺、朱德、刘伯承等人指挥起义部队打响了中共武装反抗国民党的第一枪。起义军后来南下潮汕,广东李济深急邀张发奎返粤助阵,在汪精卫示意之下,张把部队交由黄琪翔、朱晖日带领,自己先搭船转赴广州。接下来的一幕极富戏剧性,蒋介石下野,武汉政府的东征瞬间失去目标,"宁汉合流"后汪精卫重回广州,他号召支持者,抵制南京特别委员会代行中央职权,而李济深站在桂系阵营,又坚决不同意这样干。11月16日,汪精卫和李济深北上参加四中全会预备会,张发奎根据汪的指示,发动了广州政变。李济深大怒,大兴讨伐之师,从东西北三面包围广州。12月10日,中共继南昌之后再度起事,史称"广州起义"。睡梦中惊醒的张发奎逃到珠江南岸,连夜调集部队镇压起义军。不想为此承担任何责任的汪精卫不久宣布辞职,处在枪口浪尖上的张发奎自然难逃各方攻击,无奈放洋游历日本。

1929年3月,蒋桂战争爆发,蒋介石起用张发奎为讨逆军第1路右翼军司令官。张发奎直率地说:"我绝对忠于旅居法国的汪精卫,如果汪要我同您开战,我怎么办?设若我拒绝,我就不成为他的忠实信徒了;设若我同您打仗,那就委屈了您。"或许蒋介石觉得张发奎政治上"可爱",也玩起了忽悠:"你认为汪精卫和你关系很好吧?好,我同汪先生的关系更加好!"桂系失败后,张发奎重掌第4师(由第4军缩编),率部移驻鄂西宜昌。9月,蒋介石命令第4师开赴陇海线讨伐冯玉祥,张发奎从几方面得到消息,南京想要半途设伏解决他,便又打出"护党救国"的旗帜再次反蒋。这时,汪精卫和桂系纷纷表示捐弃前嫌,共举讨蒋大

漓江烽火　桂柳会战

旗,于是张发奎率部辗转进入广西梧州。"张桂联军"说好一起东下攻粤,迫近广州时被中央军和陈济棠指挥的广东部队击败。次年中原大战起,张发奎败的更惨,原本前锋已抵湖北境内,却被蒋光鼐、蔡廷锴断了衡阳后路,最后只剩下千余人败回广西,只能在李宗仁手下苟延残喘,仰人鼻息。

九一八事变后蒋介石以退为进,再度下野,没想到短短数月后形成蒋汪合作的政治局面,这无疑是给张发奎当头一棒,这些年翻来覆去究竟是为了什么?汪精卫渐渐疏远失去军队的张发奎,张至此方醒,不禁长叹:"我们军人实在是政客的牺牲品。"落魄之时,倒是蒋介石不弃张发奎,这令张感到不解:"我长期反对你,你用我难道就不怕我以后再反你?"蒋的回答让张一生刻骨铭心:"你反我是你的事,我用你是我的事!"不过张发奎还是决定离开第4军,"打了这么多年的仗,我实在累了。"蒋不好勉强,给了张军事参议院上将参议的名义和五万元出国考察费。1932年11月2日,张发奎和妻子刘景容离开中国,赴欧美考察军事,直到1935年春天才在电召之下回到国内。曾经有人问张发奎:"向公,汪精卫如此无信无义,你怎么老跟他跑?"张回答说:

我一次又一次地反蒋,不了解我的人,都骂我反复无常,其实我是上了汪精卫的大当。如果我现在再来反对汪精卫,那不更说我是个反复无常的小人吗?这好比旧时的女人嫁错了丈夫,要离婚,怕人耻笑,不离婚,又深感痛苦,真是难啊!以后我对汪敬而远之,我已经没有兵了,他还利用我干什么呢?

1936年初,蒋介石任命张发奎为一高级军职,可张早已对内战丧失兴趣,消极应付几个月后改任苏浙边区绥靖主任,负责构筑杭州湾北岸抗日国防工事。张发奎想起还在美国芝加哥考察时,有一位名叫雅伦的医生邀请他吃饭,医生席间端起一个斟满白兰地的酒杯说:"张将军,我最恨日本人,相信你和我一样,如果你能将这杯酒喝完,在我有生之年,你能将日本人打败,我就将这个家传酒杯送给你作纪念。"当时张发奎毫不犹豫一饮而尽,可心里却对抗日没有一点把握,如今这项工作可谓正合心意。

全面抗战这一天终于来到!八一三淞沪会战,张发奎担任右翼军总司令兼第8集团军总司令,负责浦东和杭州湾北岸防务,由于隔着租界和黄浦江,右翼军的战斗较为沉寂。为减轻浦西方面的压力,张发奎不时集中炮兵进行火力支援。大革命失败后东渡日本的郭沫若回到上海,他帮助张发奎成立了中共党员唱主角的集团军总司令部战地服务队。郭沫若和夏衍、田汉等左翼文人冒着敌人炮火,访问张发奎设在奉贤南桥的司令部,众人为中华民族压抑许久的怒吼举杯,夏、田二人不禁酩酊大醉。夏衍后来写下了《始信

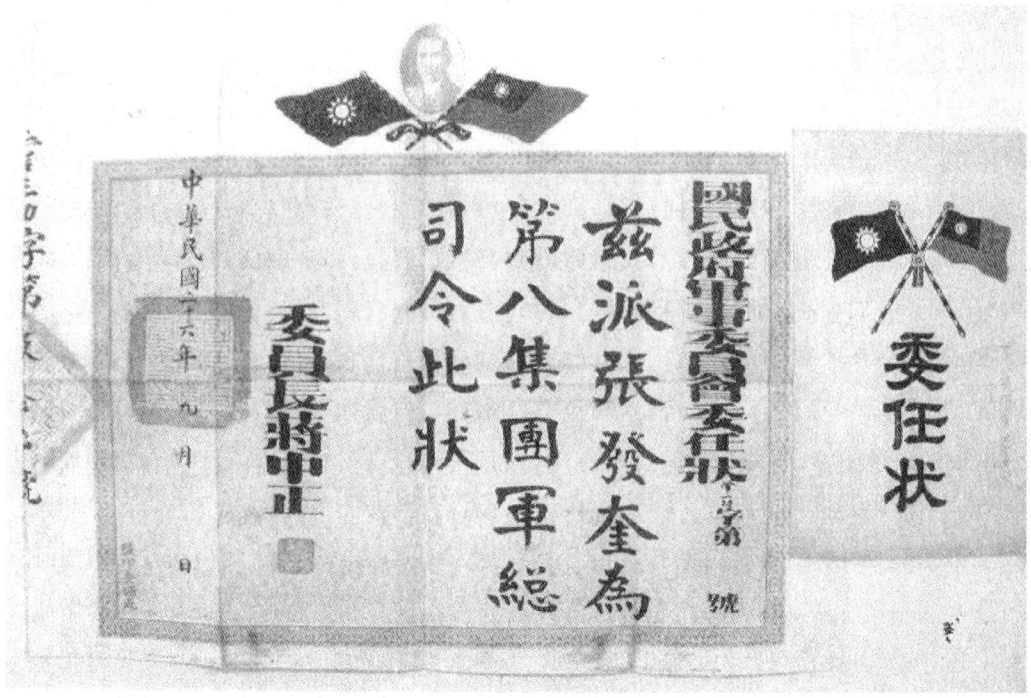
■1937年9月张发奎担任第8集团军总司令,负责上海浦东及杭州湾北岸战场。

人间有铁军——张向华将军会见记》一文,文章标题取自田汉即兴而作的一首诗:

把酒持螯咤战云,一时饮者尽输君。浦江两月波涛壮,始信人间有铁军。

2. 粤海风云激荡

一月的武汉江风刺骨,十年前你争我斗的一切仿佛历历在目,如今的民族圣战又把昔日不同阵营的精英团结到同一阵线。张发奎庆幸自己没有缺席,在武汉这座再熟悉不过的城市,蒋介石依然给他机会,重建淞沪会战后撤消的第8集团军,投入武汉保卫战。1938年6月,第九战区成立,陈诚为司令长官,薛岳、张发奎分任第1、第2兵团总司令,第2兵团辖14个军、28个师,负责九江和长江南岸重要据点的防守任务。7月23日,湖口日军登陆姑塘,三天后攻占九江。蒋介石对此深感不满,质疑张发奎的临战处置有保存第4军实力之嫌,张给蒋写了一篇长达2000余字的报告书,申述九江失利的原因,后经陈诚居中解释,终获中枢谅解。武汉失守后不到两个月,汪精卫出走越南河内,12月29日通电主和,公然投靠日本。张发奎及时站队,即与陈诚、薛岳、李宗仁等人通电谴责汪氏叛国行径。

1939年元旦,张发奎在广东韶关正式

漓江烽火 | 桂柳会战

宣布就任第四战区代司令长官。对于这次晋升，张发奎显得十分犹豫。第四战区成立于1937年8月20日，抗战初期被视为一个次要战区，最初的任务仅是"除对敌海陆空之扰乱，完成战备态势外，应充分准备参加第二期之作战"。军政部长何应钦名义上兼任司令长官，但并没有设置战区指挥机构，军事实际由副司令长官兼第12集团军总司令余汉谋负责。余汉谋是广东高要人，生于1896年9月21日，虽与张发奎是广东陆军小学、武昌陆军预备学校同学，但两人却谈不上有什么同窗之谊。张发奎回忆道：

> 我同余汉谋是广东同乡，是同学，也是第1师老同事。他的职位一直比我低得多，我当团长时，他甚至还未当上营长，他的飞黄腾达是在他推翻陈济棠之后。我和余汉谋并无夙怨，但也谈不上深交。

张发奎心里很清楚，副司令长官余汉谋并不真心欢迎他去。余汉谋在兄妹中排行第九，原本家境还算殷实，曾祖父余孔章做过三水县守备，祖父余玉麟官至广东抚标左营千总，父亲余起鹏是盐商，每年有几百担的盐销往湘南一带。因为有一次装盐的船出事故沉没，余家就开始破落了。因父亲供养不起读书，余汉谋一直是由四姐余淑贤花钱供养。武昌预备学校毕业后考取保定军校第6期，踏出校门一度奉派北京政府参战军任排长。1920年夏请假回粤，加入粤军第3师任连长，一年后升营长。张发奎这个时候在大本营警卫团充任营长，所谓"我当团长时，他甚至还未当上营长"之类的话，其实并不符合事实。张发奎职务上超过余汉谋是在1923年，张任粤军第1师独立团团长，余任粤军第1师第2旅中校主任参谋。旧军队有句古话，"参谋不带长放屁也不响"，余汉谋参谋当了半年又调回当营长，直到1925年8月第1师扩编第4军，才升任第31团团长。国民政府举兵北伐，张发奎率第12师进军湖南，余汉谋兼任高雷警备司令，留守后方。张发奎此后如日中天，官至武汉第2方面军上将总司令，余汉谋只不过是第11师副师长兼第31团团长。

余的发迹离不开陈济棠，1929年3月李济深被蒋介石软禁于汤山，他的部下陈济棠渐渐掌握广东军政大权，政治上与南京分庭抗礼，形成"南粤一片天"。1931年秋，广东第8路军扩编为第1集团军，陈济棠自任集团军总司令，余汉谋作为陈的重要将领亦是水涨船高，升任第1军军长，稳做"南天"第二把交椅。不过陈济棠为人有些喜怒无常，对余汉谋等亲信又一贯持家长制作风，而且还处处提防他们不忠，余为此几度感到苦闷。比如1929年12月，"张桂联军"进入广宁，陈济棠要余汉谋挺进四会迎敌，余以背水作战为兵家大忌，主张在北江以东占领阵地，陈济棠不容分说，立马削去余的兵权，调任总部参谋长。据说从广州来执行调令的人几乎是架走余汉谋，不仅余的卫队被缴械，连身边备吸的几包"三五牌"香烟也未能幸免。接替指挥的李扬敬在四会被张发奎打的大败，陈济棠急忙陪笑脸，派人抬着花轿把余汉谋送回部队。一会架着走，一会抬着来，哭笑不得的余汉谋赶赴前线督师，终于击败张桂军于北江东岸的白泥，迫使张发奎向梧州撤退。1932年以后，余汉谋的第1军长期作为粤系势力的触角，活动在赣粤两省边区。

1936年5月，陈济棠利欲熏心，拉起"反蒋抗日"大旗，背地里却取得日本军方所谓的"谅解"，准备放手一搏挑战蒋介石的"九五至尊"。广东将领大都态度消极，但一时又无人愿意带头反对。只有余汉谋从军事角度谨慎提出："我们没有必胜的把握，请总司令详加考虑。"陈济棠家长制作风大发，责令余即日起搬到总部后面房间好好反省。6月，陈济棠宣布成立抗日救国西南联军，李洁之、黄涛等一批广东将领秘密推举余汉谋倒陈。7月，余汉谋以接到部队屡次电请回防和准备抗日反蒋的军事行动为由，摆脱陈济棠控制，由广州回到大庾。随即飞赴南京参加国民党五届二中全会，接受第4路军总司令兼广东绥靖主任的任命，主张广东还政中央。李洁之、黄涛等人紧跟其后，纷纷通电倒陈。随着广东空军全部北上投效南京，陈济棠只好黯然下野，余汉谋成为接管广东军政大权的要员。据李洁之回忆，当日余汉谋返回大庾，手下众将请其立下决心反陈，余哭哭啼啼，犹豫不决。后来

■余汉谋因1938年10月轻易丢失广州而饱受争议。

有人说余是"黄袍加身"，也有人说余是"扮猪吃老虎"。

1938年10月广州先于武汉轻易失守，愤怒的粤民斥责余汉谋为"余汉无谋"。虽然广州失守客观上有广东军队抽调过多的因素，然而各级干部腐化堕落也是不争事实。余汉谋坐上广东第一把交椅，为了酬谢部下，特准各单位将所存公积金的半数提出分发各级军官，不少处长、团长级以上的人员，都由此买房买车，过起奢侈生活。先后担任广东省会警察局长和第四战区兵站总监的李洁之透露：

当时不少将官、校官一般备有三种服装，他们在部队里穿的是军装，回广州白天

漓江烽火 桂柳会战

逛街穿的是洋服，晚上到陈塘、东堤喝酒嫖妓穿的是丝绸长衫。内部营商走私的风气也很盛，驻扎惠阳、宝安、中山、新会的部队大多以此为利，运出的是钨砂，运入的是洋货，惟利是图，无法无天。

甚至还有人怀疑余汉谋有通敌的嫌疑，最有力的证据来自《今井武夫回忆录》。今井曾任日本驻华使馆驻北平的陆军武官助理、日本参谋本部中国课课长、侵华日军中国派遣军总部主管情报和政务的第二课长兼第四课长、派遣军报道部长、上海陆军部高级部长及派遣军总参谋副长等职，是日本军方高级特务。据该书披露，1938年6月上旬，余汉谋的机要参谋王子信通过朝鲜人林觌，向华中派遣军放出广东有反蒋独立意图的消息，双方约定在香港进行接触。华中派遣军和日军大本营很快派出高桥大佐、今井中佐赴港，但余汉谋的代表未能如约而来，林觌反被港英当局驱逐至上海。林觌称此事是第12集团军参谋长王俊从中作梗，也就是王俊反对广东私底下与日方接触。到了9月，王子信和副官鲍毓光再度找到林觌，但双方未能在商谈地点达成一致。后来日方让步，林觌南下澳门与鲍毓光多次会面，促成1939年1月6日，余汉谋的正式代表余武祥与日方代表今井武夫在香港碰头。当时交涉结果如下：余汉谋愿意不抵抗而放弃广东，今后希望日方给予诚挚的援助，目前还不愿意流亡日本，正在极力说服李汉魂、蔡廷锴，希望日本代表常驻香港。

这事显得扑朔迷离，关键人物林觌、王子信、鲍毓光、余武祥等人均名不见经传，目前似乎还缺乏令人信服的史料。倒是今井武夫的判断有几分道理："尚不能认为余果真如林觌所谈，正以迫不及待的心情企图独

■1939年10月张发奎升任第四战区司令长官。

立、流亡等,而只能认为是为了考虑万一,而先向日本疏通,在情况一旦发生变化时,以求保身之道。"不过蒋介石信任余汉谋多过质疑,他以最高统帅的身份自担广州失守责任,余汉谋撤职留任、戴罪立功。

重庆原本想调薛岳去执掌第四战区,但因薛个性太强,余汉谋强烈反对,促使蒋介石改变主意,改以张发奎代理第四战区司令长官。薛岳为此大为不满,不惜辞职对抗,陈诚苦口婆心好话说尽,薛才答应担任第九战区副司令长官、代司令长官职。余汉谋拒绝薛岳,不好再拒张发奎,但他内心始终无法释然,到了1965年还对人说:

以张向华代理第四战区司令长官,是委员长的一片苦心。抗日期间,不能不想办法安置他,其实他的部队已所存无几,委员长深知我识大体,能够和衷共济与张向华合作,才作了这样的安排,但有特殊事情,仍与我商议。我的干部对我是绝对服从,我命令部队归谁指挥就归谁指挥,是绝没有问题的。如果别人想另打主意,他是指挥不动我的部队的。

张发奎犹豫不前,蒋介石约他谈了几次,最后答应调第4军时期的骨干李汉魂同去广东接替吴铁城任省主席,张始点头应允。李汉魂将军1938年率领第64军北上豫东,遭遇从鲁西渡黄河南下的日军土肥原师团,这支广东子弟兵不惧强敌,一举夺回陇海路重要据点罗王寨,有力掩护了第五战区部分主力从徐州西撤。随后又参加保卫大武

■张发奎、李汉魂、薛岳北伐合影。

漓江烽火 | 桂柳会战

汉的万家岭战役,获得薛岳第1兵团总部颁授"铜军"旗一面。1938年12月24日,张发奎、李汉魂从韶关来到翁源余汉谋第12集团军总部。在次日的欢迎会上,张发奎发表讲话:

我是由粤军第1师出身的军官,你们第12集团军的部队也是粤军第1师发展起来的。我们粤军第1师从邓铿师长建立以来日益壮大,在两广和大江南北,经过无数次的战役,从没有打过败仗,是国民革命最坚强的部队,不意这次你们第12集团军在惠广战役中,只和敌人作过几次小的接触,就溃败下来,放弃了华南重镇广州。这不仅是粤军第1师同仁的奇耻大辱,也是广东人民的奇耻大辱。我这次来当第四战区司令长官,并不是来争官做、争地盘,而是来协助余总司令振军经武,恢复名誉。待广州收复后,定将广东军政大权交还给余总司令负责,绝不恋栈。

余汉谋当场眼泪直流,不作一声,第二天一大早,便约亲信李洁之等人商量对策,决定采取忍让态度,内部积极补充训练,卧薪尝胆,静待时机,东山再起。另一方面,就是前面已经说过的,授意余武祥等人与日本疏通,以求一旦出现自身难以预料的情况,能有后路可退。

第四战区所辖部队不多,第16集团军部署在粤桂边区,第12集团军集中在广东境

■第9集团军总司令吴奇伟。　　■第35集团军副总司令邓龙光。

内，包括战区直属部队在内，所有人马尚不及武汉会战时的第2兵团。不久，吴奇伟奉命率第9集团军进入赣粤边区，张发奎把第65军从第12集团军分出，拨归吴奇伟指挥。张发奎当然知道余汉谋会很不开心，但他认为第65军是国家的军队，并非余家私有。作为司令长官，张发奎迫切寻求可以掌握的基本部队，他将第64军和粤省保安团主力编成的暂2军合编为第35集团军，以广东省政府主席李汉魂兼任集团军总司令，实际由副总司令邓龙光负责。

这一连串举动被余汉谋视为分割第12集团军的统一，锐意树立原第4军系统的势力，因为吴奇伟、李汉魂、邓龙光都是第4军出身的将领。余汉谋"能忍自安"，当初给他"黄袍加身"的弟兄不干。比如张发奎要求第12集团军拨交吴奇伟轻机枪50挺、汽车20辆等一批军需，李洁之就以并非兵站所有，不是兵站职权可以拨交为词进行搪塞。李汉魂调整地方官员，也被视为针对余汉谋势力的一种举措。据李洁之回忆，在改组调换中，凡是和余汉谋有关系的人，一概撤换，连余最亲信的干部，省府委员李煦寰和委员兼建设厅长徐景唐亦在撤换之列。李事前不征求余的同意，余汉谋便在背后骂李"忘本"。张发奎感到诸多掣肘，他在回忆录中写道：

余将军本是个老成浑厚的人，但亦常因这种封建势力所左右，而无法摆脱这种羁绊。我每于作战指挥上，不是须特别加以协调的考虑，便是只得听他们自己去调度，而不加以过多的干涉，形成了一种尾大不掉的情势。

至于第16集团军，张发奎更加驾驭不住，广西的军政大权始终掌握在新桂系李宗仁、白崇禧、黄旭初手中，广西虽然划入第四战区作战地境，但实际上由军事委员会委员长桂林行营主任白崇禧直接指挥。幸好张发奎与桂系有过共同"反蒋"的历史，遇事总还有相互商讨的空间。

3. 势单力薄的小战区

新桂系的领袖和骨干大多曾在陆荣廷的旧桂系中充任中下级军官，李宗仁在林虎部下当营长，黄绍竑、白崇禧、黄旭初都是马晓军模范营的连、排长。1921年孙中山入桂讨陆，旧桂系迅速解体，李宗仁、白崇禧等人于1925年统一广西，并将其置于广州国民政府领导之下。1926年广西部队改编为国民革命军第7军，李宗仁为军长，率主力15000余人参加北伐，白崇禧调任北伐军副总参谋长，协助蒋介石指挥作战，人称"小诸葛"。时人把李宗仁和白崇禧称之为"李白"，他们是国民党内最具实力的地方势力——桂系的中心，多年来一直合作无间。而桂系集团与蒋介石之间可谓恩怨交错，持续20多年的明争暗斗直到国民党政权失去整

漓江烽火 | 桂柳会战

个中国大陆。

白崇禧的晚年过的很不愉快，1949年他选择去台湾，用他自己的话说，是"向历史交代"。他任职"战略顾问委员会"副主任委员，没有实权不说，还受到情治人员监控。1962年12月，白崇禧夫人马佩璋因高血压症过早地离开了人世，终年才59岁。老年丧妻对于身处逆境中的白崇禧无疑是精神上的一大打击。1966年12月，白崇禧因心脏病突发逝世，蒋介石题颁挽额"轸念勋猷"，意思就是悲痛地怀念你对党国的功劳。

"兄弟阋墙，外御其侮"。抗战军兴，蒋介石函电广西共赴国难。1937年8月，南京发表白崇禧为副参谋总长兼军训部长，参赞中枢，旋又任命李宗仁为第五战区司令长官，负责津浦路战事。1938年12月，白崇禧兼任桂林行营主任，桂林行营名义上统制第三、第四、第九战区，实际上对第三、第九战区而言，只是军委会与战区之间的一个承转机关，只有对广西才是自己家里的事自己说了算。1939年11月，日军为截断广西与越南的国际交通线，集结三万余人，在钦州湾强行登陆。桂林行营和第四战区认为日军在华南的兵力有限，事先准备不足，广西的正规军只有第16集团军的6个师，分布在南宁至广东新会约800公里的正面、200公里以上纵深的区域内。南宁很快失陷，重庆统帅部从湖南、江西、广东、贵州等地急调部队向广西增援。第5军、第

■桂系首脑李宗仁（左）、白崇禧（右）与蒋介石合影。

99军、第66军、第36军等部先后到达战场，统一由桂林行营主任白崇禧指挥，与日军进行桂南会战。12月31日，杜聿明的第5军经过浴血奋战攻克南宁东北部要隘昆仑关，击毙日军第5师团第21旅团旅团长中村正雄，取得昆仑关大捷。1940年1月，日军发动新的攻势，南宁北部重镇宾阳失陷，昆仑关再度易手。后来日军收缩战线，退守南宁，第四战区亦无力发动反攻，双方形成对峙。

本来张发奎不需要为桂南的失败承担任何责任，那里的战事从一开始就由桂林行营在负责，会战接近尾声的时候，蒋介石突然赋予张发奎桂南前线指挥权，并要他把广东西江、东江、北江地区的防务移交给余汉谋。仿佛重庆早有安排，前来广西督战的政治部长陈诚高调表示"不居名义，协助张长官指挥作战"。这令张发奎感到十分困惑和愤懑：

> 广东西江、东江、北江地区既属我第四战区指挥范围，余汉谋所辖第12集团军又归我节制，我为什么不可以指挥广东西江、东江、北江地区的战斗，而只能又转而去指挥桂南之战斗呢？在此之前为什么又可以指挥广东所属西江、东江、北江地区而不能指挥广西之桂南地区呢？

■张发奎与第12集团军副总司令兼参谋长王俊（前排左一）、第66军军长叶肇（前排左二）等人合影。时间大概是桂南会战前后。

漓江烽火 | 桂柳会战

1月10日，张发奎遵命将广东指挥权移交，即于11日回始兴老家休息，不愿再作冯妇前往桂南。蒋介石、陈诚、白崇禧连番来电规劝，张发奎不得不摈除成见，抱着为国家民族牺牲之决心，委曲求全地再干。桂南会战失利，白崇禧以督率不力降级，陈诚以指导无方降级，张发奎自请记过，也算是兄弟情深同进退。

1940年6月，重庆以一个战区不便在二个不同的正面指挥作战为由，将广东方面单独划开为第七战区，两战区分界线为电白、茂名、信宜相连之东北县境迄粤桂边境相连之线，以东地区及海南归第七战区，以西归第四战区。8月，余汉谋正式担任第七战区司令长官。这也是张发奎本人的意思，他后来回忆说：

鉴于余汉谋观念封建，我想还是我离开广东为妙，当然我是很不开心的。我这个第四战区司令长官，名义上和责任上虽然指挥两广地区对日作战，实际上，蒋先生赋予我所指挥的始终只是两广的一隅。在1940年1月7日前，命我将桂南交桂林行营指挥，我所指挥的就只广东一隅，1月7日后又命我将广东交给余汉谋，而再把桂南交回我。说来说去，都好像是一个笑话。

张发奎和余汉谋"分家"的同时，桂林行营亦宣布撤消，白崇禧回到重庆专任副参谋总长，但他仍然"遥控"广西的党政军事务。重庆将桂林行营一部改编为国民政府军事委员会桂林办公厅，安置李济深为主任，这一机构并无实权，完全是因人而设。

张发奎的第四战区司令长官部位于柳江之滨蟠龙山麓一处废弃兵工厂内，他在临江处筑起一座小楼，平时就住在一艘长约20米的木艇上。张发奎平日行事很低调，有时去看市容，也只有一个卫士跟着，别人很替他担心，他却总说不打紧。一日三餐多是二荤一素一汤，没有特别的菜肴，而且常与副官、秘书一起进餐，毫无架子。就是烟瘾特别大，每天起床之后，滴水未进，便开始抽烟，据说一支接一支地抽，要直到睡觉时才停止。张发奎还有个特别爱好，平日不论寒暑，要在凌晨跑马，新任战区参谋长吴石性寡言笑，但也爱骑术，于是少不了双双驰骋，彼此角逐。吴石这个人可不简单，咱们不妨多扯几句。第四战区参谋长原为陈宝仓，陈是河北人，保定军校第九期工兵科出身，当初是陈诚推荐给张发奎的。由于跟不上陆大毕业生出任参谋长的潮流，张发奎委托桂林行营参谋长林蔚物色新的人选，林蔚推荐桂林行营参谋处长吴石升任。吴石是福建福州人，保定三期、日本陆军大学毕业，被称为"十二能人"：能文、能武、能诗、能词、能书、能画、能英语、能日语、能骑、能射、能驾、能泳。或许是受保定同学吴仲禧影响，他对中共向有好感，1947年4月与中共正式建立联系，国民党败退台湾后，吴石官至"国防部参谋次长"，1950年

一、张发奎与第四战区

■第四战区参谋长吴石。

因事发被台湾当局执行死刑。

　　蒋介石和白崇禧的指示，张发奎无不顺承听命，照章办事，特别对于广西的地方行政，从不过问，以"张公百忍"为上策。他常对人说："以我过去历史，安敢再作过分之想，这个残杯冷炙，实已受赐多多。"与世无争的张发奎也有忍不住的地方。余汉谋的宪兵队护送鸦片从韶关运到粤桂边区，主张禁烟的张发奎电令第64军第155师师长邓鄂查扣鸦片，邓师长表示难以执行，毕竟张长官到两广是客卿性质，余长官才是"南天"一方之主。张发奎当即发问："你是我部下还是他部下？"邓鄂答道："军事行动上绝对服从张长官命令，其他事务不能遵循。"张发奎十分气愤，本想惩罚邓鄂，但邓的兄长邓龙光是李汉魂的莫逆，李汉魂又是自己的铁杆兄弟，事情只好不了了之。另

一次震怒发生在1941年6月。那时节柳州阴雨连绵，司令长官部附近的军械库炸药受水浸，起化学反应，洞库持续冒白烟。中校库长姓何，据说唤何应钦叫叔叔，何库长对这事很不重视，等烟雾一天比一天浓，他才打算将炮弹搬出。但为时已晚，洞内温度不断升高，人员不能进出，炮弹无法及时转移。张发奎知情后，天天派副官处去人了解情况，何库长总是三个字："没危险！"30日那天，"轰隆"一声巨响，蟠龙山顿时天昏地暗，硝烟弥漫，洞库炸飞了天。张发奎气的要法办何库长，何应钦屡次函电解送重庆讯办，甚至不惜以军委会的名义下令解渝。张发奎顶住压力，坚持到底，硬是把库长给毙了。

　　1940年10月，日军跨过广西边界进入越南，第64军乘势收复龙州、南宁、钦州等地。不到一个月，广西日军全部撤走，第四战区恢复了往日的平静，张发奎指挥的正规部队也只剩下一个第16集团军。至此到桂柳会战前，整整三年时间，由于没有大的敌情，第四战区建制部队始终没有增加。张发奎很识趣，他把第16集团军的训练、人事与整编事务全部交由战区副司令长官兼集团军总司令夏威负责。夏威与白崇禧是保定军校第三期步科同学，毕业之后又同在广西陆军模范营任下级军官，一路摸打滚爬下来，在新桂系的地位仅次于李、白、黄。夏威为人寡言笑不善词令，貌似严厉，凛不可犯，但与人说话，还颇亲切。1949年12月，白崇

漓江烽火 | 桂柳会战

禧、夏威等乘飞机往海南岛，夏转香港定居没去台湾，1973年11月死于一场车祸。

第16集团军有两个军——第31军和第46军，第31军下辖第170师、第175师和新编第19师，第46军下辖第131师、第135师和第188师。按照编制定额，拥有6个师的第16集团军应该不下于60000人，但实际人数恐怕还不到50000人，人员物资补充困难，军中"吃空额"现象几成公开的秘密。1942年7月，第46军主力北上湖南衡阳，归军委会直接指挥，第170师因为是后调师，故被留在广西。所谓后调师，是指辖三个师的军，将其中一个师的战斗兵全部拨给另外两个师，这个师保留番号和各级干部，在指定地点补充训练新兵。第四战区一时被人讥笑为"三代单传"，即一个战区（第四战区）指挥一个集团军（第16集团军），一个集团军（第16集团军）指挥一个军（第31军）。即便就只一个第31军，张发奎还得省着用，第131师控置在南宁为机动部队兼顾沿海防务，第188师在龙州对越南警戒，第135师也是后调师，唯一任务就是补充训练新兵。

1941年至1943年是广西方面较为沉寂的时期，张发奎比较专注入越军事准备工作，他在1941年3月3日的日记中写道："当前四战区的唯一任务就是决定有关越南的军事计划。"考虑到柳州距离中越边界太远，张发奎特别成立了靖西指挥所，由陈宝仓任主任，专门负责监视侵入越南的日军动态，及时掌握在越日军的企图，以利第四战区的行动部署。张发奎计划以三个军入越作战：一个军从靖西向高平推进，进攻河内，并预期与滇境入越部队齐头并进；另一个军由龙州向凉山前进，形成两翼钳形攻势；另一个军为第二线兵团，依状况加入左翼方面，由凉山北侧向河内攻击前进。计划没有获得重庆同意，蒋介石指示第四战区"防御第一，进攻第二"。张发奎对此表示理解："我们没有足够的兵力，中央必须更多关切法国政府的反应。"

柳州社会上的一些重大公务、公益活动，也都能看到张发奎的身影。1940年8月，在公共体育场公祭枣宜会战中壮烈殉国的第173师师长钟毅将军；1942年3月，为增修的中山纪念亭及公共体育场完工撰写纪事碑文；6月，发起组织柳州公立育婴院；8月14日空军节，主持献金购买飞机活动，并带头捐款。不为人知的是，张发奎的这些讲演稿、文章和文告等，大都出自共产党员左洪涛、何家槐之手，中共在第四战区的地下组织始于淞沪会战时的第8集团军战地服务队。张发奎声称："为了利用他们的才华，我不怕使用共产党员。"皖南事变后，张发奎是唯一一位没有发表反共通电的战区司令长官。据说张发奎曾自嘲自讽地对人说："如果我走蒋介石路线，我现在的地位当在陈诚之上；如果我走毛泽东路线，我的地位要高于朱德；可是我走的是张发奎路线，今天的地位就是这样子。"

青年军官黄仁宇当年路经柳州时拜访

了张发奎，他在回忆录《黄河青山》中追记道：

> 他个子不高，相当瘦，动作敏捷。不幸的是，一位伟大战士的魅力，就像剧作中的英雄一样，需要舞台来烘托，这可不是远离战场的一间小平房办公室所能做到的。张将军出来见客时毫不做作，当着我们的面揉眼睛，似乎刚从午睡中醒来。他的勤务兵端茶给我们。将军告诉我们，下级军官势必要走许多路，他年轻时，曾走遍中国的西南地区，没有一个地方不留下他的足迹。除此之外，整个拜会过程平淡无聊。但这次经验更让我相信文学界人士的力量及影响力。在大众心目中，英雄事迹要显得真实可以理解，前提是必须要有像田汉这样富有创造能力的艺术家，才能在纸上以浪漫和节奏感重新安排英雄的丰功伟业，最重要的是要有扣人心弦的舞台效果，例如吴淞江上乌云低垂，强风刮起长江上的波涛，战旗飘扬，战马嘶鸣等等。

1944年6月，广西局势骤然紧张，攻占长沙的日军继续南下合围衡阳，第四战区要把作战正面从桂西转移到桂北。当时计算，仅是固守桂林、柳州两个城市及其附近的机场，就要不少于7个师的兵力，如果拒敌于战区辖境外，正面约达1500余公里，那就不是7个师的问题了。张发奎不得不向重庆申述："如果没有兵力增加，我的一切防守计划，均将难以实施。"

二、打通大陆交通线

1. "一号作战"出台经纬

1943年11月25日，东亚上空连续的阴云已被阳光驱散，赣南遂川机场顿时一片忙碌。美国第14航空第341大队第11中队的8架B-25D，中美混合团第1大队的6架B-25D，伴随着巨大的轰鸣声直冲云霄。中美空军的任务是跨海轰炸台湾新竹机场，为了确保护航的绝对安全，还出动了第14航空队的8架P-51A和8架P-38G战斗机。此外，中美混合团第3大队的P-40E已经提前升空，向北飞行实施佯攻欺骗日军。中美机群抵达台湾外海后爬升到130米高度，从西南方向接近新竹机场，P-38G首先扫射开路，B-25D跟进于300米高度投弹轰炸，最后由P-51A俯冲攻击跑道上停放的日机收场。这次大规模行动击落敌机12架，地面摧毁36架。机群返抵遂川后立即加满油转飞后方衡阳、桂林机场。袭击新竹机场是太平洋战争爆发后盟军首次出击台湾，也被视为引发日军发动"一号作战"的间接导火线。

其实早在1943年2月，日军被迫从南太平洋的瓜达康纳尔岛撤退之后，日军参谋本部作战部长真田穰一郎与作战课长服部卓四郎等人，就提出有必要打通从马来亚、泰国、越南经中国大陆至朝鲜的大陆交通线。建议遭到陆军省军事课强烈反对，理由是消耗太大，会对太平洋战争带来严重后果。军事课随后向内阁总理兼陆军大臣东条英机陈述意见，根据日本的国力，特别是船舶征集和飞机生产方面的困难等等，今后对军事力量的使用，必须保持重点。在刚刚过去的1942年冬天，日本也曾因为国力和资源方面的约束，放弃过一次大规模的陆上进攻，那就是意图占领西安、重庆、成都等地的"五号作战"。日本军方当时估计，为实施这一作战，共需16个师团和2个混成旅团的地面部队及2个飞行师团作为进攻的骨干兵力，其规模之大，将超过过去日军所发动的任何一场战役。同时，现有占领区必须保留总计16个师团和14个独立混成旅团的守备部队。这意味着至少要由日本本土、太平洋、中国东北和朝鲜等地向中国关内战场增调36万兵

二、打通大陆交通线

力。权衡利弊还是太平洋战场重要,日军大本营参谋总长杉山元上奏裕仁天皇,即向中国派遣军全面叫停"五号作战"。

陷入中国战场"泥潭"的日本政府深知,无论是和是战,都不可能解决"中国事变"。既然没有足够的兵力争取战争的最后胜利,那就只能想方设法保持现有的战果,谋求一个较好条件的停战交易。东条英机政府提出了建立日本"绝对国防圈"的概念。所谓"绝对国防圈",就是指设定保障日本本土安全与维持战争资源供应,所需的最小控制空间。日军大本营认为,在太平洋中,日本最少要据守千岛群岛、马里亚纳群岛和印尼群岛;在亚洲陆地上,日军则要控制中国的平汉、粤汉铁路,以及中南半岛,并延伸到缅甸与印度东部。在这个不求胜利的被动守势战略之一,中国战场的一般方针未变,仍为"确保占领地区的安定,加强对敌压力,尽力摧毁敌方战斗意志"。中国派遣军为此感到沮丧,然而郁闷还在后面。大本营要在年底之前,从中国战场抽调第3、第13、第22、第32、第35师团转用东南、西南方向,用于巩固"绝对国防圈";来年春天第26、第37、第39、第104师团和坦克第3师团改为大本营总预备兵力,必须完成就地集结。中国派遣军内部炸开了锅,有人初步算了算,这意味着146800人、14800匹马、1970辆汽车、重机枪740挺以上、迫击炮90门、山野及野炮368门、榴弹炮24门、1400辆坦克和装甲车要被抽调。大小参谋意见纷纭,莫衷一是,甚至有人嘀咕:"大本营还要不要我们中国派遣军?"比起手下这群好胜幕僚,总司令畑俊六倒还淡定:"中国派遣军对大东亚战争所能作出的贡献,或者是提供其所拥有的战斗力,或者是派遣军及其占领大陆的地位为基础进行活动。除此以外,别无他途。"

参谋总长杉山元并不想再扮演"刹车皮"的角色,自年初以来,日军在中国东南沿海的舰艇损失急剧上升,这显然是美国驻华空军日益活跃所致。杉山元对服部卓四郎说:"压制中国大陆的美空军似有困难,船只在中国东海相继被炸沉,其基地似在中国东南部。难道不能从华中和华南打通粤汉铁路,使美空军不得使用中国东南部的基地吗?有了总长的支持,作战课长服部卓四郎

■中国派遣军总司令畑俊六。

漓江烽火 桂柳会战

显得底气十足："打通华北、华中、华南分割的中国战线，并连接法属印度支那，虽是极大的作战，但考虑到该地区存在美国空军基地的现状，无论如何必须在1944年内发动大规模攻势。"

如果说作战课长人微言轻，那么参谋总长的想法总不能充耳不闻，大本营作战部立即着手进行了相关研究，真田穣一郎原本就是打通大陆交通作战的倡导者，他马上电邀中国派遣军第一课高级参谋天野正一赴东京面商机宜。天野不明底细，说不出有多沮丧，他料定大本营无非是要把抽调师团的事情落到实处。"英美的反攻，在来年春夏时节，其规模将更为扩大而且更加激烈。美国将其主要兵力指向东南方面，来年春季，拉包尔附近的争夺战势将激化。英国将从印度洋方面谋取夺回缅甸南部、安达曼以及苏门答腊北部等地。德苏战局今冬仍将倾向有利于苏联。"真田说起太平洋和欧洲战场头头是道，天野一味礼貌性地点头，他猜想真田接下去就会切入抽调兵力的正题。然而真田突然话锋一转，天野全身无比振奋："不论欧洲形势如何，敌人的反攻，特别是美国的攻势以及破坏海上交通的作战，明春势将更加激烈。现在打通中国大陆，确保与南方的交通线，实为重要。服部也乘势插话："因为在太平洋受到美军的压制，所以无论如何也必须考虑确保西面的中国大陆和南方的联系。在海上正面万一发生问题，对在南方的五十万军队不能坐视不救。"

天野后来这样描述他当日的心情："自本年秋季，就从中国方面抽调兵力，我曾担心派遣军究竟怎样才能有助于战争？此时接受这一通知，真是太好了！这是了不起的大事，纵然有些困难，也要下决心干下去。"

大本营要求中国派遣军在12月15日以前给出打通大陆交通线作战的计划。7日，中国派遣军就迫不及待地将"纵贯大陆铁路作战指导大纲方案"（后来定名为一号作战）电告大本营，作战分为湘桂第一期作战、京汉作战、湘桂第二期作战和湘桂第三期作战。计划从1944年6月开始，以第11军、第13军进攻湖南，预定一个半月内占领衡阳附近，控制粤汉铁路和湘桂铁路的交叉点。7月初以第12军由黄河南下，打通京汉铁路南段，作战期限预定一个半月。大致在9月初，以第11军、第23军分由衡阳附近、广东西江地区，发动向心攻势，攻占桂林、柳州，法属印度支那北部（越南北部）同时出兵策应，作战期限约两个月。12月再以第11军、第23军由衡阳和粤北分别发动攻势，用一个月的时间攻占粤汉铁路南段要冲。方案还特别提道："今后如果不从派遣军抽调兵力，本作战使用的部队，只要再由他处调进一个师团，并将印度支那驻屯军两个师团主力编入，其他运用派遣军内的兵力即可完成任务。"

大本营作战课于12月下旬制订出兵力使用方案：由满洲抽调第27师团、军直属部队的一部分，以及15个汽车中队、12个辎重中队，但预定应在1945年初返还。第3、第13、第21、第22、第32、第39师团可由中国派遣军大致使用到1944年年底，第3、第13师团预定1945年2月调往满洲，第21、第22、第39师团预定1944年10月或11月前后调往法属印度支那。作战课还承诺：坦克第3师团的一半可以使用到1944年6月；给中国派遣军新设立1个方面军司令部和1个军司令部；由满洲调用1个铁道兵联队，再临时编成7个特设铁道队；将在中国的若干丙种师团改编为甲种或乙种师团；作战准备期间，以13万吨船只给予协助。唯一的要求是尽量提早进攻发起时间。显然作战课部分正面回应了中国派遣军关于部队使用的诉求，等打完这一仗再抽调也不迟。

当中国派遣军上下都为期待已久的大规模作战喜形于色之际，畑俊六却出奇地冷静："船只遭受损失越发严重，如不采取对策，将给作战带来障碍。为此，中央提出打通粤汉路，与法属印度支那联系起来，以确保与南方的交通的意见，要求派遣军对打通粤汉与京汉的作战进行研究。但这是需要从满洲和国内抽调所需兵力的。"为作好准备，日军12月下旬进行了"虎"号兵棋推演，并拟定四个作战目的：第一，夺取今后将成为美国B-29轰炸机进攻日本本土的基地桂林、柳州，以保证本土防空万无一失。第二，通过占据桂林、柳州一带，以应付将来敌军经由印度、缅甸、云南指向华南方面的进攻。第三，在海上交通日益不稳的情况

下，修复这些贯通南北的铁路，以开辟经过法属印度支那与南方军的联络。第四，通过摧毁重庆军的骨干力量和所取得的综合战果，以促进重庆政权的衰亡。

服部卓四郎向东条英机就"一号作战"纲要展开说明，东条针对四个作战目的提问："真正的最终目的是什么？作战目的必须简单明了。"服部似乎有备而来："摧毁航空基地。"熟悉航空知识的读者或许会问，美国B-29轰炸机最大航程是6300公里，即便日军摧毁桂林、柳州机场又如何，成都起飞到日本九州岛不过2340公里，还不是照样炸你本土。没错，B-29轰炸机从1943年开始陆续装备美国陆军航空队，1944年成都附近的新津、彭山、邛崃、广汉等地广泛动员20多万民工修建了能承受B-29轰炸机起落的四个机场。从1944年6月到1945年2月，B-29轰炸机共出击十次，日本九州的八幡钢铁厂、长崎造船厂等重工业基地遭受毁灭性的打击。不过"一号作战"计划出台时，日军并不清楚B-29轰炸机的具体性能。服部卓四郎后来回忆说："当时认为只要摧毁桂林、柳州就行了，记得虽有情报说成都正在建设新基地群，但那时对B-29机，究竟能飞行多远，并无确切情报。"今日看来，所谓"摧毁航空基地"这一最终目的，真的很苍白很无力。

几经周折，打通大陆交通线作战总算定了下来。1944年1月9日，杉山元把"一号作战"计划纲要试探性地密奏裕仁，裕仁问：

漓江烽火 桂柳会战

■服部卓四郎。

"据说中国的治安不太好,再进行这一作战有无妨碍?或许作战可以取胜,但治安是否会变得更坏?"杉山元答道:"投入新的兵力,务使治安不发生问题。"24日,杉山元拉着真田穰一郎一起奏请裕仁批准实施"一号作战",两人一唱一和说了一大堆好处:摧毁中国西南飞机场,可以保证帝国本土安全;打通大陆后,不怕海上交通被切断,物资可由陆上运往南方;攻占地区的钨矿资源可以为我所用。裕仁找不出什么反对理由,那就打吧!大本营当天便下达"大陆命"第921号作战命令,同时颁布了陆军部制定的"一号作战纲要",比较一个多月前中国派遣军的那份"纵贯大陆铁路作战指导大纲方案",两者有所不同。"一号作战纲要"把作战时间从1944年6月提前到4月前后,改由华北方面军先进行京汉作战,再由第11军和第23军进行湘桂作战。然后视情况,尽快对赣南、粤北附近机场进行毁灭性打击,1945年1、2月份以第23军攻占南宁附近,打通并确保桂林至越南谅山的通道。

3月20日,中国派遣军把"一号作战计划"正式递交给大本营,确认了作战目的和作战时间,详细制订了京汉作战和湘桂作战的方针、作战兵力和指挥要领。如果说京汉作战主要针对第一战区蒋鼎文、汤恩伯的部队,那么湘桂作战前段第一期是瞄准第九战区薛岳,第二期、第三期就是冲着第四战区张发奎、第七战区余汉谋而去。

前段第二期作战

(一)第23军7月下旬左右,以主力由西江两岸地区,以部分兵力由雷州半岛方面,分别发动攻势,击溃敌军后,攻占梧州、丹竹附近,在确保该地附近以东西江沿线要地的同时,作好今后对柳州方面作战的准备。

(二)第23军随着作战的进展,及时在梧州、丹竹附近修建飞机场,同时疏通西江河道,在西江西岸建立陆路兵站线,俾使后方迅速前进。此外,广东地区命前任兵团长担任警备任务。

(三)第11军在衡阳附近补充战力期间,及时以一支有力部队攻占宝庆及零陵,俾使以后的作战顺利进行。

二、打通大陆交通线

（四）8月中旬前后，第11军由湘桂铁路沿线地区，第23军由西江沿岸地区，分头发动向心攻势，歼灭第四战区敌军以及猬集的部队，各自攻占桂林及柳州。预定攻占时机大致在9月下旬前后。

（五）随后，两军扫荡残敌，分别确保湘桂铁路沿线及西江沿岸要冲，并为以后作战作好准备。此时应将第11军一部拨归第23军指挥。

（六）随着作战的进展，第11军在零陵、桂林附近，第23军在来宾、柳州附近分别建设飞机场。此外第11军应修复湘桂铁路，第23军应疏通西江及设立陆路兵站线，俾使后方补给顺利进行。

（七）在本期作战开始时，确保湘潭附近以北的任务，由第11军移交武汉防守军。

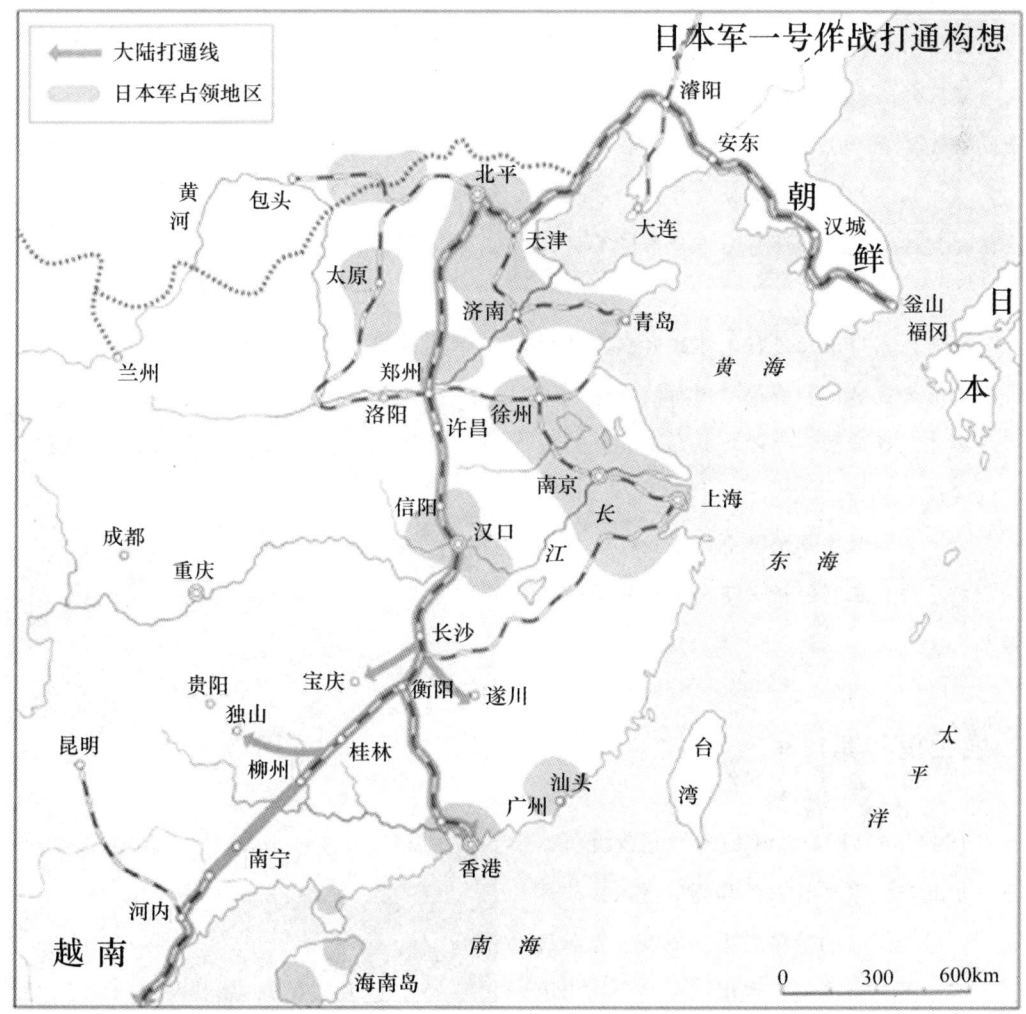

■日军一号作战构想图。

前段第三期作战

（一）第11军命第二期作战期间配备在衡阳附近的兵团，作好攻占粤汉铁路南段的各项准备工作。

（二）第11军于攻占桂林后，应立即将必要的兵团调回零陵附近，准备第三期作战。第23军攻占柳州后，也应立即将部分部队调回广东附近，准备第三期作战。

（三）10月前后，第11军应以一支有力部队由衡阳、零陵附近开始发动攻势，歼灭第七战区部队和残敌，占领并确保粤汉铁路南段沿线要地。预定作战期限约一个月。

（四）第23军应以部分兵力由广东北方地区向英德附近发动攻势，俾使第11军顺利作战。

（五）第11军在进行本作战时应急袭攻占省境附近铁路桥和桥梁。同时随着作战的进展，修复粤汉铁路南段，并在彬县及韶关附近建设飞机场。

（六）如敌空军仍然利用遂川、南雄机场，应尽快或在可能情况下与本作战同时摧毁之。

2. 横山勇和第11军

1944年4月17日，中原大地暗夜沉沉，日军华北方面军乘着夜色强渡黄泛区，拉开了"一号作战"的帷幕。第一战区事先对日军大举南下有所察觉，也根据军委会的指示作了相应的部署，但由于种种原因，战事几乎呈一边倒。4月19日，日军占领郑州；5月1日，许昌失陷，新29师师长吕公良以身报国。汤恩伯的主力部队虽在登封、密县一带略有斩获，终究还是无法扭转被动局面。5月9日，日军第27师团一部进占确山，与武汉北上的日军第11军独立第11旅团取得会师，平汉路南段被打通。5月21日，第36集团军总司令李家钰掩护大军西撤，途中遇敌阵亡。5月25日，洛阳失守，日军继续西进，长期固守关中的胡宗南大军出兵御敌，终于挡住了侵略者前进的脚步。就在洛阳失守同一天，中国派遣军总司令官畑俊六和高级参谋天野等人，离开南京来到武汉，在汉口第11军司令部内设立了前进指挥所。5月27日，日军第11军兵分三路向第九战区正面发起全线进攻，"一号作战"的重头戏——

■第九战区司令长官薛岳。

湘桂作战正式打响。第九战区兵多将广，最多的时候有50多个师，在湘北这片土地上，薛岳曾经三次打退日军，摸索出一套"后退决战"的克敌之术，美其名曰"天炉战法"。无奈时过境迁，老办法这回没能派上用场，长沙于6月18日宣告失守。稍事休整，日军继续向南进攻衡阳，衡阳是粤汉、湘桂铁路的交叉点，这时也可以说是西南的屏障。从6月22日到8月8日，方先觉的第10军浴血守卫衡阳47天，大大超过日军预料之外。虽说方先觉最后与日军协议停战，但"守衡阳的战士们是英勇的"。

与河南、湖南战场截然相反，日军在印度东部英帕尔一带、太平洋塞班岛上、缅北滇西地区接连失利，大本营考虑到美军很可能快要进攻菲律宾、冲绳群岛、台湾和日本本土，召集南方军、台湾军、中国派遣军、防卫总军的主任参谋到东京开会，于是有人提出暂停"一号作战"，全力准备"捷号作战"，对日本本土、西南群岛、台湾、菲律宾一线进行防御。也有人建议，桂林、柳州大老远就算了，打通粤汉铁路南段咱就收兵。真田穰一郎和服部卓四郎坚决不同意，最后还是这两人的意见占据主导。日本筑波大学的波多野澄雄由此得出结论："一号作战是一个受到现地军（中国派遣军）支持的两位核心参谋人员，根据自己主观的作战构思实施作战的典型例子。连陆军最高领导的抑制也没起到任何作用。考察局部作战和全面战略之间的关系，也几乎都依靠真田和服部，没有进行有组织的研讨。"

大本营曾经提出要给中国派遣军新设立一个方面军司令部和一个军司部，如今似乎是时候了。中国派遣军要着手组织与本土相适应的统一防御作战体系，畑俊六总不能常驻汉口指挥湘桂作战。再说接下来进攻桂林、柳州，也十分需要一个方面军统帅来协调第11军和第23军的分进合击。中国派遣军先就设置方面军司令部的问题，征求第11军司令部的意见。第11军被称为"能够对蜂拥而上的敌人适时实施反击，能够挫败敌军抗战企图"的"作战军"，平时长期保持着7个师团以上兵力，像第3、第13、第34、第40师团等一直隶属不变。大本营陆军部第241号命令明确规定，第11军"要协同海军确保自岳阳至长沙下游的交通，以武汉三镇及九江为根据地，打击敌主力部队，摧毁敌之抗战意图；作战地区大体上限定于安庆、信阳、岳阳及南昌之间"。

翻开日军第11军的历史，但凡华中地区的大战还真是无役不从。从1938年6月到1940年3月，在第一任司令官冈村宁次任内发动了汉口作战、南昌作战、襄东作战和赣湘作战，也就是中国方面所指的武汉会战、南昌会战、随枣会战和第一次长沙会战。第二任司令官园部和一郎和冈村宁次是日本陆军士官学校第16期同学，上任后的第一把"火"烧向鄂西宜昌，李宗仁的第五战区措手不及，第33集团军总司令张自忠壮烈殉国，蒋介石急调陈诚前往"救火"，可是

漓江烽火 | 桂柳会战

宜昌最终还是没有夺回来。园部的第二把"火"烧得很糟糕,1941年春在赣北上高、高安一带发起"锦江作战",未料被第九战区罗卓英部迎头痛击,园部因此无比难堪地回到日本改任军事参议官,旋即被打入"冷宫",编为预备役。第三任司令官阿南惟几指挥了两次长沙作战,中方分别称之为第二次长沙会战和第三次长沙会战,结果一胜一败,胜的那次说不上大胜,败的那次有些狼狈,被第九战区赶着"反转"。半年后的1942年7月,阿南转任关东军第2方面军司令官,次年又晋升大将,职务和军衔是上去了,可手下人马却比第11军少很多。第四任司令官冢田攻是个"倒霉蛋",1942年12月18日,他在南京开完会后乘飞机返回汉口,途经安徽太湖县上空时,被国民政府军的高射炮击落,当场毙命。冢田攻死后被追晋陆军大将,成为八年抗战中被中国军队击毙的日本陆军最高将领。

冢田攻一命呜呼,横山勇成为第11军第五任司令官。横山勇先后毕业于日本陆军士官学校第21期、日本陆军大学第27期,在陆士求学的时候和石原莞尔、饭村穰并称为第21期的"三羽鸟"。石原莞尔很多人都知道,日本对外侵略战略的规划者和鼓吹者,九一八事变实际就是他策划的。饭村穰担任过日本陆军大学校长、关东军参谋长和南方军参谋长,日本投降前夕任东京防卫军司令官,也是一重要角色。1939年9月,横山勇来到中国黑龙江,晋任关东军第1师团师团长,主要任务防备苏联进攻东北,日常工作也就是制订对苏作战预案、训练士兵和完善防御工事,没有像样的仗可打。1941年10月,兢兢业业的横山勇升任关东军第4军司令官,下辖第1师团、第8独立守备队和一些所谓的国境守备部队,主要负责整个黑龙江从漠河到乌苏里江与黑龙江汇合处沿线的防守,还是没什么大仗可打。冢田攻意外阵亡,横山勇意外接到调令,同样是军长,第11军和第4军可大不一样,两者就好比薛岳的第九战区和张发奎的第四战区。

横山勇心里很清楚,第11军上一年被薛岳挫败在长沙城下,这次又发生司令官坠机死亡事件,士气难免低落,他决定先"采取用牛刀杀鸡的方式使部队体验一下必胜的作战实践,以此来振奋目前业已消沉下去的

■日军第11军司令官横山勇。

士气。"杀谁呢？活跃在长江和汉水之间三角地带的王劲哉第128师等部。结果很成功，王劲哉被活捉，日军顺利推进到华容、石首和沙市对岸地区，取得了长江南岸滩头阵地。初战大胜，横山勇很是得意，他不打算像前几任司令官那样从湘北南下攻取长沙，准备再度向西攻向屏障重庆的第六战区。1943年5月，第11军出动了约5个师团的兵力，目标是打击南县安乡、公安、枝江和宜昌以西地区的中国军队野战部队。第六战区司令长官陈诚同时负责云南境内的中国远征军整训工作，得知日军大举来犯，马上从滇西赶回鄂西坐镇指挥。坚守石牌的第11师师长胡琏发誓："成功虽无把握，成仁却有决心。"经过25天的连续作战，第11军基本完成了预定作战任务，横山勇于5月29日下令撤退。鄂西会战持续月余，双方恢复到战前态势，第六战区对外宣称取得"鄂西大捷"，实际上并未歼灭多少敌人，不过倒是击毙了好几个日军大队长。

不到半年，横山勇卷土再来，畑俊六要他进攻常德。常德是湖南西北部重镇，第六战区和第九战区的结合部，日军此举意在牵制中国军队向滇缅战场转用兵力，同时也为获得战略物资。制定作战计划时，横山勇要求抽调隶属第13军的第116师团前来增援，第13军以兵力不足进行抵制，"官司"惊动了中国派遣军总司令畑俊六。后来第116师团总算是调来了，但在协调过程中，横山勇认为畑俊六做事没有魄力，发生了直言顶撞的尴尬场面，搞得上下级关系一时颇为紧张。常德会战从11月初打响，日军第3师团于12月3日攻占常德，中国军队第57师孤军血战，全师8000余人大部牺牲。在要不要确保常德的问题上，横山勇和畑俊六又发生了不愉快。畑俊六认为"有必要确保常德"，横山勇认为"兵力所限不希望确保常德"。畑俊六先是让步，同意第11军"在适当时机返还"，13日却又下令停止撤退，准备再次攻占常德，并确保不失。这不是开玩笑吗？横山勇大怒，回电说："我要求取消这次作战，等明年春季再进攻常德。"

其实这事并不能怪畑俊六瞎指挥，当时中国派遣军第三课高级参谋辻政信正在东京，在他的建议之下大本营发出了确保常德的指令。不想由此造成横山勇对畑俊六的越发不满，大本营担心"有可能发展成统帅纪律问题"，急遣真田穰一郎飞往南京进行调解并传达："参谋本部关于确保常德的意见不是绝对的。"畑俊六当然不快，上头号令不明，忽左忽右，偏偏横山勇又是个刺头，搞得上下级关系如此紧张。12月18日，中国派遣军下令："第11军自今日起，选择适当时机，从澧水附近现在战线撤离，恢复原态势。"第11军司令部很快收到电令，高级参谋岛贯武治发现横山勇脸上洋溢起得意的笑容。12月25日，常德会战结束，双方恢复到战前态势，中国军队折损第150师师长许国璋、暂编第5师师长彭士量和预备第10师师长孙明谨三员大将。日军第116师团第109联

漓江烽火 | 桂柳会战

队联队长布上照一和第3师团第6联队联队长中畑护一也均于此役阵亡，死后都被追晋少将。

横山勇上任一年，鄂西、常德两次大仗，加上一次"杀鸡用牛刀"式的监利、华容地区作战，其实也谈不上有什么骄人成绩，但湘桂作战第一期打下来，心态就不一样了。冈村宁次、阿南惟几不是三次顿足长沙城下吗？我横山勇让日章旗飘扬于岳麓山上；方先觉第10军不是号称"泰山军"吗？你在长沙压得住阿南惟几，在衡阳你就压不了我横山勇。正在横山勇得意扬扬的时候，大本营来征求他设置方面军司令部的意见，"可将第11军升格为方面军"，横山勇压根不知道谦虚是啥东西。岛贯武治回忆说：

第11军升格，当然是横山司令官升为方面军司令官最为适宜。当重要的桂柳作战正在进行时，突然由新的方面军司令部担任中间统帅也不妥当。此时的重要问题是应该委派熟悉第一线的第11军情况的人。在派遣军征求意见的初期，第11军司令部自司令官以下都认为应该如此。

岛贯这些幕僚最后总算冷静，进言横山勇可不可以一味坚持要把第11军升格为方面军。横山勇仔细想想硬来也不是办法，于是较为缓和地提出了三点意见：方面军司令部的设置地点，考虑到作战的全面指导和通信设备的运转状况，以及补给上的方便与否，

武汉地区最为合适。司令部编组的时间，应在湘桂作战第二期开始前尽快执行。司令部的人事问题，必须特别注意不使影响今后的作战。

由于攻占衡阳的时间比预定的7月中旬晚了将近一个月，9月中旬想要攻占桂林、柳州已经不合时宜，中国派遣军总司令部在考虑新设方面军司令官人选的同时，也对"一号作战计划"进行了部分修订。

……

二、新设方面军大致于8月底以前完成设置司令部，统率第11军、第23军、第34军（也就是武汉防守军）完成湘桂作战任务。但在攻占梧州附近之前第23军仍属派遣军直辖。第11军后方区域由新设方面军直辖，以使第11军专心致力于进攻作战。

三、第二期作战的前段作战

甲　第23军于9月上旬，从西江两岸地区展开攻势，迅速攻占梧州、丹竹后，大致于10月下旬以前作好进攻柳州方面的准备。

乙　新设方面军命令第11军由9月下旬从衡阳南面地区展开攻势，攻占全县附近后，大致于10月下旬作好进攻桂林的准备。

丙　新设方面军大致于11月上旬命令第11军和第23军展开包围攻势。围歼敌第四战区军及企图聚集的敌军主力，并攻占桂林、柳州附近。届时指导第23军使之攻占柳州。

丁　以后，新设方面军命令第23军司令部及部分有力部队返回广东，同时命令第11

军确保湘桂沿线主要地区，消灭企图反击的敌军。

戊 本作战预计大致于11月末结束。

……

1944年8月10日，大本营回复中国派遣军："对第二期作战修改方案无异议，但关于作战的进度，希望只要不打乱后方补给工作的协调，力求缩短作战时间。"15日，中国派遣军总司令部指派的第一课高级参谋天野正一来到衡阳附近的第11军前进指挥所，天野先向横山勇通报了作战计划的修订经过，然后就新设方面军相关事项进行耐心沟通。横山勇同意未来方面军司令部的前进指挥所可以和第11军同设于衡阳附近。或许是气氛还算融洽，天野谈起了中国派遣军新的作战设想："在本年内完成一号作战，明年就要准备进攻昆明。同时还要迅速占领华南沿海要地，杜绝被美国海空利用。在南京、上海、杭州一地占领坚固据点，准备对付美国的陆、空攻击。"天野的"豪情壮志"显然不能阻挡历史的滚滚车轮，他何曾想到，一年后的8月15日日本竟然宣布无条件投降。横山勇此刻倒不关心明年怎么打法，他关心的是谁来当新设的方面军司令官。

3. 冈村宁次这个家伙

1944年8月的华北大地和往年一样饱受着烈日的炙烤。自从第110师团南下参加京汉作战以后，驻守石家庄的日军独立步兵第2旅团就显得十分忙碌。独立步兵旅团一般只辖4个独立步兵大队，要接替原先一个师团的防区肯定不是轻松活。进入8月下旬，因为华北方面军司令官冈村宁次要来视察，整个旅团处于高度戒备状态。

冈村宁次先后毕业于日本陆军士官学校第16期和陆军大学第25期，曾经担任北洋政府军事顾问青木宣纯的助手，在北京工作两年多。后来又到上海出任日本领事馆武官，当过孙传芳的军事顾问。1932年2月从陆军省人事局补任课长调为日军"上海派遣军"副参谋长，8月又调到中国东北任关东军副参谋长。1935年3月，冈村宁次调任参谋本部情报部长，一年后晋升中将，并就任第2师团师团长，直到1938年7月从东北"空降"华中，担任进攻武汉的第11军司令官。一路攀升的冈村宁次1940年3月却被调离司令官岗位，回国转任军事参议官。军事参议官位尊而无实权，有时是为了安置劳苦功高的高级将领，有时是某个高级将领行将退役，暂时安排一下算是"面子"过渡，有时又是某个高级将领将被赋予更大责任前的特别安排。

冈村宁次当然想要第三种，可闲院宫载仁亲王代表大本营的褒奖之语反而令他心凉："前者尊官奉命任第11军司令官，从事华中征战以来，克服天然和人为障碍，果敢大胆领导作战。或于武汉，或于南昌、襄东及其他作战中，取得赫赫战果。当兹完成大任、阙下复命之机,得睹壮容,衷心欣慰,深感尊官之多劳。惟今正处于诸般形势愈益严重之秋,宜自珍爱,更加为邦家尽瘁,是所期望。"

载仁官话说了一大堆,56岁的冈村宁次只听进"宜自珍爱"四个字,弦外之音不外乎是要做好退休的思想准备。1940年7月17日,经历了平沼骐一郎、阿部信行、米内光政几任走马灯似的内阁更迭之后,近卫文麿再次出山组阁。在近卫的这次组阁中,强硬派东条英机被起用为陆相。在陆军士官学校学习时,东条比冈村晚一届,起初陆军省人事局长野田向冈村征询陆相人选时,冈村力推梅津美治郎。如今学弟东条成功上位,师兄只得反过来陪笑脸。1941年4月,闲差

■冈村宁次。

一年多的冈村宁次被授予大将军衔,成为陆军士官学校同期同学中的一匹领头马。显然这是一个信号,冈村即将"被赋予更大责任",而不再是"宜自珍爱"。

1941年7月7日是"卢沟桥事变"四周年纪念日,自从全面抗战以来,每年的这一天中国政府都要重申"抗战到底,收复失地"。也在这一天,北平的日军华北方面军司令官多田骏接到了大本营的通知,他被授予大将军衔。多田骏1903年毕业于日本陆军士官学校第15期,高出冈村宁次一届,表面上这是一次完美晋升,然而深知内情的人却透露出这样一个消息:多田骏即将卸任回国,大本营对华北八路军发动百团大战感到震惊,认为他镇压不力,治安太坏,才来了个明升暗降。事情果然如此,同日东京三坂宅陆军省小礼堂内举行了一场任命仪式,冈村宁次东山再起,他将赴北平接任华北方面军司令官。7月9日,大本营正式通知多田骏回国转任军事参议官,不过两个月后就被编入了预备役,属于典型的退役前的体面过渡。

冈村宁次到华北后提出了"灭共爱民"的口号,对中共抗日根据地采取"蚕食"封锁政策,通过挖沟、筑碉、开河、修路等手段,分割根据地与外界、根据地与根据地之间的联系。冈村宁次的这套囚笼政策很管用,上任仅半年,就使八路军陷入被动,华北根据地大为缩小,一度只剩下阜平、涉县、平顺、范县、观城等几个县城。难怪多田骏要"下岗",也难怪彭德怀要说:冈村

这个家伙有很多本事，能实事求是、细致周密，他不出风头，不多讲话，对部下不粗暴，经常收集研究我们的东西，是历来华北日军司令官中最厉害的一个。

据说冈村宁次还有一套"从中国姑娘的眼神可以看出当地的治安情况的好坏"的"理论"：绝对见不到姑娘们的踪影，系惧怕日本兵的佐证，治安不好。对我们的汽车、卡车感到稀奇而远远地从窗口眺望，治安稍好。在上述情况下，走出家门口眺望，中国姑娘神态自若地走在有日本兵往来的街道上，治安良好。冈村宁次这一套"理论"，倒也不能说一点道理没有，可1942年的"五一大扫荡"，证明他其实没怎么把军纪放在眼里。

冀中军区是八路军的一个二级军区，下属5个军分区，1938年10月最鼎盛时期拥有44个县（其中22个县完全控制）、800万人口。1942年5月1日，冈村宁次指挥5万余人，采取多路密集的"拉网式"、"梳篦式"战术，对冀中军民发动了空前残酷的大扫荡。仅仅一个多月，冀中军区的所有县城和较大集镇、村庄都被日军占领。由于日军实行"杀光、烧光、抢光"的"三光"政策，据日后粗略统计，根据地军民被杀5万多人，当时有"无村不带孝"的说法。冀中"五一大扫荡"开始不久，冈村宁次又组织了意图摧毁八路军统率机关和消灭第129师的晋东南大扫荡。5月25日，位于涉县偏城镇西北部的八路军总部、中共中央北方局暂驻地南艾铺被日军包围，彭德怀等大部分机关人员虽几经周折冲破重围，可八路军副参谋长左权却在指挥突围中牺牲在辽县麻田十字岭。冈村宁次的"肃正作战"迫使八路军正规部队撤至偏远山区，随着根据地面积的减少，不得不实行"精兵简政"。

冈村宁次对付中共抗日根据地的手段，很被国民党看好，日本投降后，蒋介石不仅没有为难他，反而以礼相待，冈村宁次投桃报李，一年多的时间里一口气写了《毛泽东的兵法及对付办法》、《围点打援是共军的作战特点》、《以集中兵力对集中兵力歼灭共军》等文章。1949年1月，在国民党政府庇护之下，冈村宁次被判无罪，悄然回到日本。1950年，败退台湾的国民党成立"革命实践研究院"，冈村宁次作为该院聘请的高级教官，多次赴台讲学、访问。同时他还不甘寂寞，担任右翼组织"日本战友会"副会长等职。1966年9月，82岁的冈村宁次因心脏病突发去世。

1944年4月，华北方面军主力第12军所属的第37、第62、第110师团，坦克第3师团、骑兵第4旅团、独立混成第7旅团以及方面军直辖的第27师团等部，南渡黄河发起京汉作战，席卷豫中平原和豫西山区，连陷郑州、许昌、洛阳等地。冈村宁次不无得意地说："这次我军特别掌握着坦克师团，最初将其隐藏起来，待汤恩伯照例调集主力向其被突破的一点发动反攻时，我军以坦克兵团，从另一面插入敌阵，敌军大乱，我作战

漓江烽火 | 桂柳会战

成功。"

8月24日，冈村宁次正在石家庄巡视独立步兵第2旅团，突然接到调任第6方面军司令官的密令电报，这使他不禁想起八个月前，占卜大师小玉吞象给他算的命："1944年岁首，小玉卜师来访，特为我当年命运认真进行占卜，所卜大意是本年截然不同于前二三年，命运将有极大变化。战局迄今虽无甚大变化，但年中直至秋季将有进行大战之迹象。作战方位似在西南，我的职务亦将有变，且属荣升云云。"华北方面军司令官和第6方面军司令官是平级，莫非小玉只算准了一半？按照日军惯例，担任防守为主的将领调去执行大规模进攻作战，往往是提升前的考查和过渡。冈村宁次仅仅担任第6方面军司令官三个月，便又接替畑俊六，升任为中国派遣军总司令官，至此他才感到"小玉卜师的预卜全部应验，确实令人惊叹"。

根据"大陆命第1113号"，第6方面军战斗序列如下：

第6方面军 陆军大将冈村宁次（日本陆军士官学校第16期）

第11军 陆军中将横山勇（日本陆军士官学校第21期）

第23军 陆军中将田中久一（日本陆军士官学校第22期）

第34军 陆军中将佐野忠义（日本陆军士官学校第23期）

第27师团 陆军中将落合甚九郎

第40师团 陆军中将宫川清三

第64师团 陆军中将船引正之

第68师团 陆军中将堤三树男

野战高射炮第22联队

■日军打通平汉路，图为平汉路通车情景。

独立工兵第38联队

独立工兵第60大队

第6师团架桥材料中队

第7师团架桥材料中队

中国派遣军第2野战铁道队

电信第5联队

第59固定无线电队

第60固定无线电队

日军大本营把冈村宁次调任第6方面军司令官，也是经过一番慎重考虑的。在中国关内战场的几个军司令官中，第11军司令官横山勇和第12军司令官内山英太郎资历最深，同为日本士官学校第21期，其他几位都是后期。横山勇为人十分傲慢和自负，中国派遣军的参谋人员有事到第11军联络，经常可以听到他肆无忌惮地大讲畑俊六的坏话。横山勇在作战指挥上向来主张大纲主义，即上级只要管主要决策和定下决心，具体怎么打法，权力应下放给军司令官。横山勇这号专横人物，不是厉害角色你休想压住他，冈村宁次还真是不二人选。

由于丧失了平汉路以西的制空权，冈村宁次这次上任，不敢从北平直飞汉口，只能先到南京，然后利用早晨中美空军还未出动的短暂间隙，沿长江上空偷偷摸摸地飞抵汉口。比起第11军司令官任内那些年，武汉环境的变化令他大感吃惊。

以前敌机极为罕见，在汉口、九江之间，往来内地之大型运输船，常达三四十只；如今，连十吨左右的小汽船均被敌空军炸光。以前，此地住有数万日本侨民，店铺很多，相当繁华；如今，侨民留者寥寥无几。偕行社尚有一些男女服务人员，照料军人食宿。飞行队青年军官频频出征，常有去而不回者，人数逐渐减少。在偕行社食堂每天照料他们的少女，睹此情景，露出凄凉神态，毫无青年朝气。甚至我的居处亦有变化，以前，位于汉口市内，彼时常从二楼窗口眺望街头情景；如今，改在汉口东郊为树林环绕的旧军事设施之内，连个中国人影都不见。

第6方面军司令部已经编制就绪，参谋长宫崎周一曾经担任过第11军作战课长，副参谋长天野正一由中国派遣军第一课调来，以前也在第11军当过作战参谋。对于大本营的人事安排，冈村宁次感到十分满意。天野报告说："第34军负责警备汉口周围和担当补给工作。第11军先头目前已进入广西全县，正准备向桂林、柳州进发。第23军也正准备从广东远距离攻向柳州。"冈村宁次听完微微皱起眉头，幕僚们都清楚，横山勇的举动并不符合中国派遣军和第6方面军的设想。事先计划第11军9月下旬从衡阳南面展开攻势，10月下旬作好进攻桂林的准备，目前应该恢复战斗力，以待后方补给线和空中支援向前推进。如今的局面完全动摇了方面军想要先稳固后方，再扎实进行第二期作战

漓江烽火 | 桂柳会战

的全盘打算，而且司令部还得赶紧跟着向前推，武汉离全县距离太远。天野正一后来回忆说：在这个意义上，第11军挺进到全县，实在使人为难，但方面军也不能立即予以处理，只有顺应情况的发展，再无他法。"天野建议冈村宁次："先由宫崎与第11军联络，再由司令官飞赴广州掌握第23军，分别进行作战计划通告，然后10月上旬把前进指挥所推进到衡阳附近。"

9月16日，宫崎在衡阳北郊一处民宅中见到了横山勇。宫崎是日本陆军士官学校第28期出身，属于"小字辈"，面对出了名的刺头横山勇，他说话谨慎但又不亢不卑："为了完成方面军的任务，要协调第11军与第23军的关系，特别是对新参加这次作战的第23军应给予亲切关怀。方面军要承担第11军后方地区的警备、兵站任务，使第11军无后顾之忧，专心于前方对敌作战。关于敌军地面兵力，问题不大，重要的是随着美国空中力量的增强，对我后方交通威胁很大，所以应先确保后方补给线，以适应持久作战的需要。"宫崎接着传达冈村宁次的命令："第11军大致停止于全县和道县一线，准备就绪再向桂林进发，时机为11月上旬。"

话音一落，第11军前进指挥所的气氛骤然紧张，横山勇问道："上级从来就有制止我军向前推进的倾向，从国内或全局形势来讲，幕后是否有些内在原因？"宫崎回答："有关这样的原因，一无所知，望勿担心。相信方面军司令官是立足于真诚的统帅立场，一心为了完成任务。"横山勇又问："关于桂林、柳州的作战目标，一向从未给以明确意志的表示。一会说本军只以桂林为目标，一会又说连同柳州也一举攻下，或者说第23军不攻击柳州，实际究竟如何部署？"宫崎的回答有些像外交辞令："这一点理应清楚，方面军以桂林、柳州为目标，届时统帅将向两军指示各自的目标，方面军将负责对两军的协调进行策应。"横山勇继续追问："本军一举进攻到全县附近，是否符合上级的意图？究竟是好事还是坏事？"宫崎还是不正面回答："我认为这属于军司令官针对情况进行指挥的问题，不存在好坏。这是方面军司令部成立之前的事情，估计派遣军总司令部当时鉴于今后的作战形势，而没有完全约束第11军积极性的意图。"

宫崎周一日后谈及此次衡阳之行，心里很不是滋味：

第11军司令部给我的感想，虽然难以明确表达出来，但令人担心的是军司令官和参谋长、参谋之间，缺乏思想的一致和意志的统一，往往听信一些谣传和异议，而不明了大本营、派遣军和方面军统帅的本意。

全县是桂柳会战中第一个沦陷的县城，我们从头说起。

三、桂北门户开

1. 重庆军委会的战略分歧

1944年5月20日，国民党五届十二中会议在陪都重庆举行。此时，日军为打通平汉路而发动的京汉路南段作战已接近尾声，战事虽还在洛阳激烈进行，但第一战区"挫师失地"已经不可改变。27日，日军又在湘北发起大规模的攻势，白崇禧约集正在重庆出席会议的广西省政府主席黄旭初等桂系要人，到嘉陵新村李子坝白公馆会商时局。众人关心桑梓，研判日军为了支援南太平洋的军事行动，必然要打通粤汉路，桂林、柳州也可能成为他们的进攻目标，广西必须预谋应付。28日，军事委员会举行最高幕僚会议，与会人员包括参谋总长、副参谋总长、各部部长、侍从室主任、海军总司令、航空委员会主任、军法执行总监、军事参议院院长等。多数人认为日军的战略意图是想要打通平汉路、粤汉路至湘桂路迄镇南关。主张放弃粤汉路抵抗，退守湘桂路，可赢得一个多月的准备时间，在此期间从各方调集兵力，在桂林附近组织决战，或有制胜的希望。鄂北与桂林相距约700公里，对于进攻者来说，如同橡皮带一样，拉得愈长，就愈薄弱，超过了极限，就可能崩折。退至广西境内与日军决战具备一些优势，白崇禧力持这一主张。

唯独军令部长徐永昌有不同看法，他对日军打通大陆交通线、摧毁西南空军基地的说法不以为然。徐永昌判断日军的企图是"欲打击我之野战军，杜我反攻或转用"，认为日军的进退程度，全视中国军队的反击力度如何。因此主张粤汉路节节抵抗，北战场积极反攻，否则"抗战前途实堪忧虑"。徐永昌进一步指出，第一战区蒋鼎文、汤恩伯作战不力，已经引起国内外舆论的指责和讥评，如果粤汉路也不战而退，"抗战前途尚堪问乎？"徐永昌日记载："余气极发言，诸人皆无语。"显然，徐永昌占领了民族气节制高点，一番慷慨激昂的讲话过后，所有人都沉默无语，他的主张得到了蒋介石的认可。

其实不光是最高幕僚会议有分歧，军令

漓江烽火 | 桂柳会战

■白崇禧主张放弃粤汉路,退守湘桂路。

■徐永昌主张在粤汉路节节抵抗日军。

部内亦有不同声音,掌管国防作战事宜的第一厅认为,华中敌人将会师衡阳,并窥伺桂林。徐永昌依然独排众议,华中日军进至株洲以南或即停止,即便是窜据衡阳,也决不会西入桂林。"敌人完全无深入企图,不过一意打击吾人反攻力量。"徐永昌坚持认为日军不会打通粤汉、湘桂路。广西地方可没如此乐观,黄旭初6月初返回桂林,数日后电告白崇禧:"桂林市面人心浮动,由于中原会战我军溃败,对于此次湘北会战都不抱乐观。如果敌情紧急,省府必须迁移时,应以百色为宜。"第四战区司令长官张发奎在柳州召集广西党政军负责人开会,初步决定桂林、柳州早日疏散。国民党中央宣传部长王世杰的日记称:"一般推测,以为敌军企图攻占衡阳、桂林,俾免该地成为盟军空军根据地。"可见当时社会舆论对日军的战略意图已有相当准确的推测,抱乐观态度且低估敌人作战能力的人毕竟是少数。

6月14日,白崇禧以书面形式向蒋介石陈述对战局发展的看法:

日军发动一号作战,是趁盟军在欧洲开辟第二战场后,无法顾及远东,故而调兵入关,展开全面攻势,意图打通平汉、粤汉两路,进而打通桂越路,减低国军牵制威胁之力,以利日本南洋军的运输、补给、进展与退守。国军至少要独立支持一年,才能得到盟军的大量增援,现阶段战略应采消耗战,以求得时间的余裕为主。不能因局部希望争取胜利,而将实力大量消耗。

三、桂北门户开

对于如何保持桂柳战略根据地和空军基地，避免日军打通桂越，白崇禧建议："第10军不加入长沙会战，第62军必须调祁阳，扼守熊飞岭或全县黄沙河，暂2军以在现地阻敌为佳，美械迅速运桂补充，增强保守桂柳部队的战力。"第10军和暂2军后来都投入了长衡会战，白崇禧的建议没有得到蒋介石的采纳。

18日，长沙失守，军事委员会再度举行最高幕僚会议，与白崇禧关系亲近的军令部次长刘斐认为，日军势必进攻衡阳，并很有可能进攻桂林。徐永昌仍以为"敌兵力不足，尚不至企图入桂林"。白崇禧提出放弃在长沙、衡阳之间的拼命抵抗，把防守衡阳的兵力调往桂林，立即着手桂林防卫战。徐永昌坚决不同意，力主下一阶段仍要在长沙、衡阳正面作持久抵抗，两翼则相机与日军展开决战，以消耗日军，打击其侥幸心理。白、徐二人争的面红耳赤，蒋介石对徐永昌的敌情判断亦是将信将疑，但蒋明确支持湖南持久抵抗，白也就不好再争。22日，沿湘江东岸南下的日军第68师团，进抵衡阳东郊。蒋介石紧急召见白崇禧，要白前往桂林协调指挥第四、第九战区联合作战。白崇禧和张发奎合作问题不大，说到"老虎仔"薛岳可就头大。日军第一次进犯湘北，重庆方面不主张坚守，蒋介石特意要白崇禧和陈诚星夜入湘，劝说个性极强的薛岳服从撤退命令。结果碰了一鼻子灰，任凭白崇禧怎么说，薛岳就是不愿意放弃长沙。最后陈诚反被说服，支持第九战区打了一个胜仗，"小诸葛"别提有多尴尬。

白崇禧建议把防守衡阳的兵力调往桂林，徐永昌反对，薛岳也反对。赵子立时任第九战区参谋长，他回忆说：

薛岳听闻白崇禧要到桂林，指导第四、第九战区作战，就开始叫骂，闹腾着要辞职。有一次薛和白通电话以后，薛怒容满面，大骂'丢那妈'，我就不去给广西看大门，不在湖南打，把部队都拉到广西他家里去，可恶！

薛岳的强硬态度使白崇禧望而却步，他向蒋介石辞谢第四、第九战区协调指挥权，但对广西战事表示义不容辞，愿意奔走传达最高统帅意旨。张发奎并不感到意外，坦言"蒋先生派白崇禧到广西来协助我，因为他是广西人氏"。话虽有几分无奈和消极，其实张发奎早已未雨绸缪，派遣战区少将高级参谋李汉冲等前往湘桂边区实地调查，还不时联系正在衡阳外围作战的第46军军长黎行恕，多方面了解有关湘南的战况。

白崇禧一到广西，就和从柳州匆匆赶来的张发奎连日巡视素有"山水甲天下"的桂林城。白崇禧认为桂林的地形和防御工事都十分有利，坚信可以守住半年。张发奎却有不同看法："桂林的地形无疑是有利于防守，有许多山洞，例如市郊的七星岩能够容纳好几万人。城墙高且坚固，还建有半永久防御工事。从理论上看，桂林守得住，但我不相信能守六个月，因为我们的装备与战斗力都比日军差。我认为桂林顶多能守一两个月。"从23日至25日，白崇禧连续三天主持召开第四战区作战指导高级军事会议，会议达成了一些初步共识。26日，白崇禧电呈军事委员会委员长蒋介石，具申保卫桂林、柳州意见：

一、此次攻湘之敌，如到达衡阳后，其企图或沿粤汉路进攻曲江、或沿湘桂路进攻桂柳，俱有可能；然就敌欲掩护其南太平洋之陆上运输及将来之退路安全起见，定然续攻桂柳或进而打通桂越，控制我粤汉路以西、湘桂路以南之机场，桂柳在战略上实属重要。

二、桂柳石山环绕，岩洞甚多，可容十万余人，对敌机炮轰击，均可抵抗，且往岁防匪西窜，曾筑有永久工事，诚为天然要塞。然就现在预想部署，只有第62军及第46军，纵能短期迟滞敌人，但绝无反攻之力，时间延长，徒作无谓消耗，不能达成预想目的。再观第七战区，现有第63军、第64军、第65军，仍有备多力分之弊。至于在邕、龙之第31军，地广兵单，无论敌由越南或钦、防进攻，第188师与第131师两个师，亦难操胜算。

三、固守桂林，应彻底集中兵力，予进攻之敌以反击，为收歼灭之效起见，拟以第七战区香总司令所部，担任粤汉路以东之作战，俾抽调第七战区主力之两个军，控置于龙虎关、富川、贺县一带，以一总司令或副总司令统一指挥，第62军掩护桂林，相机进出桂全以东地区，侧击进攻桂林之敌，另密调第31军之第188师及第131师，集结柳州。又南宁机场及其附近之警卫，原有第175师之两个团担任，即以该师之一部移置南宁，再于以上各军之原防地，另编地方团队，袭用原驻军之番号，担任警戒，一俟敌进入我桂林核心阵地，受我相当消耗后，即以第七战区主力之两个军，进出恭城、栗木，第31军于柳州分途推进，适时由东南西南方向转移攻势，将敌人夹击而歼灭之。

就在白崇禧电呈重庆的同一天，美国副总统华莱士在宋子文陪同下短暂停留桂林机场。华莱士代表罗斯福观察战时中国的实际状况，12天的行程中超过一半在昆明，桂林只是他前往重庆的一个中转站。在机场贵宾室，华莱士询问白崇禧对桂林防守的看法，白崇禧自信地说能守半年，还侃侃而谈关于地形的理论依据。华莱士也有问张发奎同样的问题，张摇头说守半年很难，因白崇禧在场，张不愿过多发表意见。华莱士怎么说？"如果守上三个月，就可以创造其他方面有利的情况，桂林之围，那时可以不救自解。"这位后来创办《读者文摘》的美国副总统表示，可以保证在柳州机场控制充分的空军，取得绝对之制空权，协助城防部队战斗。可以提供一些诸如火箭筒、60毫米迫击炮和无线电报话两用机之类的美国武器装备。

军委会综合各方情况，29日电令白崇禧、张发奎和余汉谋：

敌主力正围攻衡阳，似有续向湘桂路及粤汉路进攻之企图。国军决定固守桂林阵地，依第六、第九战区之夹击及第七战区之协力，先击灭进攻湘桂路之敌。第46军之主力固守桂林，一部在黄沙河，任桂林之掩护。桂林阵地，应积极加强工事，储备足够三个月使用之粮弹，以备能独立固守。第31军主力，即秘密开柳州待命，准备参加桂林会战。该军之后调师及桂林绥靖公署独立第3团，固守邑龙一带现阵地，须确实掩护宜山、河池、南丹我后方交通。第62军暂位置于祁阳附近，掩护湘桂路及零陵机场，依状况转移全州，参加桂林会战。第七战区应秘密准备一个军，转移连山方面，参加桂林会战，并即时以一个师秘密先开连山附近。第35集团军除第155师续行原任务外，并秘密以一个师即开梧州担任固守，并准备于必要时参加桂林会战。南宁、玉林以南各公路及其他敌可利用之交通线，由白副参谋总长转饬第四战区及桂省府，动员民众，彻底破坏之，并切实疏散各交通线上壮丁及粮食物

■1944年6月，美国副总统华莱士访问昆明。与宋子文、陈纳德、龙云等人在机场合影。

漓江烽火 | 桂柳会战

资,以免资敌。

军委会同意第46军守桂林,第31军守柳州,只是将抽调第七战区两个军改为一个军。30日,蒋介石密电张发奎:"第46军主力负责防守桂林,该军其他部队防守全州与黄沙河至桂林以北的阵地。三个月的粮食、弹药供应正送往桂林使第46军能坚守待命。"张发奎对坚守桂林三个月始终持保留意见:"蒋先生习惯于为坚守某地规定一个时限,然而他常常不明白当地的真实情况。我军战力与装备都比敌军窳劣,守城三个月是困难的。如果没有兵力增加,则我的一切防守计划,均将难以实施。"

7月上旬,面对张发奎屡次请援,蒋介石下令驻在四川綦江隶属重庆卫戍司令部的第93军增援广西。蒋介石在主持军事会议时强调:"今日惟一要图,为如何能固守衡阳,增强湘桂路兵力,以确保桂林空军基地,如能粉碎其犯湘桂路之企图,则此次作战当不失为成功也。"第93军加入第四战区,张发奎倍感鼓舞,桂柳会战的预定部署有了一些改变。张在回忆录中说:"第93军新调来桂,这是生力军,使我迅速地决定了初期的部署。我以主阵地带置于湘桂路的正面,以第93军担任全县及黄沙河的守备,第31军守桂林,并以第16集团军副总司令韦云淞为桂林守备司令,以参加衡阳会战后的第46军第175师集结于柳州附近为机动部队。"

张发奎争取到第93军入桂,白崇禧也没

■张发奎检阅第四战区作战部队。

闲着，他去湖南彬县登门造访第九战区司令长官薛岳，试图要薛在衡阳万一不守时，第九战区的部队沿湘桂铁路两侧部署，以利随时侧击日军。可是薛岳没答应，如果衡阳不保，他要把部队撤往湘东一带，即粤汉铁路以东地区，名义上为了补给容易，内心就是不愿意替"桂系"看家护院。

1944年的整个夏天，白崇禧和张发奎一直都为第四战区防务奔波，然而蒋介石内心牵挂的始终是衡阳，能否阻止日军打通粤汉路并阻止其进犯广西，首先取决于能否固守衡阳，其次才是加强湘桂路兵力。再说战事还在湖南境内激烈展开，至少徐永昌极有信心在衡阳附近消耗日军有生力量，迫使敌人放弃侥幸心理。李汉冲和徐永昌相反，他在结束湘桂边区实地调查后报告张发奎："第九战区的部队已支离破碎，竟向湘南撤退，薛岳已走茶陵、安仁，无法掌握部队和组织全战区之作战。衡阳形势危殆，虽有几个生力军趋援解围，但因逐次注入战斗，反予敌人各个击破。湘桂铁路及公路沿线异常混乱，难民拥塞于途，各县政府均在作逃亡准备。广西东北正面，实际已经暴露于日军面前。"

8月8日，激战47天的衡阳终告陷落，得知衡阳失守的消息，各方迅速作出反应。美国总统罗斯福致电蒋介石："中国战场形势危急，关于史迪威之事需要立即行动，否则将为太迟。"所谓史迪威之事，系指美国提出将中国军队交由史迪威指挥。白崇禧急电蒋介石，速将衡阳周围的第46军、第62军调往桂林，并请将其他部队大部撤至祁阳、零陵至桂林一线防守。内外交困的蒋介石让军令部加以研讨，徐永昌建议第九战区主力部队仍留在衡阳周围继续攻敌，理由有四：一是前线撤兵，敌人必然跟踪深入；二是激战之后，部队急撤，有溃退之虑；三是撤兵影响人心与盟军观感；四是目前态势，地理比较有利，利用现形势打击敌人，较退保桂林有利。徐永昌甚至建议蒋介石将白崇禧调回重庆。10日，蒋介石电令各军反攻衡阳。12日，蒋介石再次训令各军"以攻为守，并袭扰敌后方"。直到8月下旬，蒋介石才舍弃反攻衡阳的想法，开始重视湘桂路两侧防御。

徐永昌一贯坚持全力去拼湖南战场，白崇禧始终主张舍湘保桂，军委会战略分歧严重，多次站在徐永昌一边的蒋介石为此饱受后人指责。平心而论，白崇禧的方案是有一定道理，但更多的是让人感觉他把广西利益放在第一位。蒋介石作为"大家长"不可能全部照白的思路去做，河南没打好，美国和中共那边已经压力很大，湖南战场肯定要拼一拼。这也是衡阳失守以后的一段时间里，蒋介石仍对湖南战局抱有希望的根本所在，如果能在湘南击退日军，一定可以扭转国内外观感。蒋介石把"白脸"推给徐永昌做，正是他的高明之处，一旦出现湖南、广西接连战败的局面，责任有人分担，白崇禧也不能一味地将脏水全往他身上泼。

2. 白崇禧主导作战计划

重庆军委会的战略分歧并没有影响张发奎的抗敌热情。大约在7月上旬，张发奎召开了第四战区高级幕僚会议，李汉冲总结湘桂边区实地考察体会，判断日军从湖南进攻桂北的路线有三条：第一条沿湘桂铁路、公路，这是正面，适合大兵团运动。第二条从湘南道县、江华，经龙虎关、恭城出平乐、荔浦，战略迂回桂林右侧背和遮断桂林、柳州之间的联络。第三条由湘南零陵经灌阳出全县或桂林以东山间小道，战术迂回全县。根据李汉冲的意见，第四战区很快有了一份初步作战计划，主要内容如下：

一、敌情判断：敌为西进，其企图有三种可能性。一是以打通粤汉路为目的，在攻略衡阳后，当以一部扩大衡阳以西地区，以巩固衡阳的占领。因此战区东北正面时有受敌骚扰之可能。二是以打通湘桂路与越北之敌连接为目的，当协越北之敌从东西两方面夹击战区，最后占领桂林、柳州、南宁各要点而固守之，其主攻方面当在桂北。三是以侵犯贵州，威胁重庆为目的，当以沿铁路线为主作战方面。

二、战区作战方针：以敌情的第二第三两种可能性的判断为基础，确保桂柳为目的。根据现有兵力，先集中力量守备桂林、柳州两大据点，采取持久防御，待后续兵团到达，再策划以后作战计划。但为明确敌人之真正企图、掩护桂柳防御准备可得余裕之时间，并使后续兵团尔后作战容易，应以有力一部于全县、灌阳、龙虎关之线，竭力迟滞敌之行动，特别在全县方面，须行较坚韧之持久抵抗，以直接掩护桂林。

三、兵力部署：本部高级参谋李汉冲即率战区直属工兵营及第31军工兵营前往黄沙河选择地形，构筑一个军二个师使用的半永久性工事阵地，限两周内完成。同时在全县设立战区情报收集所，与衡阳方面部队联系，收集敌情和我军状况。并监督全县专区发动群众，进行地方配合国军作战准备工作。第93军即开全县，以主力占领黄沙河阵地，一部于灌阳方面对敌警戒。第16集团军总司令夏威指挥第31军集中桂林，构筑桂林城防永久性堡垒工事，以后该军即担任桂林城防守备。军校第六分校主任甘丽初率该校学生及荔浦地方团队，进出龙虎关附近，择要占领阵地，对敌警戒。靖西指挥所主任陈宝仓指挥龙州指挥官曾天节、东兴指挥官潘奋南及越桂边境汛警部队，严密警戒越北日军。长官部指导直属部队构筑柳州永久性堡垒工事。

衡阳失守的消息传来，白崇禧以副参谋总长的名义再次召开第四战区高级军事会议。参加会议的除了张发奎、黄旭初这两位广西文武"巨头"外，还有军令部第三厅厅长张秉钧、后方勤务部参谋长汤尧、工兵学

三、桂北门户开

校教育长林柏森、广西保安副司令张任民、第16集团军总司令夏威、参谋长韩练成、战区高级参谋李汉冲、张励等人。会议进行了一整天，李汉冲在他的回忆录中，详细描述了当时的情形：

白崇禧听了我代表张发奎汇报战区的初步作战计划后，对这个采取持久防御以确保桂柳的作战指导，立即表示不同意，他说，我们不能挨打，应采取内线作战各个击破敌人的攻势手段，来达成确保桂柳之目的，要乘敌人沿湘桂铁路正面和沿湘桂公路侧面前进之分离，于桂林以北和平乐附近地区集中主力与敌决战而各个击破之。他还提出这个决战方面的主力兵团，由夏威集团之贺、黎两军担任。对桂林防守，他亦反对固守设堡阵地之持久战术，他说，桂林之防守，应用依城野战之手段，把主力控置于城外实施决战防御。又桂林城防守备部队，他主张由第93军在黄沙河转进后担任。至于桂西方面，他以为不得已时可以放弃南宁，坚守柳州。当时大家对白的这个指导方案，都不发表意见，夏威还一再强调桂林城内不能配备过多的兵力。

李汉冲对白崇禧的计划很不以为然，会后他对张发奎说：

白的计划表面上好像很积极，实际上很危险，以战区现有之兵力和贺、黎两军之素质，对优势敌人采取攻势决战，难期有胜券把握，况黎军甫由衡阳作战归来，士气、员额和装备，均有缺点，怎能担任攻势决战之主力，又第93军将来经过黄沙河战斗后，由敌前转进而担任桂林城防守备任务，既不熟悉地形，又无时间准备，也是不切实际的。依我意见，不如仍以战区之原来计划，集中贺、黎两军于桂林，依坚固之设堡阵地和优势之制空权，进行持久防御，然后依后续兵团情况，再策以后行动，比较稳当。

根据李汉冲的说法，张发奎是同意他的意见的，但又顾虑重重："白是对最高统帅部负责的，自有其智虑之处，我们何必另出主意，将来作战不利，把责任归咎于我，由白一手布置就是了。"张发奎的回忆则截然相反："我一贯信奉攻势防御，不赞成困守孤城，我不想桂林再犯衡阳的错误，但白崇禧不同意。"随后，张秉钧、韩练成、李汉冲三人基本上按照白崇禧的指示，共同起草了第四战区新的作战计划，张发奎签字下达：

一、湘西南之敌，现于衡阳以西集结，有沿湘桂铁路及湘桂公路向战区前进，侵犯桂柳之企图。

二、战区以确保桂柳之目的，以一部固守桂柳两据点，主力乘敌前进之分离，于桂林以北和平乐县附近地区，求敌决战而各个击破之。

三、第93军占领黄沙河既设阵地,极力阻敌西进,尔后依情况逐次向桂林转进,协同贺军之桂林作战。限令该军在9月10日以前不得令敌超过全县。

四、夏威指挥贺、黎两军担任桂林方面之作战,以该集团军副总司令韦云淞为桂林城防守备司令,指挥贺军,另战区直属炮兵一个团、战车一个连固守桂林,如无命令,不得放弃。以该集团之黎军控置于阳朔、永福一带,依情况使用于桂林和平乐间之作战。

五、第62军固守柳州。

六、靖西指挥所仍照前令执行任务。

七、战区于荔浦设立前进指挥所,以张励为指挥所主任。

白崇禧的作战指导原则上是正确的,反对被动挨打和单纯守城,把主力拉到城外实施决战防御,也就是阵地战与运动战相结合的打法。问题是白崇禧有块心病,不管怎么打,都要以保存桂系实力为上,避免在激烈的城防守备战中挫伤和消耗。陆学藩时任第175师参谋长,1986年他在《抗战时期阚维雍坚守桂林为国捐躯的铁证》一文中披露:

白崇禧看似信心百倍,神气十足,但这是他表面的一套,背地里又是另一套。当天夜里,他召集夏威、韩练成、黎行恕、海竞强、陆学藩等人,在东镇路他的公馆开秘密会。他宣示蒋老头要把第16集团军都集中于桂林作防守部队,借日寇之手,把广西部队一网打尽,我们要作出对策。黎行恕、海竞强主张要保存较好的部队而以次的部队应付他。白崇禧告诫须绝密执行。

这个秘密会议,别说张发奎、李汉冲不知情,就连韦云淞也没打招呼,可见白崇禧的"小九九"盘算到了什么程度。另一方面,白崇禧很高调:"广西要动员全省力量,与敌周旋,固守桂林三个月以上,创造一个抗战以来空前的战绩。"他趁机向蒋介石提出要求:"广西民气昂强,向有组织基础,可以动员五十万人参加战斗,其中又可以编组五万的基干力量。由第31军、第46军各扩编一个补充师,另将绥靖公署的四个独立团改编为两个独立纵队。只要中央拨给两师和两纵队的武器装备和饷项,就可以在两星期内编成,将来即使后续兵团不能如期到达,这些部队也可以立即参加战斗。"蒋介石为形势所迫,不得不答应下来,独立纵队后来如期完成编组,补充师则慢了一步,没来得及扩充。

8月20日,白崇禧电呈蒋介石,再度对第四、第七、第九战区的作战进行指导,进一步作意见具申:

一、衡阳失陷后,敌人在湘北及湘江东岸之兵力,仍然增加,在湘江西岸及衡阳附近,似已超过六个师团,我对湘桂路方面应特别注意。

二、对第九战区敌人作战，似应参考迭次电呈劣势装备对优势装备敌人战法，即组织多数支队，最大以团为单位，附以工兵及爆破器材，采取避实就虚的游击战法，截击日军水陆交通线，并与空军配合，使敌前方补给困难，或不敢贸然再行深入，若敌悍然不顾，仍一意西进，我可固守桂林三个月以上，必然使敌疲敝，我军可乘其疲敝，转移攻势，胜算可操，届时太平洋方面，料想必有极大变化，敌本土感受极大威胁，至此我危机或可解除。

三、第四战区之兵力，现只有两个军，第31军守备桂林，第93军守备全县，对桂林东南龙虎关、清水关要地，只有中央军校第六分校练习营和学生数百人构筑工事。敌如进攻桂林，判断其主力沿桂全大道直趋，另以一部取道湘省常宁、永明，进入龙虎关或清水关，出咸水，威胁全州侧背，或经恭城出阳朔，威胁桂林侧背，故前电拟请第七战区集结两个军于北江西岸连县、连山，以便进出贺县、富川，掩护桂林侧背，此着似应做到。

四、桂、全如发生战事，我在桂柳之机场，只能作前进着陆场，如敌迫近桂林，则不能使用，故请修百色、独山两机场，或在南丹河池方面再新开一机场，以便将来必要时之应用。

白崇禧认为："桂柳若失，不仅影响国际视听，且影响国内人心，甚至诱起敌人进攻重庆或昆明企图"，他考虑再三，为了坚守桂林，必须还要增兵，8月下旬遂再度建议重庆三点：

一、以空军运输机全力输送第97、第14军，各编完整三个师，由陈素农军长率往桂林。二、严令第七战区司令长官余汉谋抽派一个军，归第四战区掩护龙虎关之用。三、再运汉中之第29军到柳州。

重庆以史迪威准备空运兵力增援滇西龙陵为由，不置可否。白崇禧有自己的看法："龙陵得失，与桂林相较，其轻重缓急自有等差，对缅甸应保持现在态势，不必再投入大量主力，一面催促英、美大军向缅甸登陆，则国际路线可通，而我西南所受敌军压力可减，如此空军就可用于运送军队到桂林。"蒋介石不以为然，他在日记中提出疑问："彼意欲将川黔中央军悉数空运桂林参加保卫战，而置四川抗战根据地于不顾，此乌乎可？"

24日，军令部制定"第四、第七、第九战区今后作战指导要领"，部分听取了白崇禧的意见：

甲第一期（敌未突破衡阳以西我现设主阵地以前）

一、第九战区

（子）湘江以东各军，就现态势续行攻夺要点，牵制消耗敌人，并相机击破之。

（丑）湘江以西各军，调整如次：

（天）李玉堂（归王耀武指挥）指挥37军、62军、79军、46军之新19师及彭璧生部，以有力一部于现阵地占领前进阵地，与敌接触，其主力于茅桐桥、新桥之线占领主阵地，并抽一部于鸡笼街附近，积极整补，构筑预备阵地。但37军主力应暂控置于松柏西南地区，与主阵地之右翼联系。

（地）王耀武直辖73军、74军、100军。

（1）74军（欠57师）以一部于现阵地占领前进阵地，与敌接触，其主力在新桥以北、蒸水西岸占领主阵地，并控置一部于金兰寺一带，积极整补，构筑预备阵地。57师到邵阳后，择要筑工，并积极整补，准备机动使用。

（2）100军以一部攻袭永丰东南之敌，其主力置界岭一带（永丰、邵阳间），积极整补，构筑预备阵地。

（3）73军以原态势向敌攻击。

（寅）46军先抽调控制部队一个师，集结于柳州，并担任柳州之防务；其余一个师（新19师）仍在现阵地，服行原任务，与敌保持接触。

（卯）湖南作战各军，除服行原任务外，应以小部队为单位，附必要工兵及爆破器材，编成多数游击队（但每军抽编兵力不得超过一团），采取避实击虚办法，深入敌后，轮番截击敌水、陆交通，并与我空军配合，使敌补给困难。

二、第四战区

（子）46军之一个师调柳州后，将31军（欠135师）移驻桂林，担任固守。

（丑）93军以一部占领黄沙河阵地，以主力防守全州（全县）。

（寅）南宁以南各部队防守现阵地，继续加强工事。

（卯）发动地方武力，积极予以组训，并分区酌设机构，俾收统一指挥之效。

（辰）南宁、玉林以南各公路及其他敌可利用之交通线，应继续动员民众彻底破坏之，并切实疏散各交通线上之壮丁及粮食物资，加强坚壁清野。

（巳）扩修独山机场，俾我空军始终发挥威力。由航委会另拟办法呈核。

三、第七战区

（子）以现态势防阻敌人，即在粤汉路南段者，以主力利用南北山险及既设阵地持久作战，以六个团兵力（必须以一个建制师为骨干）固守曲江。

（丑）依状况先期抽调二个师秘密分开连山、梧州，构筑工事而固守之。

乙 第二期（敌突破衡阳西侧我现设阵地后大举侵桂时）

一、第九战区

（子）李玉堂所率之37军转移湘江南岸，62军、79军及彭璧生部转移湘桂路以南地区，而王耀武直辖各军则在湘桂路以北地区，并以邵阳为根据地（须以有力一部固守之），积极夹击、侧击西犯之敌。

（丑）其他第九战区各部队亦应在公、

三、桂北门户开

铁路两侧攻袭敌人,予以牵制、消耗。

(寅)游击部队继续袭扰、困疲敌人,并断其补给交通。

二、第四战区

(子)93军之任务,谨拟二案如下:

(甲)以一部占领黄沙河阵地,以主力死守全州。此案确实有效,但牺牲较大。

(乙)在黄沙河、全州、严关口、大溶江各地区,逐次持久抵抗,再依状况参加桂林决战。此案牺牲较小,但不易确实实施。

二案以何者为宜,乞钧裁。(蒋介石裁定第93军任务"应照甲案实施"。)

(丑)敌如钻隙深入桂林附近,则适时召集46军及由七战区转用之二个师协力守军包围而歼灭之。

(寅)南宁以南各部队采用机动战法。但如可能,仍依既设坚固工事,极力拒止敌人,俾能确实掩护柳州以西我后方交通。

(卯)越北敌如进犯河田路,则以桂绥独3团(主力龙州,一部靖西)向田东逐次转进,阻击敌人。

(辰)利用地方武力,配合正规军,积极打击敌人。

三、第七战区

(子)准备以一军长率二师,适时参加桂林决战。

(丑)梧州仍留一师固守,并以两侧之挺进部队及地方团队准备攻袭沿江西犯之敌。

看来军令部很有办法,对付出了名不好驾驭的薛岳,通过王耀武、李玉堂等嫡系

■抗战胜利后薛岳、张发奎、梁华盛三人合影。

将领,直接指挥部分中央军留在湘桂铁路以北,以免第九战区整个退到湘东南。难以搞定的倒是余汉谋,6月中旬已派出一个第62军,是不是还愿意再抽调部队增援广西?这个问题我们留到后面再说。

3.退色的"抗日劲旅"

湘桂铁路和湘桂公路是湖南进入广西的交通要道,位于广西境内的路段,沿线两侧是五岭山脉,铁路、公路沿湘江与漓水河谷蜿蜒向前,地势平坦,宛如走廊。铁路、公路进入广西后在全县(当时也称全州)形成一个交叉,使全县成为名副其实的桂北门户。全县又为国民政府的西南补给点,枪支、弹药、汽油、被服等各类战备物资堆积如山,机械化第5军的后方仓库也在全县。全县城的地形属于盆地,受西北郊高地群瞰制,并不好守。县城北面30公里的黄沙河倒是一处险要地方,黄沙河前面地形开阔,后面有纵深高地,左右依托良好,十分有利于防守。8月间,第四战区即派工兵到黄沙河构筑了二个师的半永久性工事,不久,重庆卫戍部队第93军配属炮兵第29团第2营等部进驻全县,归第16集团军指挥。

第93军军长陈牧农刚过不惑之年。这次他率第10师、新8师增援广西,因部队不满员,实际只有10000余人。陈牧农治军不严,第93军从四川开赴广西,一路上军纪极差,沿途到处拉夫扰民不说,有些军官竟用军车载运物资到重庆做生意,甚至在贵阳还差点和当地驻军发生火拼。事发晚上,陈军部分官兵到贵阳大戏院看电影,与准备空运印度的徒手集训部队发生口角,由于陈军官兵人少,挨了些拳脚,回去搬来一个武装连寻求报复,结果电影散场人去楼空,就在附近街道上寻闲气。碰巧美军一辆吉普驶过,见有军队布防,为了自身防备,提枪上膛,不想擦枪走火。陈军官兵以为是迎宾楼上的集训部队在暗处打黑枪,一时机枪步枪齐向迎宾楼乱射,虽未造成伤亡,地方秩序已是一片大乱。黄埔一期出身的贵阳警备司令宋思一出面解决纠纷,陈军闹事官兵这才怏怏退去。事后,陈牧农对宋思一说:"贵州的地方真不行,我在西安时,军队所需柴草都由地方供应,但贵州一点不管我们,柴草非买不可,而且价钱又贵,你应替我想想办法。"老同学宋思一看不惯陈的骄横,颇不卖账地说:"你是过境部队,不是驻防军,以行军费支付好了。"

第93军的胡作非为实在对不起以往的光荣历史,要知道第10师和新8师曾经也是能征惯战之师。1931年6月,驻防安徽蚌埠的第45师改称第10师,师长由原第45师师长卫立煌担任。卫立煌人称"常胜将军",他升任第14军军长以后,第10师师长一职由旅长李默庵递升。李默庵也是鼎鼎大名,在黄埔军校第一期学员中,常有人说"文有贺衷寒,武有胡宗南,又文又武李默庵"。1937年9月,李默庵升任军长,部队旋即奔赴山西抗日战场，后来彭杰如、王劲修、陈牧农、王声溢依次升充师长。第10师有个特点，卫立煌之后的五位师长全是湖南人，除了王声溢是黄埔四期，其他几位全是黄埔一期。抗战相持阶段，第10师长期在山西沁水、阳城、曲沃、侯马一带与日军周旋，东坞岭一战可是打得敌人闻风丧胆。

中央军校第十四期毕业的陈济生1938年春天分配到第10师第30旅当见习官，他在《销毁日军汽车300辆》一文中详述了东坞岭伏击战的经过：

我们得到情报，日军有300来辆满载军需用品的汽车，要从沁水开到侯马去。天刚蒙蒙亮，就听远处传来汽车马达的轰鸣声，很快就见长蛇般的日军车队沿着公路蜿蜒地进入我伏击圈。当第一辆汽车刚刚进到一座山坡上的关帝庙旁时，只听轰的一声，我方的一颗迫击炮弹不偏不斜正打中车身，顿时火光一闪，黑烟腾空而起，车队前进的道路被堵塞，后退又无路可走，押车的敌人惊慌失措，一片混乱。这时埋伏在公路两侧山上的我军，枪炮齐鸣，带着对敌人的憎恨猛烈地射击。过了一会儿，敌人的还击逐渐稀疏，甚至停息下来，我军弟兄以为日军已被歼灭了，欢呼声响彻山谷。有些性急的士兵欢跳着奔向公路去寻找战利品。没料到敌人并未全部被击毙，他们躲藏在车底下，一看见我们冲下山来就疯狂地射击，于是歼敌的枪炮声再次响起。到了下午，敌人才被全部歼灭，我们缴获了大衣、军毯、饼干、香烟等大批给养物资。师部命令不能带走的战利品和汽车一起烧掉，当我们撤出战场时，山谷中已是浓烟滚滚，日军的300辆汽车完全淹没在一片火海之中。

新8师前身是黔军第25军第3师，1935年红军长征入黔，蒋介石乘机解决贵州土皇帝王家烈，第3师改编为新8师，师长蒋在珍。该师在抗战初期隶属第一战区，最抢眼的表现是爆破黄河铁桥和执行黄河掘堤。1939年9月，蒋在珍升任第93军副军长，陈牧农接任师长，部队逐渐中央化。1940年8月，陈牧农调至第10师，黄埔军校第三期毕业的马叔明继任师长。新8师在晋南抗日战场亦是无役不从，1939年4月连续进攻安泽、浮山县城，第22团团长彭镇璞以下600余人阵亡，虽未取得成功，但也可歌可泣。1940年8月，八路军发起"百团大战"，新8师奉命牵制高平日军，熊先煜时任师部参谋主任，他在《新编第8师抗战亲历记》一文中这样描述当时的情形：

为了配合百团大战，第93军奉命攻打晋东南之敌，新8师主力选定沁水县至高平县公路上的高平关，高平县至长治县公路上的寺庄镇为攻击目标。高平关村落较大，我军为了避免误伤居民和房屋，仅用第22团步兵攻击。寺庄镇日军据点构筑在该镇后面山腰上，我炮兵在对山反斜面阵地发射一百余发炮弹，打得敌人东逃西窜。长治日军调来二门大炮增援，我军声东击西，第23团3营夜袭高平城西北的大、小野川之敌，营长黄映清身先士卒，带领官兵与敌白刃交锋，反复肉搏，杀声震天，夜袭成功，黄营长以身殉国。

第93军在山西很能打，1942年夏秋改隶重庆卫戍总司令部，此后两年未经战事，刀枪入库、马放南山，各级干部渐渐腐化，曾经的抗日劲旅已然退色。唐资生当年是灌阳县县长，他回忆起第93军进驻全县也是大倒苦水：

除了向附近各县征集数以万计的民工在全县的双桥和城郊构筑防御工事外，还要各县征送大量的杉木、蔬菜、黄豆和铁鹿角等。当时指定灌阳县要征送民工3000人，蔬菜50000斤，黄豆8000斤和杉木、铁鹿角等各若干，而且期限非常紧迫。我们动员了县府、县国民兵团部的全部人马，……除了铁鹿角一项因灌阳铁匠很少未能全数打造齐，黄豆一项因征送较迟，运至中途遭遇到敌人全部损失外，其余民工、杉木和蔬菜等都如期如额送到了全县。

张发奎不会认同唐资生的感受，作为战区司令长官，当然是军事第一。吴懋时任黔桂湘边区兵站总监部军械处长，他跟随张发奎前往全县开会，从表面上看，第93军士兵体质健壮，精神状态也不错。吴懋回忆说：

会议由张发奎主持，会上该军的军师长均发言表示，他们有决心有信心守住全县，并要求充分屯备粮弹、副食和足够的迫击炮。兵站同意满足其要求，经张发奎核准，决定粮食、副食由全县县长负责就地筹拨，限3日内送到；弹药由第四兵站运发。另将桂林军械总库现存待发某军的美造60毫米迫击炮40门全部改发该军。张发奎要求陈军长增加和加固工事。第三天我们乘汽车回桂林时，沿途看到往全县送粮的马车队和准备宰杀作为副食品的牛群。我们私下议论，全县至少可守20天以上。

8月26日，蒋介石电令陈牧农：

该军应以一部占领黄沙河阵地，以主力固守全州，确实掌握该要地，与铁路两侧友军配合，阻敌西犯。着在全州附近，利用地形，构筑适合于兵力之环状闭锁式子母堡垒群，以增强阵地韧性。依地形设置防敌战车之各种设备，并准备在敌易于接近及攻击可能较大地区，适时敷设地雷群。敌可利用各道路，必须准备彻底破坏，待命实施。积储可供二个月之粮弹，但储藏地点必求安全，并适当分散。全州城内及其他重要据点仓库，应有防敌轰炸与防止火灾之各设施。

27日，陈牧农电陈蒋介石：

全州附近情形，刻黄沙河已构筑之工事，职已亲赴各实地视察完毕。以固守全州附近，遵构四个团之工事，已于二十六日开始构筑。工事配置，自全州车站之北方金背岭，亘东南地区经白竹塘、蛇公坝、龙眼塘、罗家滩、高岭脚、七里桥、五里村、水井岗、姚家冲、三里亭、村尾、蒋家、西瓜坪、雷公岭之线，构筑闭锁式子母堡之主阵地，在主阵地前方三公里内，扼要构筑警戒阵地，在主阵地内及车站附近，沿城西南各高地，至雷公岭四周，构筑核心工事，扁担坳及485.1高地沿山岭及亭子、白阁等各隘要口处，构筑排、连据点和炮兵阵地。

兵力部署方面，陈牧农以新8师积极从事全县北面的永岁乡双桥东西地段的工事构筑；第10师第28团及第29团1营，附战防炮营1连、炮29团1营山炮2门为前进部队，主力占领眼门前、尚礼村、慕道村之线，一部控置朱砂盖顶加强工事，掩护军主力进入阵地，另以一部在黄沙河警戒及向零陵、东安方面搜索敌情，师主力控置于全县车站以西地区为预备队，准备由铁路两侧阵地前方出击；军直属搜索营驻防城西的龙水乡、大西江乡，防止敌侧翼攻击。

9月2日，第四战区得到情报，越南日军正大规模集结北上，有呼应湖南日军进攻广西的迹象。张发奎担心陷入两面作战，电请蒋介石将重庆卫戍司令部的另一个军——第97军再调至河池、宜山，同时催促第七战区援军迅速向平乐、梧州集中。蒋介石答应第97军先头可以立即开拔，不过只能先开到黔桂边境控置，归军委会机动使用。至于第七战区的部队，继续督促余汉谋遵办。重庆卫戍司令部所辖兵力并不多，第93、第97两个军赶往广西"救火"，已经是主力尽出，国民政府在西南大后方缺乏机动作战部队，分析原因，一方面是受到滇西战场牵制，另一方面则是使用重兵封锁中共陕甘宁边区所至。

蒋介石决定使用第97军后，再电陈牧农：

迅速完成作战诸准备，工事之构筑，务加紧实施，并切实讲求纵深配置及秘匿，各据点须能独立作战，并能相互支援。粮弹及其他战斗资材之准备，虽以二个月为基准，但须以极激烈之战斗计算，并须将可能之轰炸损耗计入，务期在敌人断续攻击之下，能固守三个月以上。

张发奎对全县守军粮弹、器材的屯备，都是"准后勤部奉委座电令，照两个月计算"，如今从陈牧农口中获悉重庆要在全县打三个月，那还少一个月的物资怎么办？蒋介石复电说，全县应该死守，至于粮弹器材的屯备，限维持约三个月之用，作战三个月后，准备空运补给。衡阳保卫战守了47天，已是"惊天地、泣鬼神"，全县果真能守上三个月吗？蒋介石分明不切实际，白崇禧就不抱希望，他主张把第93军撤到桂林，既然全县难以久守，就不要作无谓牺牲。徐永昌则以"现时运至全县弹药，足供三个月之用，而且全县地形较衡阳为佳，尤利于守，似宜定一防守期限，纵即不能如期，亦可令其突围而出"。

8日，张发奎带领李汉冲等参谋人员视察全县防御工事，发觉很多都不合格，第93军的阵地过于宽广，以至备多力分。本来按照张发奎的意思，第93军应该以主力占领黄沙河既设阵地，以一个团进出庙头占领前进据点，进行持久防御。陈牧农根据蒋介石的指示，在黄沙河只使用一个团，将主力置于全县，面对张发奎的质疑，陈牧农说："如果一定要贯彻战区的命令，请再补发一个命令，当遵照执行。"张发奎犹豫了："既然有委员长电令，按现在部署就是了，惟必须加紧构筑城防工事，并确实控制两侧高地，才能掩护城内和后方交通线。"张发奎接着问陈牧农，能不能按委员长的要求守三个月？陈牧农不假思索："能！"张发奎听完一边摇头一边苦笑："我相信陈牧农无法实践他对蒋先生的承诺，我甚至认为他守不了三天。但是我相信，如果我尽最大的努力，我能在两周内利用湘桂线把所有军需物资运离全县。"陈牧农糟糕的防御工事和蒋介石直接干预指挥的坏毛病，使张发奎对全县防守彻底失去了信心。

4. 陈牧农轻弃全县

白崇禧和徐永昌在战略上有分歧，张发奎和白崇禧在作战指导上有不同看法，具体全县怎么防守各人又有各人的意见，1944年的重庆军方高层有点折腾。其实日军也不是铁板一块，中国派遣军和第11军在攻占衡阳之后，就产生了很大矛盾。中国派遣军要第11军"先在衡阳附近整备态势，排除万难迅速推进后方部队，以恢复和充实各师团的战斗力，从9月下旬再开始第二期作战"。第11军认为"在发动第二期作战以前必须攻破并确保零陵及宝庆，作为第二期作战的准备"。中国派遣军反对："第11军进至祁阳附近，距衡阳约需行军100公里，到零陵还有50公里，从新设方面军实施作战准备，特别是从兵站供应物资的角度来看，毕竟是不能允许的。"横山勇不甘心，继续申诉："第11军的作战设想的意图是根据以往的作战计划制订的，特别是以攻取零陵、宝庆作为第二期作战的准备而预定实行的，现在的意图主要在于歼灭当前的重庆军以结束第一期作战。"中国派遣军的答复很令第11军失望："衡阳西南方的会战，应便于第二期作战的进行，望对作战深度严加注意。"横山勇再次提出申请："如此，则取消进攻宝庆，但仍望批准攻取零陵。"结果还是没有获得批准。

中国派遣军的出发点还是有道理的。

8月21日，第11军在衡阳下牌冲司令部召开军事会议，各师团在汇报中都提到了人员虽经补充，但缺额很大。第116师团补充新兵4000人，仍缺600人；第58师团补充新兵后，还缺3000人，士兵们昼夜日晒雨淋，军服无一完整，军鞋大都破损。第13师团提出，军鞋问题已经影响作战，得赶紧补充。第40师团的问题是12门山炮只有6门可用，也希望尽快得到补充。横山勇显然不想停下进攻脚步，他强调"各部队对补充的新兵，应加强训练，在作战中要特别注意突击力的发挥"。27日，第11军下令各部沿湘桂铁路攻向衡阳以西的祁东、祁阳，并且指定第13师团、第40师团、第58师团"要有对重庆军突然撤退，随即发起攻击前进的准备"。祁阳距离零陵只有50公里，横山勇这不摆明要往零陵方向攻击前进。中国派遣军不会看不懂第11军的作战意图，30日电报批复只同意进攻祁东、祁阳，不同意追向宝庆、零陵。横山勇在参谋长中山贞武等人劝说下，多少有些动摇，可一旁的心腹高参岛贯武治插话说："既已采取攻势，今后的战斗指导应该视敌情而定，这已属于军司令官统帅战场的范围之内。"言下之意也就是"将在外君命有所不受"。横山勇被岛贯这么一说，又来劲了。31日复电："军司令官的战场指挥用兵，是职权范围以内之事情。"

如果说重庆方面是分歧，那日军这边就是"较劲"。中国派遣军总司令畑俊六在9月1日的日记中无奈写道：

因后方整备工作颇无成效，在此情况下即图攻取零陵，恐将重蹈衡阳覆辙。故衡阳周围扫荡战虽属可行，但攻取零陵则应停止。第11军复电虽承认后方整备工作尚不充分，但对攻取零陵问题，希望委之于所谓军司令官的战场统帅权。

横山勇铁了心，9月2日晚上下令第3师团"在祁阳附近切断敌军退路后，应及时占领零陵机场，准备进攻零陵"。畑俊六控制不住局面，只得听之任之，但总要挽回一些颜面，结果撤换了横山勇麾下力主扩大追击的岛贯武治，也算是找了个"下台阶"。6日，第3师团攻占零陵机场。7日，第13师团攻占零陵县城。横山勇志高气昂，畑俊六有些语塞。第11军根据战场实际情况，把握时机，大胆投入兵力，虽与上级的指导方针和作战命令不相符合，但毕竟是成功向前推进了一大步。难怪横山勇常说："在目前的大东亚战争中，能立即取得军事主动地位的，唯有在本军之当前。"

原本中山贞武等人还比较谨慎，在后方准备不足的情况下，担心突击冒进蒙受损失，没想到中国军队在湘桂路沿线很少顽强抵抗，于是多数人主张应乘中国军队后撤的短时混乱与尚未建立新的防御线之前，进行果敢的追击，形成进攻桂林、柳州的有利态势。横山勇连夜下令：军决定乘攻占零陵后的有利形势，继续攻占全县。第3师团沿潇

漓江烽火 | 桂柳会战

水经道县向永安关追击；第13师团向冷水滩南北高地追击，作好进攻准备；第40师团从东安以北追向新宁，到达该地后即左转南下；第58师团向鹿鸣村、峡口（全县以北）之线推进。横山勇要各师团先在广西省境线集结，充分搜索情报，等待坦克、重炮部队上来，再一起攻取全县。第11军情报部门此前曾经通报过全县方面的情况："8月2日，第四战区派参谋多人到全县，正在指挥构筑防御工事；8月10日，张发奎抵全县，视察第93军阵地；全县储藏的武器、弹药及各种军需品正在积极运往宜山和金城江。"日本人真是无孔不入，掌握的情报还很准确。

假如那时候就有卫星定位系统，你会发现9月8日这一天，日军第13师团第104联队正沿湘桂公路南侧小道急进，在大部队前面，30多人的便衣队已经快要接近黄沙河。而在60公里开外的全县，陈牧农在张发奎的摇头和苦笑之下，终于低头承认守不了三个月，只是"一言既出，驷马难追"。张发奎后来对美国哥伦比亚大学东亚研究所的夏莲荫女士坦言：

基本上我不同意死守任何地方。死守的目的乃是等待援军到来后内外夹击粉碎包围圈，换言之，是为了等候时机反攻。我们派不出援军去全县，全县迟早会陷落，牺牲那么多士兵有什么意义？在抗战期间，我从未滥用全力下令死守，我认为死守这一做法基本上是错误的。

张发奎当日对陈牧农说："陈军长，你最大的错误是对委员长夸下海口，坚守三个月是不可能的，我期望你守两星期。我会报告委员长，减轻你的负担。"陈牧农听了自然感激不尽，对张发奎千恩万谢。由全县归途中，李汉冲对第93军只在黄沙河使用一个团耿耿于怀："全县地形不好，目下情况紧迫，恐无时间来构筑坚固工事。委座远在重庆，不了解实际地形。陈军既已归战区指挥，就应执行战区命令才对，否则恐难达成持久任务。"李汉冲的考虑无疑是对的，放着地形险要且事先已构筑工事的黄沙河不守，退到四周是高地的全县城，确实难以久守。张发奎先是沉默，继而说："全县战斗的性质，不过是争取时间，得失关系不大。委座指挥部队，向来掌握到师，有时甚至到团，他的命令是不容轻易改变的。为今之计，你可给我补发一个命令给陈牧农，规定该军应在全县作坚强之抵抗，不得已时，逐次向兴安、大小溶江预备阵地交互转进。惟自黄沙河战斗开始之日起，最少须滞敌半个月以上，又各次撤退时机，要候长官部命令。"

张发奎回到桂林即打电话给蒋介石，鉴于兵力不足，防御工事脆弱，守全县三个月是不可能的。蒋介石反问能守多久，张发奎建议第93军在全县至灵川之间凭借有利地形节节抵抗，但9月27日之前，不可撤至灵川以南。抢运物资至少需要两个星期。张发奎把自己的意思一说,蒋介石倒也不再坚持死守全县。

9日下午,日军第13师团便衣队在湘江边的庙头与第10师第28团警戒部队交火。第16集团军总司令夏威闻讯饬令陈牧农,黄沙河最少要抵抗两天才能撤退。夏威这道命令有点荒唐,张发奎已经说了,全县至少要守两周,作为前进阵地且地形有利于防守的黄沙河怎能顶两天就撤?10日黄昏,第104联队先头第3大队由东湘桥西进,第10师第29团1营搜索队正向东北方搜索,见日军人多就急忙退守栗木岭。其实日军这个大队处于迷路状态,是误打误撞而来。第104联队

■第四战区副司令长官兼第16集团军总司令夏威。

所用的十万分之一地图和地形不一致,加上是夜晚行军,不知不觉越过了规定的省境集结线。事先预计第93军可能会出现在湘桂边界,可这一路上却没有中国军队踪影,今天遇上了,联队长海福三千雄坚信到了广西省境,于是便亲率联队一部急急追赶第3大队。

11日拂晓,栗山阵地被日军突破,港底村、茶园头、青木塘、轿子岭阵地险情频出。第29团1营3连驰往堵击,阎震黄营长负伤,官兵无心恋战,有人带头以请示军部补发几个月的欠饷为由,擅自往全县方向撤退。这是桂柳会战中最无耻最腐败的一幕军事儿戏,从近处看,陈牧农治军懈怠可见一斑,从远处看,国民党实在病得不轻。日军紧追不舍,但心里却十分纳闷,混凝土构筑并带掩盖的据点抵抗如此微弱,中国军队是没来得及进入阵地吗?眼看日军迫近全县东北15公里的青水塘,炮29团1营的两门山炮总算发挥了一点威力,第104联队通信中队中了头彩,海福三千雄急令部队退入附近村庄隐蔽。这时才从俘虏口中得知,联队早已突破命令所指的界线,冲入到全县防御阵地,海福大佐决定:"事已至此,骑虎难下,退却反会遭到重庆军的反击,倒不如西凭湘江阻挡,东凭比高800米以上的陡峭山地,进一步扩大战果。"

陈牧农没有海福三千雄的勇气,压根不想拿主力去恢复前进阵地,竟令第28团退守和好铺东西之线。第28团3营9连从黄沙河

漓江烽火 | 桂柳会战

撤退时，留下一班断后，全班士兵流尽最后一滴血，全部牺牲，算是陈牧农对弃守黄沙河的一点历史交待。第28团刚到和好铺阵地整理，日军就在全县东北12公里的梅潭附近渡过湘江，陈牧农干脆连和好铺阵地也不要了，令第28团退到全县归建。根据台湾"国防部"的《抗日战史》记载，11日22时至24时之间，张发奎几次电话指示："决改变作战计划，放弃固守全县，该军应保持战力参加桂柳会战，但为争取准备时间，在全县至桂林间应逐次抵抗两周，迟滞敌之前进。"张发奎本人则否认下过放弃全县的电话命令，他回忆说："第93军守卫黄沙河的部队未经抵抗就后撤至全县的主阵地，我打电话训斥他。"12日9时，蒋介石急电张发奎："第93军留一部坚守全县，不得已时节节抵抗，支持两星期以上时间，主力转移桂柳方面，黄沙河仍须督饬努力支持为要。"

蒋介石不舍全县，毕竟那里囤积物资太多，但又底气不足，"不得已时"这四个字明显给陈牧农留有空间。至于"黄沙河努力支持为要"云云，只能说战斗瞬息万变，重庆没有及时掌握桂北前线战况，尚不知道黄沙河已弃守。

12日13时，第93军声称接到战区电话指示："着该军沿公路铁路逐次抵抗两周，第一步到严关乡，第二步到大溶江，并以大溶江为最后抵抗线，在两周内不得任敌突过大溶江，并立即抽调步兵两个团，到严关乡、大溶江各附近构筑阵地，该军野炮即开桂林。"事情显得扑朔迷离，蒋介石给张发奎的电报确实存在，第四战区有否给陈牧农打过电话就说不清了。至少从李汉冲的回忆来看，完全不存在什么电话指示。12日深夜，全县专员陈恩元从兴安打电话报告张发奎："全县城内火光冲天，爆炸声甚巨，电话已中断，兴安发现少数溃兵，情况似有变化。"张发奎非常焦虑，命令李汉冲星夜驱车前往侦察和就地处理一切。13日拂晓，李汉冲在距离全县50多公里的兴安遇到了陈牧农。陈振振有词："昨夜全县西侧高地被敌袭击，左侧背与后方联络线均已受威胁，为撤退安全和尔后战斗起见，不得不放弃全县，情况紧迫，弹药粮秣无法全数撤走，乃作了焚毁处置，因电话中断，不及请示长官部。"

对照日军战史，全县战斗实际上并不紧迫。第104联队12日接到师团长赤鹿理的叱责电报："超越省境集结线，破坏第11军进攻计划，实属不当。"海福联队长感到惶恐，当即下令第1大队从梅潭返回到湘江东岸。第13师团第65联队这时还在零陵以西70公里的地方，第116联队同样推进缓慢，难怪赤鹿理要对孤军深入的第104联队发火。13日，情况有了一些变化，第11军的高级参谋井本和竹内赶到师团战斗指挥部联络相关事宜，赤鹿理和他们商量后，下达"鹿作命甲第172号"命令：步兵第116、第104、第65联队为第一线，采取从右侧攻取全县的态势，搜索敌情、地形。发动进攻应听候第

11军命令。于是，第104联队第1大队又调头沿湘桂公路前进，海福三千雄则率联队主力转移到湘江西岸，等待第116联队赶来并肩展开威力搜索。日军很快发现"敌军正在退却"，走在最前头第1大队第2中队实行威力搜索，14日凌晨首先进入全县，"城内并无重庆军，只在路上见到不久前像是敌军本部地方零乱桌椅等物"。海福联队长简直不敢相信，上级煞有介事，进攻全县要等待军部命令，没想到中国军队如此轻易放弃了这座西南补给重镇。第65联队天明后到达全县东北8公里的新村里，得知第93军已全面退却，联队长伊藤义彦在日记中写了三个字："真扫兴"。

台湾"国防部"的《抗日战史》有意为第93军轻弃全县开脱，形容日军"借其优势火力，突破我中央阵地及公路两侧地区，守军以阵地残破，死伤惨重，退守城郊继续抵抗"。黄昏后，日军"由东北两门突入城内，双方血战方酣，而该军搜索营在车底以北与由枫木山南之敌千余激战后，被迫退至龙水镇附近……该军恐后方联络线被敌截断，为达成逐次迟滞敌前进保持尔后参加桂柳作战力量起见，经将撤退详情，以申元电呈军事委员会，入夜复以申寒电报张长官后，即于13日晚19时撤离全州，向兴安附近转进。"其实哪有什么"血战方酣"，日军几乎是以一个大队驱退中国军队两个师，张发奎非常愤怒，陈牧农分明是擅自放弃全县，洞开战区门户，非严办不可。

5. 中将军长之死

1944年9月14日，第93军抵达兴安附近，第10师占领井上田、七家岭、飞龙殿、五旗岭之线，新8师占领大溶江附近。陈牧农直接致电侍从室主任林蔚，报告了全县放弃经过："军为既出不利，避出胶着，保持会战力量，于元晚脱离敌军西退。弹药抢出一部，余均彻底爆破。尔后决在界首严关镇、大溶江之线阻敌。"日军对于第93军轻弃全县大惑不解："黄沙河对岸和大结以南高地上的阵地，构筑极为坚固，是以洞穴碉堡为中心组成的纵深达四公里的阵地。此外，在塞前岭、江家村、五里村以南高地一线，还有尚未竣工的纵深达三公里的阵地。重庆军放弃如此坚固阵地竟然退却，其意图何在，实难理解。"

台湾"国防部"的《抗日战史》有提到陈牧农以申元、申寒分别电报蒋介石和张发奎后，才敢于13日晚撤离全州。"申元电"是指元日（9月13日）所发电报，目前笔者还未掌握这封电报的具体内容，不好妄加议论。"申寒电"是指寒日（9月14日）所发电报，也就是说给张发奎的电报是在14日发出的，当时全县已经弃守。《抗日战史》所谓"入夜复以申寒电报张长官后，即于13日晚19时撤离全州"，分明是鱼目混珠，想要造成一种假象，弃守全县事先不光请示过蒋介石，还通知过张发奎。"国防部史政编译

漓江烽火 | 桂柳会战

局"为什么要这样做？笔者从电报韵目代日找出其破绽，力图拂去历史的尘埃，还原全县弃守和陈牧农伏法的真实一幕。

15日或者是16日，张发奎电话报告蒋介石："陈牧农未奉命令，擅自放弃全县，焚毁大批军需物品，应予严厉处分。"蒋介石要张发奎"扣留法办"。张发奎通知陈牧农到桂林出席会议，有部下提醒他不要去，陈牧农认为自己有"申元电"在手，充其量就是说明经过罢了。于是叫卫士把《红楼梦》、《三国演义》等书装入一个木箱，外带一条红色毯子，离开军部赶往桂林。17日8时，陈牧农到达桂林鹦鹉山下的城防司令部，韦云淞在路口笑脸迎入指挥所。此时的鹦鹉山早已布下天罗地网，为了防止陈牧农逃跑，城防司令部警卫营两次侦察附近地形，防守桂林北门的第131师第392团严密监控湘桂路，生怕第93军哗变夺人。蒋介石当日指示"扣留法办"，扣留已经完成，法办究竟怎么办？张发奎建议移交重庆军事法庭审理。19日，蒋介石复电拒绝押送重庆，"务将陈牧农枪决后的尸体拍照呈核备案"。张发奎向陈牧农出示电报，问陈要不要写一纸遗嘱？陈牧农不服，要求直接与蒋介石通电话。张发奎打电话给侍从室主任林蔚，林说："委员长已经休息了，不必报告，命令已经下达，请长官立刻执行就是了。"林蔚主任话锋冰冷，语气中没有分毫回旋余地。陈牧农万分绝望，但又冷静地坐到桌前给在四川江津教书的妻子马绮红写信，据说信只有几句话："我贻误军机，愧对国人，我死后盼你抚育孤儿，善自为之，并将我遗骨扬灰免污国土。"陈牧农把写字的派克笔送给城防司令部中尉参谋李德清，请李代为寄出。

执行当日，桂林城防司令部军法官陈芹声率警卫营官兵一连，将陈牧农押往北门外，整个过程没有用绳捆绑，算是给即将踏上黄泉路的中将军长一点最后的尊严。刑场设在火车站西侧的乱坟堆，陈牧农昂首挺胸坐在一条樟木做的长凳上，保持着军人应有的威严姿态。执行枪决的是警卫营1连副连长兼排长韦仁大，或许是过于紧张，平时枪法极准的韦仁大连开两枪才结束了陈牧农的生命。陈被处决后，李宗仁的原配夫人李秀文出面置棺收殓，后由第93军军械主任陈若辉运至綦江安葬。

陈牧农伏法见诸报端之后，远在重庆的军法执行总监何成浚拍手称快："此等军长不枪决，真无以言战矣。"也有人为陈牧农叫屈，陈的黄埔一期同学甘丽初私下说："张长官一时意气用事，把陈牧农杀了。我们黄埔同学为此对张十分不满，我觉得他当时不应当这样做。"侍从室第六组组长唐纵也加入叫屈队伍："中央命令第93军守全县，张发奎变更部署，要第93军保卫桂林，陈牧农得到张长官之意见而撤出全县，但到奉命枪毙时，则不为陈牧农负责。陈牧农之死，可谓冤屈！"陈牧农遗体运回綦江，綦江各界人士1000多人特别召开大会进行悼念，永新人代易东作挽联云："功高乎，罪大乎，评论者交相审鉴，他说穷途遭白眼；遗臭乎，流芳乎，大丈夫毋计较，我来搔首问青天。"更有人质疑张发奎之所以要杀陈牧农，完全是为张德能之死泄愤。张德能云南讲武堂毕业后分配到第4军任排长，二十年间一步步升迁到军长，外界一直传说他是张发奎的侄儿，是张一手培养起来的"铁军"军长。1944年8月，张德能因失守长沙被判死刑。坊间传言绘声绘色，说什么张发奎曾对第4军的将领们说过，蒋委员长杀我一个张德能，我也杀了他一个陈牧农，可以互相抵消了。

张发奎本人对此坚决否认："张德能到第4军任军长是1943年的事，可我1932年8月就离开第4军了，他从未做过我的下属。"李汉冲也帮张发奎说话："据我所知，张发奎自始至终，均无杀陈之意，只想将陈撤职查办而已。"李汉冲的回忆文章还透露了另外一些内幕：

陈牧农被扣，军长一职由副军长胡栋成临时代理，胡系广西修仁人，也是黄埔一期毕业。拘禁期间，陈牧农与胡栋成洽商交接，陈托胡设法疏通重庆营救，又将撤退经过转呈张发奎，信函中说及第93军来桂前，蒋介石有言在先，在桂作战，应相机行动，不可以主力投入决战，一切战斗行动，可直接报告我，以我的命令为依据。13日晚上是征得蒋介石同意才放弃全县的。张发奎看过陈牧农的曝料，觉得情有可原，嘱咐胡栋成照实情详细呈报重庆。后据传说，胡栋成因想真除，乃将陈之密函内容向蒋密报，以速其死，蒋恐阴私暴露，立即令张执行枪决。

然而这毕竟是传说，李汉冲的说法未必可以全信。张发奎晚年接受美国哥伦比亚大学东亚研究所访问，对陈牧农之死谈道："我报告蒋先生陈牧农擅自后撤，他命令我立即枪毙陈，接着我收到蒋先生的电话，确认他的命令。不然，我是不敢执行处决令的。第93军团以上军官要求我帮忙求情，我没有理由拒绝，另外，陈牧农以往也是一员虎将。虽然有足够的理由判他死刑，但我必须为他求情，我们中国人常常强调人情。"

甘丽初同情他，唐纵替他抱屈，代易东为他惋惜，张发奎承认他"以往也是一员虎将"，那么陈牧农究竟是怎样一个人呢？

陈牧农，别号节文，1901年4月出生于湖南桑植县南岔的一户普通农民家庭。早年就读桑植县立高校，1923年考入湖南省立高等工业专门学校，与湖南桃源人刘戡是莫逆之交。1923年冬，陈牧农和刘戡投笔从戎，投入广州大本营军政部讲武学校。1924年秋并入黄埔军校第一期，与李默庵、王劲修、彭杰如等湖南籍学员同属第6队。毕业后历任东征军总指挥部警卫营排长、第1军第2师连长、营长、团附，国民政府警卫军第1师副团长，第10师第28旅第57团团长等职。1934年1月，第10师奉命从赣南入闽，讨伐

漓江烽火 | 桂柳会战

福建人民政府，第28旅的任务是占领惠安城北的涂岭附近阵地，准备侧击由莆田方面沿公路向南退却的第19路军。第19路军人地相熟，偏偏避开28旅侧击火力范围，陈牧农和旅长陈沛几次要求进击，都被谨慎的李默庵师长拒绝，以至错失良机。19日，28旅奉命追击向南溃退之敌，第19路军据守泉州湾长约3华里的洛阳桥不退，第56团团长马叔明关键时刻玩起失踪，陈牧农倒是十分英勇，带头进攻时所穿棉军服被贯穿一洞，差点一命呜呼。第19路军被迫改编，陈沛升任第60师长，第28旅旅长一职由陈牧农递升。

抗战军兴，第10师先是增援南口受阻，后取道正太铁路入晋参加忻口会战。大白水是忻口左翼兵团较为突出的一个重要据点，陈牧农率旅部和第57团进驻大白水和阎庄，第56团位于小白水担任预备队。日军将大白水外围工事及障碍物摧毁后，便由东、西、北三面将大白水包围，陈牧农见情况危急，亲率第56团2营、3营反击，同时振臂高呼："弟兄们，今日为吾人成功成仁之时，前进！"日军步兵虽被杀退，但有三辆坦克从东关顺路突入大白水市街，一直冲到第28旅旅部，陈牧农身边的卫士纷纷被射杀，一时秩序大乱。抗战初期缺乏打坦克的经验，战车防御炮这种新式武器配备又少，第14军军长李默庵闻讯，建议搜集老乡的煤油和部队用的汽油，用瓶装投掷到敌坦克上，然后引着火攻。陈牧农立即照办，黄昏时击毁日军一辆坦克，迫使其余二辆掉头退去。

■ 抗战前的陈牧农。

太原沦陷之后，卫立煌部退到晋南地区展开游击战，屡屡攻略日军据点，袭扰日军补给线，陈牧农在1940年12月由新8师师长调任第10师师长。在山西抗战期间，陈牧农受卫立煌、李默庵等人影响，与中共尚能保持良好合作，特别是与第120师师长贺龙交往尤多。陈贺都是湖南桑植人，据说第10师和第120师的篮球队经常举行友谊赛，第10师还一度派出一个工兵营协助八路军训练工兵，获得左权参谋长热情接待。1941年7月，第10师经陕西韩城移防宝鸡整训，次年初，陈牧农升任第93军副军长。8月，第93军改隶重庆卫戍总司令部，所属各师分驻弹子石、海棠溪、巴县、北碚、嘉陵江、复兴关、白市驿等地。9月，刘戡入陆大特别班受训，陈牧农升任军长，成为卫戍陪都炙手可热的"禁卫军"统领。从1942年秋到1944年夏，差不多整整两年时间，陈牧农一直过着安逸的生活，比起抗战初期转战山西的那些烽火岁月，那可真是天壤之别。"前方吃紧，后方紧吃"，卫戍部队的应酬似乎特别多，一来二去，陈牧农和第十六补训处处长周振强、綦江县县长杨卓勋等成了牌桌上的好友，整天吃喝玩乐，为民族抗战"成功成仁"的价值观渐渐被纸醉金迷的生活抛到九霄云外。1944年率部驰援广西的陈牧农早已不是当年的"抗日虎将"，看来环境足以改变一个人，尤其是那些意志不坚强的人。

台湾"国防部史政编译局"的《抗日战史》初版于国民党强权政治年代的1966年5月。编撰人员掌握包括"申元电"在内的大量档案资料，对陈牧农弃守全县被处决多少持同情态度。因为众所周知的原因，不能公布"申元电"的具体内容，只得含糊其词什么"以申元电呈军事委员会，入夜复以申寒电报张长官后，即于13日晚19时撤离全州"。之所以要把张发奎拉进来，除了为陈牧农开脱，主要是想找一个有分量的人和"最高统帅"分担责任，也不排除编撰人员本身对张发奎的一些处置持不赞同立场。但话又不便说得太直接，张发奎旅居香港，50年代以来一直都是海峡两岸争取到自己阵营的重量级对象，落笔自然要谨慎再谨慎。至于陈牧农未经司法审讯被枪决，编撰人员干脆跳过不提，直到9月26日的战况表述中出现"代军长胡栋成"，陈牧农仿佛在14日"人间蒸发"。

显然，编撰人员的同情基于"申元电"，认为陈牧农是奉命撤退，至少是打过招呼再走人，并没有把轻弃全县所造成的抗战损失考量在内。时任第31军副军长的冯璜在1990年代还惋惜地说："陈牧农烧毁那批武器弹药估计折合人民币一亿元。"如期征送民工和物资的原灌阳县县长唐资生别提有多气愤："第93军声言起码要死守全县三个月，不料日军还没有越过双桥防线，而仅以一小部兵力向全县城西迂回袭击刚到达龙水的时候，第93军便惊慌失措，把县城一把火烧光，仓促撤退，灌阳及其他各县征送去的民工，许多来不及逃走，都被日军杀害。而各县千辛万苦送到全县堆积如山的物资，当然付之一炬，没有发挥半点作用。"从物资损失的角度来看，轻弃全县影响恶劣，陈牧农死得并不冤。当然蒋介石要为他的死负上相当责任，从"死守三个月"到"一部坚守全县"，再到"不得已时节节抵抗"，老板没有信心，员工哪来士气。这也是后来蒋介石同意刘戡等人的请求，对陈牧农"撤销罪名，作阵亡抚恤"的深层原因。从内心讲，蒋介石感到一丝愧疚。据传陈妻马绮红曾经赶到重庆喊冤，蒋介石只丢下一句话："将在外君命有所不受。"抗战胜利后，马绮红将陈牧农遗体移葬武昌洪山。

2002年江苏人民出版社出版的《中国抗日战争正面战场作战记》一书，似乎也在刻

漓江烽火 | 桂柳会战

意回避陈牧农伏法的往事。该书对全县弃守只简单写道：

1944年9月13日，日军第11军第13师团的第104联队进至全县以北黄沙河附近，第3师团的第34联队及野炮兵第3联队进占道县。第四战区得知此情况后，以全县右侧背已受威胁为理由，急令经军事委员会部署、蒋介石批示应固守黄沙河和全县的第93军放弃有利的地形和坚固的既设国防工事，沿湘桂铁路撤向大溶江。因而日军于14日不战而占领广西东北战略要地全县，打开了通向桂林的门户。

第93军轻弃全县时的大火连同陈牧农服刑响起的枪声，还在张发奎心中久久回荡，此刻他不得不把注意力从桂北转移到桂东。

四、功亏一篑的桂平反击战

1."南集团"

1944年9月25日,晨曦中的汉口机场比以往平添了几分忙碌,和来的时候一样,冈村宁次要选择中美空军频繁出击的"空当",前往另一座日军占领下的城市——广州。即便是捡个"空当",飞机还不能直接沿粤汉路往南飞,先得往东南方向绕个大圈子到台湾,再从台湾转飞广州。也许这就叫做江河日下吧。冈村宁次到广州联络第23军,副参谋长天野正一随行左右,他临行前叮嘱留守汉口的参谋长宫崎周一:"据来自东京的消息,参谋本部第二部及陆军省有关部门对这次作战的成败惶惶不安,为避免重蹈英帕尔覆辙,对确保后方补给,望更加慎重。"

第23军在"一号作战"中代号"南集团",其沿革历史可以追溯到1938年9月编组的第21军。第21军当年是专为进攻广州而设,归日军大本营直接指挥,下辖第5、第18、第104师团等部。1939年9月中国派遣军成立,第21军转隶其下,基本任务就是确保广州附近包括惠州、从化、清远、北江以及从三水到西江下游之间。日军大本营的指示非常明确:"如果超越上述区域进行地面作战时,另行下令。"第21军后来也有过几次批准的越区作战行动,先是1939年2月应海军强烈要求,攻占海南岛,后又于是年6月,为进一步封锁华南沿海,攻占广东潮汕地区。南宁作战则是规模最大的一次出击,第5师团和台湾混成旅团登陆钦州湾,第18、第104师团和近卫混成旅团配合广西方面,从广州向北攻。第21军这两次作战就是我们通常所称的桂南会战和第一次粤北战役。1940年2月,第21军番号撤消,升格为华南方面军,一年多后为加强对太平洋作战的统一指挥,又将华南方面军撤消,另成立第23军,以今村均为司令官。之后所属部队调进调出,到太平洋战争爆发时的第23军尚有第38、第51、第104三个师团和独立混成第19旅团。第38师团攻占香港后脱离第21军,第51师团也在1942年11月调往南太平洋,作为弥补,另外新成立了一个独立混成

漓江烽火 桂柳会战

■1939年华南日军第21军所属的坦克部队进攻粤北。

第22旅团,加入第23军防守华南。1943年2月,刚刚编成的独立混成第23旅团从台湾登陆雷州半岛,也归第23军指挥。

1944年2月3日,中国派遣军在南京召开方面军及各军参谋长会议,下达有关"一号作战"的指示。第23军参谋长安达与助简直不敢相信,层峰给予的任务如此之重:"第23军于6月末派一部兵力牵制第七战区,以利第11军作战。7月末,第23军从广东地区开始作战,与第11军相呼应,击溃重庆军攻占桂林及柳州附近后,扫荡湘桂、粤汉两铁路沿线残敌,占领并确保之。根据情况,以后再摧毁遂川和南雄附近的敌军机场。"这还不算,如果情况进一步许可,1945年1月、2月还得攻占南宁,打通并确保桂林至越南谅山的道路。知道第23军有难处,中国派遣军承诺"在广东地区新设两个独立步兵旅团,由华中抽调第22师团以加强兵力"。都算好了,"进攻作战兵力为第22、第104两个师团和第22、第23两个独立混成旅团,留下独立混成第19旅团和新成立的两个独立步兵旅团担任防守"。安达与助暗暗骂娘,当即提出:"进攻兵力只增加一个师团不敷应用,为了确保包括柳州附近的中国西南各重要地区和粤汉铁路沿线地区,难以胜任。"

也难怪,第11军作为日军"能够对蜂拥而上的敌人适时实施反击,能挫败敌军抗战企图"的作战军,平时拥有7个师团以上兵力,第五、第六、第九战区进进出出,所属各部都是见过大场面的强悍之师。反观第23军长期抱着广州、汕头及湛江、海口、三亚的"一亩二分地",基本靠守大小据点过日子,如今多给一个师团就要冲出广东,谈何容易。中国派遣军的答复很令安达与助失望:"派遣军需要全盘运用兵力,希望克服困难,特别期待于对余汉谋的工作。"这里所谓对余汉谋的工作就是指诱降,不过到了1944年,瞎子都知道日本准输,只不过什么时候输的问题,余汉谋还会傻到明里暗里巴结日本人?

安达与助回到广州,第23军司令官田中久一听完汇报一声不吭。田中久一这个人外表看上去很斯文,戴着一副眼镜,活像一名大学教授,其实为人凶悍狡诈、残酷成性,当年广东人可没少吃他苦头。田中久一是日本兵库县人,1910年毕业于日本士官学校第22期,后进入陆军大学第30期深造。1938年2月被任命为台湾军参谋长。同年9月,调任新组建的第21军参谋长,参与指挥大亚湾登陆,攻占广州。一年之后,田中久一调任陆军户山学校校长,户山学校相当于国民党的南京步兵学校。1940年田中终于有机会带兵了,这年9月他被调任第21师团师团长,先是参加进攻中条山,后又多次扫荡中共抗日根据地。1942年1月,第21师团从青岛出发,调往越南北部,一部分兵力被派往菲律宾支援巴丹半岛攻坚战。1943年3月,田中久一升任第23军司令官,成为华南日军的"一把手"。日本投降后,中国军民要和他算账:1940年12月,杀害琼崖游击队100多名伤员;1942年初,扫荡惠州枪杀平民500多人;1944年7月,为了准备参加"湘桂作战"所需物资,命令部下派人到台山县勒索粮食,该县第四区三社乡245人被杀。英美盟军也要找他偿还血债:1941年12月,攻陷香港后屠杀住在圣斯蒂芬学院60多名英军伤兵;美军联络官指控他下令杀害被俘的美军飞行员荷克少校。总之华南日军造的孽都要田中承担,尽管有些暴行与田中并无直接关系。

1946年5月18日,广州行营军事法庭公审田中久一,起诉书中历数了他的罪行:"肆意屠杀平民,破坏财物,奸淫掳掠,强拉夫役,滥施酷刑,无恶不作,为祸之烈,史无前例。平民无辜遭其荼毒者不知凡几,财产损失更难以计数"。军事法庭判处田中久一死刑,宣判书中这样指出:"田中久一身为侵犯华南日军之最高指挥官,任其部属为此滔天罪行,其纵兵殃民之责,亦万答无可辞核。其所为不特违反战争法规及惯例,抑亦有伤人道。"田中久一死到临头还挺嘴硬,看押期间居然还说:"日本战胜却投降真不服气,且看十年之后,谁执亚洲牛耳。"1947年3月27日是枪决田中久一的日子,按照中国自古以来处决要犯的惯例,先要在市区游行示众,于是成千上万的群众走上街头,有扔石块和垃圾的,也有喊口号和骂祖宗的。在流花桥刑场,里里外外聚集了三万多人围观,一见囚车开到,全场顿时掌声雷动,可见广州人对田中久一那真是恨之入骨。

漓江烽火 桂柳会战

当年还是小学生的蔡国颂老人亲眼目睹了这一幕：

田中久一没有被捆绑，身穿日本军便服，面色蜡黄，像厚厚涂了一层黄蜡油，最后一个下车。两个彪形军汉一左一右，一只手抓住他的手，另一只手抓住他的肩膀，把他推向北行。为了看个真切，我急忙脱下鞋袜，挽起裤管，从广花路旁的水田涉水斜赶上去，得以站到距离行刑点最近的地方。田中久一在铁路上走了没几步，就用力将身向东转，两个押解的军人用力按捺住他，他便转过头来，朝东点头三下，然后下跪。一个押解的军汉拍打他的肩膀，用手向前指示地点，他起来走到那里就跪下。军号响了，行刑兵用步枪朝田中久一背部开枪，他中枪后身体向上一冲就扑倒在地上。行刑兵再开两枪，一个军官上前查看，用手一指，行刑兵又加一枪。那个军官一挥手，收队的军号响起。

1944年的田中久一还是踌躇满志的，虽然进攻广西的道路充满荆棘，但作为一名好战的军人，内心依然渴望建功立业。安达与助返回广州没几天，"第23军湘桂作战设想大纲"就拟定上报了中国派遣军：第一期以第22师团和第104师团往北攻，牵制余汉谋派兵增援湖南。第二期分两步走，第一步以第22师团和第104师团沿西江两岸向梧州南北一线推进，独立第23旅团从雷州半岛攻向丹竹；第二步协同湘桂路南下的第11军进攻柳州，第22师团和第104师团目标柳州，独立第22旅团向柳州西南进击，独立第23旅团在来宾、迁江担任侧翼掩护。第三期以部分兵力进攻南宁。如此劳师动众的远距离作战，对第23军来说还是首次，广州到柳州的直线距离足有400公里，只留下三个独立步兵旅团看家，主力倾巢而出，田中久一压力很大，事先故意放出话说："本军为对付美军登陆，实行东进作战，计划由陆路进攻到福建附近。"

1944年2月，独立步兵第8、第13旅团很快在日本和广东编成，野战高射炮第55大队和野战机关炮第49中队也纷纷接到命令，开

■1947年3月27日，田中久一被枪决。

赴广东担任重要地区的防空。7月初,随着第22师团悉数到达广州,"南集团"用于进攻的兵力全部到位,合计约40000人。

第104师团是南粤军民最熟悉的宿敌,自从1938年10月登陆大亚湾之后就一直没离开过广东。该师团组建于1938年6月,主要是由第4师团预备役人员构成,长期担负广州及其周围地区的警备任务,虽然1939年和1940年两度进犯粤北,但毕竟战役规模不大,无法通过实战有效提高战斗力。第104师团最初是四联队制,1941年1月调整为三联队制,即师团下辖第104师步兵团(辖步兵第108、第137、第161联队)、骑兵第104大队、野战炮兵第104联队、工兵第104联队、辎重兵第104联队和通信队、卫生队、野战医院等。第104师团满员人数应为18000人,实际可能达不到,但也不会少于15000人。

第22师团组建于1938年4月,师团所属的山炮兵第52联队曾经配属第106师团投入武汉会战南浔路战线,不过战绩不佳,受损严重。1939年9月,该师团编入第13军,驻防杭州附近。1940年枣宜会战期间,抽调部分兵力组成松井支队配属第11军作战。1941年4月,配合第5师团进攻浙东,后又退守杭(州)甬(宁波)公路沿线。1942年4月,参加浙赣会战,一直打到江西横峰,返转后负责浙江中部金华周边地区警备任务。第22师团是三联队制,即辖第22步兵团(辖步兵第84、第85、第86联队)、搜索第22联队、山炮兵第52联队、工兵第22联队、辎重兵第22联队和装甲车中队、通信队、卫生队、野战医院等。原则上人数应与第104师团相等,但在调归第23军过程中多次遭到空中及海上打击,人员、物资都有不同程度损失。

第一批输送的是步兵第84联队、山炮兵第52联队主力、工兵第22联队、师团司令部等单位,共乘15艘运输船,人员倒无伤亡,但这批船只在返回上海途中遭到美国空军轰炸,"神寿"号当场被炸沉,另有两艘中弹起火。日军从香港调派军舰前来救援,"桥立"号、"筑波"号炮舰又被早一步赶到的美军潜艇击沉。第二批走的是第85联队和山炮兵第52联队一部,靠近海岸线小心翼翼地航行,总算没出事。第三批输送的是步兵第86联队和辎重兵第22联队等单位,7月4日被美军潜艇盯上,"日东"号、"晓勇"号和"第二十八共同"号三艘运输船先后被鱼雷击沉,至少有千余人丧生大海。第22师团最终到达广州的人数不超过14000人。

独立混成第22旅团组建于1942年11月,最初辖5个独立步兵大队及炮兵、工兵、通信队各一,后来又增加1个步兵大队,即第66、第70、第71、第125、第126、第127大队。1944年9月,因湛江方面兵力不足,将第70大队调归独立第23旅团指挥,剩下约5000人。

独立混成第23旅团1943年1月编成于台湾,辖3个独立步兵大队及炮兵、工兵、通信队各一,分散守备在雷州半岛的湛江和海南岛海口、三亚等地。原定作战时增加第247、第248两个大队，后来因为情况变化，并没有赶上第23旅团的西进步伐。第70大队虽然也归第23旅团指挥，但主要用于留守后方，实际参加进攻广西的只有第128、129、130三个大队，合计3000人左右。

日军的独立混成旅团是具有独立建制的战术单位，规模小于师团但与师团处于同一指挥层级，均受军司令部指挥或直属方面军司令部。既能用于占领地警备，也可参加军级野战行动，师团常由日军大本营在各战场之间调配使用，独立旅团却很少发生跨总军的调动。但时任第27师团士官后来成为日本军事历史学家的藤原彰认为，独立旅团在日军内部地位并不高，一般是"以征召的预备役军人为主体，编制装备比现役师团差，军纪方面的问题就更多了"。当然，田中久一是不在乎军纪的，他现在满脑子是攻占柳州，仿佛要向所有人证明，"南集团"不仅能守而且善战。

桂柳会战日军第23军指挥系统表（1944年7月）

　　司令官田中久一

　　参谋长安达与助

　　第22师团师团长平田正判

　　步兵团原田义和

　　步兵第84联队深野时之助

　　步兵第85联队能势润三

　　步兵第86联队中川纪士郎

　　山炮兵第52联队本田和助

　　工兵第22联队高城安

　　辎重兵第22联队濑古第一

　　第104师团师团长铃木贞次

　　步兵团竹内一郎

　　步兵第108联队上野原吉

　　步兵第137联队川上护

　　步兵第161联队清水园

　　野炮兵第104联队小林渐

　　工兵第104联队获野仕

　　辎重兵第104联队门口元一

　　独立混成第22旅团旅团长米山米鹿

　　独立步兵第66、第71、第125、第126、第127大队

　　炮兵队

　　通信队

　　独立混成第23旅团旅团长下河边宪二

　　独立步兵第70、第128、第129、第130、第247、第248大队

　　炮兵队

　　工兵队

　　通信队

2. 余汉谋北江拒敌

1944年6月14日，第七战区司令长官余汉谋接到蒋介石电令："着第62军克日开赴衡阳策应大军作战，归本会直接指挥。"湖南战事紧，衡阳得失攸关粤汉路和粤北安全，余汉谋遵令照办，第62军快速集结曲

江，由铁路输送陆续入湘。第四战区分家后，余汉谋在粤北牢牢掌握着第62军、第63军、第65军和独立第9旅、独立第20旅等部。邓龙光的第35集团军因暂2军年初即已开赴湖南株洲、渌口整训，现在只剩下一个第64军分布在湛江至清远、英德间绵延千里的防线上。田中久一对第七战区增援湖南的举动有所察觉，16日召开第23军作战会议，下令实施第一期作战，其要点如下：

一、第23军计划沿北江地区采取攻势，牵制重庆第七战区军，以利于第11军在衡阳附近的作战，并作好以后作战的准备。预定6月27日开始进攻，第2飞行团直接协助第23军作战。

二、独立混成第22旅团，于6月27日落以后从江门附近开始行动，经过单水口攻占台山，并作好下期作战准备。

三、第104师团从6月27日开始进攻，牵制北江右岸的第七战区军，以有利于第11军进攻衡阳为目的，击溃当前的敌军，进入连江一线，并作好第二期作战准备。

四、第22师团命令一部（步兵3个大队为基干）于6月27日从增城附近开始行动，向龙门方面推进拖住北江右岸的重庆军。至于第二期作战的准备，另行指示。

五、独立步兵第8旅团以一部向从化方向出击，配合第22师团向龙门进攻，使第22师团易于行动。

第七战区调走暂2军和第62军后，是否有预案应付日军第23军可能发起的攻势，目前还缺乏相关原始档案佐证，台湾商务印书馆发行的《民国余上将汉谋年谱》对北江、连江战事只字不提，想来也是缺少第一手资料。中国派遣军当初要第23军多做余汉谋工作，田中久一不抱希望，不过种种情报显示第七战区未必有积极行动。没错，作为地方实力派，余汉谋这个时候不会选择硬拼，既然日本出局已经是时间问题，就要考虑如何更多地保存实力到战后，这对自己将来的政治地位可是大有影响。粤系将领都知道，和"蒋阿拉"打交道，没实力只能靠边站。不过话也说回来，余汉谋能派出第62军应援湖南，也算是"公忠体国"了。第62军一走，粤北机动力量减弱，第七战区的现状只允许余汉谋在英德、韶关间集中优势兵力，利用连江、北江河流地势阻挡日军北上。

日军战史评价第七战区的防卫方针从来都是避免与日军决战，所谓"不打人也不挨打"。其实有些失之偏颇，至少第64军在沉寂的相持阶段有过数次有力出击，日军第104师团要进入连江一线，首先要过老对手第64军这一关。

第64军成立于1937年8月，最初下辖第155师、第156师，军长李汉魂兼任第155师师长，副军长邓龙光兼任第156师师长，李、邓二人都是张发奎第4军系统出身的将领。1939年2月，李汉魂率部从江西泰和回到广东，改任广东省政府主席，军长一职由

漓江烽火 桂柳会战

副军长邓龙光晋任。邓龙光的军部驻在余汉谋的老家肇庆，第155师驻南岸高要、九江鹤山之间，第156师驻北岸三水、四会、清远地区。不久，邓龙光升任第35集团军总司令，同为第4军系统出身的陈公侠任军长。5月，第64军对当面日军展开攻势，第155师利用黑夜，渡过西江袭击沙坪据点，缴获一些步枪和辎重。日军在广州外围的据点少则一个中队，多则一个大队，对于第64军侵扰式的夜袭，感到情况不明，多半是据守不出。是年底，华南日军为改善态势，大举进攻粤北，第64军从西江侧背策应作战，第155师进出三水佯攻广州，第156师由四会、清远向从化、英德方面侧击，配合粤北第12集团军各部击退日军。

1940年1月，第64军和第66军相继急调广西参加桂南会战，第66军旋因宾阳作战不利，被撤消番号，所属的第159师拨归陈公侠指挥。5月，第64军奉调昆仑关、武鸣一线与盘踞桂南的日军展开周旋，直到日军撤离广西一举收复南宁。1941年初夏，陈公侠率部回到阔别一年多的西江，余汉谋调第155师南移高雷、阳江一线，第156师和第159师负责西江两岸防务。粤北战场总体上较为平静，但也不乏局部激烈之处。1942年4月，第156师主动进攻日军占领的旧三水和芦苞据点，第467团曾一度攻入旧三水城中，焚烧日军辎重设备仓库多间；第468团与芦苞日军一个大队血战竟夜，天明后安全撤退返防。6月，第156师北移清远、英德间，第159师仍在新会、九江守备，第155师由粤西南调到高要、四会地区。第155师接防不久即夜袭旧三水、旱塘日军，缴获轻机枪、步枪数十支。1943年2月，在台湾新编成的日军独立混成第23旅团登陆雷州半岛，攻占湛江，并以湛江为基地时常进扰遂溪、廉江等地。8月中旬，第155师保卫廉江，与敌奋战五昼夜，第465团团长郑曙曦以下官兵近千人伤亡，迫使日军退回湛江。

1944年6月，第64军军长陈公侠与第35集团军参谋长张弛对调。张弛的经历与一般广东将领有所不同，张是江西九江人，德国学成后先在建国滇军总司令部任职，后调任广东石井兵工厂警卫团营长，1923年升任粤军第1师第2团团长参加东征，1925年在张发奎第12师任副官处长参加北伐，1928年入陆

■第64军首任军长李汉魂。

大特别班第一期，毕业之后赴江西发展，历任第5师团长、江西保安处参谋长、南昌行营少将高参、江西省第十一区兼第十三区行政专员。抗战军兴又回到广东部队，先后任第154师参谋长、第156师副师长、第155师师长、第64军副军长、第35集团军参谋长，看来广东人没把这个"江西老表"当外人。此时，第159师主力已经北移连江口，第155师仍旧在雷州半岛应付日军独立混成第23旅团，张弛军长直接掌控第156师活动于清远地区。

6月下旬，连续的阴雨天虽然使南粤大地暑气顿消，但北江水位也因此持续暴涨，到了月底两岸已是泛滥一片。29日晚上，日军第104师团冒雨抢渡北江，由于天气原因，只有第161联队一部于30日黎明到达清远以西4公里处。第156师无意坚守城池，主力逐步向清远西北方的珠坑既设阵地后撤。日军第22师团遥相呼应，派出一个加强联队从增城往龙门方向攻击前进，也同样没有遇到有力抵抗。集结江门附近的独立混成第22旅团轻易攻占台山，随后大肆掠取江门至台山沿线的铁路器材。日军独立步兵第8旅团的主要任务是确保广州及其周边地区的治安，但仍按计划以一部兵力投入了进攻从化的战斗，据日本防卫厅战史记载："旅团长加藤章少将亲自指挥战斗，虽尽力包围了在我前面构筑阵地的重庆军第152师的一部（约1000人），结果敌遗尸150具终于逃脱。"

30日，第104师团第108联队向清远东南方向扫荡，第156师一部在三帽山一带构筑有带铁丝网的一连串掩体，为掩护师主力集结珠坑，该部不惧日军飞机轰炸、扫射，坚持到7月1日晚才悄然撤离。第104师团上报战果和损失：敌方遗尸345具、俘虏44人，缴获平射炮2门、轻机枪4挺、步枪57支、汽艇2艘；我方战死34人、负伤69人。3日，第104师团第137联队开始进攻珠坑，张弛命令第156师第467团滞敌西进，第468团东移高田圩，第466团从四会向清远日军展开侧击。6日，第104师团前方指挥所向高田圩推进，遭到第468团袭击，参谋长斋藤二郎大佐被击成重伤，差点毙命，后来靠空投药物应急处理捡回一命。余汉谋并不想在清远以北一线和日军拼消耗，他下令张弛让开正面，第65军和独立第9旅等部从韶关南下，加强连江北岸的防守。

7月7日是抗战七周年纪念日，中美空军大举出动，7架P-51战斗机攻击日军芦苞、石角江上的机动船只，5架B-25轰炸机先后三次对广州市郊的日军货场、仓库以及黄埔港和三水进行轰炸。8日，15架B-25轰炸机照准天河机场、白云机场和中山大学日军兵营投弹，结果日机4架起火，两架破损，人员伤亡百余人。9日，第104师团顺利挺进连江南岸，且战且退的第156师伤亡并不大，铃木贞次师团长承认："师团虽按预定计划进入连江一线，但驻在连江南岸的重庆军大部分逃往北方和西方，因而未能予以围歼，

漓江烽火 桂柳会战

估计只余部分重庆军尚在山中徘徊。"

第156师闪人，布防连江口东西一线的第159师按理也能抵挡一阵，不至于让铃木这么轻易进抵连江南岸吧？可是余汉谋此时根本就联系不到第159师，原来该师师部所在地三门洞被日军飞机给炸了，估计是汉奸搞鬼，第64军军部也未能幸免，通信系统一时陷入瘫痪。随着第104师团到达连江南岸，第23军制定的第一期作战计划表面上已经完成，实际上"牵制重庆第七战区军"的目的却没有达到，第62军和暂2军早就去增援衡阳了。田中久一认为"这是由于第11军作战先于第23军，而且攻势太猛所致"。接下来的问题就是第104师团要不要过连江？此时日军大本营和中国派遣军正在研究第11军攻占衡阳后，继续进行韶关作战的可能，于是田中久一命令铃木贞次准备渡江。11日，第161联队一部率先在连江口西北附近渡过连江，但大部队因为渡河器材不足，滞留南岸。

张弛重新集结第156师和第159师一部于连江口以西大洞圩附近，这一举动迫使第104师团主力不敢大举北上。13日，铃木贞次挥师大洞圩，第64军为了粤北方面从容布防连江北岸，一度顽强抵抗。14日，第65军已经进入北岸阵地，余汉谋下令张弛往西北山区撤退。第137联队紧追不舍，17日报告说"在大洞圩附近被我军围攻的第64军主力似乎已陷于溃乱状态，师长、副师长、团长各一名下落不明"。时任第159师475团团部副官的罗伟达证实日军所言不虚："我正在群山中找寻散失官兵，突然听到一阵枪声，看见两个人正在匆忙涉水过河。我急奔前去一看，原来是我第159师师长刘绍武和副师长倪鼎垣，他俩在激烈战斗中被冲散。当时追击枪声不断，我马上跑上去，分别背负他们安全渡河，先送他们到一个山洞内安身，然后冒险折回找了几个山头，找到了师长的卫队，带他们回到山洞与两位师长会合，安全转移。"

日军中国派遣军这时因为第11军湘北作战顺利，以为可以短时间拿下衡阳，从而改变原有计划，明确指示第23军准备8月上旬对英德方面采取攻势，配合第11军有力一部从粤汉路攻占韶关。田中久一认为"进入连江一线后继续再向英德作战并非不可能"，于是下令第104师团做好北进和西进都有可能的两手准备。既然是两手准备，往北攻的时间又规定在8月上旬，第104师团已经渡过连江的一小部分就回到了南岸。实际上铃木贞次对突破连江并非信心十足，第156师和第159师虽然蒙受一定损失，但主力仍集结在清远境内山区，再说余汉谋的第12集团军已汇聚到连江北岸。此刻贸然渡江，第64军势必从侧面杀出，第12集团军亦不会轻易放弃连江北岸。田中久一不敢大意，乘势宣布第一期作战结束："第23军从6月下旬到7月末的第一期作战，恰恰在第11军攻打衡阳受挫期间进行。在此期间，第七战区除暂2军、第62军外，再未派出增援部队，牵制重庆军的作战目的已经达到。"

田中久一算是说对了一半，暂2军和第62军早在日军发动北江攻势前就已离开广东，没你什么"牵制"功劳。第七战区"再未派出增援部队"倒是事实。余汉谋调出暂2军、第62军，正规军只剩下第63军、第64军、第65军和独立第9旅、独立第20旅等，除去粤西南方面的第64军，粤北正面兵力已是捉襟见肘。偏偏此时白崇禧、张发奎还要说第七战区"备多力分"，要求重庆从广东再抽调两个军参加桂林会战，余汉谋哪里还肯，干脆对军令部颁令的作战指导装聋作哑，不予正面回应。后来方先觉第10军在衡阳拼死抵抗，彻底打乱了日军8月上旬想要进攻韶关的计划，中国派遣军电令田中久一取消第104师团攻击英德的作战任务。8月初，日军第23军根据中国派谴军作战计划的修订和第6方面军的设置，重新制定了"湘桂作战第二期作战"计划，主要内容如下：

一、第二期作战改到9月上旬开始，预定8月中旬由丹竹附近向柳州进发，也延期到11月上旬。

二、由于以上变动，预定9月下旬攻取柳州，也延期到11月末。

三、攻取梧州、丹竹由中国派遣军直辖作战，以后纳入第6方面军指挥。

四、攻占柳州后，第23军抽出部分兵力转属第11军，确保西江沿岸重要区域，主力迅速调回广州。

五、打通粤汉路作战延期到1945年1月前后。

六、攻占南宁打通法属印度支那任务，改由第11军承担。

日军战史坦言："原来第23军也曾预料柳州作战的时间多少会有变化。同时，由于沿海运输情况恶化，运输迟滞，尤其是第22师团第三梯团的遇难，以及军直辖部队、独立野炮兵部队和补充兵力未能到达，作战也有延期开始之虞。另一方面，尽管第11军摧毁了衡阳等空军基地，但中美空军的活动依然频繁，恐将影响今后作战。因此，对第二期作战的担心与日俱增。"

3. 烽火漫西粤

田中久一面对困难不退缩。第104师团放弃准备中的英德攻势，从连江南岸退到清远集结，第22师团逐步向江门、新会移动，独立第22旅团集结开平、台山，独立第23旅团集中遂溪整装待发。按照田中久一的设想，第104师团主力要在西江北岸攻取肇庆、德庆，然后以梧州为目标，一部需从怀集、信都迂回梧州之北。第22师团击溃西江南岸广东军队，一路攻占新兴、郁南，然后挺进梧州以南。独立第22旅团一部沿肇庆、六都、德庆推进，主力占领梧州附近西江沿岸，确保水路畅通。独立第23旅团从遂溪开始行动，贴着桂粤省界向北，占领廉江、花

漓江烽火 桂柳会战

根后，向罗定或岑溪进攻，会合军主力部队杀向丹竹。

第23军从广州西进柳州足有400多公里，作战期间伤兵后送及弹药补给势必需要一个安全的运输通道，因此西江水路的疏通和后方兵站线的设置可以说悠关日军生死。西江是珠江主干流，河长2000多公里，从上游到下游又依次称为南盘江、红水河、黔江、浔江、西江。第四战区对西江一直以来谈不上有什么防务，张发奎认为："第35集团军第64军的155师驻扎在粤西南，按常态来讲，我的战区是平静的，敌人仅是汇集在雷州半岛的一支小部队。"制定初期作战计划的李汉冲承认："当时没有估计到广东方面日军应有的动作。"田中久一现在就要打破这个平静局面，早在1944年4月中旬，第23军就与海军遣华第2舰队缔结了协定，大致确定梧州以东以水路运输为主，海军负责扫雷开路，计划9月底之前，先向梧州附近集中约5000吨军需品。

第四战区虽然缺席西江防务，但该地活跃着一支直属于军委会的江防部队。事情还得从1938年说起，那年10月广州先于武汉失守，广东江防司令黄文田率部撤退西江，随即在险要的肇庆峡敷设视发水雷，阻敌西犯。最初江防司令部还有一些小型舰艇，其后损失殆尽，黄文田干脆将西江正面肇庆峡至三水一线完全封锁。1938年12月，江防司令部改为广东绥署舰务处，1939年4月又改编为桂林行营江防处。后来的重庆舰舰长邓兆祥曾作为海军总司令部派出人员，于1939年夏至1940年秋间，驻肇庆协助西江布雷工作。1940年3月，日军派舰驶至陈冲雷区扫雷，其中有一艘触雷沉没，最终还是止步新昌、荻海、长沙三埠。8月，江防处改为粤桂区江防司令部，直接归军委会指挥。粤桂区江防司令部控置在西江的兵力有水雷大队所属的四个水雷中队、掩护大队所属的步兵二个中队、机枪三个中队、特务队一队，外加几艘小炮艇。西江战事起，黄文田下令加强羚羊峡外布雷封锁，各水雷队于沿江各指定布雷区待命。

9月6日，担当迂回梧州任务的日军第104师团第137联队首先由珠坑出发。9日，第104师团主力开始进攻四会，守备四会的第155师第466团坚持两昼夜，被敌突入城内，巷战至12日突围到四会、德庆间继续阻敌。第159师在西江南岸节节抵抗第22师团，12日高明不守，日军第23军在西江两岸形成齐头并进之势，田中久一进入三水前进指挥所坐镇指挥，下令采取追击形式向梧州南北一线前进。16日，第159师不敌日军第104师团第108联队，放弃肇庆西撤。日军战史这样描述当时的情景："师团正面田螺附近、青湾及其东侧地区均有重庆军向西北退却中，在肇庆西北发现少数重庆军，以及装载重庆军部队的四艘大型舟艇。该敌为第156师、第159师一部，均避免与我战斗。"

粤桂区江防司令部掩护大队显然不在撤退大军之中，该大队坚守肇庆峡东西两端

四、功亏一篑的桂平反击战

南岸据点，掩护布雷队撤离，机枪第3中队中队长刘人凤等30余人英勇牺牲。另外，肇（庆）清（远）师管区的三个保安大队和地方团队、军警1700多人也参加了肇庆战斗，当年的高要督察处督察黄海回忆说：

中午，我们在焦园盘古庙处煮了三大锅饭，还未煮熟，日军的飞机、橡皮艇又猛扑过来，为了减少伤亡，只好退到大湘的大山中，结果被日军围困山中，多次突围均告失败，到被困的第十五天晚上，风雨大作，自卫队一不做二不休，主动向敌人进攻，总算分乘七十只大船渡江突围出去。

17日，日军独立第22旅团到达肇庆南岸，掩护舰队溯江西进。从日军的扫雷情况来看，西江布雷呈不规则状态，虽对日军造成一定难度，但数量并不多，从三水到梧州约一半的路程上总共才发现60个水雷。倒是中美空军在西江上空相当活跃，迫使日军只能利用傍晚和早晨或者阴雨天进行扫雷。日军战史写道："重庆军布设水雷全无计划，水雷在各处乱放，但从飞机投下的水雷相当多。白天为了躲避飞机，全部船舶以竹子伪装好停在岸边，几乎无法施工，只有夜间和黎明作业较多。"中美空军很快掌握了这一情况，24日18时30分，一群野马式战斗机低空突袭扫雷舰队，日军"舞子"号炮舰倾斜进水，正在现场指挥的海军广东警备队司令小仓外吉大佐被击成重伤，数日后死去。

按照预定计划，日军第23旅团将得到第247、第248两个大队增援，但由于船舶运输困难，援兵这时尚在大海上颠簸，只能以原有的三个大队进行作战。旅团长下河边宪二

■日军扫雷舰上的机枪手。

漓江烽火 桂柳会战

担心突破廉江时，将会消耗旅团战斗力，影响部队深入广西，决定用临时归他指挥的第70大队打头阵。下河边宪二毕业于日本陆军士官学校第23期，先在本土做了半年多的久留米联区司令官，后调任第88联队联队长、第43师团步兵团长，还从未参加过如此远距离的长途奔袭。从9日开始，第70大队一路向北，第155师基本上闪开正面，廉江轻易被日军占领。

下河边旅团长萌生了新的想法："这次作战的主要任务是从雷州半岛向北推进，行动上必须大胆穿插和快速突破，不允许拥有辎重和后方兵站线。因此，旅团要考虑尽量减轻负担，以便灵活运动。"下河决定第70大队带上不必要的装备、物品、军需品和强拉的民夫返回遂溪，重武器只留下两门山炮，每门只配80发炮弹。真是够精简的，这个轻率决定注定第23旅团日后要吃苦头。

张发奎获知廉江陷敌，判断日军很有可能沿玉林至柳州公路北上，第四战区没有力量顾及桂东，只能一个劲商请蒋介石速令第七战区的援兵到位。其实蒋介石也一直在催，无奈余汉谋好说歹说就是不同意派兵入桂。早在9月5日，蒋介石就电令余汉谋：

该战区应先抽一师，秘密速开连山防守，并即确实准备以两个师（连山之一师在内）归一军长率领，由连山方向参加桂林附近之决战。粤敌一部如沿西江进犯，以策应湘敌作战，则除沿江两侧挺进队及地方团队积极攻袭敌人外，西江防守兵力应增至一个师，竭力拒止敌之西犯。不得已时，逐次向梧州转进而固守之。

余汉谋第二天复电拒绝：

本战区所有兵力已竭尽绵薄，历遵调出，现实极度薄弱，无可抽调。关于敌情，我方配备及本战区倘被敌控制，不特对大局影响，即对桂省亦难牵制……乞准免再抽调，保留现在仅有兵力，支撑危局。

张发奎通过"自家兄弟"李汉魂、邓龙光，对余汉谋不肯出兵自然有所了解，7日、10日连续向蒋介石乞援，"请恳将第七战区抽调之部队，速开恭城或道县"，"恳令七战区抽调二个师，先头用汽车输送，驰赴贺县及贺连路要点，对该敌予以阻止"。蒋介石一面安抚张发奎，一面再苦口婆心般要求余汉谋服从大局。10日，军令部次长刘斐出面劝导余汉谋：

桂柳要地不但为我抗战形势所必争，且为盟军反攻基地，非竭全力保卫，必难使友邦谅解。贵战区防广兵单，素所深悉，然以全般形势而论，究属次要……尚望勉为其难，速遵委座电令办理，大局利赖。

陷入电报海洋的余汉谋终于还是点了头，重庆再次褒扬他"公忠体国"。18日，

四、功亏一篑的桂平反击战

蒋介石电令张发奎、余汉谋、邓龙光:"着第35集团军全部即改归四战区张长官指挥,担任西江方面之作战。"张发奎来不及对余汉谋说声"多谢",急忙电令邓龙光:

第155师主力在陆川附近阻敌前进,必要时向贵县至玉林公路转进。第155师第465团、粤保第10团(欠一大队)在化县、合江附近侧击尾击敌人后,速向陆川、玉林地区转进。第35集团军少将参议詹式邦指挥沿海两个警备大队及化县、茂名两区地方团队,仍在原地守备,相机袭敌。雷州挺进支队即向廉江之敌袭扰,以策应第155师作战。

■1940年代的张发奎将军。

接到命令,第64军无心恋栈西江,急向第四战区转移。日本防卫厅战史这样写道:"在肇庆西北24公里附近发现少数重庆军,以及装载重庆军部队的四只大型舟艇,该敌为156师、159师各一部,均避免与我战斗,似在伺机撤退中。18日晨,云浮西侧约有重庆军2000人,正在向西退却,19日发现大田附近约有重庆军300人,其西北12公里处约有1500人,正向西北方向退却中。"事实的确如此,第64军转进匆忙,仅21日就在德庆对岸罗定江口损失9艘火轮,另在郁南丢下迫击炮数门、重机枪20挺和大批军需品。

从廉江北上的日军独立第23旅团,动向出乎张发奎所料,并没有抄近路由玉林进入广西,而是继续向北于16日中午由信宜以西越过粤桂省境。第247、第248大队这时才匆匆赶到广州,田中久一改变主意,第248大队就近配属第104师团,抢运四会附近丰富的木材资源。第247大队就没这么走运,海运雷州半岛途中遭到中美空军轰炸,两艘船沉没,伤亡100余人,后来就没参加作战。第155师可不管那么多,什么侧击尾击一概略过,快速甩敌沿玉(林)贵(县)公路向第四战区报到。

张发奎盼广东援兵望眼欲穿,此时哪里还会计较有否执行滞敌命令,反正来了就好。轻装疾进的第23旅团很快尝到了缺少重武器,没有后方补给联络线的苦头,日军形容"一进入广西,有如万里长城那样的城墙瞭望楼,均面对主要道路,各处都有自卫团,不断进行射击。每天进入宿营地时须经过战斗,排除自卫团的抵抗才能进村庄。"两门山炮总共才160发炮弹,下河边宪二舍不得用,即便是步机枪子弹也得省着点。可惜张发奎判断有误,要是严令第155师不走玉贵公路,改为跟在日军后面尾击,下河边宪二可能到不了梧州就弹尽粮绝了。23日,第23旅团击退民团抵抗,占领容县,田中久一电令下河边宪二:"军主力推进估计稍有迟延,独立第23旅团应迅速攻占丹竹机场和平南,使军的主力易于向该地区推进。"

再说日军第104师团第137联队,该联队为了隐藏迂回梧州以北的动机,几乎都是夜间行军,白天休息,放着大路不走,专拣险峻山地和溪谷前进。12日晚上,第156师两条满载炸药的运输船在怀集附近被第137联队截获,正当第64军为此感到疑惑不解之时,该联队17日在信都悄然渡过贺江,离梧州已不到70公里。第137联队的隐蔽工作很成功,一路走来未遇到任何抵抗,甚至沿途村庄的老百姓都不知道"鬼子来了"。不过17日晚上宿营时发出的火光被中美空军发现,配属作战的部分山炮队受到了一点损失。

梧州是广西东大门,素有广西水上交通的中心和广西近代化、现代化的桥头堡之称。梧州市区人口当时已经超过十万,经济相对比较发达,据1933年、1935年、1940年三次调查统计,梧州的商店数量都超过桂林、南宁。1936年3月,广西银行总行由南宁迁来梧州,此后中央银行、中国银行、中

■1930年代的梧州船桥。

国农民银行、邮政储金汇业局等等，纷纷在梧州设立分行或办事处，设立时间都要早于桂林、南宁。工业方面，梧州有电池厂、电力厂、酒精厂、硫酸厂、精油厂等，就精油厂来说，1932年广西共有28家，其中24家集中在梧州。虽说广西省会几次在桂林南宁之间迁移，但广西第一所现代大学——广西大学就建立在梧州蝴蝶山上。然而繁华的梧州在抗战期间竟然没有构筑任何国防设施，广西军政当局向来以西江有第七战区部队驻守，梧州因而不设防。抗战期间梧州曾多次遭到日机空袭轰炸，其中1939年7月26日那次受损最重。当日下午1时许，日机18架冲入市区高空，借云层掩蔽，乘隙低空轰炸，共计投弹268枚，炸毁房屋400余间，炸死炸伤500余人，熊熊大火直到傍晚时分才被扑灭。

日军第137联队从珠坑出发时，铃木贞次曾经交待联队长川上护："根据军司令官的意图，为了让鹿兵团（独立混成第22旅团）建立战功，希望不要在该兵团之前开进梧州。"川上护为此煞费苦心，一路上没少做部下思想工作，险路我们走，城不让我们进，这算什么道理？20日傍晚，日宿夜行的第137联队距离梧州只有20公里了，官兵们又犯起嘀咕，川上护心中也是十分不解，无奈军令如山。深夜时分，第104师团发来最新指示："鹿兵团因遇雨和道路难行，前进迟缓，可不受过去规定的限制，尽速攻占梧州。"川上护立即命令第3大队先行挺进。

21日晚上，第3大队占领梧州东北的白云山，大队长中村敏之没敢进城，估计是《三国演义》看多了，怕中埋伏。22日上午，第137联队全部到达，川上护才不学司马懿，挥师进入梧州"空城"。

4. "内线作战"对"外线作战"

中美空军在梧州不守后连续展开轰炸。9月28日，铃木贞次进驻梧州，迎接他的是美孚石油公司储油罐的熊熊大火和滚滚浓烟。第104师团主力还在陆续抢渡贺江之中，连续的大雨天促使江水暴涨，冲走了不少浮桥，初步统计约有600人掉队。在西江南岸行进的第22师团比第104师团慢很多，先头第84联队25日越过粤桂省境线，主力28日还位于郁南境内，距离梧州尚有60多公里。日军战史总结原因说："师团长平田正判中将虽督促各部队前进，但由于地形、道路，特别是不熟悉河流的情况，加以连日美军飞机袭扰，造成前进迟缓。"田中久一也为中美空军的频繁袭击感到头疼："由于制空权完全在于敌方，水路运输极端困难，只能在夜间航行，但损失依然非常严重，特别是小型机动货轮大半被击沉或焚毁。"第23军原计划9月底要向梧州输送5000吨军需物资，因不断遭到中美空军打击，已不得不减少为1500吨。

铃木贞次建议田中久一，第104师团士气正旺，不如早日攻下梧州以西80公里处的

漓江烽火 | 桂柳会战

丹竹机场。丹竹机场建成于1943年10月，是中美空军的前进机场，它的存在对日军西江扫雷及补给运输威胁很大，不过据《桂柳会战空军战史纪要》记载，当时中美空军使用的机场主要有芷江、桂林、柳州、昆明、成都等，丹竹机场并不在内。田中久一原本打算由第23旅团从容县直取丹竹，但第104师团既然已形成西进丹竹的态势，没有理由不批准。实际上铃木也是先斩后奏，早在24日午夜，他已下令第137联队第3大队和第5中队从梧州先遣出发，川上护率联队主力随后跟进，目标丹竹、平南。

守备丹竹机场的是第31军第135师第405团，该师主力和桂绥第1纵队位于桂平大湟江口、三江圩一带。第135师1942年后改为后调师，专门从事整理补充，士兵绝大多数是新兵，没有什么作战经验，所以被派到相对平静的桂东防守。梧州陷敌，第405团先是协助空军破坏机场，然后沿浔江北岸一线布防。26日中午，第137联队先遣队直取丹竹机场，联队主力向浔江北岸要地蒙江圩急进。第405团刚与日军接触就败下阵来，曹震团长率部向桂平大湟江口狂奔，后来被白崇禧以作战不力为名执行枪决。张发奎认为白崇禧之所以杀曹震，主要是想掩饰轻弃丹竹机场的过失，因曹是湖南人而不是广西嫡系，实际需要负责的应该是指挥第405团作战的师长颜僧武。张发奎的见解可谓一言中的。28日，第137联队第3大队占领火光冲天的丹竹机场，由容县北上的第23旅团同日渡

过浔江占领丹竹镇，随后独立步兵第130大队深夜西进，又快速攻入平南县城。29日，第137联队主力突袭蒙江圩，缴获了第35集团军总部未及转移的部分行李和粮食，其中包括不少邓龙光的私人信件。日军战史吹嘘"俘虏敌军参谋长等高级军官10名"，可我们知道第35集团军参谋长陈公侠并没有做俘虏的经历。

攻下梧州、丹竹之后，第23军按照预定计划纳入第6方面军指挥。冈村宁次为此特地从武汉赶往广州，他向田中久一提出，第23军在柳州作战告一段落后，军部和第104师团要及时返回广州，准备打通粤汉路南段的作战准备，还要预备反击美军的沿海登陆。冈村与田中的广州会晤目前还没有资料显示具体经过细节，《冈村宁次回忆录》也只有寥寥数语提及此事，但可以肯定的是，田中久一没有横山勇那样使人感到"心里很不是滋味"。第6方面军明确要给田中一次立功机会，柳州由第23军攻取，第11军应以主力突击中国军队背后，不能抢着入城。10月4日，第6方面军颁发了作战计划：内容大致如下：

一、方面军于11月上旬命第11、第23两军转入攻势，互相策应捕捉柳州西面地区的敌军主力，随后向贵州省境追击敌军。

二、第11军从11月上旬，由湖南、广西省境附近发动攻势，命主力沿湘桂公路，一部向其南方地区前进攻取桂林，随后与第23

四、功亏一篑的桂平反击战

军相策应，命主力从柳州北方切断敌军退路，在柳州西方地区聚歼敌军。敌逃跑时，即向贵州省境追击。

三、第23军于11月上旬由平南地区发动攻势与第11军的攻势相策应，在柳州西北地区聚歼敌军主力，同时攻占柳州。

很明显，日军的作战指导思想是外线作战，从南北两线夹击中国军队。北线的第11军比较"强势"，南线的第23军相对"弱势"，田中久一当然感激冈村宁次的特别安排，如果不对横山勇有所限制，第23军恐怕是"跑不赢"的。田中把战斗指挥所前移至梧州，他下令第104师团第137联队从独立第23旅团手中接过平南防务，第108联队警备丹竹以北，第161联队和工兵第104联队负责修复梧州至龙港间西江北岸公路。第22师团速度稍慢，主力正逐步开进平南、丹竹西南地区，第86联队一部则加入修路作业，改善公路补给状况，以弥补西江水运的不足。提起西江水运田中久一又不禁大皱眉头，指挥现场疏通的海军中佐参谋马场金次刚刚被美机击伤，这是继小仓外吉之后海军中级军官的又一次伤亡事故，有些不好交代。

独立混成第22旅团没有深入广西的任务，所属的几个大队沿西江进占肇庆、六都、德庆、梧州等要地，维持后方补给线。独立混成第23旅团的任务就重了："应继续占领桂平（丹竹以西45公里）附近，掩护军主力推进。"下河边宪二有点慌了，原本计划要在11月中旬才由丹竹附近向柳州推进，中间补充给养和装备的时间非常充裕，所以才从雷州半岛轻装北上。如今弹药消耗殆尽，补给又迟迟不能到位，却要提前西进，只好向第104师团第137联队商借一小部分暂时维持。11日傍晚，第23旅团先集中全部轻、重武器齐射20分钟，然后分由官江圩、社步、夏湾等地强渡郁江。第129大队发疯似地"挥舞刺刀、手榴弹，乱炸乱杀"，竟然一举冲到了桂平西山龙华寺。守备桂平的是从雷州半岛开来的第155师，该师第465团留驻化县滞敌，还未归建，按理两个团加上师直属部队也能顶一顶，结果一片混乱，大批粮食未及带走，匆忙弃城。12日，桂平西南方向10公里处的蒙墟村落也被日军占领。

日军沿西江侵入桂东，第23旅团一马当先，进攻势如破竹，被张发奎称赞为"年轻、勇敢、有文才，且刻苦耐劳"的少将高参李汉冲透露："第四战区对西江方面，向以为梧州以下有第七战区部队驻守，又距桂柳遥远，不致有何顾虑。现猝然发现敌情，当然手忙脚乱。"李汉冲作为张发奎的主要幕僚之一，全程参与了桂柳会战作战计划的决策和执行指导业务实施。

战区以西江之敌，威胁桂柳背后甚大，且柳州为战区中心，在兵力使用上，亦无法在桂柳两方面同时进行主力之战斗。于是白崇禧、张发奎共同决心，以桂林为北正面支

083

撑点，转用第64军和第46军于西江方面，先求击破桂平之敌，排除背后顾虑。得手后，再将主力转用到桂林正面。

其实李汉冲忽略了一个细节，白崇禧最初是不同意发动攻势的。张发奎萌生"以攻为守"的想法是在梧州不守之后，当时他认为"唯一可行的方法，是在桂林与龙虎山地区守住防御阵地，对西江以北的敌军发动攻势。如果我们处处采取守势，我军将处于一个不利的局面"。但"白崇禧与他的参谋们认为这太危险了，他们不敢采取主动进攻。于是我们决定在桂林与柳州都采取消极防守"。10月上旬，第20军、第26军、第37军、第62军相继从湖南进入广西，白崇禧偕军令部作战厅长张秉钧也再次来到桂林。11日，张发奎在日记中写道："敌人沿西江进逼时，我们不顾中央作出的在柳州、桂林取守势的决定，断然实施我先前提出之在西江以南发动攻势的计划。"也就是说，白崇禧在第四战区兵力有所增加后，才同意张发奎放手一搏。

敌人的兵力相当的庞大，如果全面采取守势，则我们任何一方面都没有足够的兵力，只有绝对处于劣势的地位。反之，如果攻击敌人，虽然也是一件异常困难的事，但此决心基于内线作战的战法，和根据任务与有利的地形交通的条件而正确创立了。

■张发奎决定先击破西江方面的日军。

张发奎拟定武宣经荔浦至桂林一线为战略上的利害转换线,他希望在这一条线上各个击破分离状态的日军。桂平以北荔浦以南的大瑶山和荔浦以北桂林以南的海洋山,标高均在1000公尺以上,这两座大山形成天然屏障,使西江和桂林两方面的日军,处于一种分离状态,必须要翻过大山才有可能会合。而大山内侧刚好有一条从桂林到来宾南北贯通的铁道,以及与铁道成直角的柳州至荔浦的公路,此外柳江水路还有一定的运输能力,非常符合内线作战转用兵力和军需品供应所需要的交通条件。原先张发奎准备在荔浦、平乐间利用山地隘路,诱敌渡过漓江后再实行聚歼,但桂北日军一直都没有什么积极动向。反而桂东西江方面的田中久一来势汹汹,连陷梧州、丹竹、平南、桂平各地,大有向武宣、来宾直趋柳州之势。张发奎这才决定先击破桂平之敌,排除柳州侧背的威胁,再将主力转用于桂林方面。

派驻广西的美军联络组十分赞同内线攻势方案,据张发奎所说,美军组长博文上校为人沉默寡言,常为第四战区较少获得美式装备而抱不平。持相同观点的还有突然前来柳州巡视的史迪威,他也为张发奎没有大量得到美式装备而感到惊讶。史迪威要博文从驻柳州的美军联络组中拨出一辆吉普车、四支冲锋枪、一支卡宾枪和十二套无线电台设备给战区长官部,并答应可经常保持50架以上的飞机,来协助对西江日军的攻击。然而仅仅一周后,史迪威被美国政府解职召回,原因众所周知,他和蒋介石说不到一块。重庆方面并不反对西江攻势,从目前已经公布的档案史料来看,蒋介石从来没有阻止或试图干涉第四战区的主动进攻。张发奎也只说"不顾中央取守势的决定",而不是"不顾中央反对"。

张发奎很快下达了"第一号"作战命令:

战区以确保桂柳之目的,以必要兵力固守桂林,另以有力一部,配置于桂平、江口附近地区,相机先行击破西江方面之敌,主力控置于阳朔、荔浦、修仁间地区,乘敌深入,于荔浦、平乐间地区包围歼灭之。

张发奎把第四战区部队区分为若干兵团:夏威指挥第31军、第79军、第93军等组成桂林方面军,担任桂林正面的防守;杨森指挥第20军、第26军、第37军等为荔浦方面军,担任荔浦方面的作战;邓龙光指挥第135师和第155师等组成西江方面军,担任西江正面的作战;第46军、第64军集结于荔浦附近,为战区直属兵团,待机投入攻击方面。当第37军军部和第95师向荔浦以南25公里处的新圩移动时,张发奎又召见罗奇军长面授机宜,指定第37军继续南移到水晏圩、陈村塘之线,对平南附近浔江北岸日军进行牵制攻击,策应西江方面军作战。原先持谨慎态度的白崇禧这时一百八十度大转弯,对

漓江烽火 | 桂柳会战

内线作战显得信心十足，特地拉着张发奎跑去荔浦、平乐间山地侦察预想战场，并滔滔不绝地描述当年在此击溃广东军队的光荣战绩。

那么张发奎的内线作战究竟有几成取胜把握呢？所谓内线作战是指"对从外围数个方向对我实施向心作战之敌，我在内侧保持后方交通线所进行的作战。"内线作战的实质是集中全力对付各个分散的目标，也就是各个击破横广纵深分散之敌。在内线作战中，集中兵力与时间因素都具有最重要的意义。另外，诸如确定作战方向，选定目标，掌握向其他目标转移的时机以及迅速实施机动等，也都是决定内线作战能否成功的重要因素。抗日战争中最成功的内线作战发生在滇西战场，不过不是中国军队所策划，而是日军第56师团的精彩演出。1944年5月中国远征军反攻滇西，第20集团军全力佯攻高黎贡山，第11集团军只以一小部渡江策应，结果给了日军在内线作战中使用机动兵力的有利条件，第56师团第113联队像"消防队"一样南北"救火"，来去自如。直到卫立煌改变战术，第11集团军重拳出击，才砸了日军机动兵力的"表演舞台"。

内线作战成功的重要条件初步归纳有三条：

首先，要有出色的指挥才能，特别是捕捉战机的能力和果断的决心。

其次，部队要精干，能充分发挥机动力，以便随时转用其他方向。

再次，要有各个击破敌人的地域，即有与敌周旋的余地。

我们暂且不评价张发奎的指挥才能，等打完桂柳会战读者心里一定有数。与日军周旋的余地咱可不缺，桂北日军从湖南下来，桂东日军是从珠三角出发的，这余地还不够大吗？关键是第四战区的部队精干吗？能像滇西日军第56师团那样不停转变作战方向吗？答案恐怕不太乐观。

第四战区作战部队系统表（1944年10月9日）

桂林方面军第四战区副司令长官夏威
第16集团军总司令夏威（兼）
第46军（新19师第170师第175师）
第31军（第131师第188师）
第48师战车营
炮兵第10团第7连
第93军炮兵营一连
高射炮第5、第10连
第27集团军副总司令兼第93军军长甘丽初
第93军（新8师第10师）
第79军（第98师第194师）
工兵学校教导团
荔浦方面军第九战区副司令长官杨森
第27集团军总司令杨森（兼）
第20军（第133师第134师）
第26军（第41师第44师）
第37军（第95师）

四、功亏一篑的桂平反击战

湘桂边区总指挥部

桂（林）平（乐）师管区

炮兵第18团第1营

西江方面军第35集团军总司令邓龙光

第16集团军副总司令周祖晃

第31军第135师

第64军第155师

桂绥第1纵队（独立第1、第4团）

桂绥第2纵队（独立第2、第3团）

炮兵第29团第3营第9连

炮兵第54团第1营

高雷守备区

雷州挺进支队

沿海警备第3大队

沿海警备第4大队

沿海警备第5大队

广东保安第10团

直辖兵团

第62军（第151师第157师）

第64军（第156师第159师）

南宁指挥所（略）

靖西指挥所（略）

炮兵指挥部（略）

5．"五省联军"大集结

第四战区原本只有第16集团军的第31军和第46军，第46军主力北上湖南增援第九战区后，就只剩下第31军。白崇禧、张发奎从6月份开始就不停向蒋介石催要援兵，一直到9月26日，白还致电军令部"惟柳邕梧方面，极感空虚，恳分由宝鸡、重庆空运第9军和第42师赴柳"。军令部以第9军、第42师兵力不足为由，婉言拒绝。截至9月底10月初的时候，蒋介石先后给广西调派了第64、第62、第79、第93、第20、第26、第37军，就军队系统和人事背景而言，堪称"五省联军"。

第一，桂系军。第16集团军就是由桂系军组成的一个作战兵团。

第31军辖第131师、第135师和第188师，第131师、第135师都是第一批北上抗日的桂系精锐，连续参加了徐州、武汉两次大会战。第188师成立稍晚，1938年6月隶属第84军投入华中，后在武汉会战黄梅、广济战役中受损严重。是年底，第131、第135师、第170师、第188师的全体军官，按原系统回到广西补充兵员，随后以第131师、第135师、第188师重建第31军。不知出于什么原因，第31军的整训工作一直进展很慢，截至1942年2月尚缺兵额将近8000人。第31军军长原为韦云淞，1941年7月由副军长贺维珍升任。贺维珍是江西永新人，因与白崇禧、黄绍竑、夏威同是保定军校第三期同学，毕业后延揽到广西发展，曾担任中央军校南宁分校步兵科长，白崇禧称他"练兵、办教育都很热诚，是对广西有贡献的外省人。"贺维珍后来隐居于台湾屏东，50年代担任中学教师，曾经获得优良国文教师评鉴第一名。

漓江烽火 | 桂柳会战

第46军是1939年2月以夏威的第8军团改编而成,第8军团当时只辖一个新编第19师,长期担任广西守备任务。第46军成立之后,第170师和第175师分别从第7军、第48军改隶过来。第46军军长原由夏威兼任,中间何宣、周祖晃都曾短暂执掌过,1942年12月周升任第16集团军副总司令,黎行恕接任军长。黎行恕保定军校第九期炮科出身,早年在湖南军队中服务,陆大十期深造后荣归故里,很长时间内都是李宗仁身边的重要幕僚,先后担任过第4集团军参谋长、第5路军参谋处长、第五战区副参谋长等职。1946年白崇禧任国防部长,黎行恕任部长办公厅中将主任。据说黎平时酷爱读书,对数学、哲学和文学都有兴趣,尤其对《四书》颇有研究,有"四书军长"之称。1949年8月病逝。

此外,广西绥靖公署的4个独立团亦是一支颇具战力的桂系武装。独立团在桂林受过美军联络组的严格训练,装备有美式60毫米迫击炮和勃朗宁机枪。9月下旬,为便于统一指挥,白崇禧报请重庆同意,将4个独立团编成两个纵队,番号为桂绥第1纵队和桂绥第2纵队。第1纵队司令姚槐原为绥署参谋处长,毕业于中央军校南宁分校第一期。第2纵队司令唐纪原为绥署副官处长,毕业于中央军校南宁分校第六期。

第二,粤系军。

第62军和第64军是粤系军,打起仗来满嘴"丢那妈",第64军我们前面已经说过,这里就单说第62军。1944年9月下旬,第62军抵达第四战区,该军可是余汉谋的王牌主

■第31军军长贺维珍。

■第46军军长黎行恕。

力。军长黄涛是广东蕉岭人,云南讲武堂第十五期炮科出身,与余汉谋有非常密切的关系,余在粤军第1师当营长时,黄就是余的营副,余任旅长他任团长,余任总司令他任师长、军长。1943年9月,蒋介石指定第七战区以一个军接受美械装备,余汉谋以驻在粤北翁源、英德、青塘一带整训的第62军准备换装。为此,该军副师长以上专门赴印度兰姆迦,连以上到桂林"东南干训团"分别受训,学习使用美械和各兵种联合作战指挥法。1944年6月,日军进犯湘南,还没来得及换上美式装备的第62军被蒋介石电令增援衡阳。第62军辖第151、第157、第158师,因第158师后调补充新兵,黄涛只率第151师和第157师应援,但该军军直部队十分庞大,有特务营、搜索营、炮兵营、工兵营、通信营、输送连、防毒排和辎重兵团、军士大队等,合计足有20000余人。第62军转战湘南,两次挺进衡阳外围,至9月初转进武冈整理,累计伤亡官兵6000余人。原先指挥该军的是第27集团军副总司令李玉堂,李的副总部只是临时指挥机构,对补充事宜一筹莫展,黄涛听闻李玉堂要抓部队到贵阳,急忙率部由武冈经城步、龙胜、永福到柳州报到。张发奎和余汉谋虽然谈不上是"哥们",但毕竟同是粤军出身,与没有历史渊源的李玉堂相比,亲疏关系还是很明显的。

第三,川系军。

1944年10月5日,第九战区副司令长官兼第27集团军总司令杨森率第20军、第26军、第37军到达桂东平乐。说起杨森,可是位风云人物。杨森是四川广安人,家庭"世代以耕读相承,农暇习武",杨森小学时代就能背诵《古文观止》、《八家诗选》达八页之多。在四川陆军速成学堂和高等军事讲习所经过三年多的学习和训练后,杨森被分派到第65标任尉级军官。孙中山反对袁世凯独裁的"二次革命"失败后,杨森改投滇军蔡锷,任护国军第1军参谋、独立团团长。1920年4月脱离滇军,投川军刘湘部,先后担任第2师第1混成旅旅长、第9师师长、第2军军长等要职。1926年8月,杨森在同乡朱德劝说下,易帜为国民革命军第20军,番号在四川各军之先(刘湘第21军、刘文辉第24

■第62军军长黄涛。

军、邓锡侯第28军、田颂尧第29军），为此杨森曾自豪地说："数其次第，可以概见。"

第20军事实上是"杨家将"，第133师师长杨汉域、第134师师长杨汉忠和军直属手枪团团长杨汉印都是杨森的侄子。1937年9月，杨森率部东下京沪，成为川军第一支参加抗战的部队。第20军在淞沪会战中共计伤亡团营长20多名，连排长200多名，士兵7000余人，退到南京秣陵关整理时，杨森受到蒋介石礼见，慰勉有加，武器由军政部全部换新，每营增加一个重机枪连，每团增加一个迫击炮连。杨森当时效仿八路军的"三大纪律，八项注意"，制定了"四大纪律，十四大注意"。几次湘北大战，第20军都有建树，尤其是第三次长沙会战，第133师第397团第1营誓死固守新墙河南岸阵地，营长王超奎以下全部战死沙场，宋美龄在《纽约时报》特别撰文指出："当他被敌军重重包围的时候，他与他的五百个部下，每一个人都战至牺牲生命为止。这样至最后一弹，最后一人，在中国士兵是极寻常的，算不得稀罕的事情。"

杨森1938年刚升任第27集团军总司令后的一段时间仍兼军长，不久第20军交由杨汉域执掌。民间传说杨森"妻妾成连，儿女成营"，虽然不无夸张，但有名有姓的妻妾确有十二位之多。据说抗战时期，蒋介石有一次在杨森家里看见许多衣着华丽的女人穿梭般进进出出，便惊讶地问道："这些女人都是你妻子吗？"你猜杨森怎么回答？"报告委员长，属下身体很好！"向来严谨的蒋介石都忍不住哈哈大笑。热衷体育运动是杨森生平另一大爱好，网球、太极拳、舞剑、骑马、游泳、打猎无多不能，举凡民国时期四川甚至全国性的体育盛会往往会有杨森的身影出现，他经常对部下说："打牌、打麻将，壮人也会打死；打拳、打球，弱人则能打壮！"1949年，杨森追随蒋介石撤退台湾，1960年代任"中华全国体育协进会"理事长。

第27集团军入桂参战可谓颇费周折。蒋介石下令薛岳集中第20军、第26军、第44军主力统归杨森指挥，秘密转移零陵、新田，准备参加湘桂路沿线作战，各军可酌留

■第27集团军总司令杨森。

一部于原阵地,牵制当面日军,掩护主力转移。蒋介石的命令与第九战区退守湘东的计划相悖,薛岳极不情愿杨森拉走这么多部队去靠近第四战区。第44军缘于川军刘湘系王赞绪部,薛岳留不住杨森,死活不肯放这个军入桂。第44军军长王泽俊是王赞绪的儿子,王赞绪当时是不管事的第九战区副司令长官,父子俩一合计决定听薛岳留在第九战区,但又不愿开罪第四战区,所以滑头地对张发奎说什么"全军将士志切参加桂林会战,以副委座殷望,但长官尚无命令,正催促第58军接防。"薛岳则明确告诉杨森:"第44军仍应在茶陵、安仁服原任务,不能向西转用。"

蒋介石又把第37军划归杨森指挥,但该军所属的第60师和第140师一直由薛岳直接掌握,实际也就一个第95师。扣下一个第44军和大半个第37军还不算,薛岳甚至不惜破坏建制,借口整理补充,把第20军新20师、第26军第32师一并滞留在第九战区,张发奎为此致电蒋介石表达强烈不满:"权衡两战区轻重缓急,明如观火,为确保桂柳,挽回战局计,经委座迭次命令,可能增加第四战区之兵力,必须贯彻。拟请严限薛长官速饬第44军及第20军新20师、第26军第32师、第37军第60师分别归建,以应战机。"薛岳远比余汉谋桀骜不驯,蒋介石再怎么"严限"都无济于事,拥有4个军12个师的第27集团军最终到达广西的总共才5个师,离所要求的甚远。

第四,还真有和"五省联军"沾边的。

第26军军长丁治磐是江苏东海人,早年毕业于江苏讲武堂和江苏军官教育团,在北洋时代官至安国军第7方面军前敌总司令部中将参谋长,1933年10月入陆军大学正则班第十二期深造,始有融入中央军系统的响亮学历。丁治磐幼读经史,精通古文、诗赋和书法,据说还在当连长时,新年撰写春联于海门驻地,获得南通闻人张謇赞赏,从此结为忘年交。何成濬评价丁治磐为人"沉毅敏捷,实属不可多得之将领,惜无奥援,故久屈居人下。"何成濬是丁治磐所在的徐源泉部加入南京国民政府的牵线人,也就是说第26军的历史和张宗昌的直鲁联军存在渊源

■第26军军长丁治磐。

漓江烽火 桂柳会战

关系。1928年6月，阎锡山进入北京，直鲁联军徐源泉部接受第3集团军第11军团的番号暂时容身，后来通过何成浚介绍改投南京阵营，改番号为第1集团军第6军团，丁治磐当时是军团参谋长。1929年12月，第6军团改编为第10军，军长徐源泉兼第48师师长，这个第48师被视为张宗昌30多万大军最后仅剩的一点"硕果"。1931年以第48师一部扩编为第41师，第41师有两个旅长，一个是丁治磐，另一个就是黄百韬。武汉会战后，徐源泉因擅自撤离大别山区被撤职查办，第48师番号取消，所部并入丁治磐第41师，随后隶属第26军建制。第26军另辖第32师和第44师，前者缘自原西北军系统，后者由方振武部演变而来。1942年1月，丁治磐升任军长。

没和"五省联军"沾边啊？有！且看丁治磐怎么说：

民国十五年革命军北伐，孙传芳无法抵挡，遂于11月18日北上过江，投归奉系。张宗昌贪图名义，竟接下孙的五省联帅大印，派第6军等到江苏援助，后被革命军打回江北，张宗昌、徐源泉部担任后卫，抵挡革命军，掩护孙传芳部退到天津、山东等地整训，还不惜把山东粮饷供应孙传芳。

第五，中央军。

第37军、第79军和第93军是"中央军"，其中第79军、第93军没有用于西江方面，这里单说第37军。第37军的情况和第26军多少有些类似，所属的3个师分别来自不同的军事系统。第60师是从福建事变后的第19路军改编而来，第140师前身系黔军侯之担部的教导师，进入广西的第95师是1934年10月由河南地方部队扩编而成，后来逐步中央嫡系化，各级干部大多替换成第2师选调的军官担任。1937年第2师第6旅旅长罗奇升任第95师师长，罗是广西容县人，和军长陈沛是黄埔军校第一期同学，抗战初期先是率部警备郑州，后又奉命进入新乡、博爱一带迟滞日军西进。1938年参加徐州会战、武汉会战。1940年10月以后，第37军长期直属第九战区，在第三次长沙会战中，罗奇以副军长身份兼任师长，与日军激战湘北大地，翌年4月因功升任军长。罗奇执掌第95师长达6年之久，其间倾注了极大的心血，他不仅亲自过问部队官佐的调整配备和训练计划的制定，还对官兵进行严格管理，有错必罚，有功必赏，故在军中很有威信，人送外号"罗千岁"。

想要客观评价张发奎的内线作战乃至整个桂柳会战的成败得失，我们必须了解这些部队的真实战力。根据9月初的统计，各军战斗兵力（不包括非战斗人员）如下：

第20军4567人。

第26军4522人。

第37军2056人。

第62军6300人。

第31军12990人。

四、功亏一篑的桂平反击战

第46军20830人。

第64军13227人。

可见从湖南战场退下来的第20、第26、第37、第62军，伤亡都比较严重，缺额很多。从北江、西江且战且退的第64军损失倒不大，主力尚存。第31军这些年未经大仗，人数反比增援第九战区的第46军要少，或许统计有误。实际上张发奎知道"师级单位上报长官部的兵力数字比实有人数要少"，因为大家都怕承担艰难任务，尤其是参加长衡会战后疲惫不堪的杨森、丁治磐、罗奇所部，隐瞒点兵力并不是很难理解，这也是国民党军队的弊端。说到这里，相信读者对"第四战区的部队是否精干"这一问题已有答案。

不禁又要问，难道张发奎高估了自己的实力，才会铁了心要打一场内线反击战吗？也不是。张发奎晚年坦言："我有信心夺回桂平，然而，我知道即使成功了，如果敌人反攻，我们仍会失败。我希望赢得尽可能多的时间。我们明知最后会失败还发动对桂平的攻势，这是为了显示我军的威武不屈精神。"难怪邓群、姚蓝两位先生在《湘桂战役与桂林文化城的陷落》一书中提出这样一个观点：张发奎仓促调兵防御南线日军第23军进攻招致失败，破坏了桂林防守作战计划。

桂柳会战第四战区指挥系统表（1944年10月）

司令长官张发奎

副司令长官夏威

参谋长吴石

第16集团军总司令夏威（兼）副总司令周祖晃

第31军军长贺维珍

第131师师长阚维雍 第135师师长颜僧武

第188师师长海竞强

第46军军长黎行恕

第170师师长许高阳 第175师师长甘成城

新19师师长蒋雄

第93军军长陈牧农 胡栋成（代）甘丽初

第10师师长王声溢 新8师师长马叔明

第27集团军总司令杨森

第20军军长杨汉域

第133师师长周翰熙 第134师师长伍重严

第26军军长丁治磐

第41师师长董继陶 第44师师长蒋修仁

第37军军长罗奇

第95师师长段沄

第35集团军总司令邓龙光

第62军军长黄涛

第151师师长林伟俦 第157师师长李宏达

第64军军长张弛

第155师师长张显歧 第156师师长邓伯涵

第159师师长刘绍武

第79军军长方靖

第98师师长向敏思 第194师师长龚传文

桂绥第1纵队司令姚槐

桂绥第2纵队司令唐纪

6. 空地联合挫敌锋

桂平位于广西东南部，直线测量距离柳州、梧州各是125公里左右，因黔江、郁江和浔江在此合流，县城地形北东南三面环水，西侧群山绵延，形势极为险要。桂平建置历史距今已有2200多年，广西的简称"桂"就是源自于桂平，秦汉时期的桂林郡所在地其实并不在桂林，而是在今天的桂平市一带。在以水运为主要交通的年代，桂平曾是广西东部仅次于梧州的商埠。不过桂平北面20公里处的金田村名气更大，1851年1月11日，洪秀全向清王朝宣战，前后持续14年的太平天国运动，一度纵横清廷半壁江山。第155师退出桂平、蒙墟，奉命西移官桥圩南北之线整理，适逢断后滞敌的第465团经由玉林、贵县公路赶来归建。张显歧师长是张发奎的堂弟，自从集团军总部在蒙江墟遇袭的消息传开后，他就十分担心，军主力部队第156师、第159师是否能沿着西江顺利到达集结位置。

日军独立混成第23旅团轻易占领桂平，旅团长下河边宪二无意龟缩县城，为了掩护第23军主力向丹竹附近集结，他摆出了一个互为犄角的防御阵形：第129大队以蒙墟为中心，占领岭脚、新安山、马鞍岭、小东村一带，面向西南设防；第128大队背靠桂平西北5.7公里处的长冲坑，面向西北设防；第130大队占领桂平县城西郊山地，用铁镐凿开岩石，垒成预备阵地。一切部署妥当，桂平县城只留下少数兵力，下河边把旅部推进到蒙墟以东4公里处的芹村，并派遣参谋薄井前往丹竹联络相关事项。碰巧田中久一的先遣参谋小林也到了丹竹，薄井对小林说："当前敌情，除了从桂平败退的重庆军一部外，并无特别可忧对象。"小林传达田中久一指示："预定10月底前将第104师团和第22师团大致推进到桂平南北地区，11月初开始向柳州作战。届时，贵旅团应攻击贵县方向的重庆军，掩护军主力左侧背。"

来看日军的行进态势：

独立混成第23旅团主力前突桂平，蒙墟的第129大队位置最为靠前。

第104师团第108联队和师团司令部都在丹竹附近；第137联队位于平南地区，距离金田村大约30公里；第161联队和工兵忙着修复梧州至丹竹之间的西江北岸公路。

第22师团司令部位于浔江南岸的武林，差不多和丹竹隔江相望；第84联队大致沿着浔江南岸向西推进；单独行动的第85联队正往六陈圩赶路，六陈圩距离桂平大约38公里；第86联队被调到浔江北岸修路，和第104师团比较靠近。

日军截获了第48师战车营发给第5军军长邱清泉的电报，对第四战区的兵力配置有大体上的了解，但对于张发奎的意图缺乏正确判断："当时第23军根据前段作战的经过和第四战区军北上的情况，判断重庆军主力集中湘桂铁路沿线方面,特别是在桂柳的正面,如果对我采取攻势,估计可能在我军主力通过大瑶山进入武宣之时。"

10月16日,张发奎与邓龙光取得联系,得知第35集团军总部和第64军主力不日可以完成集结,于是下达第四战区"第二号"作战命令:

战区以确保桂柳及柳州空军基地之目的,决以有力兵团拒止由龙虎关方面及湘桂路进攻之敌,以优势兵力集结于武宣东南地区,先击破由西江进犯之敌,俾利尔后之作战。

邓龙光的西江方面军"以有力一部协力第37军攻击平南之敌,另一部在桂(平)贵(县)公路石龙以东地区切实警戒郁江西岸,并掩护主力集中,主力不待全部集中完毕,即逐次以一军向石龙附近,另一军向奇石乡、通挽乡地区跃进,于10月19日前完成攻击准备,待机攻击蒙墟、桂平之敌。"张发奎本人亦在贵县以西50余公里处的黎塘设置前进指挥所,亲临前线指导作战。

下河边宪二做梦也不会想到张发奎要干掉他,为了获得更好的防御态势,他命令第129大队再向西一步,占领地势稍高的清泉、官桥、全塘一线。一路攻城拔寨的下河边自信心极度膨胀,只要我两门山炮一响,第155师还不是赶紧跑路。这回张显歧偏要"触底反弹",堂兄已经发话,再退就别怪

大哥不客气。18日一大早,蒙墟日军千余人向西发起进攻,第155师一反西江作战以来边打边撤的"疲软状态",沉着应战至午后,利用敌人进攻间隙,全线压上转移攻势,迫使日军撤回蒙墟。19日,邓龙光和张弛率第64军主力到达蒙墟以西20公里处的石龙附近,从梧州失守算起,这支广东部队沿着西江走了将近一个月。张发奎曾经和张显歧一样揪心,深怕邓龙光有个三长两短,队伍在半途被日军解决。如今第64军有惊无险,照理应该休整几日,可战事紧急,也就顾不上这许多了。张发奎明确要求:"第64军要在20日早晨向蒙墟发动进攻,并派一部进出郁江右岸,截击敌后;第16集团军必须以桂绥一个纵队向桂平日军攻击,一个纵队在黔江以北协助第135师固守金田村南北之线,相机进攻平南。"

再来看中国军队的集结态势:

第64军军部和第155、第156、第159师,加上桂绥第1纵队,全部聚集在蒙墟以西、石龙以东一带。石龙到桂平有两条路可走:一条就是贵(县)桂(平)公路,往东北偏北走30公里就到,但必须穿越蒙墟村落;另一条小路崎岖难走,要翻越桂平西侧连绵群山,不适合大部队展开。

第46军军部和第175师,加上第31军第188师,集结贵县附近,贵县现在叫贵港市,地处石龙西南30公里,也就是说石龙刚好在贵县、桂平中间。

第31军第135师和桂绥第2纵队控置在金

漓江烽火 桂柳会战

田村一带。

第37军军部和第95师位于水晏圩，往南35公里就是日军第104师团第137联队占领的平南县城。

张发奎用第64军和桂绥第1纵队正面强攻独立混成第23旅团，大概是15000人对3000人，只要第104师团和第22师团短时间内上不来，吃掉的可能性很大。第135师、桂绥第2纵队和第95师主要用来对付郁江北岸的第104师团，能攻下平南县城固然最好，攻不下至少也能起到牵制作用，确保蒙墟正面"以大吃小"。应该说这两方面的部署都极为妥当，问题是郁江南岸的第22师团为什么要第64军分兵阻击，这不是分散蒙墟正面的攻击力量吗？贵县的第175师和第188师又为何没有顶上去？

李汉冲为我们解开疑问：

白崇禧以保存桂系第46军实力为要领，不按原来战区将第46军由贵县渡过郁江，与第64军夹江并列，向丹竹、平南进出，遮断桂平日军后路，并策应第64军右翼的攻击计划，借口集中优势兵力于主攻击正面，将第46军重叠配备于第64军之后，使第46军得以避免正面第一线攻击之损失。当时我极力反对，张发奎虽识破白崇禧的用意，但又不敢坚持己见，仍对白唯唯诺诺，遵照白的指示，修正计划传令下去。

可能出于"面子"因素，张发奎本人并不承认受到白崇禧掣肘：

我将两个军重叠使用，以第46军作为战术兼战略的预备队，如果第64军攻击得手时，我即使用第46军于郁江右岸向平南、藤县间进击，作深远的超越追击。但我的一部分幕僚，则以为我不将两军同时使用，以泰山压顶之势对敌发动攻击为失当，致而迁延时日，不能得到预期的成果。这虽然不能以成败作为定评，但见仁见智，在战术上确有耐人寻味之处。

的确是耐人寻味，按照张发奎的思路，第64军是用来攻坚的，第46军是用来"锦上添花"的，非常迎合白崇禧的心意。邓龙光作为西江方面前敌总指挥，感觉这里面大有文章，他在颁布作战命令时很谨慎，只向第46军军长黎行恕提出"除以一师于20日推进至奇石及其西南地区策应作战外，军部及一师在通挽附近集结待命。"重任落到了第64军肩上，邓龙光和张弛决心先拔掉以蒙墟为中心的日军外围阵地，然后再分两期攻略桂平：第一期攻击目标为新安山、乌扬村、蓝山、猛风坳；第二期攻击目标为桂平西山南北之线和桂平县城。按照邓龙光策定的进攻计划，第159师居右，第155师配属炮兵居中主攻，桂绥第1纵队居左，第156师468团前出郁江右岸策应，主力为军预备队。原定20日的攻击因天气不适合飞机出动而被取消，张发奎、邓龙光可能要为这一天抱憾，日

四、功亏一篑的桂平反击战

军第129大队利用这一天加强了蒙墟防御工事,屋顶上、墙角下开挖出许多射击口,狙击手和机枪组已经严阵以待。

21日,美军第14航空队非常卖力,整日分批飞临蒙墟上空轰炸日军阵地。第159师攻占马鞍岭、良秀村、小东村,掩护炮兵推进罗容山顶,猛烈向敌轰击。第155师攻占古旺村、新安山,一度迫进543.2高地。第23旅团第129大队被打了个措手不及:"突然遭受重庆军在优势空军和炮火支援的攻击。重庆军的兵力最初估计为两三个师,由西南方来攻蒙墟方面。蒙墟村庄立即为猛烈炮火硝烟所笼罩,一片农田瞬间化为黑色。"

原来张发奎投入了第46军炮兵营和炮兵第29团第3营第9连,合计8门美式75mm山炮,难怪火力上足以压倒才两门山炮的日军第23旅团。第129大队退至岭脚和543.2高地以南缓过劲来,大队长野野木文雄立即组织反扑,下午又夺回了马鞍山、新安山和小东村。傍晚,桂绥第1纵队进抵左翼白鸠至社岭塘一线,第155师适度南移,与第159师共同确保白天攻下的古村、良秀村。

22日拂晓前,第155师、第159师、桂绥第1纵队已分别进入攻击准备位置,可惜雨一直下,空军无法如期出动。8时许,张弛军长叫通前线各部电话:"不待空军协力即

■日军独立混成第23旅团在蒙墟遭到中国军队猛攻。

漓江烽火 | 桂柳会战

开始向当面之敌攻击",一时间枪炮声夹杂着"丢那妈"响彻蒙墟大地。10时,第159师攻占良秀村以北大片村落,第155师攻入林村、龙新、苏村塘,当面日军背靠东北侧山地坚守蒙墟村落。面对田间小路和水沟渠道间不时喷出的机枪火舌,第64军迈不开进攻步子,只好就占领村落与敌对峙。中午,桂绥第1纵队也露了一手,尽克沙洞、新寨村、新德村一线,日军退守岭脚村、赵李坳。

第129大队各个中队陷入各自为战,下河边旅团长闻讯连夜率领第130大队第1、第3中队前往增援。23日天亮时分,这股日军到达蒙墟东北端,结果硬是被飞机炸的难以抬头,只得选择一处山脚先行隐蔽,乘着轰炸间隙,才派出步兵一个中队进入543.2高地以南2.5公里处的闭锁曲线高地,作为旅团新的左翼防御据点。"攻下蒙墟的重庆军已逐次渗入阵内,多亏占据543.2高地的第130大队第1中队奋战,第129大队才得以后退到蒙墟东北部的一些村庄,勉强维持战线。"鉴于事态严重,下河边和第130大队大队长竹之内繁男同返芹村指挥所研究对策。第159师当日攻占永和乡、良秀村之间的大片村落,第155师一举夺取新安山,但攻至岭脚村时遭到日军坚强反击,进攻受阻。

午后,小东村第129大队的掩蔽部被炸塌,日军费了好大劲才从断瓦残墙中挖出受伤的大队长野野木,下河边示意可以撤到芹村包扎所医治,野野木倒挺有骨气,坚持不下火线,退至548高地东麓一个山洞,继续指挥战斗,后于11月初伤重阵亡。桂绥第1纵队攻入小东村,独立第4团团长周竞回忆当天战况是这样的:

战斗至第三天拂晓,我空军轰炸机6架和军炮兵协同我团对敌阵地实行陆、炮、空联合攻击,首先由军炮兵对敌阵地集中炮火,特别是对敌坚固据点,施行破坏和制压射击。同时,我空军轰炸机对据守村庄敌阵坚固据点,不断轰炸、扫射,以掩护我团第一线部队攻击前进。战斗极为激烈,敌人死伤惨重,阵地被我集中迫击炮和火箭筒火力对之强行破坏制压,敌遂不支,全线崩溃,经猛风坳向桂平退却。此役敌死亡80余人,我获敌步枪50余支、轻机枪4挺、掷弹筒5个。

日落黄昏,独立第4团2营求功心切,借着夜色掩护往桂平西侧山坳方向钻隙潜进。广西出了名多山,桂军擅长走山路,要不是当晚忽然下起大雨,说不定真能袭取桂平县城。雨越下越大,海戴清营长命令弟兄们在山脚下就地宿营,此处名为沙坪,距离桂平县城只有4公里。差不多同一时间,日军第130大队第2中队赶到了沙坪山坳另一边,中队长诸石岩太郎决心很高,雨再大也要上山扎营,第129大队正等着我们救援。日军很快发现西侧山脚聚集有四五百名中国军人,

四、功亏一篑的桂平反击战

于是悄然整备态势，决定东方吐白时展开急袭。第2营疏于战斗准备，24日黎明顿时发生混乱，不得已冲出村庄向西撤退。周竞团长急令第1营占领猛风坳高地，收容溃退下来的第2营，收容后清点部队，计阵亡连长1人、排长4人、士兵60余人；损失轻机枪3挺、步枪40余支。

第130大队主力向诸石中队靠拢过来，周竞团长有些招架不住，纵队司令姚槐把独1团推到独4团右翼，占领猛风坳以南一带山地，阻止敌人前进。竹之内大队长下令第1中队转向新安山，第155师一部坚守不退，另一部配合第159师攻占罗阳村以南9个村落，并逐步扩大到乌扬村、新施村南端。张发奎企盼战役胜利的心情已经跃然纸上：

> 我很激动也很得意，这是我第一次向日寇发动大规模的进攻，也是我第一次指挥空地联合作战。美国低级军官、士官、士兵加入了我们的前线部队，他们配备了无线电台，所以能引导第14航空队的战机，美军飞行员也很勇敢，他们低飞轰炸敌军，在能发现敌军时，战果十分辉煌。

10月25日，下河边把剩下的山炮弹全部对准新安山倾斜，炮声一停，竹之内亲率第1中队冲向山头，第155师464团措手不及，败下阵来。第1中队屁股还未坐热，就有几架美机呼啸而至，刚巧桂绥第1纵队独1团赶来增援新安山阵地，该团事先经过美军训练，官兵们兴奋地一跃而起，向空中铺设标示线。眼看日军就要成靶子，竹之内急中生智，命令士兵朝中国军队阵地内发射烟雾弹。第14航空队的小伙子有点犯晕，对着独1团疯狂扫射，周竞团长想起这一幕十分懊恼：

战斗至第四天上午九时许，由柳州飞来助战的美国空军的三架飞机，误认独1团为日军，使用机关炮、燃烧弹对之反复俯冲扫射，该团阵地多是枯草，以致引起遍地大火。后经我独4团用无线电话通知上空的美军飞行员，才停止射击，但此时已有不少官兵被烧得焦头烂额。

美军飞行员大摆乌龙，日军战史得意地写道："美机错向重庆兵扫射约达20分钟，于是出现了新安山西北高地山腰一片火海，重庆兵仓惶逃遁的奇迹。"独1团并不气馁，当夜联合第155师重整旗鼓展开"复仇之战"，两广子弟兵在炮火掩护下奋勇仰攻新安山，日军第130大队第1中队最后仅剩约20人逃脱，其余自中队长以下120多人全部战死，竹之内腿脚还算利索，要是被独1团逮住下场肯定很惨。

第159师476团、477团集中力量攻蒙墟，第129大队据险力守，战斗呈胶着状态。刘绍武师长的思绪飞到了1937年，那年他任第83军参谋处长，南京保卫战失利，部队从太平门突围，不久就在公路上被日军冲散，他和军长邓龙光等人昼夜交叉行进，差点在苏皖边界被上海战场退下来的桂军"解决"，后来好不容易到达皖南，满身污秽，虱子乱跳，比叫花子还不如。转眼七年了，刘绍武何曾一日不想雪耻，怎料7月中旬连江口一战师部又遭日军袭击，面对旧仇新恨，他下令475团绕攻乌扬村，先截断桂平与蒙墟之间的联络，再慢慢干掉蒙墟日军。11时，第155师方面有些进展，463团和465团攻占龙新东北高地一部，日军往赵李坳方向退，475团趁势攻占乌扬村。

蒙墟之战日军独立混成第23旅团战斗序列（1944年10月）

旅团长下河边宪二

独立步兵第128大队谷村静夫

独立步兵第129大队野野木文雄

独立步兵第130大队竹内繁男

炮兵队工兵队辎重队

7. 蒙墟屯兵

下河边宪二这会急的直跺脚，只怪当初轻装疾进抢头功，武器弹药接济不上不说，旅团通信设施偏偏又被炸个稀巴烂，无法把激烈战况及时报告给已经推进到丹竹附近的第23军战斗指挥所。乌扬村被中国军队夺去，旅部和桂平的联络线很危险，下河边死马当活马医，把旅团司令部后撤到桂平西南偏南3公里的岭头，组织通信、卫生、行李这些非战斗人员拿起武器，警戒确保后方。

其实丹竹那边也不平静，"第37军第95师的第285团于20日开来丹竹以北新圩附近，立即被我第108联队击退，据俘房称，高良、官村朗那边还有两个团"。日军确认第37军出现是20日，实际上该军16日就秘密南下抵达水晏圩、陈家塘一线，只是等待桂柳师管区陆超部和炮兵第29团3营8连的两门美式山炮花去了两天时间。罗奇当时判断日军"行战略开进调整，并组织兵站线路，整顿作战准备，有分进合击桂柳之企图"。18日傍晚，第95师将占据官成乡的100多日军击溃，此距平南县城只有10公里。19日，第95师第284团一部于大峡东北之山隘与日军第104师团第137联队展开激战，付出较大伤亡得以占领山隘，但此后推进困难。第283团的一个营向平南县城搜索前进，在县城北面的小桥遭遇日军强劲阻击。21日，第95师便有些吃不消了，"当面之敌向我猛烈夜袭，敌以约一中队为基干之数个部队，楔入我阵地间隙，各部凭村落据守，遂成犬牙交错状态。"罗奇不得不改攻为守，下令第95师一部固守既得阵地，第283团脱离当面之敌，第284团占领十字郎，准备迎击平南北上日军。

人员奇缺的第37军确实没有力量强攻平南，张发奎通过杨森电话转达罗奇："万不得已时，应确实掩护蒙山。"单薄的第95

四、功亏一篑的桂平反击战

师还是起到了牵制日军第104师团的作用，日军战史记载："我步兵第108、第137联队22日果敢予以反击，虽将重庆军击退，但敌之一部也曾进逼到武岭的师团战斗司令所近旁。"

田中久一此时尚不知道独立混成第23旅团正陷入张发奎精心策划的反击中，在22日召开的参谋长会议上，仅要求第22师团"应于10月底前主力集结于桂平、白沙圩、石龙圩之间，准备对柳州方面作战，并为向贵县方向作战先派遣一支部队纳入驻桂平的独立第23旅团指挥之下。"这一部署无意间将第22师团第85联队推向了鏖战正酣的桂平。平田正判师团长当日下令第85联队先遣桂平，打头的第3大队以第9中队先行侦察桂平附近郁江宽度流速等情况，为了避开飞机频繁袭击，该中队选择桂平西南20公里处的东姿口向郁江西岸移动，恰巧与第23旅团第129大队取得了联系。

24日，第64军攻势如潮，下河边从雷州半岛一路带来的两门山炮发出无力的呻吟，瞬间被美式山炮的呼啸声覆盖。第85联队第3大队第9中队在侦察水流时突然卷入战斗，很多东西都没带，只得用饭盒挖些简单工事，勉强可以卧身。受天空和地面的双重火力压制的第9中队抬不起头，中队长平野安已征得联队长同意，沿郁江往桂平方向后退。结果瞎折腾一场，下河边闻讯后立即向联队长能势润三"交涉"，第9中队又冒着炮火原路返回蒙墟以东战场。日军战史形容当时"敌我战线交织，混淆不清，以至呈现无法交战的奇怪现象"。

邓龙光、张驰极盼扩张战果，25日14时下达"桂字第三号命令"：

一、第159师（附第46军炮兵第1连）应就现态势以主力攻略蒙墟而占领之。

二、第155师（附炮兵第29团第3营营部及第9连）应以林村之一团向蒙墟攻击，协力第159师之作战，主力分别攻略佛子、荔波村、新施村、罗阳村，并确保新安山高地。

三、桂绥第1纵队应就现态势以主力攻略蓝山，并占领猛风坳掩护军之左翼。

四、攻击开始时间为26日，空军攻击准备轰炸之后，但如受天气影响延至上午7时30分仍未实施轰炸时，应立即开始实施。

26日，空军因为下雨没有出动，7时30分一到，各部按时继续攻击，晚秋时节的蒙墟村落顿时浓烟滚滚，青绿水的田园被炮弹溅起高高的水柱。竹之内派第2中队接替伤亡惨重的第1中队，勉力维持战线。文文野下令水野孝之助第1中队死守548高地山腰。下河边怕右翼有闪失，桂平不保，不敢抽调第128大队往前顶，只得以炮兵队主力和担任掩护炮兵的步兵一个小队，由炮兵队长冈木长之助统一指挥，增援蒙墟，反正那两门山炮已经没有炮弹了。混战一日，雨水汗水交加，双方都无大的进展，时任桂绥第1纵

队参谋长的张正明回忆:

我独立第4团之六公分迫击炮及三联式机关枪,发挥强大威力,使敌人受到一定损害。但敌人凭借有利地形,利用山岩石隙作为掩蔽部,构成层层火网,做好标定射击设施,居高临下,易守难攻,我虽多次强攻和冲锋,均被敌人密集火力阻止而无法进展。

邓龙光和张弛都很着急,蒙墟久攻不下,势必打成僵局,于是调整部署,下达"桂字第四号命令":

一、第159师(附第46军炮1连)以主力向蒙墟东南两方面攻击,协力第156师夺取蒙墟,尔后进出全村、培新村之线,准备攻略桂平,其余一部确保既得战果。

二、第156师(欠第468团)应以全力由蒙墟之西向蒙墟之敌攻击,一举夺取蒙墟,肃清残敌而确保之。

三、第155师(欠第464团缺一营)应主力攻击罗阳村、新施村及其北端高地,一部由北向蒙墟攻击,协助第156师进攻蒙墟,一部确保新安山高地,蒙墟攻占后,即以全力推进莲花村、荔枝洞亘佛子之线,准备对桂平之攻略。

四、桂绥第1纵队应就现态势确保赵李坳及其北端高地各要点,并对猛风坳及黔江右岸严密警戒。

五、炮兵队(第46军炮兵营欠第1连及炮兵第29团3营9连归军部直辖,由第46军炮兵营周营长指挥,务于本日晚推进铺门村以东地区占领阵地,明日7时前完成射击准备,以主力支援第156师对蒙墟之攻略,一部压制敌炮兵。

六、第464团(欠一营)为军预备队,位置于官桥东北地区,策应各方之作战。

七、攻击开始时间为明日晨空军攻击准备轰炸之后,如因天候影响空军不能如期到达轰炸时,应于上午7时30分开始攻击。

八、军指挥所明日7时前推进至狮头附近。

邓、张二人的用意很明显,第156师和第159师从两个方向猛攻蒙墟,第155师主力从旁策应,只控置伤亡较大的464团两个营为军预备队,进行强力一搏。此外集中使用炮兵,试图以火力弥补步兵技战术方面的不足。邓龙光还通过张发奎居中协调,获得第46军一定程度的配合支持,第188师奉调镇隆附近,以一团推进流澜、永和乡间接替第156师467团,掩护第64军右侧;黎行恕率军部和第175师从贵县前出20公里到大墟,算是给张弛摇旗助威。

27日早晨,天空放晴,第14航空队几乎贴近地面配合中国军队进攻,日军形容空袭时"竟能看到美国飞行员的身影"。第46军新装备的一个火箭筒班也赶到第一线助战,美军的"巴祖卡"火箭筒对街道巷战摧毁堡垒据点极具威力,可惜第46军仅有的两具还处于训练阶段,不怎么会玩,战斗中没有发挥应有的作用。各部借炮空威力各以主

四、功亏一篑的桂平反击战

力猛向蒙墟围攻,日军凭断墙颓壁挣扎待援,战斗十分惨烈。第156师一部和第159师第477团好不容易突入蒙墟成富街口,遭到埋伏在屋顶和树梢的日军机枪扫射,又被迫退了回来。16时,稍事整理的第156师再兴攻势,与日军展开逐屋争夺。竹之内以身边仅有的约两个中队的兵力,加上重返战地的第85联队第3大队第9中队,由543.2高地北侧进行夜袭,致使桂绥第1纵队陷入混乱,后退到蓝山才站稳脚跟。张正明回忆说:

> 我独立第4团第2营营长海戴清曾督励该营官兵,并且身先士卒,一度冲入敌阵。辛因在山谷临路中,作战极感不便,且以后援部队不能及时增援上来,兼受到埋伏在隘谷两侧斜坡上敌人密集射击,遂不得不自行撤退出来。

第155师前赴后继,攻占新施村以东两处村落,第159师在小东村附近小有进展。日军战史这样描述27日的战斗:"蒙墟正面的重庆军第一线兵力估计为二三个师,大批重庆军穿过新安山逐渐出现在中央的独立步兵第130大队正面,至少有一个半师的兵力,连同蒙墟正面合计约四五个师。但右翼独立步兵第128大队的正前方,只有若干零星部队,似无甚大部队。旅团与各大队的通讯均被切断,只有依靠有限的目视和传令,各方面都只能由队长等人独立奋战。重庆军

■中国军队装备的美造M1A 175cm山炮。邓龙光集中炮兵之举,还是颇具成效的。

进而集中炮击桂平城区，城内建筑自不待言，架设在桂平东侧的舟桥也被炸飞，其命中率堪称优秀。"

桂平地区的激烈战事终于通过第22师团第85联队传递到了第23军军部，田中久一"为事态重大而震惊"，原先估计第四战区可能在桂北组织反击，如果是反击第23军的话，预料会在武宣附近，想不到张发奎会在桂平给出一记重拳。田中久一下令第23旅团就近纳入第22师团指挥，以10月底为期限围歼桂平西南的中国军队，并继续准备攻占贵县。平田正判接到命令后，决定第85联队和第86联队分左右两翼包抄邓龙光所部，第23旅团务必固守待援。当晚，第85联队全部渡过郁江，主力在桂平西北完成集结，第3大队直接奔赴蒙墟增援第129大队。得知平田正判的两个联队已经靠上来，下河边宪二总算舒了口气，官兵士气也为之一振。桂平县城的爆竹突然被搜集一空，第23旅团是要放鞭炮提前庆祝胜利吗？不是，是用来以假乱真，晚上目标不明的时候，扔几个鞭炮探探虚实，还不是弹药不足给闹的。

28日中午，第159师477团经过惨烈肉搏后冲入蒙墟中心区域，第476团和第156师紧跟其后，战至16时，已经控制蒙墟大半，日军集中东北角一隅，拼死不退。原煜泰当时是第159师477团3营8连连长，这场战斗给他留下了不可磨灭的记忆。

蒙墟周围有很多天然石壁与纵横交错的水沟，狡猾的日寇从镇内废圩转入这些沟渠，利用石洞作为机枪阵地。我步兵冲进街内，敌人便向我射击。我军闻其枪声，但难判定其发射位置。数次攻入镇内，仍被迫退出。

第155师的情况也是如此，罗阳村、新施村数得数失，最后形成敌我各据一半。桂绥第1纵队在蓝山咬住了日军第85联队第3大队第9中队，别看日军人数不多，起初还主动发起攻击，后来才被压迫到蓝山的陡坡上"冒着不断投下的手榴弹进行苦战"。日军战史透露："该中队不久放弃进攻而撤退，但以后没有返回第129大队阵营。"是不是被桂绥纵队消灭了？日军有些隐晦："可能被通过的第85联队的一个大队所收容。"收容也就意味着没剩几个人了，只是桂绥纵队的战斗记录做的不好，湮没了这一战绩。

第104师团的西进逐步瓦解了张发奎的内线反击。江口圩位于桂平东北40公里，是通往武宣、柳州的要冲，第104师团击退罗奇对平南的牵制性攻击，第137联队于25日突然调头转向西南，目标直指江口圩。防守江口圩的第135师因第405团团长曹震轻弃丹竹机场被枪毙，作战一度十分积极。日军占领平南县城后的日子并不好过，颜僧武师长不断从江口圩派出以营为单位的部队袭扰县城，一方面为了迟滞日军的下一步进攻，另一方面使新兵取得实战经验。张发奎策动桂

四、功亏一篑的桂平反击战

平反击,规定第16集团军以桂绥一个纵队向桂平日军攻击,一个纵队在黔江以北协助第135师固守金田村南北之线,相机进攻平南。第16集团军副总司令周祖晃命令颜僧武将主力转移到洞心圩南端的崇山峻岭,待日军向金田村桂绥第2纵队进攻时,从侧面痛击来犯之敌,地势平坦的江口圩只留下一个营担任警戒。25日,江口圩失守,日军第104师团进攻金田村桂绥第2纵队,周祖晃改变部署,电话传令颜僧武连夜兼程开到金田村后面的三江圩增援。从洞心圩到三江圩距离虽不远,但沿途需通过复杂崎岖的瑶山,颜僧武师长带头先行,在黑暗中摸索前进,先头总算在规定的时间内赶到三江圩。经与撤出金田村的桂绥第2纵队司令唐纪商定,三江圩到新圩大道以北归第135师负责,以南归桂绥第2纵队防守。

日军第104团不仅使武宣形势危急,还极大威胁到第35集团军的左翼,邓龙光电请张发奎派兵增援,于是防守柳州的第62军第157师星夜南下武宣东乡。第157师走的这么急,可千万别以为是"救兵如救火"。黄涛守柳州心里可是七上八下,总琢磨要把部队弄出去,武宣一告急,第62军参谋长许让玄说通张发奎,第157师名正言顺出城去"救火"。坐镇武宣的周祖晃指示第157师占领香信、界顶、双吉山一线,防止日军突破三江圩继续西进。

28日,为减少损害并集结兵力以便转用计,张发奎下令第35集团军停止进攻蒙墟,并饬电第46军接替第64军任务:

第64军应于本日入夜调整部署,占领流澜下村、小东村、寻排南端高地、林村及其以北已占有高地之线,确实掩护第46军进入阵地。29日入夜桂绥第1纵队占领水旺、官桥、伯公坳,第64军主力即开古铜村集结候命。第46军应于29日入夜前确实占领坊垌村、门塘村、良美村、长垌村,拒止日军西侵。

29日,大雨引发山洪暴发,蒙墟至石龙圩一带成为一片汪洋,第64军哪有心思等待第46军接防,邓龙光电令张弛取捷径集中武宣待命。黎行恕也不打算认真接替第64军,仿佛洪水来的正是时候,刚好借口运动困难,只象征性派出第188师564团2营往东移了移,反正大小都有"白健公"罩着。刘信当年是第564团的班长,他对此感到纳闷:"桂平反击战,粤军死了很多人,我团只派出一个营做火线,我们很想上去打,但上面没有命令,都是中国人,为什么不派我们上去?"刘信作为一名下级军官当然无法体会到白崇禧保存桂系实力的"用心良苦"。

第四战区黎塘前进指挥所悄然向柳州撤退。雨越下越大,透过吉普车的车窗,张发奎不时往东发愣,一股浓烈的失落感密布在他的心头。此时的桂林早已炮火连天,第四战区的内线作战彻底失败,张发奎总结经验教训,将失败归咎于几个"不好":第46军

漓江烽火 | 桂柳会战

与第64军之间配合得不好；步兵与炮兵、空军配合得不好；天气与空军配合得不好，雨雾天气削减了第14航空队的出动次数，以至放慢了进攻的脚步。张发奎的总结虽然有些道理，但笔者以为一系列的"不好"只能算是次要原因，最主要的因素恐怕还是派系问题根深蒂固，关键时刻拧不成一根绳，还奢谈什么配合。据李汉冲回忆，1945年广州受降时田中久一对他说，由于华军没有在郁江右岸的侧翼行动，日军左侧背不受威胁，得以缩小防御正面，集中力量来应付蒙墟正面之攻击，因而能支持较长时间的防御。如果华军在攻击开始时，能有相当兵力在郁江右岸，或者继续攻击二日，则桂平守军将被全部歼灭。

五、八桂风雨来

1. 湘桂路滞敌

1944年9月15日，怒气冲天的张发奎电示第93军："该军须沿铁路线逐次极力拒止敌人，以全县、兴安、大溶江各附近地区为第一、第二、第三抵抗线，非有本部命令不得撤退，并限9月27日前不得使敌突破大溶江抵抗线。"16日，赤鹿理命令第65联队主力和第104联队集结全县南方，第65联队一部修整全县机场，第116联队配属工兵担任黄沙河至零陵之间的修路作业。黄昏过后，第65联队第2大队开始进攻新板山警戒阵地，次日拂晓，第3大队一并加入。第93军代军长胡栋成向全军传达了陈牧农被战区司令长官部请去"喝茶"的消息，第10师不敢再退，台湾"国防部"的《抗日战史》声称："经守军坚强抵抗，毙敌大队长以下300余人后，嗣向主阵地撤退，敌乃于18日进占新板山。"日军战史只说"17日突破八百岭（全县东南偏南13公里）险阻山地，18日2时许大致抵达指定线。"第65联队第

3大队之前的确有过阵亡大队长的记录，发生在8月下旬和9月初，一位是永井博大尉，另一位是继任的日置长一少佐，目前大队长一职暂由师团副官田村大尉代理。日军战史还说："10月4日，柳本清次大尉到任替补先前战死的日置少佐遗缺。"对田村大尉的去向未作任何交代，看来田村是有可能阵亡了，要真是这样，第3大队堪称"死亡大队"。

20日，胡栋成以新8师第24团一个营进占上下孚村附近，但即便这样部署，第10师现阵地侧面仍过多暴露于湘江右岸，无法应付铁路正面与芝麻渡两面夹击之敌。胡栋成请准变更阵地，得到战区许可。23日，第10师除留一部在原阵地与敌保持接触外，主力乘天黑转移到兴安、畔塘、鸡霸山之线，并将第24团控置在福庄村为军预备队，以军搜索营前出到警戒阵地。26日，白崇禧偕同夏威视察兴安阵地，胡栋成提出第10师正面过广，兵力有些不敷分配。白崇禧同意将主阵地右翼稍向后移，以兴安城为搜索警戒据点，正面阵地缩小后抽调一个团先到老堡村

漓江烽火 | 桂柳会战

南北之线构筑预备阵地。

日军也有调整，冈村宁次走马上任第6方面军司令官，参谋长宫崎周一出面叫停横山勇，第11军要在全县、道县一线休整，等准备就绪再向桂林进发。这次会面，横山勇和宫崎周一都感到不愉快，具体经过前文已述，此处不在重复。不愉快归不愉快，冈村宁次也是厉害角色，横山勇不得不有所忌惮，再说部队也确实需要休整补充。考虑到全县距离桂林尚有100多公里，横山勇提出"为了解桂林方面各种情况，必须以武力推进搜索据点"。冈村宁次根据第11军请求，同意派一部兵力进行侦察。打个比方就是"大动作你要听我的，小动作我尽量不干预"。于是，第11军位于湘桂边区的各个师团，分别向前方展开"小踏步"前进。我们先说大路——湘桂路正面。

23日，第13师团奉命将搜索据点推进到灌阳，湘桂路方面改由第58师团接替。没有赶上全县战斗的第58师团师团长毛利末广早已跃跃欲试，27日傍晚即以独立第92大队和独立第106大队猛攻五旗岭、大雨塘、江南村等地，第10师留置在该线的部队并不多，坚持到晚上，大部退守主阵地右翼。28日，日军一部与搜索营激战竟夜，无法取得任何进展。29日晨，搜索营在伤亡较大的情况下西移，日军借机增加兵力，部分向第29团阵地进攻。13时，日军继续投入兵力，分几个方向围攻第29团，团长张用斌连连叫苦。王声溢和胡栋成商议决定，为防止日军由右侧背突入，进一步将主阵地向右翼后移，调新8师第24团进入王家塘南侧高地，第29团占领黄金村以北迄兴安城之线。30日，日军大举压上，王声溢渐渐支撑不住，胡栋成令搜索营掩护第10师转移到兴安西南新阵地。日军一部500余人分三路跟踪追击，乘第10师立足未稳，转隙进入兴安南面的福庄村西侧南北之线，两军几乎整整混战一晚。日军战史承认虽然夺取了兴安，但在兴安西南方向一度险情频频。

10月1日晨，第28团1营伤亡惨重，仅余十数人撤出，接着第30团2营受到日军瞰制，不少弟兄倒下后再也没有爬起。天色渐暗，第10师右翼马鞍山、南裹坪附近阵地被敌截成三段，第29团好不容易鏖战至深夜才突出重围。日军来势凶猛，夏威批准第93军退守严关乡，胡栋成以第10师主力占领鼓锣洞、宝塔岭、老堡村、杏花岭之线既设阵地，第28团3营和新8师24团1营占领联木桥、赵家严及严关乡以北各线掩护阵地。2日，日军沿湘桂铁路、公路和南侧山地尾追，轻易突破第10师、新8师的掩护阵地，接着分成两股进攻宝塔岭、老堡村主阵地。每股以百余人叠成三四线作波浪式攻击，第10师深知主阵地不能轻弃，拼命阻击敌人，轻重武器构成严密火网，日军难越雷池一步。

3日，第58师团在飞机掩护下增加进攻兵力，第10师主阵地被突破多处。王声溢师长不想成为陈牧农第二，亲赴各团及炮兵连阵地督战反击，有些地方敌我反复争夺达六七次之多，各连伤亡均超过三分之二，宝塔岭、老堡村相继不守。胡栋成严令王声溢组织非战斗兵参加战斗，总算勉力保有鼓锣洞和老堡村至大边岭西侧之线。当晚，夏威允许第10师后撤整理，胡栋成遂令王声溢利用夜暗至灵川东北一带整理备战，令新8师进入大、小溶江阵地准备迎击日军下一拨攻势。4日，胡栋成致电军委会："第10师在黄沙河、全县、兴安、老堡村各役，伤亡官长七十八员，士兵千余，失踪官兵四百余。原有战斗兵三千余，仅余半数。"第10师伤亡固然惨重，第58师团死伤亦不在少数，日军战史写道："老茶亭的重庆军死守不退，因而难以占领搜索据点，但于当天午夜终于攻下了老茶亭，第一线方告稳定。结果虽受到相当损失，但总算完成了占领据点的态势。"第58师团占领兴安、严关乡后，忙于更换冬装和进行整顿，停止了进攻步伐。

第93军终于能够喘口气，调整态势并加强大、小溶江防御工事。7日，横山勇电令第58师团，以一部兵力由兴安继续向灵川附近推进，师团长毛利末广决定第52旅团执行任务。14日，日军300余人沿湘桂公路向大溶江前沿阵地进攻，防守渡口的只有新8师第22团的一个班。乘敌人半渡，贵州籍的班长一声令下，当场毙伤日军数十人，日军反应超快，马上分散几处强渡，该班士兵全部

■日军第58师团强渡大、小溶江。

漓江烽火 | 桂柳会战

牺牲。第22团1连无法阻止日军上陆,大溶江阵地失守。唐嘉蔚团长急调1营3连、3营8连各一部增援反击,在两门山炮掩护下一度收复失地,但入夜又被日军夺去。15日,第58师团独立第108大队击退新8师第24团1营,占领明塘口、松江口一线,先头百余人渗入小溶江。夏威决定利用日军在隘路中一时难以展开之际,集中优势兵力歼灭来犯之敌。夏总司令的信心一半来自大、小溶江四面环山,中间平川的有利地形,另一半来自第79军第194师的部分到达。

第79军辖第98师、第194师、暂编第6师,抗战中期一直驻扎在湖北公安、藕池口一带,第六战区成立以前归江防军作战序列。1944年8月,王甲本率领第98师和第194师驰援衡阳,一度攻到衡阳西北附近,但因日军兵力强大,无法扩大战果。9月,该军转移至湖南红炉寺东安间之山口村,王甲本和警卫营走在大部队前面,未料与日军遭遇,身高体大的王甲本不及转移,被日军刺刀刺死。该军随后由副军长甘登俊等人带到武岗整训,第66军军长方靖奉到调任第79军军长的命令,随即移交职务,由湖北松滋奔赴广西前线。10月初,第79军奉命经广西龙胜到桂林东北高尚田地区归夏威指挥,由于长衡会战伤亡损耗未及补充,该军实有人数6000人左右。代军长甘登俊深怕担负攻坚和守城任务,对第四战区调查实力时仅报官兵合计3476人。即便如此,张发奎、夏威还是对第79军的到来欢欣鼓舞,毕竟该军的第98师亦是中央军陈诚系的一支劲旅。第98师参加过淞沪会战、南昌会战、第一次长沙会战、1939年冬季攻势、第二次长沙会战、第三次长沙会战、浙赣会战、鄂西会战、常德会战,可以说第六战区和第九战区境内的战事几乎无役不从。相比之下,1938年2月组建并长期担任浙江沿海守备的第194师逊色不少,首任师长陈德法因1941年4月失守宁波遭到撤职,该师是在浙赣会战后才划入第79军建制的。

夏威命令休整后的第10师主力速向松江口前进,新8师一部协力第10师攻击,第194师一个团推进到苏村附近。胡栋成留下第10师第29团3营为军预备队,继续在灵川构筑工事,其余全部向松江口进发。日落时分,日军突破新8师第24团1营防线,与刚到大青山的第10师第30团激战整夜。17日,新8师第22团利用空军和炮兵火力掩护,奋勇攻击,于11时30分攻克大溶江,将日军驱逐到江边,形成对峙状态。同日,第98师第582团到达鸡笼岭向王声溢师长报到,王师长除以一部确保和尚岭、大青山之线外,主力指向松江口,旋又改向豆塘坪西南方向,日军凭借隘路口408.1高地拼死力战,第52旅旅团长古贺龙太郎惊呼:"重庆军抵抗意外顽强,其兵力亦有逐次增加之势,战况进展很不如意。"18日,王声溢歼灭当面日军的信心增强,令第10师第28团、第30团和第194师第582团的两个连猛攻408.1高地,第582团主力攻击豆塘坪,山炮连集中火力轰击隘路口两侧日军。第194师师长龚传文对配合第10师作战十分积极,准备由第581团进出塔边屯,策应松江口方面作战,但日军已先一步占领了塔边屯。

19日,尚在赴任路上的方靖通过电话了解前方战况,指示龚传文:"第581团黄昏前攻占塔边屯后,以一部固守,主力续向田头口攻击前进,副师长徐会春须至该团坐镇指挥。"19时,第581团从塔边屯左右两边开始进攻,经两小时奋战,日军不支向大湾田撤退。徐会春副师长挥师追击,23时攻克大湾田,翌日7时又克复田头口。日军急忙抽调200余人增援,结果敌我对峙互无进展,日本防卫厅战史对第52旅团的战斗这样写道:"20日,古贺旅团正面战况无大进展,21日,战斗勉强告一段落。"

22日11时,第10师冒着倾盆大雨进攻408.1高地,受天气影响,攻击仍不凑效。这时第93军有一项重大人事调整,粤桂湘边区总指挥甘丽初调任第16集团军副总司令兼第93军军长。甘丽初是广西容县人,与夏威同乡,与胡栋成同是黄埔军校第一期生,重庆的这项人事安排可谓用心良苦。甘丽初到任后的第一道命令基本精神就是稳扎稳打,第194师先以有力一部构筑据点工事,阻敌西犯,再以主力从田头口向松江口531高地攻击前进,压迫日军右侧背。龚传文奉命照办,将师部推进到塔边屯,24日拂晓再度督师冒雨出击,8时攻克土地坳,9时续克杨梅塘,12时占领531高地。与此同时,新8师第24团勇猛突入当面日军阵地,完全攻占松江口。根据"国防部"《抗日战史》记载,第10师扫荡松江口残敌,"毙敌第58师团第106大队长今掘少佐以下四百余名,俘虏甚多。"

湘桂路烽火连天,日军第23军各部逼近桂东,第四战区调整部署,令第93军向龙胜、义宁间集结,第79军撤至桂林以西四合村附近占领阵地,准备参加桂林核心战斗。对于湘桂路各部转进,夏威的参谋长韩练成向方靖透露:"此次第一线部队后撤,张长官是不同意的,其责任已完全由夏副长官担当起来了。因为你们各军伤亡甚大,又无预备队增援,所以决心后撤,固守桂林城,尚希各军长勉励所部,再接再厉,坚持奋战,以竟全功。"

第93军这一撤竟然撤出了大事情,或许是陈牧农伏法的消息传遍,官兵有些抱不平,也有可能是王声溢、马叔明等湖南籍将领对甘丽初的到来十分抵制,该军竟在后撤途中溃散。胡栋成、王声溢、马叔明等纷纷借故离去,散兵游勇沿黔桂路一直走到贵州龙里县,一路上军纪荡然,老百姓家中饲养的家禽全部被杀光,造成本就贫穷的贵州地方满目疮痍。眼看年关将近,第93军溃兵要求龙里县长范子文接济20万斤粮食,范县长向黔东南战地收容副司令张法乾求救,张好不容易找到第93军的一个"大官"——军务处长胡大章,得知该军现在散居龙里各乡。坐镇贵阳的何应钦决定把第93军缴械,张法

111

乾接过任务，先拨了5万多斤粮，承诺只要胡大章把部队带到贵阳一定补足余数，其实早已令宪兵在半路上的七里冲布下口袋。胡大章有所警戒，借口沿途食宿困难，先开第10师，新8师要看情况再走。张法乾也有办法，新8师可以晚走，但必须集中在师范学校操场点验一下人数。胡大章只好答应，结果第10师一到七里冲，就被埋伏在四处的宪兵武装缴械，集中到操场的新8师几乎同一时间乖乖放下武器。张法乾1945年夏应牟庭芳军长邀请，出任第94军参谋长，参与了反攻桂林之战。

第93军千里迢迢参加桂柳会战，先是轻弃全县，军长被枪毙，后来逐次抵抗表现尚可，最后竟落得被缴械的下场。当年山西抗日战场上的能征惯战之师，何以堕落到如此地步，的确发人深思。而胡栋成、王声溢、马叔明等高级将领后来无一人因丢下部队遭到处罚，只能说国民党已经病入膏肓，无可救药。

2. 灌阳自卫队的抵抗

中国派遣军要求"第11军在衡阳附近停止下来，除了恢复第一线兵团战斗力外，当务之急是整备军后方和推进补给线"，钿俊六最担心的是"贸然推进全县会重蹈衡阳的覆辙，第二期作战如果发生类似衡阳的情况，由于兵站补给困难，湘桂作战必将失败"。横山勇可不这么想，缩短对桂林等地的作战时间，才是最重要的作战准备，哪怕是多追一步。按照日军的话来说，"第11军根据当面的敌情变化，较早地从衡阳产生的失败情绪中逐渐解脱出来"。横山勇和他的参谋多次探讨分析，一致判断"衡阳攻坚战很可能是湘桂作战的顶峰"。事实证明第11军的判断是对的，陈牧农轻弃全县，更加坚定了横山勇的这一判断。全县失守也意味着桂北门户已开，第93军面对责难和压力，沿湘桂路逐次抵抗，总算有效迟滞了日军第58师团的南下步伐。

冈村宁次就任第6方面军司令官，横山勇顺水推舟，答应不再大举进攻，稳步推进后方和休整补充。冈村宁次也不想上下级关系搞得很紧张，在此基础上同意第11军可以"推进搜索据点"。日军高层的矛盾暂时得到了缓解。9月19日，第13师团以步兵第104联队第3大队、山炮一个中队为基干，组成"灌阳支队"，队长人见永寿少佐，南下灌阳"调查重庆军的主防线，宜于作战的路线，特别是抄近的路线"。

灌阳位于全县以南40余公里，是湘南进入桂北的另一条重要通道。李汉冲认为"全县、灌阳和龙虎关之线，是战区的门户，也是以桂林为中心内线作战之利害转变线"，白崇禧、张发奎均表认同，问题是"巧妇难为无米之炊"，兵力无多的第四战区竟无力顾及这一险要之处。唐资生当时系灌阳县县长，他说："灌阳在整个抗日战争期间从未见过国军的影子。"不起眼的桂北小城如果布置得当,估计日军多少要吃些苦头。1934年10月,中共红军突破重重封锁,沿湘粤边区向西转进,桂军在兴安、全县、灌阳县一带布防,白崇禧调集15万人构筑碉堡,每一碉堡由民团一班守备,各碉堡间相距300至500米,互相侧防。红军过境广西,原本没打算深入,这些碉堡也就没派上用场。如今抗日,想来总能"发挥余热",结果还是没用上。日军第13师团第104联队第3大队从全县进入灌阳境内的文市时,唐县长仅掌握自卫大队的一个中队和一个分队、外加一个县警察队,总共不到200人。

新桂系锐意经营广西,制订"三自"(自卫、自治、自给)、"三寓"(寓兵于团、寓将于学、寓征于募)政策,大办民团是李宗仁、白崇禧等人的得意之作。灌阳在历次民团组织变更调整中,都是四等县,平时仅设二名办事员处理庶务,水准较低。当日军围攻衡阳的时候,广西省政府把桂北十县(全县、灌阳、资源、兴安、灵川、临桂、阳朔、永福、义宁、龙胜)划为第八行政区,以陈恩元为行政督察专员。同时命令各县将原来的国民兵团部改组民团司令部,以县长兼司令,立即抽调壮丁成立抗日自卫队。按规定,灌阳县成立一个自卫大队,由广西绥靖公署拨发步枪100支,轻机枪4挺。照编制,一个大队辖三个中队,一个中队辖三个分队,一个分队三个班,总计应有战斗兵270人。不足的步枪由民枪补足,可灌阳各乡村民枪很少,都不愿意拿出来征用。7月中旬,绥署那100支步枪倒是很快到位了,但只够成立一个大队部(直辖一个分队)和一个中队。唐资生深感力量太小,几次电报绥署增拨武器,每次都是石沉大海。进入8月,绥署中将高参黄固和第八区专员陈恩元先后到灌阳检阅自卫队,唐资生忙前

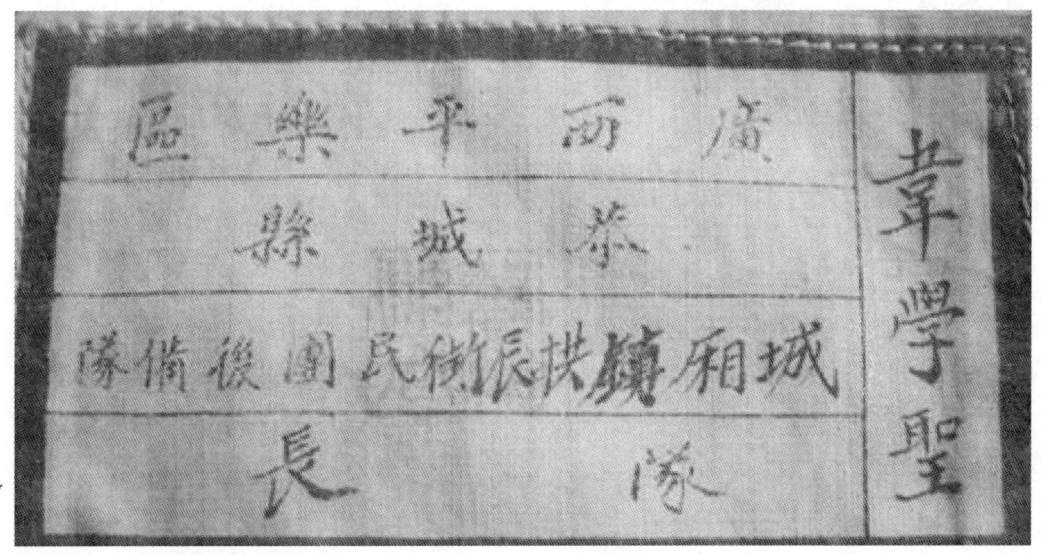

■广西民团使用的胸章符号。

漓江烽火 | 桂柳会战

忙后没少招待，请求他们代为反映县里的实际困难。迟至8月底，绥署回电报了，增拨步枪500支，轻机枪12挺，派员赴河池军械库具领。

唐资生当即派副司令唐济霖连夜起程赴河池，一面又急令各乡加快征集壮丁，限9月11日送到县城集中。唐济霖急奔河池，军械库主任很爽快，枪支、弹药照数发给。"还有枪皮带和子弹带呢？"唐济霖问。对方回答："电文上只说发枪和子弹，没让发枪皮带和子弹带。"换成脾气躁的还不当场拍桌子，唐济霖为人机灵，知道此时吹胡子瞪眼没用，笑嘻嘻从怀中摸出一叠钞票。军械库主任顿时笑逐颜开，唐司令真懂规矩，枪带、弹带一份不少，还另外加送了四箱木柄手榴弹。15日，枪械运抵兴安车站，全县已经失守，火车无法北驶，唐济霖叫通灌阳电话，唐资生派出两个中队日夜行军，终于在17日上午把枪械抢运到黄牛市。

由于日军先头部队已侵入灌阳县境，北部的几个乡公所忙于疏散，自卫队只征集到县城以南五个乡的全部和平板乡、东升乡的一部，总共不到400人。唐资生只好分编为六个中队，除了第1大队辖三个中队，第2、第3大队都只有两个中队。不想在黄牛市分发枪械时引起了纠纷，原来领回的步枪型号不一，去兴安抢运的两个中队先下手为强，把较好的全挑走了，其他几个中队都不肯吃亏，事情闹成僵局。唐资生亲自前往黄牛市协调，重新分配枪械，各队才无异议，当晚按部署各自开赴指定地点，一边开始射击训练，一边警戒日军。

20日零时，第104联队第3大队奔袭灌阳县城，进攻时"受到配有轻机枪的自卫团约300人的抵抗，稍经战斗，将敌击退"。唐资生回忆当年的情况很是无奈：

这时我们已有三个大队七个中队，连同原来的县警察队合计600人，但有六个中队成立还不到一星期，而且刚领到枪支，绝大部分的队兵还不懂得使用，只是声势壮大了许多。敌人长驱直入，除在新圩附近受到我自卫队的伏击略有死伤，其余各地我方几乎没有与敌人发生接触。当天下午4时左右县城即告沦陷。

日军"灌阳支队"继续南进，担任牛黄口防守的只有第1大队和警察队，第2大队被阻隔在灌江东岸，第3大队则位于20公里以外的沙乐源口。人见永寿比较谨慎，他似乎不太相信灌阳境内没有中国正规军，进攻忽此忽彼，先搜索和侦察一下再说。战斗远谈不上激烈，可一天下来自卫队跑了50多人，县府文职人员更是吓破了胆，逃得只剩8人，民团司令部从团附到司书，全部溜之大吉，唐济霖身边仅剩两个勤务兵。唐资生连夜召开紧急会议，自卫队逃亡士兵必须两日内归队，过期不回和以后再有临阵逃亡者，一律枪毙；县府和民团司令部逃跑人员，全部开除，永不录用。兵慌马乱的年代，丢掉县城的"流亡"县政府并无多少威信，管你枪不枪毙，就是没有一个逃兵归队，每天还会出现两三个逃兵，都是派出去侦察敌情一去不回的。

9月底，转战湖南的第20军、第26军、第37军从道县附近取道灌阳，增援广西战场。第13师团获得情报之后，第104联队主力全部开赴灌阳，赤鹿理提出"由于重庆军在桂林、道县方面活动频繁，师团恐其发起攻势，拟予击溃"。横山勇回复："军意不予各个击破，以期充分积聚战斗力，一举完成远途作战。"言下之意就是现在不要管他，等以后到桂林一起解决。赤鹿理有点怏怏不乐，但还是决定"避免超越军方意图的积极行动"，先把当面的地方武装驱逐掉再说。

经过连续数日试探性进攻，自卫队的情况被日军摸得差不多了，10月4日晚上，人见永寿把部队预先埋伏于牛黄口两边山上，只等天明总攻。唐资生在他的回忆录中，这样描述翌日发生的战斗经过：

刚一拂晓，日军便同时向我正面和左右两翼全线进攻。在过去几天的战斗中，敌人使用的只是步枪和机枪，而这天是掷弹筒、迫击炮都一齐用上。战至中午，我正面的轻机枪阵地被击毁两处，一个班长、一个副班长和三名队兵同时阵亡。到下午力不能支，便全线撤退下来。

日军占领牛黄口，接着又连下盐田源、李家桥，以后就没再进一步，只留少数兵力分驻县城、望月岭、磨盘山等几个据点，主力悉数向桂林、平乐而去。唐资生松了一口气，但很快又有新的问题出现。灌阳县自卫队仓促成立，人员难免鱼龙混杂，一旦派到各地游击，脱离民团司令部的直接掌握，有些部队不是一遇到敌人一哄而散，就是干起趁火打劫的勾当。

第1大队黄正修中队驻在沙乐源口外，仗着有几支破枪，竟然处理起民间诉讼，借此向被告家里检查藏物，伺机侵吞。唐资生知情后当即布告居民并通令自卫队，凡一切民间纠纷，统由县政府处理，所有自卫队都不准擅自接受。黄正修中队调回，以新成立的独立中队接替，乱象终于制止下来。第2大队的情况更加恶劣，陈杰中队在东升乡撤退时与日军遭遇，大部溃散，剩下几十个人跑至灌阳县与永明县交界处躲避。适逢日军搜山，县城开药铺的陈永泰一家刚巧和陈杰等人一处避难，陈氏原籍江西，颇有钱财。日军搜山后的一个夜晚，陈杰假借汉奸的罪名把陈永泰的儿子、媳妇和三个未成年的孙子一并杀害，所有财物洗劫一空。陈氏老夫妻随即也在东升乡被地方游杂部队所害。陈杰等人一口咬定陈永泰父子加入汉奸组织，给日军带路搜山。

灌阳县政府闻讯展开调查，陈杰伪造了陈永泰父子的通敌信件，唐资生虽然看出许多破绽，终究怕投鼠忌器，没敢严办。陈杰

漓江烽火 | 桂柳会战

是陈恩元亲自推荐的人，总不能就地阵法，看管起来万一脱逃，事情又难以收拾。权衡利弊，唐资生决定整编第2大队，把陈杰调为总部参谋，以后寻机会再办。谁知时间一久，唐资生丧失了原则立场："由于接触日多，他又很善于巴结奉承，竟使我在感情上越来越觉得难对他下手，因而一拖再拖，一直拖到日本投降后，我政治上的对头向省府告我一状，说是我杀了陈永泰一家，于是我才不得不把陈杰逮捕，送由县司法处审办。当时县自卫队之所以敢于任意杀掳，目无法纪，首先是我的纵容和包庇所致。"唐资生作为国民党的县长，也有进步的一面，灌阳县中共党史部门评价他"在政治上比较开明，抗日的态度也比较坚决，为中共灌阳特支开展统战工作提供了有利条件。"自卫队第3大队所属的政工队多由中共党员和进步青年组成，他们广泛发动群众，宣传抗日，军纪十分严明，从未出过大的乱子。

说过自卫队的阴暗面，咱也该说说他们英勇抵抗的一面，否则不太公平。1944年12月下旬，一度深入贵州都匀、独山的第13师团已经回撤广西，驻留灌阳的少数日军没赶上大仗，心里怪痒痒，盘算着对自卫队展开一次打击。31日那天，日军侦悉上雷村驻有自卫队一个分队，当晚由汉奸带路，悄悄埋伏到村庄外围，准备拂晓时突然发起袭击。上雷村只有七八户人家，也许元旦将至，自卫队想图个热闹，30日晚上临时移驻到了下雷村。日军没有掌握这一新的动向，扑了一个空，垂头丧气地掉头返回县城。听到零星枪声，下雷附近的自卫队很快汇集到一个中队，他们立刻分头向上雷搜索，与日军在一处树林地带发生遭遇战。驻守水里冲的自卫队独立中队和沙乐源口的另一个中队闻讯后相继出动，机关算尽的日军反而落到自卫队的包围之中。唐资生后来回忆说：

激战结果，敌人在与我最初遭遇的树林里遗尸三具，在水里冲至县城的松林里遗尸九具，此外还抢救抬回三个受伤的。事后我们侦知，败回县城的几十个日军狼狈不堪，个个满身泥浆。这一役可说是灌阳整个沦陷期间我们对敌人最痛快的一次回击。我方阵亡了一个班长和四个队兵，可惜当天大雾迷漫，否则敌人所受的损失一定会更惨。

经过这一打击，灌阳日军变得比较"老实"，盘踞在县城再不敢轻易出动。日军战史这样写道："在第13师团警备地区内，还有不少因武装土匪袭击而牺牲者，电话线屡遭破坏。步兵第116联队本部和第2大队本部亦时常遭到袭击，并出现过失踪者。每当发生情况，师团即命各队进行扫荡。"灌阳地方武装良莠不齐，日军有时也分不清是自卫队还是土匪，反正比较头痛。第13师团作战主任参谋野野山秀美却在日记中叙述："作战疲劳渐消，心绪又复活跃，秋高气爽，蒙家岭山谷景物宜人。"他倒真是个乐天派，浑然不觉日本投降之日正在以月开始倒计时。

3. 战斗在龙虎关上

全县、灌阳、龙虎关是桂北的三大通道口。然而，中日双方官修战史都对龙虎关战斗一笔带过，语焉不详。日本防卫厅的《广西会战》提道："9月24日，第3师团并向龙虎关派遣部队，以加强永明西南方的搜索据点"；"9月25日至27日，第3师团各部一面击破当面重庆军和自卫团在各地的抵抗，一面分别开进并确保大路铺、小溪及龙虎关，侦察了敌情、地形"；"第37师团主力沿灌水西岸地区逐次南进，沿途因敌军阻截，地形险峻，瘟疫流行等，以致行动迟缓，其先头到10月底才勉强到达龙虎关"。台湾"国防部"的《抗日战史》只说日军第3师团"由道县、永明攻陷龙虎关"，连日期都未提。广西社科院的沈弈巨先生在《广西抗日战争史稿》一书中略有描述：

9月25日，敌第3师团赤池大队从湖南永明出动，进攻龙虎关。该地没有正规军，由甘丽初率领中央军校第六分校四个学员队和练习营防守，约700多人，这些青年学员筑工事、发动群众、锄奸都很积极，但缺乏实战经验，他们利用龙虎河阻击，双方伤亡数十人。27日甘丽初把队伍拉走，武器留给当地自卫团。全县、灌阳、龙虎关三个重地至此全部轻易落入敌手。

五岭山脉的都庞岭逶迤南来，形成一道天然屏障，将广西东北部与湘南隔开，但在恭城县和江永县之间有一个孔道连接两省，这便是闻名遐迩的龙虎关。龙虎关原名镇峡关，关南的龙头岭属广西恭城，关北的虎头岭属湖南江永，龙虎二岭南北对峙，形同龙争虎斗，后在崇祯末年改名叫龙虎关。龙虎关自古以来就是兵家必争之地，远的不说，只说近的。1859年8月，太平天国翼王石达开率军从湖南宝庆回师广西。清军在黄沙河一线布防，又从湖南调军增援，形成夹击之势。石达开派精锐部队攻占龙虎关，控制要塞地带，使大军经恭城北上灌阳、兴安，摆脱清军前堵后追，最后安全抵达庆远。

1934年10月，中共红军从江西转战至湘桂边界，蒋介石令薛岳率领中央军紧跟其后追击，同时要桂军在湘江一线堵击，意图歼灭红军于湘江两岸。白崇禧非常忐忑，既怕红军进入广西在他的地盘建立根据地，又怕与红军拼得鱼死网破，蒋介石"渔翁得利"。适逢旧部刘斐从日本陆军大学毕业归来，担任第四集团军总部高参，白崇禧拉他一块到桂北视察地形。刘斐建议"关门拒客"，把桂军主力控置龙虎关，开放一条让红军西去的道路，采取"不拦头，不斩腰，只击尾"的作战方针，敷衍一下蒋介石。白崇禧听完大喜："很对！很对！文章就这样做！"红军借道桂北，原本志不在广西，后来在龙虎关下虚晃一枪，即强力突破湘江西去。白崇禧悬着的心终于可以放下。

漓江烽火 | 桂柳会战

刘斐后来忆及龙虎关的险要，这样写道：

这里是五岭山脉都庞岭的南部，再往南便是萌渚岭。从龙虎关往北循都庞岭主脉绵亘经永安关、清水关，至黄沙河以北的湘江地障，隔江与越城岭相对。这些都是湘桂边境线所在，没有一处不是崇山峻岭，峰峦重叠；北面的永安、清水两关较易通过，龙虎关仅有隘路一条，有"一夫当关，万夫莫敌"之势。

十年后的1944年仲夏，异族铁骑肆虐三湘，未雨绸缪的第四战区面对如此雄关隘道，竟然陷入无兵可调的尴尬境地。白崇禧、张发奎左思右想，决定"中央军校第六分校主任甘丽初率该校学生及荔浦地方团队，进出龙虎关附近，择要占领阵地，对敌警戒。"六分校设在桂林李家村，7月5日这天烈日当空，甘丽初集合全校师生作战备动员报告，陈词慷慨激昂。两年前因入缅远征失利，甘丽初从第6军军长退居"二线"办教育，对于一名黄埔军校第一期毕业的带兵官来说，心里别提有多郁闷。龙虎关此刻还不能算作前线，然而在甘丽初眼里分明是久违的战场。

六分校动员的是即将毕业的第19期第11总队第7、第8、第9、第10中队和练习营。甘丽初兼任湘桂边区总指挥部总指挥，六分校教育处长张广君兼任参谋长，教育处的教官大都安排为作战参谋、联络参谋，学校军医处亦改作野战医院，总指挥部设在距离龙

■广西龙虎关今貌。

虎关30公里的恭城县。13日，学生军和练习营顺利开抵龙虎关，甘丽初命令他们必须在一个星期内构筑一个师的防御工事。马祝忠、马俊文当年都是第9中队的回族学员，他们回忆说：

　　为了如期完成任务，我们顶烈日、冒饥渴，登上山顶查看地形，紧接着开始构筑指挥所、掩体、交通壕，同学们个个挥汗如雨，筋疲力尽，双手磨起血泡，但想到为了抗日救亡、保卫祖国，大家都没有半点怨言。

　　耿道庸1944年3月投考六分校，尽管文化考试第一名，但因身高不够未能报上名，学校惜才，先把他安置到练习营当兵，几个月后入军预班入伍生训练。小个子的耿道庸和学员们天天挖山不止，"换班时，常常累得倒在地上就爬不起来"。年轻的学生军唱起了即兴自编的龙虎关战歌：

　　我们在龙虎关上，我们在龙虎关上。
　　山高林又密，兵强马又壮。
　　敌人从哪里进攻，我们就叫他在哪里投降。
　　敌人从哪里进攻，我们就叫他在哪里灭亡。

　　完成防御工事，有些学员转入抗日宣传和动员群众的战备工作，有些学员和民团一起破坏龙虎关周围的公路桥梁，并在主要路口设置路障，埋设地雷。不知不觉进入9月中旬，日军第3师团占领道县、江华、永明等地后进入休整，第11军通报称："在道县附近准备作战，约以一个月为期。"道县距离龙虎关尚有70余公里，日军势必要对龙虎关一线详加侦察。学生军虽然初出茅庐，但警惕性很高，增设哨所加强防御，日夜派出巡逻队四处巡查。在一次执行任务中，学生军遇到几个背着画板写生的人，心想眼下兵荒马乱，谁还有闲情逸致来这画画，当即上前盘问，对方态度却十分傲慢："关你们什么事！我们哪个单位的就不告诉你！"终于还是学生军人多，强扭着推推拉拉到了总队长周亦器那里，经周亲自审讯，才知道对方是军统的特工小组，并非写生而是绘制军事地图。庆幸整个过程没有擦枪走火，一场误会消除。

　　学生军并未就此放松警惕，一天晚饭后，马祝忠他们还真的抓到一名日军特工：

　　我班七八个同学在树荫下乘凉，发现有一个人神情慌张、蹑手蹑脚，形迹可疑，便上前喝令盘查，此人立即将箩筐扁担甩下，手伸向腰间。我当时情急生智，一个箭步跳到他身后，将他紧紧抱住，其他同学也一拥而上，解下绑腿将他捆住，在他身上缴获日式左轮手枪一支，箩筐中还有一台小型发报机。

漓江烽火 | 桂柳会战

经过审讯，这名日本特工叫金谋辉，系东北人，自称是土肥原的得意门生，直接归冈村宁次指挥。当时还搜出一封尚未发出的电报："龙虎关地区约一个师的防御工事，无炮兵，有青年军防守，活动很困难。"

9月24日，日军第3师团第34联队第3大队向龙虎关搜索前进。甘丽初下令第8、第10中队进入龙头岭，第7、第9中队进入虎头岭，练习营负责关口正面两侧的主峰阵地，各自派出部分兵力延伸到关前大路两侧，利用树林和暗堡伏击敌人。25日拂晓，马祝忠所在的班刚刚进入阵地不久，就看到前方大路上扬起弥漫尘土，同学们的心都提到了嗓子眼。马祝忠在《忆龙虎关战斗》一文中详细描述了他生平第一场实战：

日军一支骑兵队逐渐逼近我方前沿阵地。同学们屏住呼吸，全神贯注地盯住敌人的动向，待敌人进入有效火力范围时，区队长一声令下，暗堡里的机枪、步枪一起怒吼起来，子弹像雨点般射向敌骑。刹那间，敌人被打得人仰马翻。敌指挥官仍在挥动着指挥刀，哇哇乱叫。我们本着"擒贼先擒王"的战术原则，集中火力将其指挥官连人带马打翻在地。剩下的鬼子骑兵惶惶无主，只好调转马头边打边逃。

学生军头一仗以大吃小，看似占了些便宜，殊不知日军已用极小代价摸清了龙虎关外围火力点。26日清晨6点左右，日军约一个大队集中轻重武器砸向龙虎关外两侧阵地，半晌不见任何动静。原来甘丽初料到敌人要实施报复，早已命令前出部队撤回主阵地。日军随后兵分三路迫近龙虎关，其中有一路分乘30多只橡皮艇强攻龙虎河滩头阵地。练习营事先埋设的水雷发挥威力，不少橡皮艇当场被炸翻，侥幸上岸的少数日军无法立足，入暮时纷纷退去。防守虎头岭的第9中队松了一口气，这时大伙才感到饥肠辘辘，怎么炊事班还不把饭送来？中队长派人去查探情况，走到半山腰，只见几名炊事员横七竖八倒在血泊之中，显然是送饭途中暴露了目标，遭到敌人机枪扫射而全部牺牲。

日军白天受挫，连夜将附近的民房全部拆光，利用拆下来的木材扎起木排。天明后，马祝忠在虎头岭上看的真切，木排足有100多只，有些架机枪，有些架迫击炮。他回忆说："27日是龙虎关战斗最激烈的一天，日军在强大火力掩护之下，再度向我滩头阵地发起进攻。我们进行反击，鬼子有的被打翻在木排上，有的葬身鱼腹，但敌人的后续部队源源不断投入战斗，滩头阵地还是被敌人占领。"

练习营打过仗的老兵极少，绝大部分和耿道庸一样，缺乏战斗经验，日军登上滩头站稳脚跟，弟兄们只得且战且退。中午，日军进攻龙头岭、虎头岭，双方展开肉搏战，学生军拼刺刀远逊于对手，马俊文大腿内侧被流弹击中，左手食指被刺刀削断，形势岌岌可危。关键时刻，美军第14航空队9架战机临空助战,有效遏制了日军的进攻势头,入夜后双方形成对峙状态。

军校学生上前线本属无奈之举,全县、灌阳不保,龙虎关一地势难持久,白崇禧、张发奎当然无意把这些"苗子"埋葬在桂北的青山绿水之间。甘丽初于28日凌晨下达撤退令,只留下练习营部分官兵配合当地民团打游击,其余沿恭城、莲花、二塘,向平乐方向转移。此时的六分校已经撤至宜山县怀远镇,正在伺机西迁最终目的地是百色。陈牧农轻弃全县被枪毙,甘丽初调任第93军军长,重回带兵官行列,他有些迫不及待,在平乐与新任六分校教育主任冯璜匆匆办理交接,便带着练习营前往灵川到任。世事难料,甘丽初屁股还没坐热,第93军就溃不成军,好不容易重新当上军长,没想到如此"短命"。

再来关注一下龙虎关战斗中的几个小人物。六分校抗战胜利后裁撤,在校的第19期、第20期学生分别合并到昆明五分校和成都本校。马俊文因养伤耽误了课程,留在成都本校补习了一年,以第20期步兵科毕业。后来马俊文又加入卢汉的滇军,昆明起义后不久被遣返回乡,由此结束了他历时七年的戎马生涯。马祝忠在六分校途经云南沾益时回到老家玉溪,后来没去学校报到,耄耋之年他提笔写下《忆龙虎关战斗》一文,写下了黄埔学生抗战史上的光辉一页。

练习营的耿道庸没有留下打游击,也没有跟着甘丽初去第93军,他所在的中队奉命

■六分校"学生军"投身抗日战场。

押送学校的军需物资转移后方,那时铁路上已很乱,从桂林到柳州整整走了半个多月。完成押送任务,一行人抵达河池长老山村时,被日军先头搜索队追上,耿道庸难忘他抗战中的第二次战斗:"在队长的指挥下,我们第一时间抢占有利位置,居高临下,先敌开火。那一刻,步枪、机枪乱弹齐发,手榴弹爆炸声声,打得敌人晕头转向,还以为碰上了我军的主力部队。三个多小时之后,受挫的敌人逃之夭夭,我队清点人数,竟毫发无损。"耿道庸1946年初考入成都本校第21期,他为人乐观,晚年担任重庆黄埔军校同学会北碚联络组组长,2006年9月还被评为全国黄埔军校同学会先进会员。

4. 南岳阴雨

1944年9月,第11军相继攻占全县、灌阳、龙虎关,一只脚已经踏入广西。横山勇桀骜不驯,战绩却总使人无话可说。关于进攻桂林、柳州的时间问题,畑俊六比较担忧第11军的后方情况,他曾经判断岳阳至长沙间的载重列车最快要到10月底才能通车,后来经过工兵和架桥部队的日夜抢修,又将苏州至嘉兴的苏嘉铁路和淮南煤矿区经合肥、巢县至裕溪口的淮南铁路拆去一部,运至湖南进行铺设,使得时间大为提前,不仅10月底前大致可以储存必要的军需品,而且11月初开始作战以后的补给也不会中断。第6方面军要求增加一个军司令部于衡阳,担负汨罗江以南湖南广大地区的警备、治安和兵站运输等工作,畑俊六亦有同感。9月28日,日军大本营下令调驻牡丹江以北鸡西市的第20军司令部至衡阳,该军司令官坂西一良毕业于日本陆军士官学校第23期,和横山勇有着共同的特点,就是爱挑剔上级和上级机关的毛病,有时也毫无顾忌地破口大骂。坂西一良的到来是畑俊六、冈村宁次始料未及的,好在第20军是用于后方防守,在进攻广西的问题上没有发言权。29日,畑俊六向冈村宁次下达了进攻桂林、柳州的作战指导要领:

一、第23军攻占平南附近后,归第6方面军指挥。

二、第6方面军应命令第11、第23两军在全县及平南附近要域作好今后对桂柳方面作战的准备,尤须尽快积存最低限度的急需军需品。

三、第6方面军应命令第11军(以第3、第13、第37、第40、第58各师团为进攻兵团,第34师团确保全县附近)及第23军(第22、第104两师团和独立第23旅团)大致于11月初发动攻势,命令第11军于攻占桂林后,两军相互策应,将重庆野战军围歼于柳州西部地域,同时命令第23军适时攻占柳州。攻占柳州预定在11月底左右。

四、第6方面军尔后应命令第11军大致以宜山(柳州西80公里)、宾阳(柳州西南偏南110公里)附近为对敌第一线,确保广

五、八桂风雨来

西境内的湘桂铁路沿线及西江沿线要地,随时粉碎敌之反攻,并准备对南宁、法属印度支那方面的后段作战。再命令第23军将必要的兵力纳入第11军指挥,然后尽快返回广州方面准备第三期作战(打通粤汉铁路南段作战),并加强沿海对美战备。

第11军希望获得一万吨的补给物资,第6方面军认为制空权在中美空军掌握的情况下,后勤部门很难达成,充其量只能确保六千吨左右。为了便于协调指挥第11军和第23军,冈村宁次决定前往衡阳,在南岳设立第6方面军前进指挥所。

10月8日上午,低云细雨,一架日军侦察机从汉口缓缓起飞,飞过八百里洞庭湖,然后沿着湘江保持一百米高度继续往南。说来难以置信,这架侦察机上除了一名飞行员外,还有一名乘员就是冈村宁次。

我由汉口飞往湖南省南岳方面军战斗指挥所,因乘侦察机,只能携带一小公事皮包,其他盛放随身用具的小行李,在我离开汉口以前即已由陆路运走,直到11月16日才运抵南岳,耗费时日达52天。

冈村宁次"空中搬家"原本计划六架战斗机护航,因阴雨连绵,能见度只有500米而作罢。上将司令官坚持起飞,在没有护航的情况下安抵衡阳,令在机场等候的包括横山勇在内的每一个人无不感到肃然起敬。方面军司令官与军司令官的首次会面就在机场角落一个窑洞式防空壕内,冈村宁次的开场白很客套:"一直没有机会亲自访问第11军司令部,对此深表遗憾。"横山勇简单汇报情况后,让一旁的作战主任井本熊男向冈村宁次详细说明"第11军作战设想大要":

一、方针

军按照战备进展情况,尽早开始进攻,先以速战攻下桂林,再向柳州方面挺进,与第23军策应,围歼敌军于柳州附近。作战开始时间预定为11月初。

二、指导要领

(一)军按照战备进展情况,于11月初开始进攻,以主力迅速包围桂林,一旦准备完毕,即结合火力,由四周突破坚垒、冲入城内,将其攻占。

(二)军主力进发前,务使第3师团先期到达平乐方面,将当面之敌压向西南方,使桂林陷于孤立,同时威胁敌军退路,便于军主力作战。尔后第3师团可根据进攻桂林战况,调至桂林方面,进逼当面之敌,确保全军有利的战略形势,造成及时向柳州方面推进的态势,以使本军下一步作战及第23军的作战易于进行。

(三)命第37师团在军主力进发前,尽快开始行动,由龙虎关方面进入桂林南方地区,直接参加攻打桂林和切断敌军退路,并予以围歼。根据情况,在桂林南方切断桂柳公路,以利军下一步对柳州方面的作战。

(四)攻占桂林后,以一部守备该地及附近地区,主力迅速由桂柳公路及其西部地区向柳州方面挺进,与第23军相策应,在柳州附近围歼敌军。

三、兵力部署

(一)攻占桂林的部署

第58师团 沿兴安——灵川——桂林一线前进,从桂林北侧及西侧采取围攻态势,准备进攻,发动攻击后攻占桂林北部。

针支队(第34师团一部)沿第58师团右翼向桂林西南地区前进,主要面对义宁方面之敌,掩护主攻桂林兵团的右翼。

第40师团 由兴安——高田圩(桂林东北偏东37公里)沿线进入桂林东部地区,采取围攻态势准备进攻,发动攻击后攻占桂林市中心。

第13师团 由灌阳(桂林东北偏东82公里)——茅竹(桂林东52公里)——大圩(桂林东南17公里)大道沿线进入桂林南部地区,准备朝北进攻,发动攻击后占领桂林南部,断敌退路予以围歼。

(二)第3师团、第37师团依照指导要领所述部署。

(三)攻占桂林后,为转向柳州方面作战,兵力部署视当时情况概定如下:

一个师团 沿桂柳公路地域;

一个师团 沿古化(桂林西42公里)——柳城(柳州西北17公里)大道地域;

第3师团 沿平乐(柳州东北偏东14公里)——荔浦(柳州东95公里)——修仁(柳州东68公里)——鹿砦圩(柳州东北37公里)——柳州大道地域;

一个师团 根据当时情况决定使用方向;

一个师团 守备桂林及其周围地域,以确保军主力背后安全。

四、柳州附近会战后的追击,视当时情况而定。

五、作战告一段落后,其态势大概以宜山(柳州西北偏北87公里)、来宾(柳州西南偏南70公里)附近为第一线,以确保广西省重要地域之安定。

冈村宁次在听取说明快要结束时突然插言道:"对前段攻占桂林无异议,但不同意攻占柳州的部署,希望予以修改。"气氛顿时有些尴尬,冈村宁次接着阐述了方面军的三点立场:"第一,方面军于11月上旬以第11军、第23军转入进攻,两军相互策应,歼灭柳州以西地区重庆军主力。第二,第11军于11月上旬由湖南、广西省境开始进攻,主力沿湘桂路,一部在其以南地区,协同攻占桂林。为策应第23军进攻柳州,在柳州以北遮断重庆军退路,于柳州以西地区将其歼灭,如果重庆军撤退,要向贵州省境方向追击。第三,第23军于11月上旬由平南地区开始进攻,于柳州西北地区击溃重庆军主力同时攻占柳州。"参谋长宫崎周一后来回忆说:

五、八桂风雨来

冈村大将的统帅风度和对日前批准要点掌握之准确,实在令人钦佩。发生这种事态是我等司令部幕僚的疏忽所致,对两位将军实感抱歉。总之,方面军作战计划大纲,特别是以"第23军担任攻占柳州"这一点,尽管已一再向第11军司令官作了传达,但仍不彻底,并且发现方面军作战计划文件的传递有所延误,这是幕僚的失职。

在双方参谋人员打圆场之下,冈村宁次与横山勇的第一次例会就此结束。当晚,第6方面军一行人乘船渡过湘江,宿于衡阳南郊的第68师团司令部,宫崎周一形容"中途道路泥泞,一片漆黑",冈村宁次也感叹:"在中国,一般华北雨量少,华中尤其腹地则多雨。据书载,四川、陕西有被称作'四十日雨'的连雨天。此次于湖南、广西作战中即饱受'四十日雨'的折磨,兵站部队异常艰苦。"雨夜,衡阳下牌冲的第11军前进指挥所依然忙碌,送走冈村宁次等人,横山勇责令井本熊男等幕僚通宵修改作战计划。9日一大早,修改后的作战计划又送到了冈村宁次手中,可见第11军参谋作业的高效运转。傍晚,冈村宁次离开第68师团司令部,载重汽车颠簸着驶向衡山东麓。关于修改内容,日本防卫厅战后编撰战史都未能找到原始材料,估计已在战乱中遗失。但从第13师团作战主任参谋野野山秀美的日记中仍可窥见一斑。

10月10日是冈村宁次到衡阳的第三天,横山勇正式撤消下牌冲前进指挥所,冒雨前往全县南三村。南三村位于全县西郊,虽说房屋陈旧各项设备简陋,作为前进指挥所不够理想,但周围树林环抱,把司令部作战室、司令官宿舍、参谋宿舍等部门分散配置,倒不失有效防备空袭。横山勇极不愿意和冈村宁次在衡阳相处,他授意先遣到达南三村的辅佐参谋益田兼利,就近召集第13、第40、第58师团作战主任参谋开会,秘密传达下期作战设想,以便进行必要的研究。11日下午,这三个师团的作战主任参谋纷纷赶到南三村前进指挥所,据野野山秀美日记所记,"第11军下期作战设想大要"如下:

一、务须一举强行拿下桂林,与第23军共同协力在柳州附近进行决战。因在桂林附近消耗战斗力不可指望再予补充,如果重庆军死守桂林,即投入坦克、重炮,飞机也予重点配合,千方百计避免重蹈衡阳覆辙。

二、为此,须缩短与前方的距离,一旦发起攻势,即行一举粉碎重庆军。攻势发起,定于11月3日。第3师团首先进入平乐,控制柳州、桂林两方面,以威胁、动摇集中桂林之重庆军。第13、第40、第58师团要一举压倒桂林守军。第37师团跟随第3师团之后,视桂林方面战况直逼桂林,或一直向西切断重庆军的退路。全县附近由第34师团警备,并计划以针支队的一部支援第58师团的右翼。

漓江烽火 | 桂柳会战

三、继桂林作战，将第3师团由平乐——柳州路线，第37师团由桂林——柳州路线，主攻桂林师团中的一个师团由第37师团的西侧，以及另外一个师团视柳州方面战况，或远或近在西方使用。令战斗力消耗最大的师团守备桂林附近。

四、柳州预定由南方来的第23军主力予以占领。

没等冈村宁次回复，横山勇已经离开衡阳，看过井本熊男修改后的计划，直到桂林、柳州作战开始，第6方面军未再进一步提出修改意见。横山勇把"柳州预定由南方来的第23军主力予以占领"正式写入文件，明显是对冈村宁次有所让步，这也是第11军与第6方面军之间的平衡点。可想而知，横山勇内心万般不情愿，他的准则是"谁有实力谁取柳州"。冈村宁次作为方面军司令官，想法不一样，第23军从西江千里迢迢攻向广西，总得给他们留一些"战果"。或许井本熊男对修改部分的解释颇能代表横山勇的心境："在某种程度上，虽然可以认为好像是有以柳州会战为目标一举予以攻占的思想，但那样认为是不对的，实际是分两段攻击的思想，即首先完成桂林附近会战，进行必要部署后，再行处理柳州附近会战。"显然，第11军念念不忘柳州，以横山勇的性格和处事方式，一纸书面计划并不具备多少约束力。

几十年后，日本防卫厅编写战史，编撰人员对于第6方面军和第11军的种种不和谐，感到难以"站队"，下笔时充满疑惑："从今日战史的角度考察，在第6方面军的统帅，特别是与第11军的关系上，实有令人担忧的情况。将统帅权由中国派遣军移交给第6方面军，而行使统帅权则特别需要充分考虑中国派遣军和第11军之间已经发生的不愉快。为此，特地把熟悉这些问题原委的中国派遣军和第11军的幕僚调入第6方面军，但究竟效果如何，使人担心。尽管如此，战局是变化多端的，肩负作战任务的第一线军队应不断分析情况，采取切合时机的行动，不一定唯方面军的马首是瞻。总之，设置方面军在当时虽然认为是最适当的措施，但和第一线军之间却蕴藏着很多问题。"

进入10月中旬，第11军作战准备紧锣密鼓。19日，第11军举行了简单的慰灵仪式。20日，横山勇召开兵团长会议，正式向各师团传达下期作战预定指导大要，同时下达展开命令。24日，召开军直辖部队长会议，贯彻下期作战时军直属炮兵、坦克的使用方法，参谋长中山贞武特别强调炮兵参加进攻桂林的必要性和重要性，明确指示"以发挥100毫米和150毫米加农炮及150毫米榴弹炮的火力作用，作为攻击的原则"。井本熊男对炮兵、坦克配合第58师团从湘桂路进攻的使用方法做了补充说明，要求"军炮兵应在工兵部队配合下全力追随第一线前进"。

5. 强敌压境

关于桂柳会战日军战斗序列的问题，大陆的《中国抗日战争正面战场作战记》和台湾的《抗日战史》说法不一，主要集中在第11军方面。前者认为日军第11军投入第3、第13、第34、第37、第58、第116师团。后者统计日军第11军投入第3、第13、第37、第40、第58、第116师团。笔者结合日本防卫厅的战史资料，觉得上述两种著作不同程度存在错误。

第一，《中国抗日战争正面战场作战记》明显少了第6方面军直辖的第40师团，或许这是排版印刷层面的失误。第二，第34师团参战的只是一个加强联队，全部统计或完全不算都不正确。第三，第116师团在9月下旬协助第37师团攻占宝庆之前，位于衡宝公路金兰寺两侧，以后担负宝庆守备任务，根本没有进入广西境内。

两岸抗日战史都把第116师团列入统计范围，实际上还涉及长衡会战何时结束的问题。《中国抗日战争正面战场作战记》把日军攻占全县的9月14日作为长衡会战的结束点。台湾的《抗日战史》将9月8日，也就是零陵失守作为长衡会战的结束时间。第116师团参加攻占宝庆的战斗从时间上讲，自然已经不属于长衡会战，但从地点来说，将发生在湖南境内的战事划入桂柳会战，同样值得商榷。笔者认为第104师团在宝庆等地的军事行动属于长衡会战的尾声，因此不同意将该师团计算到桂柳会战中去。第34师团主力留守全县，南下的只有一个加强联队，如果把整个师团列入进攻序列，那么同样担任后方留守任务的第20军是否也要整体列入？

日军第11军实际投入桂柳作战的部队有第3师团、第13师团、第34师团"针支队"、第37师团、第40师团、第58师团和战车第3联队、独立野炮第2联队、独立山炮第2、第5联队、野战重炮第14、第15联队等部。第四战区和战事频繁的华中地区中间隔着第九战区，难免对日军第11军有所陌生，其实都是些老对手，张发奎的广东兄弟薛岳就对这些敌人非常熟悉。厘清了战斗序列，接下来有必要对第11军具体参战部队和兵力进行一番述考。需要说明的是，太平洋战争爆发后，日军穷于应付，在不同的战场采用不同的师团编制，又不断调动，致使各师团人数很不稳定，要精确统计比较困难，还请方家指正。

第3师团和第13师团可以列为第11军最精锐的两个师团。冈村宁次曾经评价说："前线兵团中最精锐部队当属第一线第11军的第3师团及第13师团，重要战斗常以该两师团为骨干担任主攻，可谓名副其实的王牌军。"

第3师团是1888年5月将名古屋镇台改编而来，可谓历史悠久，是日军常设四单位制挽马师团。该师团"八一三"事变后登陆上海吴淞，与中国军队大战蕴藻浜、庙行、

漓江烽火 | 桂柳会战

大场等地。徐州会战后期由镇江沿蚌埠铁路北进,攻占宿县。武汉会战沿大别山向西推进,切断平汉铁路交通大动脉,协同第10师团攻占信阳。此后长时间隶属第11军,接连参加压制第五战区的随枣、枣宜、豫南会战,以及针对第九战区的两次长沙会战。1942年7月,该师团改编为三联队制,次年又参加了鄂西会战和常德会战。1944年5月,该师团向长沙东北地区进攻,沿浏阳、醴陵、萍乡突进,至7月中旬先后攻占攸县、安仁等地。第3师团在抗战后期属于甲种师团,编制人数约20000人,长衡会战伤亡减员3400余人,进攻桂林前即便一兵不补也有16000多人。1945年4月,该师团奉命退出广西经湖南北调,转隶中国派遣军直辖,日本宣布战败时位于岳阳东北,后转至镇江向中国军队缴械投降。

第13师团最早组建于日俄战争末期,1925年5月撤消。1937年9月在仙台重建,登陆上海吴淞口激战蕴藻浜、大场一线,后留守苏州河北岸。12月参加南京战役,并沿津浦路北上,攻占皖北滁县、来安、明光、凤阳、蚌埠多地,强度淮河时遭到中国军队顽强阻击,退守南岸。1938年5月,该师团配合日军华北方面军合围徐州,7月又归华中派遣军第2军建制,参加武汉会战,主要在大别山麓与中国军队孙连仲兵团交战。武汉会战后调归第11军,其后作战经历与第3师团相似,随枣、长沙、枣宜、鄂西、常德、长衡会战无役不从。第13师团是1942年底改三联队制的,同样属于甲种师团,编制人数比第3师团略少,约18000人。衡阳之役,第13师团在湘江右岸攻击,减去累计伤亡加病号2600人,至少还有15000余人进入广西。1945年6月,该师团奉命从广西宜山开往华东,8月中旬抵达湖南衡阳、零陵一线,随后至江西湖口放下武器。

第34师团参加桂柳会战的是一个支队,大概5000余人,即以步兵第218联队为

■第13师团一直都是第11军的主力。

基干，加上步兵第216联队第2大队，山炮一个中队，工兵一个中队等编成，因第218联队联队长名字叫针谷逸郎，按照习惯称之为"针支队"。

第37师团是1939年2月在久留米编成的，先是纳入华北方面军第1军，驻晋西南运城地区，交战对手主要是活跃在山西的中共第18集团军及其领导下的庞大人民武装。1941年5月，参加晋南会战，将第一战区卫立煌部驱逐至黄河以南。该师团在华北属于警备专用的三联队制师团，编制定员13952人，1944年2月以后增加至14205人。6月，奉命参加"京汉作战"，首先由中牟突破黄泛区，与汤恩伯部激战密县、嵩县等地，随即组织挺进队，西犯豫西卢氏。挺进队穷凶极恶，仅在卢氏南河滩一地就残杀群众达400余人，另有大批逃难的女学生被强奸，时称"卢氏惨案"。河南作战结束之后，南调湖南临湘、蒲圻一线，归第11军指挥。1944年底，日军打通大陆交通线，该师团调越南，编入第38军序列，旋又调至泰国曼谷构筑防御工事。1945年8月，在调往马来亚途中迎来战败那一天，后来返回曼谷向英国军队缴械投降。

第40师团1939年6月在日本善通寺编成，10月编入第11军战斗序列，驻湖北咸宁及汉口至广济长江沿岸。1940年至1941年间，前后参加了枣宜和第一、第二次长沙会战。1942年5月，第11军策应第13军打通浙赣铁路，该师团一部以调配友军的方式参与

其中。1943年5月前后，师团所属的炮兵第40联队被调往太平洋战场，工兵、骑兵、辎重联队均有所减少，缩编后约有14000人。在进攻长沙、衡阳的战役中担任助攻，因此伤亡不算太大，经过补充后基本全员投入了桂柳会战。1945年6月，该师团调归中国派遣军直辖，8月中旬由赣州到达南昌时，刚好日本宣布无条件投降。

第58师团编制比较特殊，1942年2月由独立第18旅团与后备步兵三个大队扩编而成，下辖2个旅团8个步兵大队，中间没有联队一级的建制，外加工兵队、通信队、辎重队等，常态人数为11980人。第58师团最初驻湖北应城地区担任警备任务，在1943年的常德会战中，该师团抽调第52旅团的4个大队配属友军作战。1944年6月，协同第34师团等部进攻湘北，连陷浏阳、长沙等地，有一定的阵亡及伤病减员，但桂柳会战前基本上补充到位。说到这里，或许有读者提出疑问，你凭什么判断这些个日军师团的战损都获得了补充？我举一个例子，第68师和第58师团编制相同，衡阳战役后担负衡山、衡阳、茶陵等地的警备任务，师团长堤三树男曾经对宫崎周一交底："军官缺额40%强，准士官以下缺额约30%。"也就是3000多人。堤三树男同时还说："预定10月底达到军官95名、准士官及士兵2000余人。"按照常理推断，用于进攻的第3、第13、第37、第40、第58师团，完全有理由获得更多的补充。

漓江烽火 桂柳会战

第11军直属部队具体人数难以统计,我们单只计算较大的单位。

战车第3联队1070人左右,装备九七式中战车改36辆、九五式轻战车18辆、一式炮战车22辆。

独立野炮第2联队2300人左右,装备36门120mm榴弹炮。

独立山炮第5联队3400人左右,装备36门75mm山炮。

独立野战重炮第14联队装备18门150mm榴弹炮。

独立野战重炮第15联队装备12门105mm加农炮、6门150mm榴弹炮。

工兵第39、第41联队合计约2000人。

不算数量众多的汽车、通信、辎重部队,保守统计第11军总投入兵力为10万人。

1944年10月下旬,离日军投降还有10个月的时间。如果这时能够用卫星对湘南、桂北地区进行扫描,就会发现日军十分忙碌。

灵川——胡栋成的第93军已经奉命撤退,10月26日上午,日军第58师团师团长毛利末广把前进指挥所推进到灵川西北1.5公里的江西圩,参谋长有马纯雄则来到第一线的独立步兵第92大队、独立步兵第106大队等部,听取敌情和地形的报告。27日上午10时,毛利召开会议,宣布了进攻计划,步兵第51旅团攻击桂林北门,步兵第52旅团攻击桂林西北部。第58师团沿湘桂大道,一路进攻兴安、大小溶江、灵川而来,此时先头距离桂林只有10余公里,是第11军攻击兵团中最靠前的部队。

甘棠渡(桂林东北12公里)——漓江上源最大的支流甘棠江自北往南流经这里,历史上先民们曾经在甘棠江上架筑过石桥、木

■第11军直属炮兵部队装备的150mm榴弹炮。

五、八桂风雨来

桥，但均毁于洪水。10月29日下午，第11军炮兵指挥官山崎清次下令称："第58师团正面的灵川北面之敌已退却，第一线已开始追击。山崎部队应极力设法推进野战重炮兵部队，立即进入灵川以北地区，准备参加攻击桂林；坦克部队也应如此。"然后连续几天普降大雨，甘棠江江水暴涨，这些重装备在渡河点上排起长队，只能一辆接一辆过。等到晴空万里，中美空军又频繁进行空袭，车辆不得不进行疏散，渡河速度仍然很慢。

寨圩（全县西北偏西11公里）——日军针支队10月中旬由衡阳进抵全县，接受补给后一头钻入了越城岭。针支队位置处于第11军整个进攻兵团的最右翼，要沿寨圩、油榨坪、雷霹洲、中洞、公平圩穿插到桂林西南郊之五里街。但凡迂回多是避开大路，针支队编制较小，相对灵活，崎岖山路就由他们来走。

高田圩（桂林东北35公里）——10月25日，日军第40师团在高田圩附近完成集结，师团长宫川清三显得踌躇满志："衡阳之所以陷入苦战，在于第一次打击未能奏效，此次奉命参加桂林作战，为避免重蹈覆辙，无论是与敌接触，或是阵地作战，都要迅速而且出敌不意。"按照预定计划，师团主力沿高田圩、桃子隘、灵田圩，向桂林东侧的七星岩高地挺进，另以第236联队为基干，从高田圩越过山地，沿桂江左岸向七星岩北部挺进。

灌阳——日军第13师团位于灌阳境内，参谋长依知庸治和作战主任参谋野野山秀美研究部署，认为第13师团擅长运动战，行进到桂林南方，专门捕捉桂林涌出的中国军队，比直接参加攻城更能发挥作用。横山勇和赤鹿理私交甚好，当然不会否定这一建议，他同意第13师团第116联队由长洲经高田圩南侧，沿海洋圩、大圩前进；第104联队居中从灌阳、茅竹市、神产、大圩南侧一线，向桂林南方前进；第65联队独立行动，大致在第104联队以南，从双全、羊皮渡过桂江，向永福方向挺进，切断湘桂公路。

道县——日军第3师团师团长山本三男接到第11军"旭作命第257号"命令："必须于10月28日前大致进入江华、大路铺、富川、小溪之间，准备由富川向平乐附近作战。"23日傍晚，第3师团开始行动，三天后山本三男到达永明西南13公里的常山庙，第11军命令："尽速占领荔浦和阳朔一带的战略要冲，以有利于主力在桂林和柳州方面的作战"。27日凌晨3时，第11军"旭参电第249号"命令惊醒了熟睡中的山本三男："山部队（第3师团）应于10月28日后尽快发起攻势，与光部队（第37师团），击溃当面之敌，沿富川—钟山—同安地区前进，占领平乐及荔浦；然后可根据柳州方面情况，准备向桂林方面作战。"武宣经荔浦至桂林一线是第四战区战略上的利害转换线，横山勇的意图很明显，在进攻一开始，就要抢先占领控制桂柳的重要据点。

永明——10月中旬，日军第37师团集

漓江烽火 桂柳会战

结在祁阳、零陵之间，20日那天师团长长野佑一郎参加了在全县召开的兵团长会议，根据"应于10月29日前进入道县—永明之间地区，准备由龙虎关—恭城方面向桂林附近作战"的命令，长野立即率师团主力踏上征程。长野此人办过教育（步兵学校教官）、搞过军工（兵器厂规划部部长），1941年3月任独立混成第3旅旅长，同年10月调升第37师团师团长，带兵时间不算久，活动能力却很强，1945年4月升任第16军司令官，可惜好景不长，日本便宣布无条件投降。27日，长野刚刚赶到永明，第11军的最新指示也来了："光部队（第37师团）应于10月29日后尽快发起攻势，与山部队（第3师团）相策应，击溃当面之敌，沿龙虎关—恭城—阳朔地区前进，占领恭城及阳朔，然后可准备向桂林南部地区挺进。"第37师团处于第11军攻击兵团的最左翼，负责切断桂柳交通，实行大包抄。

桂柳会战日军第11军进攻部队指挥系统表（1944年10月）

司令官横山勇

参谋长中山贞武

第3师团师团长山本三男 参谋长福山宽邦

步兵团领喜

步兵第6联队松山良政

步兵第34联队二神力

步兵第68联队桥本熊吉

骑兵第3联队宫崎次彦

野炮兵第3联队中村从吉

工兵第3联队田中益太郎

辎重兵第3联队杉本佑一

第13师团师团长赤鹿理 参谋长依知川庸治

步兵团多田保

步兵第65联队伊藤义彦

步兵第104联队海福三千雄

步兵第116联队大坪进

山炮兵第19联队石滨勋

工兵第13联队石川省三

辎重兵第13联队田原亲雄

第34师团师团长伴健雄

针支队支队长针谷逸郎

步兵第216联队石川明

步兵第218联队第2大队

山炮兵、工兵各一个中队

第37师团师团长长野佑一郎 参谋长恒吉繁治

步兵团中岛吉三郎

步兵第225联队镇目武治

步兵第226联队冈村文人

步兵第227联队皆藤喜代志

山炮兵第37联队入村松一

工兵第37联队远藤秀人

辎重兵第37联队米冈三郎

第40师团师团长宫川清三 参谋长佐方繁木

步兵团河野毅

步兵第234联队户田义直

步兵第235联队堀内胜身

步兵第236联队小柴俊男

山炮兵第40联队白石欠康

工兵第40联队五十岚庄七

辎重第40联队川崎吉次

第58师团师团长毛利末广 参谋长有马纯雄

第51旅团旅团长野沟二彦

独立步兵第92大队横井利秋

独立步兵第93大队内田实

独立步兵第94大队前崎正雄

独立步兵第95大队稻垣阳

第52旅团旅团长古贺龙太朗

独立步兵第96大队中西福松

独立步兵第106大队今掘元贞

独立步兵第107大队筑岛长作

独立步兵第108大队广濑户夫

坦克、炮兵、工兵等部队（略）

漓江烽火 桂柳会战

六、桂林保卫战

1. 漓水哀歌为谁泣

桂林地处南岭山系的西南部,湘桂走廊的南端,平均海拔150米,是典型的岩溶地貌。所谓"桂林山水甲天下,阳朔山水甲桂林",就是形容岩溶作用形成的天然风光,夺人眼目。桂林的名称最早起源于公元前214年,秦始皇平定南越后在广西设立桂林郡、象郡,不过那时桂林郡的郡治并不在今天的桂林市,而是在一个叫布山的地方,位于如今的桂平市西南。在宋、明、清三朝,桂林一直都是广西的政治中心,1912年广西都督陆荣廷把省府迁移至南宁,说是桂林偏处桂北一隅,内外交通不便。1925年,以李宗仁、白崇禧为核心的新桂系集团取代旧桂系,李、白二人均是临桂人,自然对桂林情有独钟,于是桂林至柳州、全县、荔浦的公路相继建成。1934年3月,新桂系以"党政军联系会议"的名义颁布《广西建设纲领》,决定在全省范围内开展大规模的经济建设,桂林成为当时的建设重点地区。抗战爆发前,桂林的现代工业有所发展,公营的电力厂、修械厂和私营的广宜安机米厂、民生木机纺织厂具有一定规模。

1936年秋,李宗仁执意把广西省会从南宁迁回桂林。

为应付即将爆发的抗战,我们深觉南宁距离海口太近,极易受敌人威胁。"六一抗日运动"事件结束后,我乃于广西全省党政军联席会议中陈述,为应付将来抗战军事上的需要,省会应自南宁迁返桂林。一则可避敌人自海上登陆的威胁,再则可与中央取得更密切的联系。加以桂林多山洞,是最好的天然防空设备。一省省会的迁移,往往引起人民不绝的争执,且兹事体大,最难作出决定。但此次经我解释后,大家一致通过,殊出人意料之外。广西省会迁治后,果然不到半年,抗战便爆发了。

武汉会战后,长江中下游地区大部沦丧,沿海工矿企业纷纷内迁,桂林成为大后方的主要生产基地。据广西省政府统计处的统计，抗战时期由中央和广西开办的公营工厂有24家，较大型的有广西企业公司士敏土（水泥）厂、中央造币厂桂林分厂、中央无线电器材厂、中央电工器材厂第二分厂等，其中广西企业公司士敏土厂为当时全国六大厂之一。至于民营工业，在1939年至1940年这三年中，就有超过80家的新工厂设立，可以说是景象蓬勃。随着工矿企业的迁入，桂林的人口也从战前的8万激增到20万，到1944年更是膨胀到50多万，为了适应战时城区扩大和人口增长的需要，市区开通了两路公共汽车，一路从火车南站到火车北站，一路从阳桥起经过定桂门转桂东路、桂西路、环湖路再回到阳桥。后者有点像现代社会的

■桂林被轰炸后的景象。

漓江烽火 桂柳会战

观光公交。新桂系集团1939年后对桂林城市建设可是重点打造，桂林市区各马路两旁的人行道就是从桂东路、桂西路开始修筑的。临湖路则穿越风光明媚的榕湖、杉湖，沿湖有唐代古南门，北宋诗人黄庭坚系舟处，清末词人王半塘故居，清代桂林画家的芙蓉词馆等等，俨然是李、白展示桂林城市建设成就的窗口。全面抗战爆发后不久的1937年10月15日，日军飞机首次空袭桂林，在城郊投弹40余枚，城内落8枚，炸毁民房39所，市民死53人，受伤200人；城郊被炸乡村9处，民居被毁50多所，死伤农民300多人。此后直到桂林沦陷，日机对美丽桂林的空袭从未停止过。

1938年12月到1940年4月，白崇禧以桂林行营主任的身份坐镇桂林，标榜豁达开明，不仅同意中共在桂林成立"八路军办事处"，还允许抗战团体和爱国人士在桂林进行抗日文化活动。另一方面，白崇禧放话"军统组织不能进入广西"，桂林的政治环境相对比较宽松，成为中共在国统区的一处重要宣传阵地。活跃在桂林的各种文化人士一度达到1000余人，闻名全国的就有200多人，比如巴金、茅盾、夏衍、梁漱溟、蔡楚生、田汉等，其中有不少被称之为"左翼文化人士"。进步文化救亡团体在一个时期则多达近百个，由此带来桂林文化出版事业空前繁荣。据不完全统计，最多的时候桂林共有各类书店、出版社179家，印刷厂109家，出版大小日报、晚报10种，各类杂志近200种，书籍仅文艺专著就达1000多种。桂林成为抗战时期名副其实的"文化城"。白崇禧曾对周恩来表示："你们共产党没有在广西发展组织，我对此很感激。"周恩来则回答说："你们广西政治修明，组织严密，工作干部富有苦干穷干的精神，这都是我们同意的，我们用不着进去。"不过桂林行营一撤消，形势就立刻有了变化，中共南方局在1940年6月恢复中共广西省工委，军统、中统也迫不及待向广西开展工作。皖南事变后，中共在桂林的"八路军办事处"被迫撤离。

1944年夏，长沙失守，衡阳被围，战火一步步逼近广西，当局于6月27日发布第一次疏散令，谕告桂林民众及早疏散。张发奎回忆说："我们决定疏散桂林，同军事行动有牵连的某些人，例如电台工作人员被迫留在桂林城。省政府机关当然奉命撤离，但某些组织，例如卫生、公共事业有关的部门必须留下一部分人。"一个月后衡阳仍在第10军手中，不少已经疏散到外乡的人又回到桂林谋生，不过广西省政府等机关倒是已经疏散宜山，看情况还要向桂西转移。暂时留在桂林的广西省政府主席黄旭初头脑很清醒，认为"军事当局丝毫不能指望敌不来犯，只有积极进行备战"。

衡阳失守，桂林城防司令部发布紧急疏散令，这次还专门成立了疏散委员会管制交通，时任桂林防守司令部副参谋长的覃戈鸣晚年著文披露："当时桂林的情况非常复

六、桂林保卫战

杂,要疏散的人口和物资很多,交通运输工具除了火车由战区司令及其所属的机构掌握安排,遇到请求疏散的机关认为安排不当由防守司令解决外,防守司令部曾下令并派部队去控制汽车和船只。在桂林的许许多多机关的汽车是不接受控制的,只能强制控制一部分的商车,但开出去后就不再回来。"防守司令部为此派人组织管理处办理调控汽车和船舶,疏散人口物资的业务,然而这些部门成了营私舞弊、敲诈勒索的肥缺。防守司令部秘书龙贤关负责调配船舶,大肆收受贿赂,有权有势的优先配给船位,乘机大发"国难财",后来挟巨款跑路。第二次疏散令颁布之后,市民普遍思想麻痹,不愿远走他乡,桂林人口反而增加,主要是大量难民从湘南拥入。

9月11日,黄沙河不守,战火终于烧到了广西,防守司令部采取强制措施,发布强迫疏散令,限三天内居民全部离城,过期一律作汉奸论处。事后又补充规定,每户可以留壮丁一人看家,并编成壮丁队,归警察局指挥,维持城内治安,协助守军作战。但桂林市长苏新民、警察局长谢凤年不愿挑这付重担,千方百计向层峰要求一块疏散,自顾不暇的省政府点头应允,桂林的警察和壮丁大部选择出城,留下来的"义勇警察大队"人数寥寥。这下可好,几十万人口的桂林成了逃难的海洋,人们纷纷仓惶出奔,一时间交通失控,秩序一片大乱。开明书店经理陆联棠不禁痛责当局:"让人民冤枉地死到流离中去,也是一桩奇迹,要四十多万人口和物资,在三天中间走光!慢说交通工具不足,装不完那么多的物资,即使光是疏散人,也是不可能的。"

有钱人总有办法来获取特权,包车封船不在话下,但大多数平头老百姓就惨了,一日数涨的车票船票不敢问津,只能靠两条腿走路或者去挤火车。可别以为火车速度快,运量大,拥挤程度绝对超过今日"春运",道理很简单,那时的火车不仅班次少,而且慢如蜗牛。车顶、车架、车尾、煤车,凡是能容身之处都是人。甚至车底两轮间的钢条上搭块木板,都有人躺卧在那里等火车开动,尽管稍有不慎就有可能跌下来被碾死。陆联棠是9月13日午后挑了行李从桂林南站上车的,直到26日早晨才到鹿砦,桂林与鹿砦之间只有短短130公里,火车竟然停停走走了将近半个月。能上这趟"超级慢车"还挺不容易,陆联棠等三人好说歹说花了24000元买通路警,才得以从司机工作间钻进煤车的,当然司机也从路警手中拿到了分成。然而能逃出的人终究还属幸运,最惨的莫过于在逃难中丢掉性命。吴志雄当年是第16集团军总部的参谋,9月中旬的一天随同参谋长韩练成等人前往永福车站北侧视察地形,就目睹了一幕"人间惨剧"。在车站北面约2华里处,有一位中年妇女从车顶跌下,大腿被车轮碾断一大截,满身血污,她的丈夫从车顶跳下想要救护,妻子因失血过多,虽未断气,但已渐渐不行。这时火车开

漓江烽火 桂柳会战

■黔桂铁路上的逃难情景。

通,丈夫猛然想起车顶上还有两个未满四岁的孩子,不知所措的丈夫嚎啕大哭,终于不得不放下将死的妻子,去追赶车顶上的孩子。

疏散期限一过,城防司令部派兵挨家挨户检查,只搜出10多个行动不便的孤寡老人,马上就专人送到两江圩安置。当局显然对"疏散成绩"感到满意,宣传队的标语贴的触目皆是:"亲爱的市民,你们放心去吧,这里有英勇的将士们守着!"偌大的桂林变成一座只有军队的"兵城",少不了发生一些败坏军纪的事。有一部分守城部队看到居民有一些没有拿走的旧衣服、鞋子、被子之类的,就破门而入据为己有,并利用到市外集镇采购副食品的机会拿到集市上去摆地摊出卖。清城之后,为了加强对桂林的防卫,桂林守军又准备把阵地前影响射线的房屋拆掉或烧毁。"扫清射界"的问题其实早在8月初就有人提出来,但问题是有许多豪华住宅涉及李宗仁、白崇禧、黄旭初、李品仙、夏威这些个达官贵人或者他们的亲戚,哪个敢动手?后来白崇禧指示:"阵地前妨碍射击的房屋可以破坏,必要时可以放火烧",同时要守城军、师、团长具体侦察,预先制订好"扫清射界"的计划。副参谋长覃戈鸣草拟桂林防守计划时在"指导要领"上特意写上白崇禧的这一指示,并规定"候令实施"。

在桂林防守计划还没有最后确定之前,团长以上军官对"扫清射界"早已有了腹案，那里的房子能烧不能烧都预先向桂林防守司令韦云淞有过请示。有部队要求放火烧德智中学，虽有白崇禧指示在前，韦云淞还是予以否定："德智中学是李夫人郭德洁的，不能烧，不能破坏！"请求的团长说："如果鬼子占领了德智中学很不好对付啊。"覃戈鸣建议："到那时再集中炮火打！"韦云淞表示赞同："敌人占领后再炮击，李夫人就怪不得我们了。"炮兵要求破坏风洞山与伏波山之间的李品仙公馆，理由是楼高妨碍炮兵对漓江东岸炮击，韦云淞同意可以爆破一部分，但不能放火。

9月17日，难民前脚刚跨出，桂林城便四处起火，黑烟弥漫。亲自定下"候令实施"的覃戈鸣颇感奇怪，这也太快了吧？防守司令部不是还没下命令啊！怎么又弄成一个"长沙文夕大火"？韦云淞解释说："是夏威总司令召集团长以上部队长到他的公馆里下口头命令的。"那么夏威为什么要绕过城防司令部下令"扫清射界"呢？覃戈鸣给出的答案是龙虎关出现了敌情，夏威除了命令从衡阳外围撤回来的新19师对龙虎关搜索警戒外，就匆忙下令桂林守城部队放火。覃戈鸣认为夏威明显是错判敌情，犯起了"恐日病"。日军若要大举进攻桂林，势必使用火炮、坦克之类的重武器，龙虎关到桂林之间的古道毕竟不能满足大军补给需求，那里出现敌情并不意味日军已经兵临城下。

城外的火势迅速蔓延，城郊阵地原本打算利用的街道房屋也很快被火苗吞没，火势失控了。按照计划第一步放火是不允许烧到城内的，可城内转眼间也冒起了滚滚浓烟，防守司令部所在区域鹦鹉山附近，第31军军部铁佛寺周围，环湖路上的第16兵站分监部，都同时出现了火头。分监部炮弹仓库火情最为严重，不得不把炮弹投入湖中，以免引起大爆炸。留守的"义勇警察大队"倒是非常勇敢，拼命爬上屋顶试图断开火路，有的队员从屋顶跌下殉职。韦云淞急得乱蹦乱骂："怎么给烧进城来！为什么不堵住？"防守司令部起初怀疑大火是从城外吹进来的，覃戈鸣当场质疑："环湖路离城外火烧的区域这样远，最近的漓江东岸七星岩附近，也有三里路以上，燃烧的木头能吹得这样远吗？"于是有人想到了汉奸搞破坏，每次敌机空袭，城内外总有汉奸发射信号弹或者用小镜子反射阳光，以前还逮到过两个人。韦云淞亡羊补牢，严令守城各部就自己的防区展开严密搜索，还真搜出四个人，其中有一个身上还带有日本造的吗啡针数支，城防司令部军法官陈芹声认定这四人是汉奸，当即下令执行枪决。

第31军辎重团搜查房屋时发现一支奇怪的香柱，这支香柱的末端绑有一条手指粗细长约十公分包着透明纸的灰色物，上面印有"东京××火具株式会社"字样。副团长蒋道宽不敢大意，亲自报送军长贺维珍识别此物，经过众人鉴别，发现这是一种强烈的凝固化学燃烧剂。贺军长当即命人在军部附近空旷地试验，蒋道宽亲眼目睹了东洋火具的威力："把这种燃烧剂割下约花生米大的一小块，绑在一支点燃的香柱上，香柱刚刚燃烧接触到这块燃烧剂，立即引起燃烧，发出一大团耀眼的白炽火焰，向四周喷射，事先放置在燃烧剂相距约三米的木柴就全部燃烧起来。"真是鬼子可恨，汉奸可恶！这一把大火，把城外大部分房屋烧了个精光，江东岸和北门外一眼望去尽成"焦土"，城内总算抢救及时，许多房屋幸免于难。仗还没打，桂林就连续遭遇疏散和大火两次悲惨浩劫，南宁教导总队总队长巢威10月初调任第170师副师长，当他赶赴桂林报到时，不禁被眼前这一幕惊呆了："西门外五里街一带民房，家家户户大门开着，物品乱丢，屋里门外随处都有烂柜破箱，有的家里还躺着完整全副的骷髅。城内房屋烧成一片瓦砾，倒墙断壁十分凄凉，桂林在敌人未到来以前，已受到空前未有之浩劫，更胜于长沙大火。"面对巢威的疑问，韦云淞如此回答："烧已烧了，是没有办法补救的，只要我们达成任务，守住了桂林，什么都不成问题，如果守不住桂林，城破人亡，天大的事也就一笔勾销了。"

军委会政治部主办的《扫荡报》对广西当局的做法强烈不满，记者南宫博用近乎愤怒的笔调描述道：

美丽、繁华的战时大城，竟变成一个惨遭破坏的城市。从危险的前方归来，本想桂林是安全的后方，不料市内却处于火灾、抢掠之中。我军纵然弃守全县，尚有兴安、灵川二城，确信仍可一战。然而城内大街两侧房屋显然已遭抢劫，大门敞开，屋内竟无一人。军用汽车在大街上飞驰，相当多的队伍一队又一队通过。我们的军队遇敌不战自溃，但对手无寸铁的同胞却显示出无比英雄的威风和强暴。

2."小诸葛"临战变阵

1944年6月，白崇禧内定第16集团军副总司令韦云淞为桂林防守司令部司令。夏威作为第四战区副司令长官兼第16集团军总司令，全面负责桂北军事，集团军总部在永福县城，设前进指挥所于桂林城内。

韦云淞1889年出生于广西容县，17岁那年，他步行来到桂林，考入学兵营工兵队当学兵。辛亥革命前夕，广西成立混成协，以学兵营训练期满的学兵和干部学堂的毕业生为骨干，韦云淞充当该协初级干部。1920年元月，陆荣廷在南宁开办广西陆军讲武堂，韦云淞带薪入学，编在工兵科。次年夏天，孙中山派粤军入桂讨陆，韦云淞率残部百余人前往百色投靠田南警备司令马晓军，被委任为工兵营营长。同僚中有白崇禧、黄绍竑、夏威等人。李宗仁统一广西，韦云淞升任团长、旅长。1926年6月，国民革命军兴师北伐，桂系第7军主力尽出，韦云淞负责留守后方。

韦云淞出名是在1930年，当时桂军倾巢

六、桂林保卫战

入湘,响应冯玉祥、阎锡山反蒋,蒋介石策动滇军龙云东进广西,围攻省会南宁。李宗仁命令第43师师长韦云淞为南宁守备司令,固守待援。韦云淞不负厚望,面对人数多出几倍的滇军,竟然坚守南宁长达三个月,存粮吃光后他以黑豆充饥,终于赢得白崇禧回师,里应外合击退来敌。经此一战,韦云淞人送雅号"黑豆将军",李宗仁极为嘉奖。

如今又逢大敌当前,白崇禧认为可以把当年打内战的经验作为基础,在桂林重演一次"固守待援"、"里外夹击"的战术。韦云淞有些犯难,时过境迁啊,他对白崇禧说:"健公即便给我五万人,我也只能守一个月。按照日俄战争的经验,一天预计损失1500人,30天损失45000人,还剩5000人留

■有"黑豆将军"之称的韦云淞。

着突围。"白崇禧默不答话,他视韦云淞为桂系中唯一"能守"的"爱将",非要把固守的任务交给他不可。

8月初,第四战区正式下令组织成立桂林防守司令部,11日,韦云淞大致按照军委会规定的编制"搭台唱戏"。防守司令部最主要的单位是参谋处,参谋处处长覃戈鸣毕业于中央军校南宁分校第四期,原是第175师第524团团长,因扣押第525团团长黄法睿派出去贩卖鸦片的卫士,勒索黄法睿交出鸦片或烟款,被认为"违反桂系内部团结原则",免去团长职务赋闲桂林。本来覃戈鸣准备到"陆大西南参谋班"去当教官,临走见到老长官韦云淞招兵买马,便又决心放下行囊继续报效"桂系"。还在韦云淞当第31军军长的时候,覃戈鸣就当过他的作战科长、参谋处长,后来又经过韦的提拔当上第175师参谋长。韦云淞要覃戈鸣以参谋处长的职位代理防守司令部参谋长,原因是参谋长实在不好找,桂林保卫战事先就不被看好,一般人唯恐避之而不及。覃戈鸣代理参谋长很卖力,但也很吃力,城防司令部下辖的第31军和第46军,两个军长都是中将级,两个参谋长和四个师长都是少将级,覃仅是上校,在沟通协调方面有时候并不顺畅。

直到8月底,终于有一位勇将自告奋勇前来"应聘"参谋长,此人就是陈济恒。陈济恒早年报考桂林学兵营当学兵,在旧桂系时代累官至营长。1924年,李宗仁等部改称"定桂讨贼联军",李为总指挥,黄绍竑为

漓江烽火 | 桂柳会战

副总指挥,白崇禧为参谋长,陈济恒因招收土匪民团数百人枪,被委为相当于团级的支队司令。1930年滇军犯桂,第43师师长韦云淞担任南宁防守司令,下属的第132团团长陈济恒是副司令,后来陈在一次参观军事演习时坠马伤足,装上义肢成了一瘸一拐的跛子。1936年"两广事变",李宗仁提升陈济恒为中将参军,事变和平解决后,南京并不承认陈的"中将"军衔,因此陈济恒成了广西绥靖公署的"黑官"中将。其实伤足后的陈济恒已差不多处于"半退役"状态,李宗仁提升他多半带有照顾性质,毕竟是当年一起"讨贼"的老兄弟。

抗战爆发,陈济恒在李宗仁的照顾下出任第二金矿主任,工作体面又安逸,身怀六甲的妻子当然不希望他去做什么参谋长。陈济恒慷慨地说:"全国抗战,地不分东西南北,人不分男女老幼,大多做到有钱出钱,有力出力,以尽国民天职,我份属军人,报国之心,义无反顾,日寇侵华逼近家乡,我决心辅助韦司令防守桂林。"韦云淞很高兴,可问题是陈济恒的中将衔在军委会无名,"半退役"的资历也不够服众,再说参谋长一职总要有一点像样的学历。陈济恒除了勇气,以上三点都不具备,只好由防守司令部宣布他为"中将参谋长",不上报军委会,改派覃戈鸣为副参谋长,按覃自己的话说:"桂林防守司令部编制上并没有副参谋长,但我代参谋长军委会有案。"

桂林防守计划最初拟定第31军、第46军为守城部队,利用石山岩洞构筑坚固的防御工事。防守阵地的选定工作由白崇禧亲自带头现场勘察。第175师副师长黄炳钿清晰记得,那是6月上旬的一天,第46军刚在桂林完成集结,第175师驻在南门和五里街一带,黎行恕就率领团长以上军官,随同白崇禧和韦云淞,前往桂林南端将军桥侦察地形。

我们登上石山一个大岩洞,白崇禧即面示城南防线,由象鼻山沿漓江左岸一个石山而至将军桥之线,以将军桥至两路口,为第一道防线,利用天然岩洞,构筑掩体,并说我们所站的岩洞,形势很好,必须派一个得力副师长驻洞指挥,岩洞接近将军桥,可定名为将军岩。

■陈济恒自告奋勇参加桂林守城。

后来军长、师长、团长、营长们又好几次侦察研究，决定桂林防御工事划分为四个地区：河东地区（漓江以东）以二江口、观音山、六合路口、普陀山、七星山、马坪街口、月牙山、龙隐山之线为主阵地，以屏风山、猫儿山、笔架山、穿山为前进据点，构筑一个师的防御工事。城南地区以将军山、将军桥亘猴子山、石灰山、余家村、广佛王庙之线为主阵地，以平山、两路口为前进阵地，也构筑一个师的防御工事。城西地区由甲山、甲山口亘雷公山、牙山、猴山、马头山、徐家村、德智中学，同样构筑一个师的防御工事。以老人山、伏波山、叠彩山、象鼻山、忠烈祠、清真寺为桂林核心阵地，构筑二个师的防御工事，另以桂林北站西北高地为前进阵地，构筑一个步兵团独立作战防御工事。

白崇禧对桂林岩洞的防御价值期望很高，特别组织"桂林城防工事委员会"，由黎行恕任战术组长，覃戈鸣任总务组长，工兵监林柏生任技术指导，成员有第31军副军长冯璜、第131师参谋长郭炳祺等。覃戈鸣认为"岩洞防空的效果很好，但作为防御阵地就很不好办"，首先是岩洞死角大，上下左右交通不便，比如猫儿山、屏风山、普陀山都不能以轻重机枪的火力互相支援。岩洞石质坚硬挖掘困难，构筑掩体和交通壕很成问题，岩洞洞口的方向、大小又不一定合乎掩体要求，没有两个洞口的岩洞用来作掩蔽部已经不得不有所顾虑，用来作火力掩体僵死在那里无法变换阵地，更成问题。再说石山的坚固程度注定存在跳弹现象，到时候跳弹和碎石乱飞，还不是徒增伤亡。本来说好有一部开山机调来桂林使用，结果不仅机器没来，连中央的工兵部队都先后离去。比缺乏工兵器材更离谱的是，请领的钢筋水泥迟迟不到位，防守司令部只得指示部队购买铁钎、铁锤打眼，再用黑色炸药爆破，利用石块、木料砌成掩体，用石灰代替水泥。比较重要的阵地外围构筑铁丝网、鹿砦、木栅等坦克容易接近的地方挖上一条防坦克壕，有些地方还重点埋设触发地雷。

不少守城官兵对桂林的防御工事倒是信心十足，第131师师长阚维雍在家书中这样写道："桂林天险，加以工事完成，真所谓

■第31军第131师师长阚维雍。

漓江烽火 | 桂柳会战

金城汤池，不独不怕敌人来攻，正恐其不来攻。诚如本师某士兵对答夏总座（夏威）之询问称，当然可以守三个月，若敌人不来，则费如许心机构筑这样强固工事，真系阴功（吃亏）了。"象鼻山守军在回答外界疑问时说："只要粮食接济不断，我们可以守到头发白。"

9月13日，白崇禧临阵变卦了。在桂林作战会议上，覃戈鸣负责报告防守桂林的作战计划草案，除了第16集团军参谋长韩练成和白的少将高参孙国铨外，所有参加会议的部队长和幕僚都还蒙在鼓里，原来用两个军四个师守城的计划将要变更。

白崇禧先是沉默不语，静听草案引起的两点争论：第一点争论是关于第31军和第46军的作战地境线问题，覃戈鸣把桂林城一分为二，东半部归第31军，西半部归第46军，黎行恕不同意，提出第46军只负责城西，城内全部归第31军。黎行恕的理由很充足，第31军的两个师都是作战师，而第46军的第170师是后调师。覃戈鸣揣度黎行恕，无非想要第31军在北面和东面抵挡日军主力，自己向西突围容易些，当即反驳说："这样第31军被迫退守城内时，由于城郊主阵地战斗损耗，兵力就不够，无法守下去。"第二点争论是关于漓江东岸的守备兵力和防守司令部总预备队兵力的问题，草案主张江东放一个团，总预备队控置两个团，贺维珍认为"江东岸的普陀山、月牙山瞰制城内，地形重要，必须配备两个团"。

基于各自的立场和利害关系，会场争论不休，一时半会也争不出什么解决方案。韩练成在白崇禧示意下开腔："守城必须有城外机动部队策应，摆两个军在桂林防守是下策，只用一个团的兵力守核心阵地，把主力调出去机动攻击敌人的侧背才是上策，但为命令所限，不能这样做，可以采取中策，即把若干兵力调出去机动策应桂林的防守。"韩练成说完，白崇禧接着说："守城必须有城外支援，本来两个军守城吸引消耗敌人的兵力，再以机动的主力军从外边反包围，在桂林打一个会战是可以的，大家有信心，很好！可惜中央在贵州的主力军不来了，因此抽出若干兵力到外面去是必要的。"这下轮到与会的部队长、幕僚长沉默了，覃戈鸣、黎行恕和贺维珍你看看我，我看看你，敢情我们都是白争。

10月初调到桂林任副师长的巢威后来分析，白崇禧改变桂林防守计划原因有二：一为吸取衡阳保卫战失败的经验教训，方先觉第10军以四个师守备衡阳，外围有两个军协同作战，尚不能守住衡阳，桂林如以两个军守城，外无协助作战的部队，势必难达成固守桂林的任务。二为保存"桂系"实力，两个军守在桂林，万一拼光了岂不赔了老本，但又不能不守，毕竟日本人打到桂林老家来，放两个师打一阵刚好。白崇禧变更四个师守城为两个师守城，接下来就要考虑谁走谁留？也就是保存哪两个师？覃戈鸣回忆说："这是个秘密会议，不仅我没有参加，韦云淞、贺维珍也没有参加，因为我们是被指定留在城内'死守'的。"白崇禧的决定似乎并不痛苦两难，第46军军部、第46军第175师、第31军第188师调出去，桂林防守司令部、第31军军部、第31军第131师、第46军第170师留下来。

这种破坏建制的抽调法引起轩然大波，舆论普遍认为之所以调走第175师和第188师，完全是私心作祟，第175师师长甘成城是夏威的外甥，第188师师长海竞强是白崇禧的外甥，舅舅当然不愿意"外甥部队"在城内死守牺牲。另一方面，不说"舅舅外甥"，第175师和第188师的实力要比第131师、第170师强，如果留在桂林的部队全部牺牲，由这两个师重新扩编起来相对容易许多。至于为什么留贺维珍而去黎行恕，覃戈鸣一针见血地指出："黎行恕在李宗仁、白崇禧身边当高级幕僚的时间很长，又是桂北阳朔人，而贺维珍是江西人，在政治上虽然属于桂系，但历史渊源不深，亲疏关系还是显而易见的。"

白崇禧另外还调走了第31军副军长冯璜，冯的新职务是中央军校第六分校主任。据冯璜回忆，韦云淞当时就当着贺维珍的面皱着眉头对夏威说："第46军调出去了，第188师也调出去了，只剩下第131师和第170师两个师，一个军的兵力都不够，我看防守司令的职务由贺军长担任就够了，不必要我来负责吧！"贺维珍唯恐夏威批准韦的请求，急忙抢着说："防守司令还是由副总司令担任为宜，因第31军只有一个师，第170师是第46军的，其他部队是中央配属的，只有副总司令才好指挥。"夏威听了韦、贺二人互相推卸的话后开口道："上级已经指定世栋（韦云淞）担任司令，不好变更，希望宣廷（贺维珍）好好辅佐，共同担任这个重担，完成任务，才不辜负德、健两公的委托和期望。"美国人可不会说中国式的"官话"，陆空联络组在撤离桂林时坦率地说："死守在城里等敌人围攻，我们美国没有这种战术。"

张发奎本人则对白崇禧的临阵变卦不愿多谈，他在回忆录中含蓄写道：

桂林孤立的战斗，虽然限于最高统帅部严格的命令和白将军亲自的指挥，但我身为战区司令长官，眼见这个防御不会得到成果，而白白地将数万守军拖入死亡的坟墓，在战术上与人道上都令我感觉难忘的痛苦。

了解内幕的巢威把话说的非常直白："张发奎认为白崇禧为了保存桂系的实力，过分干涉长官部的指挥权，表示不满，因此，张、白发生意见，张发奎将桂北军事指挥权，交给副长官兼第16集团军总司令夏威负责，张对桂林作战指挥事宜，置诸不问。"李汉冲曾对张发奎说："你是战区司令长官，负有整个会战胜败的责任，桂林得失，关系重大，为什么不坚持你的意见？将来桂林不保，你亦将成为十手所指，难逃罪咎。"张发奎喟然曰："反正是广西的事，广西的人，我何必得罪他们，即令桂林失守，究竟谁负责任，自有公论。"

守城兵力减少一半，覃戈鸣只能重新规划缩小防守阵地，可桂林东、南、北三面阵地都不好割舍，权衡利弊只能把相对次要的西面主阵地缩到甲山南北之线，德智中学、侯山脚、侯山隘等西郊主阵地改为前进阵地或警戒阵地，一些兵力不及的工事只好忍痛破坏。但即便如此，阵地也只是缩小了约四分之一，防守司令部和第31军军部各只控制一个营担任警卫兼预备队，兵力实在是捉襟见肘。韦云淞按捺不住，不禁对白崇禧说："吃黑豆精神固然要发扬，但桂林城区这样大，兵力这样少，其中一师多是新兵，叫我如何去守桂林？请再增加一个师。"韦云淞的要求很强硬，白崇禧只好抽调第175师第523团第1营和第188师第563团第1营参加守城，除此再不愿多留部队。韦云淞心灰意冷，私底下和覃戈鸣谈起将来如何办的问题，彼此均毫无信心"死守三个月"，都把希望寄托于"打到一定程度向白崇禧和夏威请求准予突围，他们一定可以向蒋介石力争批准突围的"。

3. 危城前夜

桂林守城部队从四个师变成两个师，原先准备留下支援火力的中央军第48师战车连也悄然撤离。韦云淞哪还有什么心思发挥"黑豆精神"，覃戈鸣未雨绸缪，制定出"突围"三案：第一案，向西面突围后转向西北方向，向龙胜、融县、三江山区逃逸。第二案，先向南面突围，再转向西北方向，南面是日军南进的基本方向，肯定要避开。第三案，向东面开溜，先到灌阳山区躲一躲，再伺机逃亡。韦云淞挺来劲，为此特别安排亲信叶振文去当临桂县的县长，寻找桂林附近熟悉大小道路的本地人，以便突围时好从小路逃命。韦云淞想的周到，还向美国人索要了一只橡皮艇，预备在混乱时偷渡漓江划向临桂东乡。第48师战车连撤退时留下一辆破烂坦克，韦云淞几次想要找人修理，以备突围时使用，怎奈缺少零件而作罢。

覃戈鸣同样有准备，不知从哪里找到一件皮袍，打算突围前化装成老百姓，逃命路上也好当被子盖。他还请了几天假到桂东乡丈母娘家转了转，目的是熟悉地形，避免慌不择路，万一跑不出去也好先躲躲风头。和韦云淞、覃戈鸣的突围"小算盘"相反，参谋长陈济恒没打算要走，他的想法就是"死守待援"，复制一场类似当年南宁守城一样的保卫战。别看陈济恒腿脚不利索，视察督导构筑工事可是十分勤快，韦、覃原计划留作突围时利用的德智桥，一不留神就被陈济恒命令部队把桥面木板给烧掉了。"跛脚将军"的"黑豆精神"令韦、覃感到汗颜，这桥面自然不好意思再叫人去修复。

10月10日，桂林防守司令部策定作战计划如下：

六、桂林保卫战

第一　方针

防守军以确保桂林之目的，以主力固守城北要点及杉湖、榕湖以北城区为核心阵地；以一部固守近郊各要点，掩护核心，采取持久防御，吸引胶着敌人于桂林近郊，俾与我外线兵团协力合计敌人而歼灭之。

第二　指导要领

一、作战初期，于铁坑、海洋墟、高上田及甘棠渡分别派出前进部队，迟滞敌之前进，并严密搜索警戒。

二、敌无论从任何间隙部分突入，皆应以逆袭手段消灭敌人于阵地之内，非至万不得已决不使敌达成缩小包围之目的。

三、战况纵使惨烈至最高度，非但核心阵地内各要点必须绝对固守，即近郊具有独立战斗能力之支撑点，亦必以小部队固守不弃。

四、于敌攻击准备或对峙期间，应相机派小部队出击敌人，以消耗敌之兵力，妨害敌准备，争取主动，但须讲求减少损害之法，勿使本身兵力作无益之损耗，期能持久。

五、若我外线兵团攻击得手，除核心各要点留置必要之部队外，应以主力夹击敌人，以达成歼灭敌人确保桂林之目的。

第三　兵力部署

一、军队区分

桂东前进部队

第170师副师长巢威

第175师第523团第1营

第188师第563团第1营

第131师搜索连

第31军通信营有线电及搜索营无线电各一班

桂北前进部队

第31军搜索营营长谭镇奎

第31军搜索营

江东独立守备部队

第131师第391团团长覃泽文

第131师第391团

第31军山炮营第2连之一排

第31军工兵营第1连之一排

第131师防毒连之一排

第131师无线电手摇机无线电报话两用机各一部

第31军第3野战医院（欠二分之一）

北地区队

第131师师长阚维雍

第131师（缺第391团及防毒连之一排）

南地区队

第170师师长许高阳

第170师（缺第510团）

第31军山炮营第2连（欠一排）

炮兵队

炮兵第29团团长王作宾

第31军山炮营（缺一连）

炮兵第29团山炮一连

炮兵第10团榴弹炮一连

第93军野炮一连

第31军工兵营第1连（欠一排）

工兵队

第31军工兵营营长彭伯鸿

第31军工兵营（缺第1连）

高射炮队

炮兵第47团第4营营长刘慧生

城防高射炮营（2公分及3.7公分高射炮各四门）

预备队

新19师第57团第2营

（第175师第523团第1营、第188师第563团第1营尔后均列为预备队）

二、桂东前进部队，应以海洋圩为中心分派部队于潮田圩、铁坑、高上田各附近选择要隘占领阵地，以迟滞敌之前进，并向龙虎关、灌阳、兴安各方面之敌严密搜索警戒，候命逐次向桂林撤退。

三、桂北前进部队，应在甘棠渡及大面圩各附近逐次抵抗迟滞敌之前进，并与第93军保持联络，对湘桂路正面之敌严密搜索警戒，候命向桂林撤退。

四、江东独立守备队，应以主力固守漓江（桂江）东岸之月牙山、会仙山、七星岩、屏风山等要点，以一部机动妨碍敌之渡河攻击。笔架山、矮子山、猫儿山等阵地前要点应派小部队占领。

五、北地区队，应以主力始终固守伏波山、紫金山、皇城、骝马山、桂北山、孔明台、老人山、犁头山、凤洞山、鹦鹉山、清塘山、马鞍山、龙山、观音山、虞山、吕祖山等要点为核心阵地，以一部固守清潭山、大头山、飞凤山、芙蓉山、扁崖山、凤凰山、平头山间地区各要点，确实掩护核心阵地之西北面，以坚韧持久之战斗逐次消耗敌兵力，待至有利时机与外线友军协力歼灭敌人于桂林近郊。

六、南地区队，应于杉湖、榕湖南北及两侧地区编成最强固之阵地拒止敌人突入，并固守将军山、斗鸡山至善严、象鼻山、护城河、牯牛山、白崖山、老君洞、雷劈山、奈子山间地区的石山阵地，掩护桂林城的西南面，以坚韧持久之战斗逐次消耗敌兵力，待至有利时机与外线友军协力歼灭敌人于桂林近郊。

七、战斗地境（略）。

八、炮兵队应将阵地分散配置于伏波山、水东门间体育场内，及骝马山、护城河左岸李子园附近，并在皇城内桂林中学、高等法院等处选择预备阵地，应能随敌主攻方面之变换，以火力支援北地区队或南地区队之战斗；以一部火力支援江东独立守备队之战斗，必要时以一部火力压制敌炮兵。

九、工兵队以担任阻绝及破坏作业为主：

（一）阵地前或阵地内可资敌用或妨碍我射击之建筑物，经核准者应即爆破。

（二）桂林附近各桥梁应即准备破坏，候命实施（中正桥及文昌门桥另令处置）。

（三）各地区队与守备队，关于地雷及手榴弹的埋设及街市阻塞等作业，均由工兵队统一计划指导实施，但我方须利用的通路候命再行阻绝。

十、高射炮队应于骝马山南端、高等法院附近、第一监狱及中山公园等处占领阵地，以掩护炮兵主力及牯牛山、象鼻山、七星岩、屏风山、虞山、吕祖山等重要据点为主。

十一、预备队位置于鹦鹉山附近。

十二、防守司令部在鹦鹉山中国银行，并在孔明台设置指挥所，以第31军军部必要人员编成。

第四　情报（略）

第五　通信（略）

第六　补给（略）

第七　卫生（略）

桂林防守司令部的作战计划洋洋洒洒，代参谋长覃戈鸣想必花了不少工夫。然而，稍具军事知识的人都会质疑，偌大的桂林区区两个多师，能"坚韧持久逐次消耗敌兵力"吗？何况还要"待至有利时机与外线友军协力歼灭敌人于桂林近郊"。防守计划做的再好，没有力量去实施，到头来终究还是白搭。张发奎在他的口述回忆中，这样描述当时的情形：

留下守备桂林的第131师与第170师，前者战斗力最差，后者系全部新兵的后备师。计划改变后，守城官兵都认为无异把他们送葬于桂林，愤愤不平，因此军心涣散、士气低落、纪律废弛、逃亡日增。白崇禧命令柳庆师管区征集新兵补充桂林守城部队，将未经训练的补充兵送上阵地。他下令囤积三个月粮弹，实际上不足一个月之用。而当桂北军事紧张时，他已回重庆去了。

第170师副师长巢威1962年10月写了一篇《桂林防守战之回忆》的文史资料，披露了当时的糟糕情况：

留在桂林的官兵，在部队调动时，纷纷议论，白崇禧这次改变计划的目的，是为自己打算而不顾民族利益，原计划以二个军守桂林，尚恐兵力不足，现以两个师守桂林，又要死守三个月，这不是把二万多人的生命葬送于桂林吗？人心惶惶不安，人人心怀鬼胎，个个打算自己的出路。韦云淞、贺维珍、阚维雍、许高阳等高级将领，都认为上了当，受了欺骗。军人以服从为天职，敢怒不敢言，明知以两个师守备桂林是白崇禧拿来做幌子的，失败命运是决定了，个人生死存亡付诸天。韦云淞把城防工事费三千万元，大部分收入他的私囊，贺维珍等领取全部官兵三个月薪饷和主副食费代金及一切费用，仅携带20％现金入城，绝大部分经费，交给他们的夫人向大后方疏散去了。中下级军官的思想更加紊乱，有的认为这次守城，是凶多吉少，将自己的财富派人送回老家去，有写遗嘱的，有托妻寄子的。下级军官也有逃跑的，士兵逃的更多，有如楚霸王

漓江烽火 | 桂柳会战

■ 第46军第170师副师长巢威。

八千子弟兵在九里山四面楚歌一样。

白崇禧本人同样寄妻托子,他把老母、兄嫂、妻儿安顿到荣誉军人生产事务处处长莫树杰的六寨老家中。据莫树杰回忆,因彼此关系很深,白崇禧对他谈尽肺腑之言,白说"广西顶不住这场战事,桂林是守不住的,就算日本打通大陆走廊,在盟军的强大攻势之下,其失败的命运已成定数,所以现在蒋介石正保存实力,运筹胜利后的国内局势。广西前途实在可虑"。当时李宗仁夫人郭德洁、夏威夫人陈明厚等都停留莫家转赴重庆。可能是事情比较多,白崇禧来接老婆已是10月末,马佩璋十分生气,粉拳打在白的脖子上:"人家郭德洁早就走了,你到现在才来?"莫树杰奚落白崇禧,"小诸葛"可以指挥千军万马打仗,老婆却奈何不得。

10月上旬,日军第58师团主力沿湘桂路推进,第93军在兴安、溶江等地节节抵抗。夏威下令巢威率桂东前进部队进出高上田附近,掩护第93军右翼。起初战斗并不激烈,日军仅以便衣进行威力侦察,直到23日,张家坪、高上田、观音顶各线均遭到猛烈攻击。26日下午,第79军第98师293团防线不守,日军雨夜突袭张家坪以西和高上田西南两处阵地,桂东前进部队防备松懈,部分阵地旋即失守。巢威组织力量冒雨反攻,混乱中夺回一部,但天亮时又被日军夺去。如此反复争夺到27日傍晚,桂东前进部队阵脚大乱,眼看部队伤亡惨重,预备队又已全部用完,巢威急得差点要拔枪自尽。就在战局频危之际,夏威通过电话下达命令:"黄昏后实行总退却,晚上9时全线同时撤退,11时脱离战场,向桂林转进。"

巢威收容残部撤到灵田圩时,夏威改变命令,要他星夜构筑工事,掩护第93军、第79军从湘桂路两侧退下来。当时情况比较混乱,第79军军长方靖刚刚到任才几天,他回忆说:"10月29日,我军后撤到桂林以西四合村附近拒止敌人。下午,又奉夏威命令,指定我军第98师编足一个加强团待命,其余部队开至贵州整补。于是,我们立即加强该师第294团(全师各团挑选精壮官兵共有二千多人,八二迫击炮、六○迫击炮、机枪齐全)。30日,由王卓如团长率领进入桂林城向韦云淞报到。"29日下午，日军步步进逼，桂东前进部队处境困难，巢威把危急情形分别报告桂林、永福，夏威很快打来电话："黄昏后向大圩撤退。"大圩位于桂林东南方向15公里，30日晨，桂东前进部队如数到达，又奉到夏威笔记命令："巢威将第131师搜索连等配属单位归还建制，率第175师523团1营、第188师563团1营向永福转进。"

这两个营是韦云淞强烈要求之下抽调参加守城的，防守计划写得很清楚，"尔后均列为预备队"，夏威真会替白崇禧"当家"，分明想要"金蝉脱壳"。韦云淞闻讯急忙派遣参谋人员持令前往制止："着巢威将配属部队归还建制后，迅即开回桂林城。"面对两道不同命令，巢威还是有良心的，他认为自己的部队是从守城部队中抽调的，是守城部队中的一员，应以守城为重，遂决定遵照韦云淞之令入城。巢威要贪生怕死，大可拿着夏副司令长官的手令走人，他没有这么做，选择入城也就是选择"九死一生"。夏威不好强求，但还是替白崇禧省下一份"家当"，新19师57团2营不再担任预备队。要回两个营（实际人数已不足），走掉一个营，韦云淞无可奈何，现在不是打笔墨官司的时候。

守城部队出现变化，战斗形势相应调整。防守司令部将桂林划分为东北和西南两个地区及一个独立守备队，以第131师为东北地区守备队，以第170师为西南地区守备队，以第79军第98师294团为独立守备队。韦云淞、覃戈鸣具体部署如下：

一、第131师第391团（欠1营）为河东岸守备队，该团以主力守备二江口、六合路口亘观音山、普陀山、七星岩、马坪街口、月牙山、龙隐岩之主阵地；以一部分守屏风山、猫儿山、笔架山、穿山各前进据点。该团与师部通讯联络，利用现设的有线电话，在有线电话中断时，可用无线电报话两用机通讯。以第393团为师右翼队，守备中正桥以北（含中正桥）盐街沿河岸亘行春门、伏波门至北门城以东之线阵地。以第392团为师左翼队，守备北门口（含城门）老人山、甲山、甲山口之线阵地，派一小部守备北站前进阵地。师预备队第391团第1营位置于行春门城内。

二、第170师第508团（欠2营）守备象鼻山、忠烈祠、将军山、将军桥、石灰山之各独立据点。以第510团为师左翼队，守备中正桥以南沿河亘定桂门、南门、西门之线阵地，并以一个加强连守备清真寺独立据点，以一连守备广佛王庙附近之警戒阵地。以第509团为师右翼队，守备西门以西亘牯牛山，至甲山口沿河之线阵地，并以一加强连守备牯牛山以西徐家村独立据点。师预备队第508团第2营位置于丽泽门附近。

三、第79军第98师第294团守备德智中学及其以西侯山、雷公山阵地。

四、第175师第523团第1营、第188师第

563团第1营为防守司令部总预备队，控置在鹦鹉山、孔明台之间。城防司令部在鹦鹉山岩洞内。第31军军部在孔明台岩洞内。第131师师部在东镇路猫儿山岩洞内。第170师师部在丽泽门外老君洞附近。

防守部队总兵力约25000人，轻武器配备尚充足，第131师、第170师的每个连都组建了60迫击炮排和装备火箭筒的战车防御排，每连人数增加到205人。但新兵占了将近四分之一的比例，这些农家子弟未受过系统训练，仅入伍后短期教育一个多月，对武器的使用根本谈不上娴熟。30日下午，防守司令部下达破坏桂林附近通讯电线和桥梁的命令，同时通知秧塘机场地勤人员实施破坏后迅速撤离。31日，桂林周围爆破声此起彼伏，日军各部按规定路线推进，沿途没有遇到大的抵抗。11月2日，横山勇改变进攻部署，以第37、第40、第58师团和针支队攻城，第3、第13师团绕过桂林南下奔袭柳州。

桂林防守司令部指挥系统表（1944年10月）

　　司令韦云淞

　　参谋长陈济恒副参谋长覃戈鸣（代）

　　第31军军长贺维珍参谋长吕旃蒙

　　第131师师长阚维雍副师长郭少文参谋长郭炳琪

　　第391团团长覃泽文第392团团长吴展

第393团团长陈村

　　第170师师长许高阳副师长巢威胡厚基

　　第508团团长高中学第509团团长冯丕临第510团团长郭鉴维

　　第79军第98师第294团团长王卓如

　　第175师第523团第1营

　　第188师第563团第1营

4. 江东地区战斗

桂林城北、西、南三面石山林立，东面有漓江作为天然屏障，从地形上看，确实易守难攻。漓江以东称之为江东地区，江东防御工事南北长约5.6公里，自北往南依次是猫儿山、屏风山、七星山和穿山。七星山又分为普陀山和月牙山，东西长约1500米，南北宽约750米，是江东核心阵地所在。普陀山上有天璇峰、天玑峰、天枢峰、天权峰，月牙山上有玉衡峰、开阳峰、瑶光峰，七个山头犹如北斗七星，故名七星山。七星山布满岩洞，其中以天玑峰下的七星岩最有名。七星岩早在5－6世纪就有了文字记载，古时候曾叫栖霞洞、仙李洞、碧虚岩。它原是一段地下河道，后来地壳变动，地下河下降，露出地面成为现在的岩洞，至今已有100万年以上的历史。

韦云淞和贺维珍当初就江东防守兵力有过激烈争执，前者主张放一个团，后者要求放两个团，理由是"江东岸的普陀山、月牙山瞰制城内，地形重要"。白崇禧后来临

六、桂林保卫战

战变阵，防守江东地区的只剩第131师391团的两个营，外加军部炮兵营的两门75毫米山炮，总共2000人左右。391团团长蒋晃战前被调走，继任团长覃泽文原为第131师副参谋长，9月下旬，副军长冯璜这样对他说："你就要去接391团团长，担任守备江东地区。第93军军长陈牧农失守全县，已经伏法，失守平南丹竹机场的第135师团长曹震，也已经就地枪毙。"覃泽文听得明白，副军长是在有意提醒他，向他敲警钟。

军部的派令下达后，贺维珍催促覃泽文第二天就去到任。搁在和平时期，师长势必要摆上几桌，为副参谋长饯行，如今战事紧急，覃泽文只带上一个通信员，匆匆扛起行李过江到差。师部没有派人举行布达式，团部也没有人组织列队欢迎，只是临时多加几个菜，三个营长和直属连队长都到团部来聚餐而已。

他们都认识我，我却不很认识他们，但他们盼望我来的心情，在每个人的脸上已充分流露出来，在这样简单肃穆冷静的气氛中，充分显示着一场残酷的大战即将来临。

进入高田圩附近的日军第40师团于10月28日开始向桂林江东地区行动。29日晨，天气阴沉，第391团防线以东3.5公里处的尧山一带白雾弥漫，一阵阵北风吹来，漓江和石山渐渐都被浓雾笼罩，远处响起稀疏的枪声，老兵能听出那是"三八大盖"发出的声音。覃泽文吩咐中尉副官宁德星电话通知各部严密警戒，并派团部特务班沿六合路向尧山方向搜索。10时许，特务班在冷水塘附近遭遇敌人，日军先遣队居高临下，班长老许左小腿挂彩，急忙返回师部报告敌情。当夜，猫儿山、屏风山、普陀山各线均有零碎枪响，明显是日军利用夜色试探守军的火力配备。30日中午，各个山头阵地前都抓获了一些老百姓打扮的人，团部一审问，差不多全是日军强迫来踩踏地雷和试探机枪位置的。接近午夜，猫儿山突出据点打来电话，与敌人发生接触。猫儿山地处整个江东防线的最北端，相对高度74米，东西长400米，南北宽250米，由五个小山头组成，北面悬崖峭壁，有利于防守，南面则坡度较缓。猫儿山四周地形开阔，距离漓江最近处约400米，往南1300米是屏风山阵地，别看现在西南面别墅林立，那时全是农田和甘蔗地。猫儿山山间多有岩洞，足可隐蔽一个营的兵力，可惜391团兵力不够，只有3营的两个排防守。一小队日军突然从甘蔗地冒出，向猫儿山阵地威力搜索，经三小时战斗，被守军击退。

31日，日军第40师团全部到达七星岩东侧及北侧地区。倾盆大雨中第235联队侦察兵一度突入猫儿山一角，3营及时派队逆袭，才把敌人压下去。与此同时，日军赶来十余头耕牛到普陀山后面踩踏地雷，可能是牛听不懂东洋话，到了外壕边就停下脚步吃起草来，日军也不敢靠上前驱赶。中午雨

漓江烽火 桂柳会战

止,三架盟机穿出云层,宁德星拿起望远镜直往普陀山顶跑,他在日记中写道:

飞机飞得比尧山低,侧着翼,似乎在搜索地上的目标,我从望远镜里望见几个不沉着的敌兵在跑动,这是我第一次看见盟机在我们阵前活动,也是第一次看见进攻广西的敌兵。炸弹投掷下去,一团一团的浓烟从山腰、山脚冒起来,可惜看不出里面是否夹有敌人的血和肉。

晚上,一头耕牛踩中地雷,第二天成了守军的丰富菜肴。日军乘着夜雨漆黑,故意发出各种离奇古怪的声响,试图扰乱视听,摸清阵地情况。确有少数新兵沉不住气,蹲伏在冷雨中,不管射击是否有效,扣动了机枪扳机。

第40师团师团长宫川清三为了进一步侦察桂林地形和守军状况,命令第234、第236联队绕过江东阵地,分别从南北两端偷渡漓江,接近桂林城区。11月1日,两个联队的先头人员都发回了侦察报告:"桂林市区未发现强大兵力,估计最多不过两个师。市区北侧地形险要,防守坚固,重庆军抵抗亦很顽强,小部队根本无法靠近,即便使用坦克也很困难。市区南侧虽也有部分险要地带,但比较容易进攻。"宫川清三向上级提出建议:"为一举击破敌军,师团需将主力向桂林南侧地区移动,当敌退却时立即予以围歼。"横山勇回电同意。然而正当第234联队和独立山炮第2联队完成南移时,横山勇改变主意了,他下令已转移到漓江西岸的兵力重新撤回东面,第40师团仍按原定计划由桂林东侧进行攻击。这一突然变动主要是因为第40师团南面的第13师团改攻柳州所至。

宫川只得把渡过漓江,逼近桂林北门的第236联队调回东岸,他重新拟订了进攻方案:"第235联队攻击漓江东岸七星岩附近的重庆军阵地;第236联队从七星岩西北一带渡江,攻击对岸之敌;第234联队作为预备队部署在七星岩南侧;山炮兵联队全力配合攻击七星岩及其以北漓江东岸重庆军前进阵地;工兵一部配属进攻七星岩的部队,主力准备支援渡江部队。"此时,第235联队通过各种手段,已经大致掌握了江东地区的防御情况。

七星岩附近的山与当地其他各山相同,几乎都是石山,处处都有洞穴,估计无论如何轰击都难奏效。七星岩一带东正面为防御主体,东端有营房,周围设有围绕铁丝网的阵地。漓江东岸的村庄全部烧光,清除了射界。桂林附近的漓江不能涉渡,江面较东京的隅田川稍窄,中正桥依然存在,未遭破坏。

显而易见,即便是235联队单挑391团的话,江东防御阵地无论是火力还是人数都居于劣势,更何况宫川清三还有234、236联队。

六、桂林保卫战

11月1日,日军先拿穿山"开刀"。穿山地处江东防线最南端,山高148米,上有五个小山头,山南陡峭,西北面稍缓,距离月牙山2.4公里。现在的穿山和月牙山之间是桂林市七星区的繁华地段,桂林国际会展中心、甲天下广场、桂星大酒店矗立其中,完全想象不出当年全是农田和村庄的模样。守穿山的只有391团2营6连一个排,排长杨建未组织抵抗即带领全排撤到了月牙山。他向覃泽文报称:"昨晚敌人猛攻我排,战斗非常激烈,我排支持不住,于是全排退下。"覃泽文问:"伤亡多少人?整排全部退下否?"杨建答道:"没有死伤,全排退下,一个没有失落。"覃泽文听了异常恼火:"既然战斗非常激烈,为何一个没有死伤?既然没有死伤一人,何来支持不住?未有命令擅自撤退,放弃阵地,这是军纪所不能容忍的。"

覃泽文随即把情况电话报告贺维珍,贺指示严肃处理,立即执行,以肃军纪。翌日风雨大作,覃泽文指定宁德星率特务排武装兵一班执行枪决任务:"第6连中尉排长杨建临阵退缩,擅自放弃穿山阵地,着宁副官率兵前往拘扣,就地执行枪决具报,仰即遵照,此令!"宁德星有些犯难,他和杨建是多年的同学、同事,而且是要好的朋友,穿山那么大,兵力只有一个步兵排,谁去当排长也没办法。也许是看出宁德星的犹豫,覃泽文补充说:"要快!走脱了你要负责!"杨建排长伏法一事很快传开,391团从此军威大振,官兵执行任务,再也不敢苟且马虎。

4日晚上,日军对江东阵地展开大规模攻势,第234联队第1大队目标普陀山。大队长铃木竹夫以第1中队及工兵一个小队为敢死队,携带梯子、大铁剪、爆破筒、炸药包、火焰喷射器等装备,试图从普陀山东端的星子崖杀开一条血路。出发之前,铃木特地举行了誓师仪式,发给每人一支所谓的天皇御赐香烟。日军敢死队在夜雨中匍匐前进,竟鬼使神差般绕过了地雷区,当他们爬到防坦克壕时,即在壕边向下挖土,形成一些可以过人的滑坡。一切仿佛都很顺利,工兵开始铁丝网破坏作业,步兵则在后边焦急地等待。星子崖守军是391团1营3连,该连的山下隐蔽哨发现日军来袭,立刻电话报告黄英毅连长。随着山上一阵短促的火光乱闪,迫击炮呼啸着准确落到防坦克壕和铁丝网之间,日军第1中队中队长柴田当场被炸死,原来守军在战前早已测算好重要地方的射击诸元。照明弹紧接着把阵地照得犹如白昼,日军奇袭失败,改用强攻,用爆破筒将铁丝网炸开一处缺口,第1中队和工兵小队冒死冲向星子崖。

黄英毅连长带领200多个弟兄,一次次打退日军冲锋,在我浓密火网面前,敌人伏尸累累。工兵小队长真砂都留夫急令火焰喷射器喷火,守军预防不及,几处机枪阵地霎时被高温火苗淹没。面对潮水般拥上来的日军,黄英毅连长挺身与敌格斗,午夜时不幸

漓江烽火　桂柳会战

中弹阵亡。星子崖大半陷入敌手，残余官兵且战且退，不少日军渗透到普陀山顶。3连一个炊事员跑回来报告战况，覃泽文指示1营派兵逆袭，宁德星的日记这样描述当时的情形：

　　黎明，雨还是在下着，比午夜更冷，我们的逆袭部队——第1连——已开始和敌军激战，因为兵力过少，而且山的周围地形开阔，攻击时死伤甚大，逆袭无法奏功，团长看见情形如此，只好下令暂时停止攻击，在原地监视敌人行动。

覃泽文连夜召开紧急会议，星子崖失守和普陀山顶渗入日军，无疑是江东防御阵地心腹大患。研究决定继续组织兵力反攻星子崖，同时派出精干力量搜索普陀山顶。逆袭兵分两路：1营1连加强2个重机枪排、3个60毫米迫击炮班，沿普陀山南端向星子崖西端攻击；2营4连、6连和3营9连各抽一排组成一连，加强22个重机枪排、3个60毫米迫击炮班，沿普陀山北端向星子崖西北端攻击。搜山部队：漓江西岸赶来增援的师搜索连和2营5连，加强1个火箭筒排、1个82毫米迫击炮排，由霸王坪逐步向东搜索。

一切准备就绪，各部队依照计划冒雨行动。天色微明，逆袭队一度冲上星子崖，夺回掩体数个，日军拼死相抗，1连连长负伤，9连排长阵亡，士兵死伤120余人。鉴于伤亡太大，覃泽文指示督战的副团长吴伯衡，留下1连一排及重机枪一排固守普陀山东端，监视星子崖日军，其余归还建制。挂断电话，覃泽文把注意力转移到搜山队。盘踞山顶的日军大约六七十名，随身携带大量掷弹筒和手榴弹，且都经过山地战训练。天玑峰倾斜急峻，石牙突锐，搜山队仰攻极为困难，难以接近山顶。覃泽文心急如焚，带着宁德星及几个卫士，亲往山顶观察，他下令用火箭筒压制日军火力。宁德星日记记载：

　　曾副官把团长的命令转知宋连长后，火箭筒即开始猛烈射击，一团团的火石滚下岩来，一群群的小石，在空中飞舞。步兵在火箭筒强烈的火力掩护之下发起了冲锋，士卒因见团长亲自督战，尤为奋勇，蜂拥一般地冲上山去。

到了半山，火箭筒已无法射击，日军躲在石隙里不停地往外投掷手榴弹，覃泽文亲眼看到弟兄们一批批倒下，最后的20米距离始终难以登顶，不禁涔涔堕泪。地形注定只有徒遭损害，覃泽文决心不再强攻，他只要2营5连确实占领有利阵地，严密监视敌人行动，不让敌人轻易下山峰。

猫儿山战斗同样激烈。5日晚上，日军第236联队一部连续发起波浪式冲锋，守军最后只剩下两个排长和寥寥几个弟兄。其中有个士兵叫宁快然，侥幸突围跑回团部，他向覃泽文详细报告了经过："我们几个人一同下山后,王排长和三个弟兄不见了,只剩我们四个人一起走,又给敌人追进河里,他们不大会游泳,都溺毙在河里,我一个人游过对河,从中正桥回来的。"猫儿山易手,南面1.6公里处的屏风山完全暴露,日军平射炮猛轰守军工事,另一部配备火焰喷射器,从山脚慢慢向上接近,守军一个连坚持到6日天明,全部牺牲。覃泽文明知屏风山危急,却苦于无兵增援,几次派人前去联络,全都一去不回。午夜,团指挥所附近突然枪声大作,滂沱大雨中也分不清日军上来多少人。幸好覃泽文身边的特务排装备精良,美造三〇三机枪大显神威,日军知难而退。

猫儿山、屏风山相继失守,月牙山又正被日军第235联队第2大队围攻之中,位于七星岩口八角楼的391团团部,不仅直接受到日军炮火威胁,还面临渗入之敌袭击。7日黄昏,覃泽文把指挥所迁移到七星岩内,他通过无线电向贺维珍报告战况:"目下各营联络已断,但凭军人报国的满腔忠心,保证有一个掩体打一个掩体,有一个人打一个人……"话没说上几句,信号中断,任凭通信兵如何摆弄再也叫不出来。日本防卫厅战史《广西会战》对江东地区战斗着墨不多,只是简单写道:"第40师团攻击漓江东岸地区,特别是以七星岩为中心的重庆军阵地是11月4日以夜袭开始的。第234联队第1大队7日晨攻占七星岩顶端,随后封锁洞窟入口继续攻击,7日傍晚终于完全夺取了七星岩高地。第1大队连续四天的攻击非常猛烈。"

失去联络的月牙山守军还在抵抗日军第235联队的进攻,直到8日晚上,第234联队从普陀山赶来支援,喊杀声才渐渐平息下来。江东防御阵地最后只剩下七星岩。说来

■七星岩今貌。

漓江烽火　桂柳会战

奇怪，七星岩内听不到外面的枪炮声，若不是伤员发出痛苦的呻吟，似乎感觉不到战争气氛。据覃泽文回忆，当时岩内估计不下千人，主要是非战斗人员和伤病员，还有少数零星退却进来的官兵。原391团输送连排长黄海潮记忆中似乎没有那么多人："当时的战斗人员不多，只有机枪连，我离开七星岩时，那些活着的还能够打仗的人，以及担架排的人、医护人员、饮事班的人等等，能打能走动的人总共加起来不到300人。"不过黄海潮具体不清楚伤病员的数目，他只负责那些"能打能走动"的人的给养。

日军不知岩内虚实，不敢贸然进入，先用烧夷弹炮击七星岩最大的入口前岩，利用北风使劲把烟雾往岩内吹灌。其他几个诸如朝天岩、豆芽岩的岩口，全部用机枪火力封锁，目的就是要把守军熏死、困死在七星岩内。覃泽文派团附从后岩出去打探情况，久久不见回报，副团长吴伯衡自告奋勇，愿意出岩探个明白，许久亦无回报。9日晚上，防毒排在前岩附近发出毒气警报，岩洞内顿时秩序混乱，凡是能跑动的人全部涌向还比较通气的后岩。覃泽文回忆说："当时我非常苦闷而焦急，思绪万千，自尽吗？坐以待毙吗？还是突围一拼呢？"宁德星的一句话促使覃泽文决心突围："报告团长！副团长、团附和曾副官他们都突围走了，我看团长也可以走了。"覃泽文后来承认："是宁德星的提醒，把我发呆绝望的思想，拉到了另一个方向，我想副团长、团附都借机出

走，我突围谅无杀头之罪，而且突围一拼，死则搏敌成仁，生则重振旗鼓以报仇，仍不愧对国人。"

临近10日凌晨，覃泽文、宁德星带着特务排10余个人，利用日军机枪间隙，从后岩跃过火力封锁地带，几经周折通过铁丝网，找到通向大圩的公路。检查人数，才发现只剩下三个人，覃泽文一行日宿夜行，最终成功突出。宁德星一伙人倒是命大，他们混乱中向月牙山冲去，发现敌人后掉头往大圩方向狂奔，竟也逃出生天。然而大部分官兵远没有这样幸运，尤其是那些行动不便的伤病员，黄海潮坚信他是最后一个逃离七星岩的幸存者：

走到后岩，我发现有人在爬沙包，沙包堆得很高，也很滑，我爬了几次都没有成功。这时，温排副来了，我就说：'你推我上去，等下我再拉你上来。'温排副二话未说，蹲了下去，我坐到了他的肩膀上。正往上爬时，突然听到洞里响了三声，我以为是日本兵投进的手榴弹，赶紧往上爬。我的大半个身子刚爬出枪眼，就听温排副说，'排长你快走吧，我可能不行了'。接着是一片痛苦的惨叫声。我不知洞里发生了什么情况，拼命钻出了枪眼，跌到了洞外面。

抗战胜利后，广西省会警察局牵头组织清洁队搜岩捡骨，这些烈士遗骨后来合葬于普陀山霸王坪，碑铭"八百壮士之墓"。据

六、桂林保卫战

■位于普陀山霸王坪的桂林八百壮士墓。

《广西日报》1945年11月20日：

七星岩内搜寻结果，岩内尚余忠骸八百余具，尽属广西子弟。计有303轻机枪连，该连长死时尚作紧握马缰姿势，忠马亦死其旁，想为作战中毒而死。此外有防毒排、迫击炮排、第一连、团部官佐、卫生队、野战医院及三百余伤兵。枪支多弃掷岩内深潭中……岩内忠骸死状极惨，盖于敌人用毒气后，复用火攻，以是死者有头伸入石钟乳之内，而身在外以避毒气者；有仰卧者；有尚作射击姿态者，而今英姿宛在……

5. 脆弱的漓江防线

漓江发源于桂北兴安县猫儿山，上游主流称六峒河，从桂林到阳朔约83公里的水程，称之为漓江。江东阵地全部陷落后，200米宽的漓江成为桂林城区向东防御的天然屏障，尤其是叠彩山到象鼻山之间3公里的漓江西岸，无疑是保卫桂林的生命线。守护这条"生命线"的是第131师393团和第170师510团，他们以中正桥为界，桥北（包括桥面）归393团防守，桥南归510团防守。桂林防守司令部战前有过分析，如果江东地区失守，日军很可能选定在伏波山以下至中正桥头一带加以突破。理由是这一带没有永久性工事，北面的伏波山和南面的象鼻山离此较远，火力支援方面存在死角。漓江有部分水浅的地方可以徒涉，水涨时又容易漕渡直逼西岸阵地。防守司令部为此采取了一些补救措施：一是在岸边设置了一些铁丝网、

漓江烽火 | 桂柳会战

鹿砦、木栅等障碍物；二是在中正桥西桥头附近构筑了几个机枪巢和迫击炮掩体，使其能互相侧防。原本还想在这一段漓江中设下障碍，但因缺少器材和相关经验而作罢。

防守司令部的判断是正确的，日军第40师团师团长宫川清三11月6日下午就已经在考虑渡江问题。当时日军一部牢牢占据普陀山顶，宫川自信全部占领江东阵地只是时间问题，他向横山勇建议7日零时开始渡江。第11军没有同意，根据统一安排，攻击时间大致定于9日拂晓。宫川退一步要求9日零时先行发起进攻，他振振有词："第58师团正面似在苦战，第11军的直属炮兵部队前进迟缓，作为左侧兵团的第37师团情况不明。第40师团渡江越晚，第58师团遭到重庆军的抵抗则越强，同时也将予重庆军退却的自由。因此，第40师团有必要比第58师团的总攻时间有所提前。"宫川的话有几分道理，第11军未再提出反对意见。7日晚，第234联队刚刚攻占普陀山不久，第235联队第1大队就急不可待杀向中正桥。

中正桥现名解放桥，是桂林市城区横跨漓江最早的桥梁，始建于1939年，结构属于钢木桁架上承式。中正桥全长181米，宽11米，有5孔，每孔跨36米，木桥面，荷载10吨，当年也算是桂林的标志性建筑。日军想要急袭占领中正桥，月牙山上的391团2营残存官兵不答应，他们居高临下，用机枪封锁大桥东端，刚好西岸的第170师正派队增援江东，见状立马调头按下了起爆装置。随着一声巨响，中正桥第2、第3孔桥面顿时灰飞烟灭，日军望江兴叹，只得在江边不断把空竹排放入漓江，一为试探西岸守军各种火力所在，二为测算水流速度。桥头堡守军510

■ 20世纪40年代的桂林中正桥。

团2营不明底细，朝着空竹排开枪射击，日军并不理会，搞得2营一团雾水。

8日，第236联队和独立工兵第61大队早早做好了渡江准备，只待一声令下就要冲向彼岸。午前，第11军通知第40师团，军直属炮兵部队将会有力配合渡江行动，在9日零时起用野战重炮对桂林市区实行扰乱射击10分钟。宫川担心事先炮击会暴露渡江企图，当即去电表示谢绝，我们不劳驾炮兵。第11军没同意，回电称"还是应以野战重炮的威力压倒震骇重庆军，以利于进攻的开端"。宫川不甘心，再次去电要求取消炮击，第11军仍是强调非先炮击不可。

9日零时，日军12门105毫米加农炮首先以一分钟两发集中射击了三分钟，接着是30门150毫米榴弹炮各射击20发，桂林城区王城、象鼻山、体育场、老人山一带瞬间火光冲天。宫川清三后来回忆说："10分钟的野战重炮射击非常壮烈，好似万雷轰鸣不稍间断，我虽出身于炮兵学校，但也未曾见过如此情景。但在这时，漓江西岸的重庆军一枪不发，坚持沉默。当射击停止时，真像死一般的寂静，不管是谁都会怀疑重庆兵的存在。"从宫川的记忆来看，漓江西岸部分守军似乎非常沉着，但令人遗憾的是，有些军官却十分麻痹。蒋道宽时任393团副团长，他在《桂林防守作战前后回忆》一文中这样写道：

江东和北郊敌炮兵对桂林市区猛烈炮击，炮火主要集中在桂东路及漓江大桥桥头一带，那一带的房屋被燃烧弹击中起火，我当即打电话给驻木龙洞沿岸的510团2营营长黄枢，拟叫他严防日军强渡漓江，怎料在此紧要关头，该营长尚在营指挥所内打麻将，我在电话中严词责成该营长，立即亲赴前沿

■桂林盐街码头，攻占江东的日军第40师团由此展开登陆。

漓江烽火 桂柳会战

指挥作战。

日军的渡江地点并没有选在木龙洞沿岸，而是瞄准中正桥到伏波山约600米长的盐街码头而去。第236联队第3大队为第一批渡江部队，第11中队在上游，第12中队在下游，各乘10艘登陆艇。393团官兵立即进入桥头堡和沿街工事，很快形成一道道交叉火力，1营3连连长蒋震宇60多年后对这一幕仍然记忆犹新："日军通过在岸边施放烟幕弹掩护，用橡皮艇渡漓江，速度很快，我们拼命抵抗，日军死伤很多，河水都被染红了。"9日零时仅仅过去6分钟，第12中队的一艘登陆艇穿过密集火力率先到达岸边，艇上日军跃入江中双手牢牢抓住铁丝网。第12中队为抢头功这时迫不及待发出了登陆成功的信号弹，掩护登陆的炮火根据事先约定停止炮击，刚到漓江中线的第11中队急得哇哇大叫，慌忙呼喊炮火继续掩护。伏波山和岸边守军瞅准机会，一齐猛烈射击，日军有几艘登陆艇当即被击沉，人员死伤不少。

第12中队自知铸成大错，拼命从左侧突击中正桥守军393团的堡垒工事，后续部队则利用中正桥桥墩由江面逐次跃进。黄枢营长立即下令集中轻重火力，向江面施行阻止射击，象鼻山下的4门山炮亦加入战斗。日军战史形容第11中队"在江中好像是被抛弃的孤儿"。显然，日军236联队8日夜间的渡江被有效阻止了，但是守军393团的桥头堡阵地很不牢靠，由于缺乏钢筋混凝土材料，多为石灰结合大石块砌成，强度一般。第12中队以机枪第1小队第2、第3分队全员战死的代价，当晚一举占领桥头堡，往北渗入到盐街一带。虽说工事质量差了些，393团的战斗力是不是也太次了？韦云淞闻讯大惊，严令131师和170师分别派兵堵击消灭突入之敌，并悬赏夺回桥头堡的给500万元，夺回沿江阵地的给1000万元。据说1944年的100元法币可以买到半只母鸡，韦云淞开出的赏钱还是比较给力的。

9日天不亮，393团副团长蒋道宽率领师预备队391团1营的一个连，170师副师长巢威率领师预备队508团2营，从南北两个方向开始扫荡城内日军。蒋道宽回忆说：

我们冒着敌人的猛烈炮火直奔桂东路，到达十字街时，桂东路已成一片火海，无法通过，折回绕道东巷，亦被大火隔断，西华门又被170师堵死，不得已，又率领部队沿皇城根往法政街桂花街拟取道东华门盐街扑向中正桥。殊不料我们尚未到达东华门时，东华门外水泥地堡已被敌人占领，等我们从桂花街奔向东华门时，突然遭到东华门外地堡内敌人的机枪射击，我先头的三名搜索兵被敌击中。

蒋道宽连续组织几次冲锋，都被日军压回来，战防排的弟兄跃跃欲试，可是第一发还没有发射，射手就被敌人击中要害倒毙。转移到阴暗处再射，由于对光看不清目标，结果飞过地堡顶端打中了后面的房屋。火箭筒这玩意在抗日战场属于尖端武器，估计日军也没见识过威力，随着一声巨响房屋轰然倒塌，吓得他们赶紧放弃地堡往盐街方向跑去。蒋道宽哪里肯放："弟兄们！快上！"393团突击连此时士气颇高，一口气冲到盐街口，眼看天色渐明，突然从还没有完全拆除的旧城墙上射来密集火力，日军第12中队的两挺重机枪牢牢封锁了路口，不少弟兄在冲锋时中弹牺牲。蒋道宽清点人数，死伤过半，只得停止进攻，就地监视敌人，他电话报告陈村团长，请求增援。陈村对他说："北面敌人正猛攻观音阁、虞山庙，无兵可派，突击队残部撤入皇城，归170师副师长巢威指挥，你本人立即返回团部指挥所。"

170师除班长和上等兵外多为新兵，仓促上阵反击日军并非易事。巢威咬咬牙，选拔老兵编成突击组，火箭筒、爆破筒、60毫米迫击炮、手榴弹轮番上，9日15时终于夺回桥头堡和部分沿江阵地，日军第12中队所剩无几，但仍十分顽强，退入皇城外侧被烧毁的民房内与我军展开逐屋巷战，一时难分胜负。防守司令部副参谋长覃戈鸣几十年后撰文回忆桂林保卫战，字里行间充满无奈："已经渡江的敌人，除了被压迫由原路后退之外，还发现有少数几个人已经钻进桥头附近的街道民房里，这些敌寇东钻西钻，不时放冷枪，我军包围搜索，因民房甚多互相连接，不仅夜间搜索不着，第二天早上围搜仍

无结果。"傍晚后，巢威奉命撤回。

《半个世纪前的硝烟》一书的作者伍德安曾经采访到一位参与反击桥头堡和沿江阵地的170师排长。

听说反击桥头堡的战斗很激烈？

子弹像下雨一样，我连一下子死伤20多个人，我右手臂也挂彩了，日本兵6支歪把子咯咯地叫。我们打得也猛，轻重机枪、小钢炮、火箭筒一齐打。午饭后一阵，我们营夺回桥头堡，但死了百把人，远远看起来像晒萝卜干一样。死样很怪，斜的、趴的、躺的、半趴的、半卧的，大碉堡上死37人，呈梅花形，像是自尽用手榴弹炸的，桥栏杆挂着两个日本兵，一个肠子巴在栏杆上，一个没有头了。我们死人比日本多，有些是被刺刀扎死的，桥头堡里有10多个死人，很腥，一闻到就想吐。

盐街的房屋里有多少日本兵？

搞不清楚，但听枪声，有5把机枪，估计也不少于一个小队，我们围攻时，又死伤13个人。日本兵有时打枪有时不打，他们技术好，枪一响，准有人趴下，后来我们不围了。

韦云淞的奖赏领到了吗？

不知别人有没有，我反正没有，连队加一次菜，是咸猪肉，还有几瓶酒和一些烟。

第11中队虽然渡江时受阻落后，但最终也在东岸炮火掩护下分散靠近了盐街江边，

漓江烽火 | 桂柳会战

第235联队的一个工兵分队紧跟其后。桥头堡失守,韦云淞大发脾气,阚维雍师长没少挨骂,陈村团长的处境更是可想而知,他下令1营死守沿江阵地,再不能让日军上陆。1营拼死阻击,第11中队10多个小时动弹不得,直到9日16时才勉强获得从登陆点前进50米的位置。渡过炮火纷飞之夜,宫川清三望见鲜血染红的漓江,漂浮着不少官兵的尸体,这位一度坚持不要重炮部队支援的师团长,不得不放下姿态,向第11军炮兵指挥部通报情况:"虽已进抵漓江右岸,但攻击暂时受到挫折。主力试图于13时30分再渡江,但为老人山重庆军炮兵所阻,渡江时间只得改为本日日落后开始。"

第236联队联队长小柴俊男为了晚上渡江行动顺利,下令西岸第3大队不惜任何代价,攻下伏波山和占领东门,确保进入城内的突破口。18时左右,在江东炮火的支援下,还剩下两个小队的第11中队向伏波山发起了"最后的拼死冲锋"。伏波山高213米,山体孤傲挺拔,半枕陆地半插漓江,漓江流经这里,被山体阻挡而形成巨大的回流,古人取其"麓遏澜洄",制伏波涛的意思,称其为伏波山。伏波山的碉堡构筑在半山腰山,山顶上设有观察哨,竖着一面青天白日满地红国旗,守军为392团1营5连,连长方绪敏。日军战史这样描述伏波山的防御火力:"山顶上有难以对付的重庆军炮兵直射阵地,在反击第40师团渡江,从山顶上以美军供给的武器精准地击中散开在漓江岸上的我军。"

■桂林伏波山今貌。

第11中队中队长本山唯明求功心切,冲在第一位,方绪敏连长眼尖,夺过机枪亲自当起射手,10多发子弹顿时将本山打成蜂窝状。一旁的曹长浇口挥舞战刀大声喊杀,冲到距离碉堡不远的地方,也被5连弟兄一枪结果。坂本信男少尉代理中队长指挥,工兵小队用长竹竿送炸药包的方法,利用山下的死角隐蔽接近碉堡,成功爆破,于19时20分冲上伏波山。方绪敏连长率部退入伏波岩内继续抵抗,用手榴弹把坂本信男右眼炸瞎,然而日军非常顽强,先用机枪封锁岩口,再用汽油倾入岩内燃烧,致使守军全部阵亡。

第131师副师长郭少文率搜索连和特务连一排试图夺回伏波山,但行至凤北路中段遭到少数日军有力截击,无法推进。阚维雍抽调特务连一排及伙夫、驭手等45人前往增援,排长雷日开身高马大,连续甩出几颗手榴弹,迫使日军退到凤北路东端,旋即进入两旁民房继续抵抗。郭少文正准备展开逐屋争夺之时,伏波山日军的机枪和掷弹筒如泼水般射来,瞬间浇灭了131师的反击热情。11月9日这一天很关键,日军过江的两个中队人数并不多,却能顶住配备火箭筒的170师突击队,又能夺下131师的防御重点伏波山,可见日军的单兵素质远远高出国民政府军。

伏波山和东门一角陷敌,漓江西岸火力大为减弱,守军炮兵又弹药无多,渐渐被日军重炮压制。第236联队齐集江东岸边,怎奈第一梯队过江的工兵伤亡殆尽,登陆艇无法返回渡江点,只能跺脚干着急。深夜时分,第11军出动直属工兵连和预备队,扛着舟艇赶到江边报到,236联队大喜过望,主力当晚全部渡过漓江。10日黎明,第3大队第9中队与伏波山第11中队残余会合,攻向中山公园;第1大队直趋叠彩山,从背后包抄防守桂林城北的131师392团;第2大队靠拢第12中队,选择体育场、省政府方向突进。

仅仅20多个小时,日军第40师团就突破了漓江防线。

6. 争夺北门屏障

桂林城北一带关山重叠,地势险峻,北门、湘桂铁路、桃花江是沟通城内外的三条重要通道。北门左有鹦鹉山,右有铁封山,两山之间的隘口宽不足百米,自古就是扼守桂林城北的重要关口。鹦鹉山高119米,四周全是悬崖峭壁,只有1米宽的山脊可通向山顶,在十多平方米的山顶上,构筑有坚固的碉堡。碉堡北面和东面分别开有射击孔,向北可以控制北门外观音阁山东侧大道和西侧开阔地带,向东可以瞰制叠彩山与铁封山之间的开阔地及漓江江面。北门右侧的铁封山工事林立,99米高的西峰顶上筑有十多平方米的大型地堡,在东西峰之间另有两个小地堡和一个用大理石砌成的坚固掩蔽部,此外,东侧山峰下尚有一处不起眼的临江工事。

漓江烽火 | 桂柳会战

北门外边200米处还有一道防坦克壕，防坦克壕的前沿密布铁丝网和鹿砦，并敷设了一些地雷。附近的观音阁山、回龙山、虞山也都是重要的防御据点，只是那里的工事要简陋许多。正是因为北门附近山峰错落，防御工事相对牢固，守军几个重要指挥部全部设置在这一带。韦云淞的桂林防守司令部位于鹦鹉山下；贺维珍的第31军军部位于宝积山孔明台下；阚维雍的第131师师部位于铁封山下。三个指挥所之间相距不到500米。

观音阁山西侧蜿蜒向南的便是湘桂铁路，铁路两边高山耸立，尤其是飞凤山、蜈蚣山、犁头山、骝马山、西山一段，形成一条2公里长的峡谷走廊，虽然没有防坦克壕，但日军的坦克在这里同样没有用武之地。城北防线的最西端是桃花江、甲山口阵地，桃花江从巫山和鸡公山之间穿过，这个口子就叫甲山口，由于鸡公山下的道路较宽，比较而言是三条通道中最难守的地方。

城北防线全长约4公里，从最西边的桃花江到最东边的漓江，守军为131师392团。与392团相连接的是98师294团，该团防守桂林西北角巫山、雷公山、侯山、德智中学一线。392团作为"北门屏障"的最主要原因是——团长吴展系韦云淞一手培养的亲信，属于信得过的干部。吴展祖籍广东，1908年9月出生于广西恭城，祖父吴绍伯曾是石井兵工厂的一名采购员。吴展高小毕业后考入恭城县立中学，后因学校停办转而学习报

■第131师第392团团长吴展。

务。根据吴展之子吴锡伟的叙述，当时的梧州警备司令黄荫茹常到局里拍发电报，他见吴展年少利落，为人诚实，便要吴到警备司令部担任报务员。吴展1928年考入中央军校南宁分校第二期炮兵科学习，毕业后在第15军历任排、连长，副官主任，参谋等职。抗战军兴，吴展任第31军特务营营长，随军北上抗日，转战大江南北。1941年，军长韦云淞保送他进入陆军大学特别班受训，旋又提升他为第131师第392团团长。

负责进攻桂林城北的为日军第58师团、坦克第3联队以及军直属炮兵部队的主力。11月1日下午，第58师团推进到桂林西北偏北35公里处的三多山南麓，师团长毛利末广初步决定第51旅团攻击桂林北门，第52旅团攻击桂林西北部地区，坦克第3联队联队长

因幡武、第11军炮兵指挥官山崎清次表示全力配合,只是炮兵的集结尚需时日。第58师团当然不会干等,重武器没到,就先进行袭扰性进攻。观音阁山和果盒岩之间距离较大,日军利用夜幕掩护,从这一空隙摸进来,试图从侧背偷袭观音阁山和虞山阵地。392团准备充分,事先用棉花和破布灌煤油及干柴做成"土照明弹",值守人员发现情况有异,急忙点燃,预先布置的机枪形成交叉火网,迫使日军无功而返。不知出于什么缘故,第52旅团摆了一次大乌龙,竟然发出报告称"一部已冲入桂林",师团指挥部那些人听到后一个劲高喊"万岁",没一支烟的工夫却又接到报告称"冲入有误"。第58师团参谋长有马纯雄一团雾水,他在日记中写道:"对攻占桂林之误报甚感难堪,此乃古贺部队轻率所致。"

日军为了摸清北门守军反坦克力量,夜深时把伪装后的牛车推上前线,真坦克则远远躲在后面故意发出闪烁灯光,鹦鹉山上的战防炮不明底细,对准灯光连发数弹,次日天明大呼上当。也打中过真坦克,3日那天黄昏,敌人以步兵、炮兵、坦克联合诸兵种向北门外猛攻,有一辆坦克被守军战防炮击中,遗留在北门外。日军又从桂北民间强拉来100多头耕牛,以火烧牛尾的老办法将牛赶向北门一带乱奔,守军不少地雷被踏爆。第58师团的袭扰战术十分有效,第131师参

■日军炮兵对桂林市区进行猛烈炮击。

漓江烽火 | 桂柳会战

谋长郭炳琪在日记中这样写道:"我与阚维雍师长轮换休息,常被枪炮声、战斗声、地雷爆炸声扰得一夜不敢睡觉。"5日,第51旅团乘机突入青龙山高地,日军战史称"俘虏重庆军营长以下200人",郭炳琪的日记印证了这一说法:"与170师交换情报,德智中学以西98师294团的一个据点,被敌占领,守兵一连,仅跑回几人。"

6日,第58师团大致已全部进入进攻展开位置,横山勇将第11军前进指挥所推进到桂林西北8公里的山水塘村,他祈祷攻占桂林一举成功,特地派遣作战参谋夏目前往第58师团居间联络,毛利末广很快下达了攻击部署:

右侧支队(独立步兵第94大队,大队长前崎正雄少佐)从青龙山向老人山西北方15公里的大石山进攻,与针支队取得联系。

右翼队(步兵第51旅团长野沟贰彦少将指挥的该旅团——缺步兵第94大队——配属独立野炮兵第2联队一部、坦克一个中队)从全家庄、青龙山南麓向老人山攻击。

左翼队(步兵第52旅团长古贺龙太郎少将指挥的该旅团——缺独立步兵第96大队——配属独立野炮兵第2联队主力、坦克二个中队)从北冲南侧到张家冲(桂林东北偏北2.8公里)一线展开,攻击桂林城正北面。

预备队(独立步兵第96大队)部署在社塘村(桂林西北偏北5.2公里)附近。

钟其富时任第131师参谋主任,他后来回忆说:"我登高一望,城外约5华里地方四周全是日军,如同蚂蚁散布各处,自由往来,肆无忌惮。已到达火车北站附近的日军坦克部队,我们用望远镜数,时见36辆。"其实钟其富看到的只是炮击停止时的战场景象,第11军直属炮兵没来之前,守军火力暂据上风,城外日军还是有所忌惮的。比如日军野战高射炮第22联队第2中队6日刚进入路西村,就遭到守军150毫米榴弹炮猛烈射击,不得已调头后撤3公里。但随着日军炮兵部队陆续到达,守军那点炮火立马变得微不足道。山崎清次在桂林城北集结了独立野战重炮兵第14联队、15联队、独立重炮兵第6大队、独立野炮兵第9大队、10大队,仅重炮就达40多门。相比之下,守军总共才20门山、野炮和3门150毫米榴弹炮,榴弹炮是1936年花巨资从德国买入的,淞沪会战时损失了一部分,之后轻易不舍得使用。

防守司令部发现城北日军坦克较多,便把170师的战防炮也调来增强北门,按照郭炳琪的说法,北门守军5日、6日、7日连续三天共击毁日军坦克5辆,但城外一些石山据点纷纷陷落。北门和江东地区战火连天,桂林西南两面也不平静。日军第227联队联队长皆藤喜代志指挥的步兵四个大队和山炮一个半大队,作为第37师团的先遣队,6日晚上到达桂林城南2公里的将军桥。将军桥原名安溪桥,五代时楚王派指挥使秦彦晕屯兵于南溪山下白龙洞，秦在安溪桥附近打败南汉兵的进攻，此后更名为将军桥。第37师团参谋长恒吉繁治预计师团主力9日拂晓可以全部抵达将军桥一线，他计划"第227联队向西门靠近，第226联队进攻桂林南门，第225联队从两者之间插到桂林西南角，截断重庆军的退路"。几乎同一时间，翻山越岭的针支队也已赶到桂林西南方向4公里的三仁村，该支队分出的一个中队占领义宁，切断了桂林西北面通龙胜的公路。

8日15时25分，第11军炮兵对独秀峰、象鼻山、老人山、叠彩山进行破坏性射击，守军炮兵不甘示弱，双方对射至16时35分，日军战史形容炮战"声震山谷"。然而经此一战，桂林守军的炮弹已经所存无几。9日，东方刚刚吐白，第11军所有的炮兵一齐拉开了炮门，顿时炮声隆隆震撼整个桂林城，170师有些老兵不禁想起了1937年的淞沪会战，当时不少桂军兄弟还没看清东洋人长啥模样，就在铺天盖地的炮火中身首异处。7时43分，日军飞行第6战队的7架战机突袭桂林市区南半部，省政府一带扬起冲天大火。守军炮兵因为弹药不济，迟至8时20分才着手进行还击，还不到半个小时，日军第58师团便对桂林城北防线发起了总攻。

第52旅团逐步推进到棉纺厂、火车北站西侧站台和北冲南面一带，吴展团长发誓："死也要和日寇拼！"他亲临前沿督战固守阵地，日军进攻受阻，无法从湘桂铁路打开缺口。11时，日军坦克25辆沿大道驶向北门正面，但被防坦克壕所阻不得不停下来，日军战史这样描述城北战斗："攻击不能顺利进展，中午重庆军集中炮火向我坦克射击，尽管如此，有些坦克断然靠近敌前100米处进行还击，14时30分第52旅团仍然未能从湘桂铁路前方200米一线冲出。至15时许，第106大队夺取了水泥厂，我方进攻才得以前进一步。第51旅团当天的攻击虽前进到老人山西北侧，但重庆军在老人山的守备非常坚固，于是右侧支队从青龙山高地向桂林西南方迂回挺进。"阚维雍把师预备队391团1营的两个连全部投入北门防线，暂时顶住了第58师团的进攻。

日军的坦克又是如何靠近100米的？日军战史并没有给出答案。黄孟奎时任392团1营2连特务长，从他的回忆中或许可以窥探一二："它们一辆辆冲下壕沟，我们正猜想它们将动弹不了而暗自高兴，不料过了一阵，坦克又一辆辆爬上来，原来它们安有铁嘴可以削壕。这些坦克上来后，在我机枪掩体前来回奔突，把埋下的地雷压响，把铁丝网、木栅栏统统夷平破坏。"所谓"安有铁嘴"是不是指推土机之类？黄孟奎恐怕也是第一次看到，加上年代久远，难免有些说不清。守军战防炮、火箭筒立刻组织反击，日军坦克也有损失，钟其富说："当敌坦克被我击毁时，在阵地可听到日寇在坦克中喊叫之声。"覃戈鸣对392团的浴血奋战印象深刻，他晚年撰文指出："由于北面的地形坚固，担任防守的一个步兵团（团长吴展）比较坚强，敌寇攻击没有进展。"石山坚固是不假，但也有弱点，有一个岩洞口的大石块被炮火震塌下来，一个班的士兵封闭其中，因为敌前不能作业，结果被活活困死。

防守司令部通过望远镜清楚看到江东日军冲上普陀山顶，覃戈鸣坦言："391团是否还在抵抗，我们不敢再往下想，因为我们不可能也不打算去救他们，我们赶忙做阻止敌军渡过漓江向城内攻击的布置。"然而131师的漓江防线很快被日军第40师团支解，城西和城南的战斗亦趋于激烈。进入将军桥的第227联队，用平射炮对准造币厂附近的重机枪堡垒射击，这些堡垒都是石灰结合大石块砌成，只要被打中枪眼，就会堡毁人亡。170师508团2营本是师预备队，此时已在副师长巢威带领之下，前往中正桥附近扫荡城内日军。剩下的的两个营只得依托简陋工事，凭借象鼻山炮兵火力支援，步步阻击日军接近南门。皆藤喜代志认为"象鼻山高地是防御桂林的关键所在"，决定分出第1大队进攻象鼻山，第2、第3大队在将军桥附近掩护师团主力集结。

城西的第98师294团9日黄昏发生骚乱，不少士兵拥向西南方逃跑，遭到日军针支队阻止后，又有不少人重新返回阵地。王卓如团长将残部混编成一个营，苦撑德智中学和侯山坳两处据点，但没过多久也被日军突破。第79军新任军长方靖回忆说："军部与桂林防守司令部及98师294团每天用无线电联络，直至9日下午无线电话、电报联络均已中断。自10月31日日军形成对桂林城的包围圈后，敌迅速发动攻击，我防守部队未能有效阻止敌人。我军98师294团坚守德智中学及以西山地各个独立据点，因遭受敌重点围攻，孤立无援，除极少数官兵突围冲出外，全团壮烈牺牲。"

鹦鹉山下的桂林防守司令部内，韦云淞和覃戈鸣有些坐不住了，日军第40师团从江东突入市区，虽经派兵扫荡，收复了中正桥桥头堡和部分沿江阵地，但始终无法全部肃清，用不了多久，过江日军势必越聚越多。城北防线正面392团暂时还能顶住，可393团方面与敌人陷入巷战，随着时间的推移，日军第40师团和第58师团将会很快形成夹击北门之势。覃戈鸣指着地图向韦云淞进一步分析："明日拂晓后西面和南面的日军可能全线发起攻击，以配合东面和北面的进攻。如果不在黄昏后开始突围，我们就有被全部歼灭的可能，不被打死也会被敌人俘虏。"

7. 突围众生相

平心而论，单从"突围"角度来说，覃戈鸣的分析判断十分准确，再晚一天，或许不用一天，日军第37师团和针支队就会在桂林城西南完成包围圈。但在"与城共存亡"的评判标准面前，覃戈鸣无疑是胆怯的。他建议韦云淞经德智桥和牯牛山之间过桃花江（当时也叫阳江）向南和西南方向突围，再逃到湘、黔、桂三省交界的三江县地区。突围的主要方法是"钻隙",不走大路和大的山隘,专挑没有路面但能爬过去的地方,以达到避开日军的目的。韦云淞连连称是,立即指示170师师长许高阳派工兵到德智桥和牯牛山附近架设浮桥。

巢威、郭少文都说9日16时韦云淞有召开紧急军事会议,尤其是巢威所写的《桂林焦土抗战》一文,内容颇为详细:

> 韦云淞首先责备阚维雍的131师作战不力,被敌突破中正桥以北沿江阵地而窜入城内,屡次扫荡又不能奏功,造成了心腹之患。他说江东各据点无线电话不通,战况不明,德智中学以西山地各据点,已大部陷入敌手。虽然各方面阵地尚能稳定下来,但我官兵伤亡过大,阵地守军逐渐削弱,势难久守。处在现在战况下征求各人意见。大家都不敢发言。韦继续说,守是守不住了,不如弃城突围,免得被敌全歼。大家都赞同。于是决议黄昏后除象鼻山、老人山、江东各据点不通知外,其余各阵地部队,只留少数人固守原地,大部在黄昏撤离,分向西方突围,突围后以两江圩为第一集合点,以龙胜为总集合点。

其实巢威本人并没有参加这次所谓的紧急军事会议,他正率部与日军在皇城外侧逐屋巷战,所叙内容虽然详细生动,但都是事后听说而来,与实际情况存在很大差距。同样,郭少文当时带队反击伏波山,真要开会恐怕分身乏术,他的叙述显然也是听来的。突围路线的规划者覃戈鸣,自始至终都在防守司令部,他的回忆应该较为可信,事实上韦云淞根本没有召开什么会议。覃戈鸣叫通第四战区长官部的无线电报话机,韦云淞将战况报告张发奎,大呼形势危急,请求批准突围。张发奎当然不想做"冤大头",桂林防守我插不上手,突围倒来请示我,这算什么?想拉我分担责任?"钻到城内的少数敌人消灭了没有?"张发奎对突围不置可否,随即请示重庆,得到的答案是"不批准"。该如何回复韦云淞?张发奎略加思考后说:"大军在行进中,你们……死守待援吧。"张发奎不上韦云淞的当,韦云淞也不会相信什么大军行进,覃戈鸣又草拟电报向白崇禧、夏威说明情况,要求准予突围。

不等白崇禧回复,韦云淞即决定突围,在他看来,自家人打过招呼就可以了。阚维雍这时刚好来防守司令部商量战局,他是反对突围的,早在10月4日给妻子的家书中就已表明心迹:"此次保卫桂林,大会战不日即可开幕,此战关系重大,我得率师参加,正感幸运!不成功便成仁,总要与日寇大厮杀一场也。"冯璜也证实阚维雍确有与城共存亡的决心:"回忆1944年10月某日,我和他视察城防工事经过某街,见棺材店里摆着不少棺材,他说,副军长你准备要哪一副?我们打内仗二十多年,没甚意义,今日抗战防守桂林,死也光荣,我如先死,你就把这副棺材埋葬我于山水甲天下的桂林城吧!"

漓江烽火　桂柳会战

韦云淞、覃戈鸣执意突围，170师防守的桂林西南部，城外日军只有37师团的一个联队和缺一个中队的针支队，相对要容易突出。131师在桂林城东和城北面对日军第40、第58两个师团，自然难度很大。韦云淞"丢车保帅"，他要吴展的392团担任后卫，掩护防守司令部先走。阚维雍有否就突围问题与韦云淞发生争执，覃戈鸣的回忆没有提及，他说："韦云淞叫我拟命令下达，我已心乱如麻，实在难以动笔写下去，因此对他说，书面命令来不及了，用口头或电话指示吧！韦云淞乃用电话指示贺维珍和许高阳，入夜即由牡牛山过桃花江向南突围后转向三江县方向逃入大山区中，对阚维雍是当面指示的。阚维雍在防守司令部和我们一起吃晚饭，我想今晚突围凶多吉少，还有两瓶好酒，拿出来喝吧！阚维雍和我们一面喝，一面谈，席间他斟满了一大杯喝下去，说来生再见，陈济恒拉一拉他的手说，不要讲这种话。我看见阚维雍态度仍和往常一样平静回他的师部去了。"

18时多，阚维雍返回师部，召集副师长、参谋长、各处室主任及有关人员训话："本师长与各位共处多年，对上对下以及处世待人，相信各位都很明了，本师长光明磊落，素不作不名誉之事。晚上各位准备突围，本师长万一不幸，请卫生队王队长派担架兵抬我回公馆旁的花园掩埋。师长职务由郭少文副师长代理，郭副师长资历很深，经验丰富，对于师长一职，完全可以胜任。桂林虽然失败了，相信中国是不会亡的。"一旁的卫士杨霖超眼泪盈眶，他走近阚维雍轻声说："师长请换便衣，我可领走小路十五分钟可脱险。""我不能，你们走。"阚维雍将平日随身带的图囊交给杨霖超，吩咐道："你把图囊送到融县交我妻子，让她不要过于悲伤，诸儿女的教育费用，国家必有照顾，嘱他们勤奋自修，切勿疏懒。"

阚维雍以稍事休息为由，走入房间，将灯熄灭，随即举起手枪，对准自己的右太阳穴，扣动了扳机。师部官兵冲入房内，扶起阚维雍大呼："师长！师长！"众人悲伤不已，涕泪并出。杨霖超回忆说："阚师长穿着新军服，面带笑容且红似关公，血由左耳后方流出，乃由王队长用白布包扎。所遗手枪、手表、水笔等物由钟其富收存，乃将师旗一面，包裹其身，在唐纪公馆找得棺木一副，因太大而房屋路狭，不能抬出，只得就近葬于师部前的战壕内。因战壕小，棺木大，不能掩完，所余约三拳宽不能盖完，临时找来棉花塞好。"

入夜，防守司令部刚由鹦鹉山转移至骝马山，韦云淞就接到阚维雍自杀的报告，他的第一反应是"赶紧突围，一刻不能耽误"。此时路上已经挤满溃散的官兵，全靠防守司令部掌握的预备队第188师563团1营开路，韦云淞等人才好不容易赶到桃花江边（也就是今天的胜利桥一带），170师工兵已完成一座简易浮桥。覃戈鸣原本打算先过去一个营，防守司令部再接着过桥，韦云淞

六、桂林保卫战

急于脱离，过去一个连他就按捺不住了，陈济恒、覃戈鸣只得紧跟其后踏上浮桥。后边的官兵见状如潮水般向前涌，一时秩序大乱，浮桥因承受不住力量而断裂，不少人落水溺毙。韦云淞丝毫不顾，他急匆匆命令563团1营的一个连向侯山方向搜索前进。侯山是桂林城西第一高峰，海拔531米，山脚下的侯山坳东西长约800米，两侧高山耸立，只有一条小路沟通桂林城区和西郊的联系。搜索队靠近侯山村时被击溃98师294团的日军针支队发觉，村子里的日军并不多，大部分都在侯山坳那边，陈济恒督令部队迅速冲出，覃戈鸣举起冲锋枪高喊："弟兄们，停下来只有死路一条。"

侯山村少数日军抵挡不住，拔腿跑路，陈济恒、覃戈鸣回头却已不见韦云淞，原来韦司令乘乱先从小路走人了。没时间骂娘，陈济恒指挥部队往侯山坳冲，日军火力封锁严密，腿脚不便的陈济恒受伤倒地，悲愤交加，他从上衣口袋中取出名片，在背面写下"职腿臂受伤不能脱离战场决定自杀成仁以免受辱"，随即把怀表、名片交给卫士，拔出手枪自杀殉国。天亮之后，日军从俘虏口中知其为中将参谋长，遂用毛毯包裹其尸体，葬于侯山坳畔，墓前竖一块木牌，上书"支那陆军中将陈济恒之墓"。68年后的今天，从侯山坳西坳往东坳走约100米，路的右边，当年日军埋葬陈济恒的地方仍然保留着坟墓。

覃戈鸣冲到半山腰，日军掷弹筒频频打在他跟前的斜坡上，他一想不对劲，陈济恒因为腿脚不利索，不能爬山，所以才拼命向山坳冲，要避开日军火力阻击，不如选择没有路的地方爬过去。起先还有二三十人跟着覃戈鸣，后来各爬各的，也就散了。越过侯山坳，覃戈鸣扔掉冲锋枪，脱下军衣，穿上早已准备好的那件皮袍，继续钻隙逃命。14日，他在桂林西北数十里的山村中找到了韦云淞，韦身边尚有一个连长和百把个官兵，他们是从侯山坳南边的乱石山突出来的，看上去还不是很狼狈。

21时多，31军军部和170师师部云集江边，贺维珍、许高阳立刻指挥部队抢修浮桥，一个小时后浮桥勉强可以过人。贺、许便带着509团一个多营先行西去，军部、师部那些个主任、参谋也都跟跟跄跄走上浮桥，片刻不敢停留。过了桃花江，防守司令部已经在前面和日军交上火，贺维珍担心打不开侯山坳，遂与许高阳商量，改为向南突围，因日军第37师团主力还在集结，所以反倒比防守司令部先一步逃出。

接近午夜时分，巢威在浮桥东岸收拢到175师523团1营、170师510团2营、509团两个步兵连和一个机枪连，此时占领德智中学的日军针支队一部，向浮桥这边射来密集的机枪子弹。巢威果真是条汉子，他不是满脑子向西突围，突出多少算多少，而是下令523团1营击退德智中学之敌，确保后续部队安全过江。梁胜周营长二话不说，立刻带着弟兄们往德智中学发起冲锋，拂晓前一举夺

漓江烽火 桂柳会战

回了这一重要据点。巢威这时完全有机会撤下部队逃命，但他选择"要死一起死，要活一起活"，他率各部赶到德智中学，召集各主管说明情况，命令523团1营攻击侯山坳，510团2营攻击夹峰坳。接下来的一幕是壮烈的，梁胜周营长阵亡，士兵溃退下来，巢威亲率特务连继续攻击，面部二处受伤，牙齿被打掉过半，当场昏倒不省人事。31军参谋长吕旃蒙和170师另一位副师长胡厚基，乱军之中与贺维珍一行走散，拂晓时也先后战死在德智中学附近。

阚维雍死后，郭炳琪打电话报告韦云淞，韦命令他与副师长郭少文继续指挥战斗，闭口不提突围。21时许，郭炳琪再打电话与防守司令部、军部及170师师部联系，均已无人接电话，后经派人联络，才知道都走光了。郭炳琪有些慌乱，对郭少文说："情况如此，如何是好？"郭倒比较镇定："不用着急，他们走得不久，必向西门走，让他们先走，我们只带师特务连，跟在他们后面冲出去。"郭炳琪想起当年没有通知392团和393团一起突围，始终有点纠结："当时我也想不出好主张，就照郭少文所说办事。我心里可一直想为什么这样走了，不告诉两位团长了？"郭炳琪、郭少文冲过浮桥，半小时后被日军阻击冲散，前者和钟其富、杨霖超一起做了俘虏，后者侥幸逃出。

393团大概是在22时发现情况不妙的，副团长蒋道宽打电话向师部报告情况，电话一直不通，派出去的通信排查线兵回来说，师部指挥所空无一人。团长陈村再度派人驰往查看，回报说防守司令部和军部的人也都统统走光了，只有北门阵地尚有激烈的枪炮声。还等什么，咱也赶紧突围吧！蒋道宽回忆说：

团长陈村命军需将金库存款分给团部官佐每人关金券五百元后，即带领警卫人员向西郊突围。我们到达铁佛寺城墙缺口时，各部队溃散官兵如潮水一样，无组织地向西郊奔逃，狼狈不堪。我们刚刚通过阳江，刚修好的便桥又被踩断，后面的人群仍在黑暗中涌向断桥，乱成一团，落水淹死者不计其数。拂晓时敌人在侯山坳西麓布置了一个袋形阵地，两侧山顶也被敌人占领，天亮后到达侯山坳的溃散官兵全部陷入敌人重围被俘。

日军第227联队9日晚上接到"主力向桂林西南侧转进"的命令，不知出于什么考虑，皆藤喜代志并未立刻采取行动。"该联队在10日黎明前出发，进到五里圩附近时，一面歼灭败退图逃之敌，一面向西门挺进，9时许冲入西门时，并将败下来的重庆军逐个解除了武装。"227联队发现倒在血泊中挂着少将领章的巢威，遂——核对俘虏身份，又证实郭炳琪、陈村、蒋道宽等将校俱在其中。日军战史认为"从第11军的整个攻势来看，第37师团进入桂林南方地区的时机虽稍有迟疑，但该师团到达桂林西南侧地区

六、桂林保卫战

时,意外地俘虏了败退的重庆军,取得了很大战果。"其实237联队还是慢了一步,要是接到命令立马从将军桥西进,兴许能逮住韦云淞、贺维珍、许高阳这几个"大官"。

巢威、陈村、蒋道宽、钟其富、杨霖超等人后来都被幽禁在桂林环湖路黄旭初的公馆里,钟其富请求派出二十个人去安葬阚维雍棺灵,日军同意派去八个,因棺木太重无法抬出,只能就地祭奠。日子一久,日军戒备渐渐松懈,巢威等人陆续逃出魔爪。

392团9日后半夜击退第52旅团两个大队的夜袭,部队伤亡很大,3营7连几乎全部打光,吴展计算时间,防守司令部应已脱离危险,便下令全团向西突围。慌乱之中难免争先恐后,1营2连先是误踩地雷,后又与170师溃兵发生误会,还未出城即死伤大半。来到江边,浮桥已断落水中,这时天色大亮,吴展估计城北日军马上会追来,停下来修桥势必费时,倒不如抓紧时间渡河,或许还能冲出一部分。吴展下令2营、3营担任掩护,1营先走,于是一些会水的人自行泅渡,一些人则到附近民房找来木条,解下绑腿捆木筏。这一切早被侯山高处的日军看在眼里,等下水的人一多,日军机枪立刻喷出致命火舌,形成一张难以逾越的火网。吴展率部拼死冲杀,不幸身中数弹,壮烈殉国,在他倒下来的身后,桃花江早已为鲜血染红。

象鼻山、老人山等地没有接到突围命令的守军还在继续抵抗。日军第51旅团一部迂回前进,10日晨进入老君洞附近,从背后袭取了老人山。10时25分,第40师团236联队攻占叠彩山,炮兵第10团的三门榴弹炮顽强奋战到最后一刻,不屈的炮声犹如中华民族抗战到底的"怒吼"。11时20分,日军第58师团突入北门,"退却的重庆军与我方冲入城内的部队,在城内极为混乱,难以分清敌我,战斗转为巷战"。从日军的战斗记录来看,北门附近10日下午尚有零星抵抗,一直到傍晚时枪炮声才渐渐减弱。第37师团226联队中午攻下象鼻山,长野佑一郎总算赶在桂林全面陷落前分得一杯羹。

23时,日军第11军迫不及待对外发布攻占桂林的战果:

守军遗尸:5665具

被俘:13151人

缴获:150毫米榴弹炮2门、100毫米加农炮2门、山野炮14门、高射炮2门、火箭筒2具、迫击炮86门、机关炮20门、速射炮27门、自动炮3门、重机枪110挺、轻机枪359挺、步枪2737支、坦克1辆、骡马265匹、火车头5个、货车车厢35节……

桂林保卫战是整个桂柳会战中最重要的一次战役。覃戈鸣证实"中国军队有成千上万的人伤亡和被俘",考虑到成建制突围的部队并不多,日军公布的守军阵亡和俘虏人数还是可信的,也就是说,加上江东七星岩391团遇难的800多人,守城官兵25000人中只有5000余人成功突出。或许有读者要提出疑问，中国军队并没有坦克参战，日军何来缴获？岂不是摆明"注水"？请别忘了，韦云淞不是有一辆想修没修好的破坦克吗？

8. 将军百战殉城去

1987年11月17日出版的《人民日报》刊登了一则题为"桂林修复抗日三将军殉职纪念塔"的通讯。

一座纪念抗日三将军殉职的纪念塔，新近在桂林市七星岩普陀山博望坪重建竣工。纪念塔高6.4米，正面铭刻"桂林城防司令部参谋长陈公济恒、陆军第一三一师师长阚公维雍、陆军第三十一军参谋长吕公旃蒙殉职纪念塔"；右面刻着当时蒋中正题挽的"英风壮节"四字。1944年11月上旬，阚维雍等率领国民党军2万余人，在桂林抵抗10余万进犯广西的日本侵略军。6000余官兵阵亡。

三将军墓和纪念塔始建于抗战胜利后的1945年，当年广西各界上层人士在桂林召开公祭大会，决定在七星岩普陀山霸王坪建造纪念塔等，以供后人凭吊英烈。除了蒋介石，李宗仁、白崇禧和罗铁青也分别题赠"浩气长存"、"英灵永峙"、"流芳千古"。"文革"期间，这些建筑都被红卫兵捣毁，几块题赠石刻不知去向，直到1982年下半年，才由广西壮族自治区人民政府拨出专款，对三将军墓、八百壮士墓及纪忠亭进行了修复。1984年10月，三

■ 桂林"三将军殉职纪念塔"今貌。

六、桂林保卫战

将军墓建筑群被正式列为桂林市重点文物保护单位，失散多年的四块石刻中的三块，在桂林市饮料厂的协助下找回，陈列于墓侧。至于蒋介石的那块至今仍未找到。也在1984年，阚维雍、陈济恒、吕旃蒙相继被中华人民共和国民政部批准为革命烈士，他们的事迹渐渐为后人所熟知。

阚维雍1900年8月出生于广西柳州，母亲钟氏在他未满四岁那年就离开了人世，父亲阚宗骃无奈将他托付给二叔母抚养。其实二叔母家境也不宽裕，少年时的阚维雍常常天未亮就起床，抢着劈柴、挑水、煮早点，放学后还要帮着做农活。不过在他十四岁那年，父亲考上了"县知事"，实际安排为南宁统税局局长，就把他接到身边同住，处境才有了很大好转。阚宗骃的继室谢氏性情温顺，宽厚待人，常指着家门上的一副对联教育阚维雍："书礼传家久，忠义继世长。"

1917年，聪明好学的阚维雍考入广州医科学校，时值两广军阀纷争不休，阚宗骃坚持要儿子辍学回家。1919年，阚维雍在五四运动的洪流影响下，投笔从戎考取广西陆军讲武堂工兵科，毕业考试以第二名的优异成绩跨出校门。其间正逢陈炯明大举进军广西，陆荣廷分兵对抗，阚维雍无意参加军阀间的尔虞我诈，回到家中躲避战火。1924年，孙中山任命李宗仁为广西全省督办兼第1军军长，李宗仁起用阚维雍为军部机要参谋，先后参与扫除陆荣廷和沈鸿英残部，抗击唐继尧滇军进犯广西等一系列战役，为新桂系平定广西立下战功。1925年，李宗仁赏识阚维雍的文武兼备，将其调任南宁军校第一期工兵科上尉队附，郭怀邦是这年夏天考入工兵队的，在他的记忆当中，讲武堂出身的阚老师"平日对人态度和蔼可亲，温厚易处，上课上操时纪律严明，声音洪亮，动作正确，为一般军官所罕见"。阚维雍很快因工作表现出色，升任工兵队少校区队长、中校教官，他高兴之余拉起胡琴唱几句桂剧，一下子便拉近了与学生间的距离。1926年，阚维雍离开军校，先是担任第57师参谋处上校处长，后调升第19师少将参谋长，1930年，新桂系反蒋失败，阚维雍随张发奎的部队溃退回桂，任缩编后的第4军第12师第36团团长。

1932年，阚维雍由李宗仁保送南京工兵专科学校深造，学成后回到广西出任南宁军校工兵科上校主任兼工兵、交通兵两队队长。梁家驹1934年在南宁军校学习，他最难忘阚老师一次题为"武德与五得"的训话。孙子兵法"计篇"中这样写道："将者，智、信、仁、勇、严也。"阚维雍加入一个"忠"字，他认为有了"忠诚"为基础，才能发挥智、信、仁、勇、严之"武德"修养。所谓"五得"是指"吃得、饿得、睡得、跑得、忍得"，阚维雍时常对工兵、交通兵学员说，作为技术兵种，不单头脑里要掌握许多技术数据，还要利用身体各个部位来测算长短距离。1935年春，阚维雍调升第

漓江烽火 | 桂柳会战

5路军交通兵团少将团长，翌年则以广西绥靖公署交通处处长兼任交通兵团团长，主要掌管"桂系"的交通、通信部队，并负责相关装备的配发和铁路、公路、船舶运输等事宜。据阚维雍的堂弟阚维端回忆，1936年秋天广西省政府刚从南宁迁回桂林，当时发生了一起宪兵和警察之间街头械斗的闹剧，械斗双方相互扭打一团，省府文职官员出面调停未果，反而愈演愈烈。危急时分，阚维雍赶到现场，用手枪向空中连发三枪，大声吆喝道："中国人不打中国人！中国军队不打中国军队！"宪兵、警察不到一分钟放下武器，在阚维雍的口令下排成两列纵队，鱼贯前往通信兵团驻地解决纠纷。次日的《广西日报》高度赞扬阚维雍的勇敢、机灵和果断。

1937年10月，"桂系"第7军、第48军浴血淞沪抗日战场，因伤亡过大相继退到浙江西部山区整补，阚维雍在撤退途中悲痛地写下了这样的诗句："半夜班师天地昏，京沪到处闻哭声。料应卷土重来日，一战唤回故国魂。"1939年，阚维雍保送入取陆军大学将官班乙级第一期，冯璜、姚槐等人亦位列其中，而同期同学中最有名的当数后来担任保密局局长的郑介民。1940年2月，陆军大学将官班乙级第一期的120名学员全部毕业，阚维雍先是出任第31军参谋长，旋调任第131师师长。从桂南登陆的日军撤离广西后，第131师进驻龙州城内，不久移驻靠近山林边缘的荒野之地，阚维雍亲率官兵披荆斩棘，深入丛林割草伐竹，搭建营房。官兵生活十分艰苦，吃的是空心菜佐餐，随身的两套军服质料极差，根本不够换洗。时任师部搜索连连长的陈必竟回忆说："阚公（维雍）毅然发起赤脚、赤膊，只穿短裤运动。全师官兵每日均在晨曦中，赤脚赤膊实施数十分钟的跑步训练，上下午的操课也是赤膊，个个都晒得全身黝黑，双臂粗粗的，健壮有力。"

1941年至1943年间，第四战区的主要任务是决定有关越南的军事计划，阚维雍考虑到接近越境，刻苦学习越语，还亲自编写《越语入门》小册子，教授所属官兵，以备日后作战应用。提起外语，阚维雍的日语更加娴熟，不仅能会话，还能翻译一般日文书刊。1946年3月29日出版的《中央日报》（桂林版）这样评价阚维雍："将军性恬淡，耻谈荣利，治事谨严，整躬率属，能与士卒同甘苦。"事实的确如此，阚维雍担任交通处处长那会，每月经手的军费开支不在少数，再说汽车，在当时可是做投机生意的最好工具。但阚处长却长期租房子住，以后经过多年省吃俭用和借贷，才在偏僻的东镇路上建起一座竹篱批灰的简易房子，足见其清廉。

将军的妻子罗永裳属于旧式家庭妇女，虽然念过几年书，但谈不上有什么文化。曾有人劝说阚维雍再娶个新派夫人，阚对此坚决拒绝，不仅帮助妻子提高文化修养，还支持妻子进技术学校，学习珠算和织袜。1944

六、桂林保卫战

■1938年阚维雍及其家人与阚家骆夫妇。

年6月,第131师从南宁开赴桂林,阚维雍路过柳州时顺便探家,罗永裳见他因长途行军而双脚红肿,很是心疼,劝他留下休息一两天。这位丈夫却说:"大敌当前,怎敢贻误军机,我是一师之长,不带头行军,怎能保证按期到达桂林,又怎能团结全师官兵,万众一心,共同战斗。国家多事之秋,正是军人尽职之时。"1946年3月,广西各界纪念桂林阵亡将士,黄旭初在追悼大会上宣读了国民政府颁发的荣哀状,追晋阚维雍为陆军中将。

阚维雍将军膝下有四子一女。长子培松广西大学电机系毕业之后即进入柳州电厂工作,1949年反对国民党破坏电厂而参加了护厂队,为此曾受到中共新政权的表彰。1950年春,培松踏上东北黑土地,投身铁路建设,成长为沈阳机车车辆厂的一名工程师。培松清楚记得18岁那年最后一次见到父亲时的情景:"父亲就义前的几个月,我正在柳州中学读书,一天,父亲急匆匆赶回家,在家里没有呆上两个小时就离开了。父亲在大门口对我说,'如果疏散到乡下,没有学校可进,也要在家里好好自修功课,切勿偷懒,将来好报效国家。'没想到这一次离别竟成了永诀。"培椿是次子,1949年随青岛海军学校撤退台湾,此后30多年一直没有音

漓江烽火 桂柳会战

讯,1981年才在香港和美国亲友帮助之下,与大陆的兄弟姐妹取得联系。在弟弟培桐的记忆中,二哥培椿无疑是个勇敢哥哥:"我父亲阵亡那年我才5岁,全家从柳州乘船到融县,再随逃难的人流徒步走到罗城龙岸乡,记得是二哥用箩筐挑着我,箩筐的另一头则装着行李和雨伞。"培桐大学毕业后支援北大荒边疆建设,文革时期亦不可避免地受到不公正对待,最令他可惜的是父亲送的一本笔记本,被作为"国民党反动派"罪证抄走。阙维雍当年在笔记本上留有许多教导幼子的文字,比如"打倒日本帝国主义"、"中国人好,日本兵坏",还有教育培桐热爱国家,尊敬父母师长,遵守社会公德等内容。1982年底,在柳州市委统战部的协助下,培桐由北大荒调到柳州市自行车总厂任工程师,以便照顾年迈的母亲。培荪是将军的爱女,50年代初就读于广西大学农学院,不久转入北京辅仁大学,1983年加入中国国民党革命委员会,后来成为广西经济干部管理学院的教师。

陈济恒参谋长的戎马生涯我们前面已经说过,这里就单说将军的身后事吧。1945年夏,桂林、柳州相继光复,可陈济恒将军的家人这个时候还没有收到将军是生是死的确切消息。将军的遗腹子已经降生,但这个未满周岁的孩子一直都没有取名字,"可卫"和"可伟"这两个名字,罗佩英实在是无从选择。抗战胜利后,家人突然听说报上登载了将军已经牺牲的消息,尽管如此,大家还是抱有最后一线希望,只要找不到将军的尸骨,就说不准哪一天他还会活着回来。不过这样的希望很快破灭,岑溪县长黄桂丹不久派自己的侄子来到筋竹,代表县政府及县长慰问烈士家属,并将政府的抚恤金6万元法币,交给了陈济恒的家人。1946年3月,陈济恒的卫士黄某返回家乡,途中特地跑去陈家述说了将军牺牲详情。

陈济恒的族弟陈自彤和将军当年的勤务兵、桂林保卫战最后突围时被俘后又获释的陈汉荣,决定一起前往桂林寻找陈济恒的骸骨。两人匆匆来到桂林市郊侯山隘,多亏一个放牛娃的指引,才在一处荒冢累累的山岗中找到了将军的坟墓。据陈济恒之子陈浩林所说,公葬前夕,陈家向广西省政府提出了三个条件:一、要一套高级的将军服装殓;二、用最好的棺材;三、请省府派车迎接家属前往桂林参加公葬。不知什么原因,省府相关人员对陈家的要求反应冷淡,军服只能提供一套普通的将军服装,棺材可由政府出钱让家属自行选购。不过陈浩林也承认,最高级的将军服和最好的棺材在当时都是极难找到的物品。1984年10月,中华人民共和国民政部追认陈济恒为革命烈士。广西壮族自治区政府每月发给烈士家属一定的抚恤金,并把梧州大中路东一巷的陈济恒房产归还其家属。

吕旃蒙1905年4月出生于湖南零陵,家境殷实,祖父和父亲都是识文尚武,并以武艺高超著称乡里。吕旃蒙幼年曾入私塾,少年时先后就读于零陵县属崇文国民小学和永州频州中学。1926年3月，他投笔从戎考入黄埔军校第5期，与邱维达、王应尊、胡家骥是同学。根据相关史料记载，吕旃蒙的兴趣爱好十分高雅，平时喜欢下围棋和画国画，尤其擅长工笔花鸟画。军校毕业后，吕旃蒙担任过排长、连长、营长、团长、政治部主任等职，1935年考入陆军大学第13期深造，同期湖南籍学员还有陈明仁、王劲修、洪行等。1937年12月，吕旃蒙结束陆大学业，出任中央军校第16期第2总队上校总队附兼四川省学生集训区指挥官。1939年，应预2师师长陈明仁和副师长洪行之邀，调任预2师参谋长兼补充团团长，不久参加了桂南会战。

吕旃蒙的女儿吕玲曾于2008年4月专程从安徽蚌埠前往广西昆仑关，凭吊父亲昔日

■第31军参谋长吕旃蒙。

战斗过的地方。或许是受到父亲的影响，吕玲从小酷爱绘画，中年后专攻梅花、孔雀、苍鹰，不少作品被海外人士收藏。据《南宁晚报》报道，吕玲当日还向昆仑关战役遗址保护管理委员会捐赠了一万元现金，用于遗址的保护和修缮，这笔捐款成为管委会有始以来接到个人捐款数额最大的一笔。1941年，吕旃蒙调任第四战区少将高参，负责靖西、龙州、钦州、防城等地的阵地构筑，一年后又调任第16集团军第31军参谋长，率部驻防南宁、龙州、玉林一带。

吕旃蒙为人谨慎朴实，公私分明，常以"勤劳坚忍"四字勉励僚属，据说他在第31军充当幕僚长三年，除了外出视察外，每天都准时到军部办公，有时往往要晚上9时后才得以收工离去。1945年4月，吕旃蒙被追晋为陆军少将。1969年3月，台湾当局依据《抗战将士忠烈录》把他入祀忠烈祠。1984年4月，中华人民共和国民政部追认吕旃蒙为革命烈士。覃泽文在1985年抗日战争胜利四十周年之即曾作诗纪念吕旃蒙：

三年戎幕步亦趋，练兵作战犹依稀。
铁佛寺内初分手，漓江桥断永诀离。
往智沙场戮倭寇，血战征程染红霞。
欣封烈士留青史，报与吕公九泉知。

除了阚维雍、陈济恒、吕旃蒙三位殉城将军外，其实还有一位将军牺牲于桂林保卫战，此人便是吴展。吴展牺牲后的翌年6

月,国民政府军委会追晋他为少将军衔。1947年,国民政府给吴展家属颁发了"功在民族,荣及子孙"的荣哀状,恭城县参议会和县民政科还特别拨出专款,在吴的家乡莲花瑞狮岭修建了纪念陵园"镜清园"。园内有纪念亭、纪念塔及衣冠墓,碑联如此写道:"战地归魂,应许龙蟠邀首肯;在天成象,何须马革裹尸还。"横批"浩气长存"。1985年11月,中华人民共和国民政部追认吴展为革命烈士。忆起父亲,吴锡伟不禁感慨地说:"父亲殉国时年仅36岁,我与碧莲姐均尚年幼,身后萧条,我们全赖母亲艰辛抚育成人,全家均参加工作,我长女吴晓考录武汉大学。我等必当秉承父志,热爱祖国,为国家的现代化建设贡献力量,以慰父亲在天之灵。"

七、从柳州之战到南宁不守

1. "旭集团"抢攻柳州

柳州地处广西腹地,居瑶山、九万山、凤凰山之间,城区周围石山星罗密布,形势险要,湘桂铁路和黔桂铁路在此形成交会,抗战时期算是西南大后方的一座中等城市。柳州的历史十分悠久,远在5万年前,"柳江人"、"白莲洞人"就生活在这里。公元742年(唐天宝元年),柳州改名龙城郡,故柳州又有龙城之称。唐代文人柳宗元任柳州刺史时,曾用"越绝孤城千万峰"、"江流曲似九回肠"的佳句来形容柳州的自然景色。如果从空中鸟瞰柳州,你会清晰看到有一条大河穿城而过,蜿蜒东西,形成一个马蹄形的河套。这条大河名叫柳江,柳州城区依江而建,最繁华的地段就在这个马蹄形河套的南北两边。著名作家巴金1938年11月到柳州,他对穿城而过的柳江印象颇佳:

午后我们走到江边,搭着渡船跨过柳江,到河北去。河北才是柳州的市区。地方大,热闹的街道多。有卖新书的书铺,也有两家较大的旅馆。我们在其中之一的新柳江饭店的二楼饮茶……人声嘈杂。外面还有清脆的鸟鸣,偶尔被风吹进一声两声。我喝着红茶,吃着点心,仿佛坐在广州西关的西南酒家里面。

作家眼里的柳江充满诗情画意,到了兵家那里却是另一番模样,张发奎说:"看一下地图,柳州城的中心是县政府,地处柳江的北岸,我的长官部设在南岸。全部两个部分只能以渡船联系,到冬天才能搭建浮桥。北岸容易受到来自桂林、桂平、平乐等方面的攻击,因其背靠柳江,一旦战事失利,便无路可退。"张发奎认为柳江是柳州城防的"短板",他曾建议重庆不必守柳州,蒋介石没有同意。其实柳州并不缺乏城市防御设施,且由来已久,刘雄当年是屏山镇镇长,他回忆说:"鉴于柳州历来是兵家必争的战略要地,1933年李宗仁、白崇禧特派南宁军校工兵科长刘勤、交通处长蓝香山到柳州与驻军第7军共同策划构筑城防工事。混凝土

漓江烽火 | 桂柳会战

■连接柳州南市和北市的浮桥。

工程由第7军工兵营负责,土方工程则征集柳州城乡各镇后备队负责。我亲率壮丁参与其事,整个工程历时半年才完成,所有地堡掩体全是混凝土结构,重要地段还挖了战车防御壕。"工事主要分布在柳州城北、柳江南岸和张公岭、马鞍山、鱼峰山等地,其中

■张公岭上的一处抗日遗址。

以张公岭的工事最为完善,战壕、掩体、坑道、指挥所一应俱全,部分迄今保存完好。

1944年7月,湖南衡阳激战正酣,第四战区紧急成立柳州城防工事构筑委员会,在原有的基础上加强城防工事,以弥补地形上的不足。城构会自8月初开工,到10月中旬结束,完成了可以投入6至8个团兵力的防御阵地。张公岭上的战壕和碉堡看似比以前显得更加牢固。柳州南市东北1公里处的蟠龙山是隔江俯瞰北市的制高点,所谓"登蟠龙,看柳州",这次也构筑了一个大堡垒,洞口用水泥加固,设有各种枪眼,阵地前还加设一层螺旋状的蛇腹形铁丝网。此外,市区各大路口都增设了混凝土地堡,预备巷战时使用。但张发奎并不打算依靠这些工事进行一场超强度的城市防御战,正如他自己所说:"基本上我不同意死守任何地方。"

9月24日,白崇禧恳请蒋介石分由宝鸡、重庆空运第9军和第42师到柳州布防,蒋介石回复:"建议空运部队至柳换防,着眼甚是,惟九军四十二师豫战损失甚重,九军仅五千余人,四十二师亦不过四千余,均非经相当时间整补,无作战力量。柳州防务,希就现有兵力部署。"10月初,黄涛的第62军进驻柳州,虽是从湖南战场一路败退下来的,但军风纪方面维持的较好,梁镇海时任县政府社会科长,他对黄涛治军严明印象深刻:

有一次乡民持步枪来县府领枪照,办事员李泮源好奇拿枪打了几响,62军的巡逻队听到后冲进办公室,二话不说把李泮源人枪一并拘送军部,县府派我去交涉,说明了理由,人枪始得释放回来。为了此事,该军召集了当地各界开联系会议,由军长黄涛亲自主持。我代表县府出席,黄涛强调非常时期不允许任何人随便放枪。

冈村宁次一再强调"第23军担任攻占柳州",田中久一却在击退张发奎的内线反击后,产生了不同看法:"歼灭当前反攻之敌已成严重问题,即使将柳州作战置于次要地位,亦势在必行。即在桂林作战时,本军必须牵制并歼灭更多的重庆军,才最有利于完成本军的任务。"武宣和贵县就好比桂平的左右手,要围歼中国军队于桂平西方地区,第23军就必须西进。田中久一颁令:"第104师团主力击溃当面敌军,然后向武宣南部地区推进,并以一部向东乡圩方向挺进。第22师团以有力一部由郁江右岸向贵县北部挺进,切断敌南岸方向的退路。"第104师团参谋长铃木勇雄兴奋地写下日记:"第23军终于又来命令,决定中止日前联队长会议的指令,应暂缓挺进柳州,先在贵县附近歼灭第四战区军。即刻执行命令进行部署。"由此可见,在"南集团"内部认为向西追击中国军队比北上进攻柳州重要的人,并不止田中久一一个人。

前面说到张发奎蒙墟屯兵,大雨引发山洪暴发,第64军不等第46军接防,便取捷

漓江烽火 | 桂柳会战

径向武宣集中待命。雨势可以迟缓第46军的接防速度，但无法阻挡日军西进的脚步。10月30日，第104师团第108联队开始进攻金田村以西20公里处的花蕾高地。第16集团军副总司令周祖晃针对第135师新兵占多数的现状，特别从中挑选了三个老兵连，加强机枪和迫击炮，固守形状似花而得名的花蕾高地。老兵连不仅战斗经验丰富，还有一个共同特点——大部都是武宣、桂平、贵县一带的本地人，对地形地貌熟悉得像是在外婆家捉迷藏。第108联队的进攻一次次被这些如猴子般精明的广西老兵粉碎，不禁长叹"进展不能如意，虽极为焦虑，但无计可施"。第161联队"单挑"第157师，一部攻击双吉山东侧，一部强攻470团2营6连界顶阵地，张雄明连长死守不退，界顶一夜之间数得数失。469团闻讯赶来增援，一举把日军赶下山。翌日，第161联队卷土重来，邓龙光电令第157师师长李宏达，留一部与敌保持接触，主力黄昏后向西撤退。张发奎理解邓龙光的想法，白崇禧处处保存实力，就不允许我们广东部队留点种子？张发奎对第157师的杀敌表现深感满意，从战区拿出10万元进行嘉奖，还特地呈电蒋介石："敌向我冲锋达七八次，均遭我手榴弹击退……查该师师长李宏达指挥有方，官兵用命……敬恳赐予优奖，并迅电示为祷。"

第161联队虽然拿下界顶，但联队长清水园没有丝毫快感，毕竟强攻伤亡太大，考虑到地形易守难攻和第108联队方面的受挫，进军武宣的道路注定布满荆棘。清水园建议师团长铃木贞次迂回大瑶山，直插中国军队背后。大瑶山上的洪水界可是出了名险峻，山涧左右皆是高几丈以至10余丈的悬崖峭壁，铃木有些犹豫，但想到"路难走总比多死人强"，当即批准迂回方案，下令第161联队从三江圩北侧翻越大瑶山，奔袭武宣西北、来宾东北的大湾圩。清水园遂将重装备和马匹留给师部，率部轻装出发，这一招算得上是奇招，就像邓艾伐蜀时偷渡阴平一样。第108联队选择继续强攻，第135师和桂绥第2纵队坚强抵抗后放弃花蕾高地，联队长上野源吉大佐和第1大队大队长高柳克已少佐以下百余人负伤，第3大队大队长难波正六少佐以下80人战死。第104师团参谋长铃木勇雄在11月4日的日记中这样写道："以感激之情倾注于（花蕾）山上火葬之火焰中，默默祈祷，深感责任重大。"

第188师564团派出一个营东移接防第64军阵地，很快又接到海竞强师长命令，迅速摆脱敌人追随师主力和第46军军部向来宾退却。黎行恕临走时交代第175师师长甘成城，沿大墟至贵县边战边撤，不必死守城垣无需打硬仗。这两个师并称"外甥部队"，本来就是白崇禧为了保存实力而从桂林抽走的，有这样的部署当然不足为怪。友军都走光了，桂绥第1纵队无心恋战，随即获准转进柳州，该纵队比起第188师，第一线与日军处于胶着状态，走起来不是那么容易。纵队司令唐纪为此留下一些狙击手，隐蔽在暗处迟滞日军追击。31日，第22师团第85联队第2大队占领长春山北部山坳，奉令掩护联队主力向新荸、官圩方向追击，大队长池田秀夫拿起望远镜侦察情况，当场被桂绥第1纵队的狙击手击毙。代理大队的中队长佐藤屁股还没坐热，紧接着又被狙击手洞穿脑门。

当日傍晚，第85联队主力进入官圩，配属给第23旅团的第3大队在蒙墟西南9公里处击退了正陆续朝贵县方向退却的第188师，海竞强觉得光跑不是办法，指令韦善祥团长率部留在大墟掩护夜间撤退。次日，韦团到达棉村休息，冷不防日军由龙山墟来袭，队伍一下陷入混乱，纷纷溃散逃命。第175师副师长黄炳钿指挥第524团负责掩护全军撤退，部队在覃塘南端公路的林业公司附近从容占领阵地，就是左等右等未见韦团踪影，到了半夜也干脆弃城走人。就这样，日军第23旅团于11月3日轻松占领贵县。

"南集团"把柳州摆在次要地位，"旭集团"却时时惦记着。按照原定计划，攻取柳州以第23军为主，第11军为辅，这一既定方针在11月初引起了第11军高级参谋井本熊男大佐的疑问："方面军与第23军之间的通讯，似乎已完全断绝……第四战区可能正向第23军方面发起攻势。第23军虽只有两个师团的兵力，敌采取攻势，也不至造成严重问题，但在敌进攻兵力占优势情况下，也恐对于指导进攻柳州方面的作战将会产生许多困难。第11军即便攻占桂林，如第23军不得推进，则桂柳作战不能成功，这样将会形成严重形势。"井本熊男真够"眼明手快"，第23军击退张发奎的桂平反击，为了消除侧翼安全，派出第22师团西进贵县，与预定的进攻柳州展开路线偏离了约50公里，态势确实有些不利。田中久一似乎还没有意识到这一问题，第11军的高参井本熊男却有了新的作战构想，第13师团解除攻占桂林的任务，沿荷免街、中渡向柳城进发，第3师团经荔浦、修仁，由四排、鹿砦向柳州挺进。井本自信凭借第3、第13师团的能征惯战，即便在柳州周围遭遇第四战区主力的相当抵抗，也能给予重庆军重大打击。新的作战构想很快获得了其他参谋的一致认同，但最终需要参谋长中山贞武和司令官横山勇点头通过。

11月2日晚上，井本召集全体参谋同往司令官宿舍，横山勇听取报告后立马表示同意，反而中山贞武犹豫不决，要求"给15分钟时间静静思考"。15分钟很快过去，中山贞武提出质问："现在方面军命令别管柳州，直接向西北挺进，与第23军相策应围歼重庆军，你们对此怎么看？"井本等人回答说："从现在起，即使马上向柳州西北挺进，也没有好的道路，莫若先向通往柳州的好路挺进，掌握战机，由其附近一直前进，最为迅速有利。必须不拘形式而取其实质上的有利条件。"中山还是顾虑重重："第11军的决心如因方面军以后再下命令而动摇，属下兵团的行动也可能会发生踌躇、分歧或不良事态，那时则将如何？"井本等人自信地拍胸脯保证："不会有那样的情况，不成问题。"中山转而担心横山勇反悔："司令官如不明确下定决心，中途犹豫不定的话，恐怕会很不妥。"横山勇的回答非常斩钉截铁："全部责任由我承担。"

11月3日11时，横山勇给第6方面军、中国派遣军和大本营发去"旭参电第372号"紧急电报：

一、如前各次所报，本军正以围攻桂林为目的积极督促重炮、坦克等挺进，并准备攻击。攻击开始时间预定为7至8日。

二、判断目前桂林城内敌军虽有2至3个师，但根据俘虏及接触桂林城师团提供的情况，估计其兵力也许更为薄弱，即使敌军抵抗相当顽强，只要我军充分做好准备强行攻击，短期定可攻下。

三、桂林周围之敌以第79军及第93军为主体，但战斗力不强。判断前者目前在义宁方面，对于该部敌军，配置支队于桂林西方地区掩护军的侧翼。后者对鹿部队（第13师团）进入桂林南方地区，抵抗颇顽强，但鹿部队将其击破并逐步予以压迫，于11月2日晨第一线已进入永福附近。平乐方面虽有2至3个军，但实力薄弱，判断山部队（第3师团）和光部队（第37师团）可将其迅速击败。据当地居民称，柳州周围之敌，现正集聚于南集团正面，柳州只有第62军的两个师，估计守备能力不强。

四、根据上述情况，最后做出判断，命鹿部队和山部队一举突入并攻占柳州，这是最好的机会，攻其不备，有助于波集团作战，得以迅速达到作战目的。

五、本军的新作战，依据上述理由，对攻占桂林城不会发生障碍。

六、本军以上作战指导，与方面军和本军原先的作战计划有相当出入，但抓住作战进展中出现的良机，完全是从达到作战目的考虑的。

13时50分，横山勇又发出"旭参电第367号"特急电报："本军鉴于柳州附近敌军配备薄弱，其主力已转至波集团正面之情况，为一举攻占柳州，已命鹿、山向该地突进。"言下之意就是我已经下令第3、第13师团向柳州攻击前进了。

16时许，第6方面军接到第11军的两封电报，顿时炸开了锅，参谋长宫崎周一第一个表态："这是第11军的自私，是破坏方面军拟由第23军攻占柳州，使之获得立功机会的统帅意图的手段。"副参谋长天野正一接着说："又这样干！这是第11军固有的专横！是对方面军统帅的侵犯！"冈村宁次认为横山勇严重越权，违背方面军明确规定第23军担任攻占柳州的作战计划，立即以急电传达阻止："统司令官（第6方面军）之意旨在于深入切断敌军退路，以围歼柳州附近之敌，此方针业已明确，切望执行，不要急于攻取城镇。旭、南两军作战部署早有安排，关于柳州外围作战，目前情况并无特殊变化，无需变更既定方针。根据我的见解，攻占桂林剩余兵力，需要改变部署，使之指向柳州西北方以切断敌军退路。"横山勇丝毫不为所动，回电依旧陈述种种理由，口气十分强硬。

冈村宁次听取参谋长宫崎周一的意见后，采取沉默态度，只强调："余重视宜山胜于柳州。"宜山位于柳州以西80公里处，是黔桂铁路的要冲，冈村宁次希望第11军眼光放远一些，别只盯着柳州，在宜山截住后退的中国军队比什么都重要。横山勇5日晚从全县附近出发，前往桂林北侧山水塘村设立新的前进指挥所，迟至6日下午才收到"我重视宜山胜于柳州"的电报，他认为已经没有必要再申诉意见，该说的都说了，决定不予回复。战局瞬息万变，第11军大胆使用第3、第13师团投入柳州，自信"对攻占桂林城不会发生障碍"，从某种意义上可以说是"知己知彼"的一种表现。第6方面军在与第23军通信中断的情况下，并没有及时掌握第22师团西进贵县的动向，仍大致按预定计划进行判断，一味要给田中久一获得立功机会，自难获得横山勇认可。

2. 龙城覆棋残局在

1944年11月3日，心情沮丧的张发奎在第四战区长官部召开军长以上高级将领会议，他明知柳州无法固守，但还是希望能守上一些时日，如果就此盼得重庆援军来，在宜山附近站稳脚跟，面子上总还好看些。据李汉冲回忆，除了韦云淞、贺维珍在桂林，甘丽初没有联系到外，其余杨森、夏威、周祖晃、邓龙光、黎行恕、黄涛、张弛、罗奇、丁治磐等人悉数出席了会议。会议决定：防守柳州的第62军归第35集团军指挥，调赴武宣、来宾以南地区；柳江西岸沿线要点由第27集团军杨森所部固守，柳州城防改由第26军担当，并先以一师兼程由运江开赴柳州接替第62军防务；夏威指挥第16集团军残部于宜山以东忻城至罗城之线占领预备阵地，尔后以确保宜山为任务，但第188师应先进出柳城，牵制长安方面日军迂回行动；周祖晃率领第135师及桂绥第1、第2纵队，担任迁江附近红水河左岸警戒，掩护柳州、宜山右侧；邓龙光指挥第62军和第64军，先在来宾以西与日军保持接触，以后向那马、都安红水河两岸活动，保障战区桂西北最后一块净土。

这一决定明显广东部队得到了"政策倾斜"，张发奎以桂西北为战区最后剩余地，有意保留第62军、第64军向都安、那马一带比较安全的地带撤退，毕竟彼此都是"丢那妈"一家。桂系部队倒也不必承担重任，而杨森集团则还要在柳江以西有所"付出"，最苦的守城任务就落到了第26军的身上。亲历柳州会议的李汉冲道出了此中玄机："黄涛怕担任柳州城防守备，托人向张发奎请求改调任务，张徇同乡之情答应相机照顾。"前面笔者已经说过，第62军第157师在武

漓江烽火　桂柳会战

宣告急的时候，已经名正言顺地出城"救火"，留在柳州的第151师这下也在张发奎的"照顾"之下脱离了守城"苦海"，黄涛对张长官的"大恩"当然是铭记在心。至于柳州会议的商讨细节，李汉冲的回忆文章没有详写，但他透露说："杨森集团的三个军，均怕担任城防任务，互相推诿，第20军是杨森的老本，当然杨不同意。罗奇只有一个师，兵力不足守城，且我与罗奇有旧交，亦从旁代他说话。于是这个任务就落在一个蒋系的杂牌军丁治磐身上了。"

张发奎看到丁治磐面有难色，略带歉意地抛下了这样一句话："我绝不要求你死守柳州，只希望你尽力支持，愈久愈好。"勉力部署柳州防务之余，张发奎不忘向蒋介石陈情告急："……西江方面之敌约两师两旅，已进出山地，阻击难周，桂林方面已发现者，约五个师团，渐成合围之势，本战区兵力虽号称为九个军，但皆久战之余并转战数千里，每军兵员均仅及四分之一，疲敝已极，殊恐难负重任；尤其士气不振，一般缺乏信心，虽厘定缜密计划，而实施者每难应弦符节，殊感焦虑。至柳州守备部队调动频繁，自始即未确定，一切准备亦由各关系无法完成，弹药之屯储亦相差甚巨，若临时指定部队固守，实难达成任务；且部队均在转进中，仓促调集，尤无把握。奉示七、九两战区协力桂柳会战部署，至感尽筹；但依目下形势，敌准备已极周到，来势亦甚积极，策应之图，似失时机，即九战区奉令归建之第160师、新20师因入桂路阻，亦无法到达，适应战机。钧座指示确保桂柳，亦以此自勉，并历请增调三军后备万全，迄未奉准，现情势已急，目前能以空运二、三军到柳，似仍可撑持危局，达成钧座期许目的；否则殊难应用。凡此，皆此间实际情形，不敢不告，除尽力以赴外，能否达成任务，殊难逆睹。敬恳指示机宜，以便遵循为祷。"

张发奎寄希望于蒋介石空运援军参加柳州保卫战，跃然纸上。遗憾的是，蒋介石给了张发奎一个绝望的答复，不仅没有满足空运援军的请求，甚至连已经到达南丹附近的第97军亦不愿令其再向前推进。白崇禧在重庆同样一个劲要求援兵，蒋介石表示"增加兵力应先就本战区调整部署，如在后方增援，则缓不济急，而且与原定战略本旨相违"。蒋介石在11月1日的日记中这样写道：

健生对各种要求语多威胁，色亦傲慢，但此为其习性，余皆导之以理，彼卒顺从而无异辞，此推诚之效也。桂柳激战已启，余决以固守桂林为主，柳州势难保持，固不愿增兵加防，以免逐次消耗，有碍我集中兵力整个出击之方略。健生再三强求不已。余以原定战略与最后决心示之，方无异议，以此为抗战史中最后胜败之所系，故不能不坚持到底。

从蒋介石的日记来看，白崇禧当日情

绪激动，甚至有所失态，但蒋无论白怎么说就是不愿意再往广西增兵，也许蒋心里这样想：好你个白健生，桂林守城原定4个师你非抽出2个师，你们舅舅心痛外甥也就算了，这会又到我里哭穷要兵！

也是11月3日，日军第3师团先头第34联队进入荔浦，因为这一天是日本明治节，全体官兵齐刷刷跪在地上，向东方遥拜。距离荔浦30多公里的平乐，也有大批日军在举行这样的仪式，为首的正是第3师团师团长山本三男。中午时分，山本接到第11军发来的急电："军决定乘敌军主力聚集于南集团方面，且固守桂林之机，命第3、第13师团攻占柳州。"山本当日在日记中写道："未出所料，正中下怀，官兵踊跃直取柳州。"原来山本三男也是一心想打柳州，不过摆在他面前的有两道障碍，一是"山势险峻，难以攀登，全体将士对之目瞪口呆"的战场地貌，二是尚有一定战斗力的杨森集团。

罗奇的第37军进出平南的时候，第20军在荔浦以东迟滞恭城日军南下，第26军则派出第44师一部接替第46军阳朔城防，一部由荔浦挺进良丰。10月31日，西江方面日军渐渐逼近武宣、象县，恭城日军第3师团进至平乐东北18公里处的二塘。杨森以平乐、荔浦过于突出，命令"第37军速经蒙山、新墟、取捷径集结修仁待命，限11月3日前到达。第20军以有力一部继续在荔浦以东地区迟滞日军，主力限11月2日前占领修仁附近既设阵地，阻敌西进。第26军第44师即经修仁、头排、满村急进，限11月3日前到达，占领象县寺村墟之线，阻敌北犯。"第20军的命令是杨森特别通过电话传达的，杨汉域言听计从，当夜即率军部、第133师和第134师主力转进修仁。

修仁位于荔浦西南9公里处，由此西去至岔路口一段地势十分险要。11月4日拂晓，由荔浦西进的日军第3师团第68联队一部进至天鹅岭、社坪屯一带，第20军搜索营及第133师397团2营予以迎头痛击，古侯岭前进阵地上的2营机枪连排长夏绍轩在战斗中身负重伤，射手阵亡，增援上来的日军第34联队乘势攻入阵地。位于古侯岭北麓的2营6连中尉排长谢旋立即率部向后仰攻，与该排中士杨鸿轩、廖树祥等身先士卒，奋勇恢复阵地，击毙第34联队第1大队大队长中井郡次郎少佐，日军战史承认"在修仁西方隘路口的战斗中，牺牲很大"。入夜后，日军猛扑老县村烈士墓，第133师399团阵地被攻陷，杨汉域正欲严令恢复失地之时，接到杨森"继续转进"的命令，遂以第399团与日军保持接触，主力集结大冲岭待命。杨森显然要第20军加快脚步集结柳州，断后的第133师以为夜雨天黑敌人多半不会追击，多少有些松懈，未料日军由烈士墓沿公路直扑八里塘阵地。八里塘阵地是第20军转进的咽喉所在，周翰熙师长当即下令第397团死力抵抗，激战至5日9时，该团伤亡惨重，阵地丢失。周师长抽调师部搜索连、特务连急驰增援，第397团团长彭泽生同时组织剩余力

漓江烽火 | 桂柳会战

量,带头反击日军,一时间杀声震天。中午,八里塘阵地恢复,第133师主力得以安全撤退,而彭泽生团长以下军官有9员为此付出了生命,士兵伤亡更是可想而知。

因有第133师的力战,杨汉域的军部走的还算从容,5日上午进抵四排墟。杨军长得知第133师的状况后,即令第134师第401团在石墙口附近占领阵地,收容第133师撤退,并令周翰熙掌握部队沿四排墟、榴江向雒容转进。不久杨森打来电话:"沿铁路进犯之敌,距离鹿砦还有55公里左右,第20军着即由四排墟附近改道,向柳江挺进。"杨森并向杨汉域传达了柳州军事会议的内容和集团军需"固守柳江西岸要点要线"的任务。此时第26军第44师第132团、野炮营已先期进抵柳州,丁治磐率领的第26军军部和第44师主力还在鹿砦至柳州的公路上行进,第41师正从罗秀墟、运江往柳州赶。南面的第37军当务之急是从蒙山向象县转移,占领沿江要点阻敌西进,可罗奇军长这会失去了联络。6日,日军第104师团第161联队一部从象县鸡沙渡过柳江,雒容一带也已发现日军第3师团便衣出没,第20军除了一小部分经雒容到达柳州外,主力赶不及从四排墟抢占柳江西岸有利地形,只得被迫向下游的运江乡转移。

日军第13师团11月1日提出"为切断桂林重庆军的退路,并排除南面柳州方面重庆军的威胁,需要攻占桂柳公路及永福"。这就意味着第13师团要分出一部偏离原先制定的进攻桂林的路线,第11军出人意外地爽快批准。赤鹿理当日并不知道,第11军在批准他的建议后不久,便集体讨论通过了抢攻柳州的决议,日军战史认为第13师团南下永福与第11军的独断决定关系重大。2日黄昏,赤鹿理命令第116联队火速占领永福。永福是第16集团军总司令部所在地,位于桂林西南方40多公里处,距离柳州大约还有110公里。第16集团军有3个军8个师,第131师、第170师在桂林守城,第135师、第175师、第188师在贵县、武宣一线,第10师和新8师已经溃不成军,夏威手头实际上只有新19师。进攻桂林的日军第13师团突然分兵南下,新19师连清江铁桥也没来得及破坏,夏威急忙率领集团军总部撤退。

3日凌晨,第116联队第2大队冲入永福,据说城内满大街都是夏威总部散落的文件,甚至还有重要的五万分之一地图。中午,第13师团接到第11军抢攻柳州的急电,作战主任参谋野野山秀美打开日记本,兴奋地写道:"重庆军主力聚集于桂林及南集团正面,柳州只有第62军所属的一个师,军决定利用第3师团进入平乐,第13师团进入永福的形势,一举攻占柳州,堪称卓越统帅。"13时,赤鹿理即以"鹿作命甲第208号"命令:步兵第116联队沿永福、理定屯、中渡、东泉、柳城、柳州一线追击;步兵第104联队沿水流洞、古本屯、荷免街、鹿砦、沿埠、柳州一线追击。

逃出永福,夏威收容到第93军新8师的

七、从柳州之战到南宁不守

一些溃兵,严令他们与新19师阻止日军快速南下,确保集团军总部安全转移。第104联队第2大队于3日下午闯入永福东南9公里的金虎村,大队长永田达夫想要利用雨势潜入中国军队北侧阵地的背面,新19师一部正在向侧翼延伸,歪打正着把第2大队包围起来。日军战史这样描述当时的情况:"第3大队推进到第2大队左侧向阵地进攻,但被阵前小河的悬崖所阻,且因暴雨河水泛滥,前进未能如意。此外,联队重武器也未及时到达,终使联队的攻击受到挫折。"雨越下越大,联队长海福三千雄十分着急,他倒并不是怕第2大队被吃掉,就"一号作战"的行情来看,日军一个大队基本能对付中国军队一个师,只是师团长来了电报,现在要抓紧时间向鹿砦、柳州挺进,没时间在金虎村纠缠。

日军战史接着写道:"第1大队第2中队中队长宫本学中尉建议,利用夜间潜入重庆军中,从背后扰乱其阵地,终使敌阵开始动摇。于是联队从11月4日开始转向追击。在此以前,步兵第116联队的一个大队,进入被包围中的永田大队主力方面,永田大队长以下的两个中队,在其掩护下,得以脱出包围。"这段记录有一点很容易被人忽视,永田大队明明有4个步兵中队,怎么只有两个中队脱离包围?因缺乏新19师的相关史料,笔者只能做出一个推断式的结论:新19师拼掉日军两个中队,但自己差不多也垮掉了。5日夜,日军第104联队在追击途中成功偷袭新19师一个团级指挥部,进而又在逼近鹿砦的路上,拾到中国军队丢弃的还未打开箱子的反坦克火箭筒。7日晚上,日军未遇抵抗进占鹿砦,距离柳州已不到40公里,第104联队为此很得意:"这一带有很多甘蔗田,将士以及军马一边嚼甘蔗一边追击,在鹿砦没收了被服仓库。因将近11月中旬,夜间已经很冷,但我军官兵仍穿夏服,于是大家都穿上了重庆军的棉服。"

张发奎的"牌"原本就不多,各部尚未完成部署,第16集团军方面就被日军捅出一个大缺口。"夏威和他的参谋长韩练成很狼狈地来到我的柳州司令部,报告部队已脱离前线,敌人已由黄冕渡河向中渡柳城移动,有迂回柳州左侧背的模样,这使我乘敌渡河施行决战的计划又告失败了。"面对如此残局,张发奎内心非常期望第27集团军能给出一个有力的支撑。杨森倒也明确表示过"愿与长官一起留到最后",这话听似豪情万丈,仔细分析下来却不然。撇开第27集团军的力量不说,所谓"一起留到最后"也就意味着——"你能留到最后,我也奉陪",问题是我要先走一步呢?杨森肯定不会为柳州残局"买单"。在"走"的问题上,张发奎与参谋长吴石产生了分歧。吴石主张长官部去六寨,那里距离柳州近200公里,张发奎认为不妥,他让吴石先去六寨设营,自己打算第一步暂时退到宜山,以便就近指挥邓龙光部以及防守柳州的丁治磐部。

张发奎下令开始破坏柳州的机场和附近

的铁路，他回忆说：

我很感谢美国的空军，他们努力工作至最后一刻。美空军司令蕴索将军曾经对我说，在我的柳州指挥所没有移动以前，一小部的飞机仍将继续不断翱翔于柳州的上空。同时他本人决不先我向后方移动，这一种责任感和战斗的友情，令我感动而惭愧。陈纳德为指挥美国空军撤离柳州，也在11月7日不顾天气恶劣，乘坐部下的飞机进入柳州机场，指挥撤退。紧急之时，他将存放的大批航空汽油付之一炬，同时将机场各种建筑、设施、跑道炸毁，并安排了44次飞行，将机场员工和主要装备撤离。因为气候原因，在撤离过程中，还损失了3架战斗机。这是一次让陈纳德惊心动魄的柳州之行。

3. 丁治磐临危受命

1944年11月7日，柳州机场爆炸声此起彼伏，杨森在窑埠战斗指挥所下达作战命令：

一、象县敌6日以二三百人在鸡沙渡河后，与我第62军战斗中。雒容、洛埠昨日亦由黄冕、中渡窜来敌一部，有分犯柳州、柳城模样。

二、集团军以确保柳江西岸掩护黔桂路及宜山安全之目的，即以主力固守柳州，以有力一部在柳江以东地区拒止敌之进犯。

三、各部队任务及行动：

1.第37军（附象县民团、炮兵第29团第8连）即以一部在上西乡、文明村之线，掩护第20军主力由运江方面之渡河，主力联系穿山乡附近之第62军在竹山、难村、基田村之线占领阵地，极力阻敌进犯，俾柳州城防部队获得余裕时间。

2.第26军（附柳州民团、炮兵第18团第1营、第93军战防炮一连、炮兵第47团高射炮一排）固守柳州。奉长官张（发奎）"柳指爱字第2140号"命令节开：非奉命令，不得撤退。

3.第188师（附柳江民团、第46军山炮一连）即进出长塘乡、东泉镇以东之线，阻敌西窜，以掩护集团（左兵团）切取联系。

4.第20军（附第93军战防炮一连、炮兵第47团高射炮一排）应迅速在柳州西车站集结运江西渡之部队后，即开新圩村准备柳城方面之作战。

四、作战地境：（略）

五、炮兵第18团团部、第93军战防炮营营部、炮兵第47团高射炮连等，归总部直辖，随集团军战斗指挥所行动。

第26军的任务最重，杨森私下提醒丁治磐要"注意南方"，并对丁说："对不起你，先走一步了。"丁治磐表示理解："在此种情势下，你的部队撤出去也好，可在外围多与我联络。"丁治磐与杨森虽无历史渊源，但几年相处下来似乎私交还不错："杨森和我一起在湖南很久，感情很好，杨森观念新，我和他观念相合，他的部队驻扎地及司令部都很整洁，而我也总是帮助地方将道路、肮脏的地方打扫干净。"丁治磐1985年接受"中央研究院近代史研究所"访问时，已经91岁高龄，他不厌其烦多次提到杨森，但对如何布防柳州早已不复记忆。张发奎的高参李汉冲晚年著文指责丁治磐："他一方面在张发奎面前自告奋勇，表示愿与柳州共存亡，但另一方面却在张发奎、杨森离开柳州之后，在敌接近时，将步兵主力移出城外，改以一部炮兵配属城内，在敌接近时，在城内发炮射击，以示其尚在城内战斗。"

事实究竟如何？笔者认为李汉冲的说法有失公允。丁治磐当日决定利用既有工事保持重点于柳州南市东西两端及帽盒村、益群林场、鸡拉街一带。第41师占领独登山要点，并于羊角山、银仔山、三门江各地派出警戒；第44师占领窑埠街要点，柳州河北市区派出一团固守，并于新墟、张公岭、帽盒山派出警戒；工兵营占领架鹤山、太平西街、无线电台间据点阵地，与柳州河北市区部队相呼应；炮兵队应以主力使用于窑埠街方面，一部使用于柳州河南市区西北端，对窑埠正面及北市准备火力，最初以一部为游动炮兵，支援三门江方面之战斗。7日20时，日军第3师团第34联队100余人从雒容附近抢渡榴江，第44师高雨辰营奋力击退来敌，从容炸毁雒容铁桥。8日晨，第34联队增加进攻兵力，高营渐渐不支，逐

■大瑶山今貌。

漓江烽火 桂柳会战

步向南后撤。

田中久一对横山勇抢功柳州一无所知，一方面是自己重视程度不够，另一方面是通讯瘫痪，尤其是在进入桂平以西之后，日军战史这样描述第23军通讯队的状况："全体人员排成一列踏着岩石一步一滑地勉强通过，特别是牵着驮马走更为困难。驮通讯器材的马有时滚落到丈余深的山涧中，从山涧里攀登岩石把器材扛上来，这样的困难是通讯队平时未曾想到的。而且不分昼夜走在一条小路上，既不能超越也不能停下来让路，诸如无线电班架机发报以及交替前进等等纯属纸上谈兵。"

尽管武宣以东地势险峻，但邓龙光和周祖晃只顾各自率部西撤，谁也不想停下来阻止日军。11月3日，第104师团主力相继进入东乡、武宣一带。5日，翻越大瑶山的第161联队先头一部占领距离柳州50余公里的象县，联队长清水园奉命"迅速渡过象江，占领柳州机场"。8日，第161联队第3大队轻取马坪，又连夜奔袭柳州东南25公里处的同德。第157师抵抗微弱倒不是战斗力的问题，想当日在界顶、双吉山也一度让第161联队吃过亏，张发奎还曾特别为李宏达师长请功。几天下来，部队咋就变样了？问题就在于"保存实力"，张发奎要求第62军和第64军"先在来宾以西与日军保持接触，以后向那马、都安红水河两岸活动，保障桂西北最后地区的安全"，第62军显然做到了"保持接触"。

第188师系临时归杨森指挥，该师调出桂林城防序列后，虽然参加了桂平方面的反击，但重叠配备于第64军之后，投入战场时间较晚，实力尚存。副师长刘维楷晚年回忆："由于桂林战事影响，第188师奉令向柳州撤退，继则转移柳城，并于10月间，全师就在柳城河的西岸，占领阵地。"刘维楷的回忆并不准确，第188师从贵县经来宾、柳州退到柳城实际上已是11月初，海竞强根本没来得及进出长塘乡、东泉镇以东之线。

7日晚上，第11军向第6方面军通报了第3、第13师团的进展，同时希望方面军可以转告南集团的情况。然而冈村宁次与田中久一也已失去联络多日，只好回复："希能从旁收听第23军的电报。"横山勇考虑到冈村宁次"余重视宜山胜于柳州"的意图比较强烈，当晚下令第13师团"派有力部队渡江在柳州西南方堵截重庆军向西逃脱"。按照第6方面军的构想，第11军要令其"正在指向柳州的兵团及其他有力部队向宜山挺进"，而事实上第3师团和第13师团都不可能放弃即将到手的柳州，横山勇权衡利弊，决定抽出第13师团一个联队部分回应方面军的指导。

第188师力量单薄，海竞强当然不敢贸然前出，为拒敌西进，他匆匆将第562团和第563团配备在柳城河西岸，第564团担任预备队。8日晚，第13师团第116联队强攻柳城河，赤鹿理试图攻占柳城后兵进柳州西南18公里的流山，以达到切断中国军队退路的目的。海竞强派副师长刘维楷到第562团方面

七、从柳州之战到南宁不守

督战,战斗中,有一个班长率部退下火线,被督战组发现后押到团部枪决。尽管如此,第562团的防线还是很快被日军突破,第564团接替上去仍是无济于事。翌日傍晚,第116联队一举占领柳城,第188师几乎溃不成军,刘维楷回忆说:"第562团撤下来作师预备队,位于配属师指挥的军部医院附近。撤下来的当晚,我住在军医院,想好好休息一下。不料,当晚敌渡河成功,第一线两个团分别向左右两侧地区撤退,让开了正面,敌即长驱直入,师指挥所及第562团仓皇向三岔、洛东、洛西方向撤退。我因疲劳过甚,熟睡未醒,待敌冲到军医院附近,方在朦胧中被惊醒。全靠第562团一个连的掩护,才得以安全追上第188师师部。"海竞强清点人马,不足一个营,配属作战的第46军山炮连装备全部损失,只带出几个炮栓。不过第562团担任掩护的那个连差点击毙日军一个大官。第116联队联队长大坪进当日偕同副官骑马奔向柳城,在接近城墙500多米时,该连的捷克式轻机枪响起,可惜子弹射偏没有击中,大坪进掉转马头仓皇退回。

9日,冈村宁次下令横山勇:"担任直接攻占柳州的第11军部队到达柳州外围时,应纳入南集团司令官指挥之下。要尽可能向宜山突进。"横山勇一度坚持认为第3、第13师团已经逼近柳州,"如今使之转进指向宜山,殆不可能"。但想到自从独断进攻柳州以来,冈村宁次总体态度温和,只用传达指示方式来贯彻意图,这回则是下达非常命令,又不得不有所顾虑。横山勇随后还是做了一些调整部署:"挺进中的鹿和山部队的一部,纳入南集团的指挥下,直接参加攻占柳州作战。鹿部队的主力于宜山附近,山部队的主力于柳城及其南部地区,切断敌军退路。"

第3师团击溃新19师后费尽九牛二虎之力才收集到10条民船,山本三男决定先保障第34联队从三门江渡口逐次渡过雒容江。雒容江现在叫洛清江,第34联队8日深夜赶到渡口时又缴获了3条民船,第二天中午顺利渡江到达西岸,傍晚一举突破天长岭、马草塘阵地。丁治磐严令收复,第41师第121团、第44师第130团协力反击,日军改而攻向蟠龙山和柳州南市一带。第41师第122团防守马鞍山,日军一个中队试探着发起进攻,该团官兵沉着应战,阵地丝毫不动。第34联队联队长二神力求胜心切,在白天还没摸透火力点的情况下,便贸然投入第2大队发动夜袭。第122团起初颇有些措手不及,多处地方被日军突入,好在冯玺团长头脑十分清醒,立刻组织力量逆袭,不仅夺回了丢失的阵地,还将部分日军远远驱退到窑埠村。

日军战史承认马鞍山"重庆军凭借天险、各种障碍物和据点进行了顽强抵抗。第2大队经过拼死夜袭,虽冲入但未能予以占领,甚至一部分不得不暂时后退到窑埠村附近集结"。蟠龙山是俯瞰柳州的制高点,日军第3野炮兵联队的炮火几乎全部向此倾

漓江烽火 | 桂柳会战

泻,第34联队第1大队炮击过后跃出攻击位置,问候他们的是第44师第131团1营雨点般密集的子弹。凭借多层铁丝网和交叉火力,1营官兵使敌人未获任何进展,日军形容蟠龙山"宛如不沉的战舰"。

柳州北部的战况同样激烈,日军第13师团第104联队8日晚上冒着细雨进抵柳州以北6公里的头背山附近,海福三千雄没敢连夜进攻,为此受到师团参谋部的严厉指责。第二天一大早,第104联队第2大队和第3大队猛攻兵营岭、凤凰岭阵地,第44师利用碉堡和防坦克壕顽强阻击,敌我反复拼杀,形成胶着。8时许,第131团阵地一部被日军突破,不少溃兵拥向柳江边伺机南撤,遭到日军山炮大量杀伤,海福三千雄这次没有犹豫,命令所部大胆穿插进入柳州北市。10日,第41师第121团嗣因第122团调往帽盒山迎敌,逐步放弃独登山退守南市。第3师团第6联队乘机沿柳州东南侧山地迂回南下,在和表村渡过柳江,第3大队从南面逼近柳州机场,联队主力袭向第134师阵地右侧背。

据台湾的《抗日战史》记载,10日3时许,张发奎电话指示丁治磐:"桂林情况已不明,该军应避免无谓牺牲,着即适应情况开放西侧道路,配属之野炮营应撤至大塘,河北市区之一个团可撤至南岸,对所有仓库应遵令彻底破坏。"杨森随后也电示丁治磐:"该军依情况应转移至柳州西侧山地,继续抵抗阻敌西犯。"丁治磐于是下令:

"第44师南岸部队仍固守原阵地,北岸部队应留置一部行持久抵抗,主力即转移南岸,占领鹅山附近既设阵地;第41师仍固守原阵地,阻击西犯之敌;野炮营即撤至大塘附近归还建制;炮兵团受第44师蒋师长指挥,支援北岸第131团渡河,尔后变换阵地于张公岭附近,协力第41师作战;工兵营受第44师蒋师长指挥,彻底破坏所有仓库,不得遗留物资资敌。"李汉冲认为丁治磐:"这是以张发奎'不必死守柳州'为根据,不待敌主力之展开,即弃城而走。"

张发奎是有良心的,他晚年口述历史时指出:"敌军逼近柳州,我命令第26军军长丁治磐在柳江南岸尽可能坚守,该部虽在湖南激战过,但状态尚可。换言之,我授权他自行处理后撤事宜。"所谓"尚可",笔者理解为张发奎基本肯定第26军的精神面貌和战斗作风,为什么这么说?笔者是有依据的,中国第二历史档案馆保存着一份张发奎13日给军令部长徐永昌的密电,内有"我指挥所于蒸午移至张公岭,晚即受敌迂回队之袭击。……为尔后战斗容易计,职于真辰率第44师一部到六道附近收容,并即布防"等语。也就是说张发奎10日中午(蒸午)还在柳州东南的张公岭,8日和9日的柳州战况他足够清楚,因此对第26军有"状态尚可"的评价。11日上午(真辰),张发奎率第44师一部到达六道整理收容,说明他对第26军弃城西撤完全知晓或许可。作为高参,李汉冲在柳州弃守问题上,并未真正理解司令长官张发奎的真实想法。平心而论，第26军以2个残破之师占领8个团的柳州防御设施，肯定是无法充分发挥工事效能的，要再不西撤，难免全军覆没。

4. 丢城失地

柳州机场遗址位于鱼峰山公园的西南面和龙潭公园的西面，因机场大门面向东南方的帽合山，习惯上又称之为"帽合山机场"。柳州机场始建于1929年4月，最初规模很小，面积仅有0.5平方公里，简易的飞行场地只能提供小型飞机起降。新桂系原本是想利用机场和广东方面合办航空运输，机场竣工后首次降落的飞机就是广东航空处的"中山号"飞机，旋因桂粤失和，航空运输生意没做成。1932年10月，机场开始专供第4集团军航空管理处训练飞行员。1934年4月，第4集团军航空学校成立，柳州机场成为广西空军的主要训练基地。抗战军兴，中央航空委员会接收柳州机场，前后征调柳江县民工12280人，进行了第一次扩修。1941年3月，第46军第170师第510团进驻机场，与柳江县民工共同挑起扩建任务，使机场成为陈纳德"飞虎队"的主要基地。1943年柳州机场进行第三次扩修，成为大西南为数不多可以起降B-25轰炸机的机场之一。第41师第122团之所以从柳州南市紧急抽出，起因就是帽合山机场告急。

1944年11月7日午夜，短暂失去联络的

■ "帽合山机场"旧址现在是柳州市文物保护单位。

漓江烽火 | 桂柳会战

第37军与杨森恢复联系，罗奇率军部于16时到达四方塘西北约10华里的陈林村。9日晨，从象县北上的第104师团第161联队第3大队试图通过四方塘快速北进，或许是赶时间走的比较急，第95师第284团抓住难得机会打了一次埋伏，毙伤日军中队长以下多人。第3大队的目标是柳州机场，加藤荣吉并不愿停下脚步与第284团一较高下。9日深夜，杨森命令罗奇"与丁军联系，掩护宜山公路"，第95师开始脱离当面之敌逐步西撤。看来丁治磐说的对，杨森不参加守城也好，可在外围多联络，第37军掩护柳州至宜山公路，就是要为第26军保留西撤通道。

10日黎明，第161联队第3大队到达柳州帽合山机场南侧，师团长铃木贞次得到报告大声欢呼，要知道第22师团主力此刻尚在贵县西北，距此路程少说还有100公里。铃木并不知道第11军的部队已经攻入柳州北市，还以为柳州将会是第104师团的囊中之物。其实，第3师团第6联队同日沿柳州东南侧山地迂回南下，一部就在柳州机场的北面，只是彼此都不知情。直到下午4时，第161联队第3大队才与第6联队会师，双方都有些惊讶，第6联队不及细想，主力奔向第20军和第37军的结合部——鹅山据点和柳州火车西站。铃木贞次空欢喜一场，万没想到第11军会捷足先登，17时左右，第104师团主力在一片唉声叹气中怏怏通过来宾县城，迈向柳州的步子变得不那么轻松。

守备柳州北市的第44师第131团主力遵令南渡柳江至鹅山占领阵地，只留下第3营在北市与敌周旋，蟠龙山上的第1营亦大部西移。日军第3师团第34联队事先并不知道当面中国军队已减少，凌晨4时还小心翼翼地以第5、第6、第8中队在蟠龙山堡垒南面400米处隐蔽展开，山上密布的枪眼使二神力不敢再马虎。5时，配属第34联队的炮兵先进行了3分钟的集中射击，停止5分钟后又是3分钟的支援冲锋射击，紧接着步兵一拥而上用绳拉倒铁丝网，第8中队率先冲入。第131团1营的火力明显稀疏，毕竟原本就人数不足，再加上这几天的伤亡减员，战斗力充其量也就一个加强连。7时，占领蟠龙山顶的日军欢呼雀跃，第8中队中队长若松秀三在报告战场情况时，特别提到自己看见柳州西站一列火车向西开出。日本防卫厅防卫研究所战史室编著的《广西会战》一书称："据战后中国报纸发表第四战区司令长官张发奎的日记记载，该将军于11月10日7时乘最后一次列车由柳州出发向南丹后退。"不过分析张发奎给徐永昌的密电，他10日中午还在张公岭，至少要到下午才离开柳州。而从柳州激烈战况来看，张发奎7时离柳似乎也在情理之中。13时，第34联队第5、第7中队进入柳州北市，第2中队占领了柳江之滨的第四战区司令长官部，但3营的零星抵抗持续到了11日晚上，直到官兵大部牺牲为止。

南市第41师第121团掩护军主力西撤，是夜亦陷入日军包围之中，丁治磐西移张公岭时，不忍丢下第121团团长赵凤铭和那些生死与共的弟兄，当即指令第123团返身去解救，结果该团两个营也陷入重围。后来赵凤铭团长率残部拼死杀出一条血路，辗转至1945年1月7日才找到第26军归队。丁治磐的部队伤亡惨重，第20军在流山墟以东地区且战且退，第37军沿公路占领拉堡、双桥阵地，罗奇的战斗报告称"奋战搏斗达于极点，敌数次猛扑，均被击退"。李汉冲指责丁治磐"不待敌主力之展开，即弃城而走"并不符合史实。

明明是第13师团第104联队率先突入柳州北市，冈村宁次却硬要给第23军记上一功，他在11日2时发给派遣军和大本营关于攻占柳州的电报中如此描述："南集团（第23军）新指挥下的鹿部队（第13师团）一部，于10日10时攻占了柳州，主力现正捕捉敌军，向柳州以西地区追击中。"事实上因通讯中断，田中久一根本没有指挥上第13师团一兵一卒，横山勇、赤鹿理为此大有意见不必说，山本三男和他的参谋长福山宽邦，当日也一致认为冈村宁次的做法极为不妥。为了照顾田中久一的荣誉，不顾第23军在什么位置都不知道的实情，就要第11军进攻柳州的部队归田中久一指挥，第3师团和第13师团实际是不约而同仍按第11军的作战计划进攻柳州。由于矛盾太深，当冈村宁次接替畑俊六为中国派遣军司令官时，横山勇即被调回本土任西部军司令官，从此与中国战场绝缘。不久，赤鹿理、山本三男、福山宽邦

等人相继去职，如此彻底调动师团长和参谋长，在日军历史上极为罕见，冈村宁次也搞"秋后算账"。

11日黄昏，张发奎为避免不利态势并继续阻敌西进，变更部署大要如下：

一、第16集团军总司令夏威为中央兵团长，指挥第46军（欠新编第19师）、第135师、桂绥第一纵队、炮兵第18团（欠2营、3营）、炮兵第14团第8连、第48师战车营、战防炮总队独立第1营，以一部与敌保持接触，主力于冷水村、南乡村、三岔附近占领阵地，注意与忻城方面的第35集团军切取联系。

二、第27集团军总司令杨森为左兵团长，指挥第20军、第26军、第79军，以一部与敌保持接触，主力转移至六塘、冲脉、小长安之线占领阵地。

三、第35集团军邓龙光为右兵团长，指挥第62军、第64军，以有力一部至大塘、思练之线，迟滞日军，掩护三岔主阵地右翼安全。

四、第37军改归长官部直辖指挥，迅速脱离日军，经大塘、宜山至怀远集结。

桂柳会战打到如此地步，早已超过第四战区当初制定的作战计划范围，张发奎如今是要以宜山为中心，北起小长安附近，经三岔、大塘至迁江北侧一线，重新构筑起新的防线，他后来回忆说："我将各兵团的主

漓江烽火 | 桂柳会战

力撤退于黔桂铁路的宜山正面,并于怀远等地部署数道抵抗线,以迟滞敌人之行动,高度发挥这些疲惫部队最后的战力。"宜山就是现在的宜州市,居九万、凤凰山脉之间,地势峰峦起伏,关山重叠,各山标高平均约为500米。龙江河从怀远东经宜山、三岔注入柳江,河幅狭窄,水浅流急,只能通行10吨以下的小型民船。龙江河两岸较平坦,多为桑田及水田,黔桂铁路和公路在龙江河南岸蜿蜒西去,走向大致与河平行。1938年11月,蒋百里出任陆军大学代理校长,在前往贵州遵义时途经宜山,由于心脏病突发而去世,灵柩就安葬于宜山城外的南山。张发奎从柳州一路西撤,只在宜山短暂停留,12日便移往河池,他当然无暇去这位军事学家墓前凭吊。

张发奎此刻最为期待的是日军攻占柳州后会喘息一阵,以便他有时间从容构筑宜山防线,但事与愿违,日军兵分四路呈扇形状尾追不舍:第3师团第6联队、第34联队和第13师团第116联队直接沿黔桂铁路攻向宜山;第3师团第68联队和第13师团第104联队由黔桂铁路以南,经久怀墟、土博墟、南乡、理苗,攻向宜山南面的石别;第13师团第65联队由黔桂铁路以北,经冲脉、三合,攻向宜山北面的小龙;第104师团留下第161联队守柳州,第108联队和第137联队兵分两路,经三都墟、里高墟、大塘墟,追向忻城。

第79军残缺不足一师,鉴于情况紧急,张发奎干脆跳过第27集团军,直接下令方靖先奔小长安。防守宜山正面的中央兵团配属有大量特种兵,张发奎对夏威说:"第46军三个师是战区现在唯一较完整的部队,在这次会战中,各师均未经历激烈战斗,现在事到临头,应该一显身手,如敌不以贵州为目的,把最后到达线止于柳州附近不再前进,黎军还可以因此侥幸邀得一功。"夏威唯唯,指定由第46军军长黎行恕统一指挥,同时下令第135师占领理苗附近阵地,并派出有力部队于理苗至南乡路口警戒,第175师在南乡、三岔之线扼要占领阵地,拒敌西进,第188师向宜山集结,桂绥第1纵队即开屯蒙,联系忻城方面。杨森接到张发奎的指示,当即命令第26军经三都、水源、三岔集结罗城待命;第20军在洛满以西地区,先掩护从柳城溃退下来的第188师转进归建,然后再于六塘、冲脉亘东墟一线占领阵地。掩护第188师西渡融江的任务并非来自张发奎,推想可能是先期撤下来的海竞强师长亲自商请杨副司令长官的结果。

日军第116联队9日攻下柳城,远远望见融江对岸的"广西兵"往西退却,苦于一时找不到船只,只能望江兴叹。10日晚上,日军利用白天找到的三条小船从一小支流偷渡融江,第188师发现状况后用轻机枪猛烈射击江面,当场击毙其中一条船上的第11中队中队长谷由助中尉等人。其实日军遇到的多半是一支脱离建制携有机枪的零星部队,海竞强掌握的第188师不足一个营,无心也无力有效组织融江防线，其他两只船就未被发现，成功靠岸登陆。第116联队主力随后用工兵赶制的竹筏，花了一天的时间全部渡过融江，第3大队率先赶到铁路边。第188师士气低落，几无招架之力，幸好有第20军第133师第397团的掩护，才不至于全军覆没。日军战史承认第3大队正面的"重庆军枪击炽烈，未能顺利前进，战斗到11日仍处于胶着状态。"

12日，第20军以第133师第398团、第134师、军直属部队、第397团的顺序在三岔抢渡龙江河。日军第116联队第3大队当日午后占领流山墟，停下脚步埋锅造饭，第1大队肚子不饿，沿公路向西急进，在三岔担任渡河掩护队的第399团奋力阻击，入夜后将阵地匆匆交由第175师接防。忙于转移的杨森联系不到丁治磐，无法把这一重要情况及时通报。正率军部由洛东移驻洛西的黎行恕这时碰巧电话接通第26军，他提醒丁治磐："柳州之敌已进至三岔附近，敌我正激烈战斗，洛东洛西道路甚为拥挤，希另选道路。"第175师很"滑头"，只在三岔留下一个连，13日凌晨就被日军突破，转移到了三岔西南一侧，夏威当初要求第175师在南乡、三岔之线扼要占领阵地，拒敌西进，可他的外甥甘成城不予理会。3时许，日军又攻占柏社村北端高地及八仙岭前进阵地，继续向羊角山南北之线主阵地进攻。黎行恕饬令甘成城抽调第524团一部前往增援，甘成城同样不予重视。7时，三岔西南一带被日军占领，第175师以牺牲第523团3营9连的代价，安然西撤。三岔的抵抗虽然微弱，但总归还有抵抗，地势险要的南乡则完全是真空状态，日军第13师团第104联队穿过林立的石山，经上博进入南乡。

三岔、南乡一线未经激烈抵抗轻易丢失，张发奎十分恼怒，但又拿黎行恕、甘成城这些广西将领没办法，只得"死马当活马医"，下令第46军在原阵地极力拒止敌人，掩护第26军、第37军分别进入怀远、北牙占领阵地，尔后以一部在外山、上江坝，主力在都街、三江口之间拒敌。至于第46军能执行多少，张发奎心里没有底。13日早晨，第20军还不知道三岔已经失守，仍按计划向北面的六塘、冲脉推进，杨汉域军长决心先立于优越态势，再驱逐冲脉之敌。8时许，第20军军部行抵三合南端隘路，万万没想到在隘路出口处与日军第13师团第65联队第1大队发生了遭遇。第65联队从柳城渡过融江，先头击退广西民团抵抗，比第20军早一步占领三合，原本日军打算一路向西，但因道路艰险，马匹不能通过，联队长伊藤义彦决定变更路线，先南下六塘再沿铁路西进。杨汉域对冲脉敌情有所了解，他下令第133师警戒东北方向，第134师经三合、龙元村，插到冲脉西面构筑防线，军部随第134师之后，转移龙元村。结果发生了意外，因为向导迷路，第134师绕了一圈落到了军部后面，杨汉域和调头南下的日军撞了个正着。好在搜索营立即展开掩护，第133师第399团

漓江烽火 桂柳会战

赶到增援,激战至傍晚时分,日军无心恋战,掉头西去。原来赤鹿理没同意伊藤义彦的变更处置,第65联队无奈将马匹全部留下,一头钻进险峻的山岭彻夜西行。

脱离险境的杨汉域听到龙江南岸炮声逐渐西移,判断第46军已经放弃铁路正面,未等张发奎、杨森改变部署,即决定放弃冲脉、六塘阻敌计划,改守江口村、中和、太平、龙怀、龙安之线。杨汉域的决断很及时,与张发奎调整夏威兵团以及第26军、第37军的部署完全相适应。至于杨森,他也遇到了麻烦。14日拂晓,第27集团军总部由龙元村宿营地向四把乡转移,中途遭到日军第65联队第2大队急袭,凭借总部特务营的拼死力战,杨森总算安全突出,但军大衣之类的个人生活用品成了对手值得夸耀的战利品。第46军的战况更为不利,突破三岔阵地的日军第13师团第116联队第2大队,当天连续攻占洛东、洛西,第175师、第188师加起来竟然不敌日军一个大队。黎行恕将此情形上报夏威,夏威丝毫没有责怪之意,未经张发奎同意,便以"第46军阵地侧背受敌威胁"为由,下令该军向宜山以东附近撤退。这下子乱了套,第175师、第188师彼此争先恐后向西"转进",日军在后头穷追不舍,黎行恕很快与各部失去联系,仅掌握第188师师部经洛富向理苗跑路。

15日零时,日军第116联队第2大队未遇任何抵抗进入宜山,缴获了停放在车站上装满货物、食糖和被服的五列车皮。夏威竟把宜山失守责任推给城内的一个新兵团,他向张发奎报告说:"宜山昨晚有汉奸纵火,东北门外响枪数十,驻城新兵团不了解情况,未奉命就后撤,该团现已撤退到怀远,我已严厉谴责,并命令其在叶茂布防掩护前线部队退却。"台湾的《抗日战史》有意掩饰第16集团军的溃不成军:"日军分数股进出洛西以西附近地区,向宜山急进,并将沿途通信网破坏,我联络受阻,此时该军已无控置部队,无法应付当前状况,且时将入夜,情势危急,亦不能遵照夏副司令所示占领宜山阵地,乃决心改向石别附近转移。"

张发奎的随从高参李汉冲晚年著文斥责道:"夏威、黎行恕早存贯彻白崇禧的保存桂系实力之意图,岂愿破釜沉舟,放弃最后一子。所以黎军与敌一经接触,即行让开正面,把部队拉向西北撤退。因此,不但战区有组织、有计划的战斗已告终止,而且令敌人东奔西窜,使整个桂西北地区一夕四惊!"第135师副师长颜僧武1963年也撰文透露了一些内情:"张发奎令第46军及第135师在宜山县城以东的理苗、南乡、三岔之线占领阵地,经约一天的战斗后,因三岔方面的第175师不能支持,逐步后退。黎行恕因张发奎有过不得擅自撤退的命令,即撇开张发奎径向夏威报告情况,请求撤退。夏威不经张发奎同意即答应。黎行恕随令部队从理苗、南乡、三岔之线退却。张发奎得悉此情后,在电话中与夏威曾激烈争吵过。"

5. 小胜仗难挽大溃败

从柳州到宜山这一路，日军赢得很轻松，可冈村宁次并不满意："占领桂林、柳州为第6方面军新编后的第一作战目标。大致计划由第11军攻占桂林，由第23军攻占柳州。由于敌军将由柳州向西退却，故第11军于占领桂林后，应即避开柳州道路而向西南挺进，以逼近其退路为有利。我虽下达如此命令，但第11军却急于攻占柳州，致使逼近其退路的行动不够积极，违背了我的意图。"11月12日，畑俊六飞抵衡阳南岳视察，冈村宁次详细陈述与横山勇之间发生矛盾的经过，畑俊六听完报告当场爆粗口："横山勇是杂种！"

宫崎周一与冈村宁次观点有所不同，他认为之所以没有在宜山一线完成合围，主要原因出在第23军身上："至于攻占柳州，曾担心由南方进攻的南集团与旭集团的先头部队之间，在黑夜里可能发生互相攻击之事，但实际上因波进攻迟延，并未造成误战事故。但却失掉了围歼敌人的机会，令人遗憾。"第23军确实动作迟缓，柳州陷落当日，最外翼的第22师团的主力大体上还在来宾地区，距离柳州尚有80公里，该师团和独立第23旅团西进贵县，虽然成功驱退威胁侧翼的第46军，却与预定的进攻柳州路线产生了很大偏离。第104师团态势稍好，主力11日进抵柳州西南，先头第161联队第3大队前一天晚上与第11军的部队一同攻占柳州机场，总算保持了第23军的体面，难怪该师团参谋长铃木在日记中这样写道："此次南集团的作战，似乎纯属104师团的战斗，武运可谓幸甚。然而，扪心自问，究竟自身贡献几何，实感惭愧！"

张发奎的"内线攻势"虽然没有取得多大战果，但无意中打破了冈村宁次宜山"扎口袋"的如意算盘，尽管其中有第11军"抢功"的因素，可第23军被"打痛"后偏离进攻路线亦是不争事实。合围不成便成了追击，至于追到哪里为止，第11军的作战计划并不明确，第6方面军也未给予指示。日军战史对此解释说："那是因为湘桂作战前段第2期的目的是摧毁桂林、柳州航空基地，在攻占柳州后预料可能转入占据要城，或根据情况也可能与重庆军，特别是后方增援部队进行会战。对占据要城的范围虽然考虑大概在宜山、贵县一线，但并未深入研究作出决定，而考虑根据当时的情况再对这些问题，特别是追击范围作出决定。"14日，横山勇下令第13师团继续追击，目标是黔桂路上的河池、南丹，第3师团向宜山及其西南方挺进。第6方面军的追击令比第11军晚一天，冈村宁次要求"在忻城附近围歼重庆军主力，第11军一部尽量深入占领黔桂铁路"。横山勇遵令执行，改令第3师团折向忻城、大塘，第13师团以一部配合第3师团行动，主力立即向西追击。

张发奎原本寄托第46军能够像模像样

漓江烽火 桂柳会战

打上几天,保证第26军、第37军进入怀远、北牙,利用河道布置新的防线,哪知第46军如此不堪一击,第37军倒是赶到了北牙,可从柳州一路西撤的第26军才刚到宜山南面的太平乡。眼看宜山西去的公路上溃军难民混杂拥挤,丁治磐责令第44师第132团沿公路先赶向怀远,主力选择从公路南侧小道前进,原想抄小路快些,偏偏又遇下雨天,山道泥泞崎岖,反而迈不开步子。张发奎带着卫队、特务团以及长官部非战斗人员于14日抵达怀远,第四战区的处境非常不妙,除了先期集结的特种部队,怀远几乎没有其他战斗力量,黔桂路正面差不多要上演"空城计"。

张发奎传令怀远各部:"在第26军丁军长未到达怀远以前,凡在怀远附近之工兵第8团、第26军先头部队、炮兵第14团第8连、第48师第142团第3营、战车防御炮教导总队直属第1营之一连、第46军炮兵营及地方团队统归本战区干部训练团教育长王辉武指挥,在怀远附近阻敌西进。"张发奎勉力集合特种部队要在怀远打一仗,主要是看中怀远的河道地形。怀远历史悠久,至今已有1300年的历史,据史料记载是广西四大古镇之一,小环江、金城江、龙江在怀远镇东首形成一个"Y"形交叉,张发奎就想利用这个交叉挫挫日军的锐气。"怀远"临时总指挥王辉武是湖北汉川人,先后毕业于中央军校第六期交通兵科和陆军大学第十一期,起先在西北"剿总"张学良、杨虎城那里担任参谋处中校参谋,1937年9月调任第8集团军作战参谋,当时该集团军防守浦东方面,战事并不十分激烈,总司令就是张发奎。1938年2月,王辉武调升军令部第一厅第一处上校参谋,翌年9月又调到丁治磐任师长的第41师当参谋长。1943年10月,王辉武升任第四战区参谋处少将处长,后来又兼任战区干训团教育长。王辉武戎马多年从没带兵官的经历,之所以被张发奎"点将",主要是他做过丁治磐的幕僚长,便于等待第26军接防怀远。

王辉武掌握的部队从火力角度来看,绝对超过一个师:炮兵第14团第8连装备德国造150毫米榴弹炮3门;第48师第142团3营10连装备苏联T26坦克5辆;战车防御炮教导总队直属第1营之一连装备37毫米战防炮9门;第46军炮兵营装备美式75毫米山炮12门。王辉武下令:"第44师第132团占领理底、怀远、安马之线沿河阵地;工兵第8团附第135师之一连占领怀远以北同治岭、安马之线;战车营占领怀远以南阵地,火力封锁河东岸公路,阻止敌人渡河;重炮连、第46军炮兵营、战防炮连占领怀远以西、林场以南各阵地,火力封锁河东岸公路及其附近高地。"15日19时左右,榴弹炮、山炮、战防炮都已进入阵地,工兵第8团完成了破坏怀远正面公路铁桥的准备工作,只等第26军一通过,铁桥就会炸上天。第142团3营10连的五辆坦克从金城江急驶至大桥西端,布防也很巧妙,二辆封锁河东公路,二辆防敌侧击,并掩护炮兵阵地安全,一辆担任指挥,协力封锁公路。16日6时,左等右等就是等不到第26军,王辉武觉得不能再等,下令工兵炸断公路铁桥,所有枪口、炮口一律指向东岸,严阵以待。一个小时后日军第13师团第116联队蜂拥至河东,王辉武一声令下,各种火炮及坦克一齐开火。日军战史坦言遇到了麻烦:"在怀远东侧遭重庆军的顽强抵抗,不仅公路上的铁桥已被破坏,而且又无渡船,此外重庆军的牵引式远射程炮不断向公路方面实行火力压制。联队长立即命令部队展开以联队炮和山炮应战。但从该方向渡河困难,而且其远射程炮自由进退难以对付。"第116联队联队长大坪进决定改变路线,从北牙、安马方面向金城江攻击。

丁治磐终于赶来,面对已被炸毁的铁桥,他顾不上和王辉武叙旧,整日督促部队抢渡金城江。17日黎明,第26军先头连接替工兵第8团2营4连防务,不少官兵埋怨工兵把桥给炸早了,工兵弟兄可不这么认为,要再不炸,鬼子这会已打过金城江,谁让你们磨磨蹭蹭。没等理论出结果,一架日机临空扫射,旋即投弹后逸去,大伙抢着仰天"骂娘",也就搁置了争吵。隔半小时,中国空军6架战机飞临上空助战,怀远正面的日军伤亡较大,全部转向两翼。工兵第8团第4营等部苦撑安马防线,第26军经平峒、平兆悉数渡过金城江,张发奎即令该军接替怀远防务,同时解除王辉武指挥之责。丁治磐与王辉武已经没有心情寒暄,怀远南面的北牙炮声隆隆,兵微将寡的第37军能顶多久实在令人担忧。北牙一带的石山虽不高,但全为坚

■第48师第142团第3营装备的苏制T-26坦克。

207

漓江烽火 桂柳会战

硬的岩石,道路从石山缝隙穿过,有些地方只能以一列纵队前进,对于进攻方来说,地势非常之不利。

第116联队被怀远正面的坦克、重炮打怕,转而攻向北牙,因山路难走,联队本部与前面的第2大队很快脱节。早已埋伏在高处的第37军一部没敢对第2大队下手,这下总算逮到一条大鱼,距离约三四百米的时候,数挺轻机枪全部朝着第116联队本部袭去。大坪进连滚带爬躲到一处土坟后面指挥反击,第37军的一枚迫击炮弹落下,弹片刮中这位联队长的背部,只差一点就要一命呜呼。第2大队闻讯立即进行炮火压制,第37军这支伏兵选择放弃猎物,悄然撤走,原因推测是日军第104联队从石别进入北山,威胁到了右侧背,疲惫之师无心恋战。

怀远小胜一回,获得片刻喘息的张发奎感慨万千:"我亲自在怀远的桥头,在炮兵阵地观察战况。逃避战祸的难民络绎不绝地向后方逃亡,时间与他们的负累限制了他们的行动。当太阳西沉的时候,他们不顾空中飞奔的炮弹,一群群地在公路两旁躺下来,准备露宿以恢复他们一日的疲劳。痛哭、惨叫、离散和人世间一切的悲哀景象,活生生地印入我的眼帘。"夜深人静的时候,张发奎想起桂柳会战以来的种种,更是心潮澎湃,他提笔向千里之外的蒋介石写下了一段耐人深思的肺腑之言:

查此次桂柳会战,以职指挥无方,日蹙百里,实属外渐清议,内疚神明。至各将领中忠勤尽职者,固不乏人,而昧于大势,规避战争者,亦不鲜其例,颓风所播,战意潜销,试一检讨各军战绩,除确因转战过久,实力耗损无法达成任务者,尚堪原谅外,如第46军则参战最晚,人员武器亦较他军优越数倍,最后宜山正面如再不使之坚强抵抗,不仅不以服苦战之袍泽,且无以对输械之盟友,及接触不及两日,损耗亦不严重,居然自相惊扰,避开正面,致宜山垂手陷贼。怀远、三江口防军未集,勉以工兵第8团及本部特务团分别布置警戒,迟滞敌人,现敌人已迫怀远,正隔河对战中。第26军虽已到,能否阻敌西犯,仍无把握。判断敌情,如我能在怀远坚强抵抗,桂柳会战或即至此而止。但一般战力耗损过巨,劲旅亦成疲师,倘敌因此扩张战果,迫近黔疆,亦非绝不可能。职戍桂五年,虽明知部队疆界太严,风气太坏,而仍委婉迁就,谓可终济时艰,不料诚信未孚,贻误滋大,深负钧座期许,亦职所不能己言者。现金城江重要物资山积,沿线难民死亡载途,目击疮痍,罪戾曷极,除遵渝竭尽智能,争取时间外,敬恳速定大计,指示机宜,无任迫切待命之至。

蒋介石为之动容:"以全权整饬军纪,凡不从命令擅自撤退之主管,长官应就地正法为要,一切由中(正)名义行之可也。"纵然蒋介石确有此心,张发奎也无此勇气,他深知重庆这把"尚方宝剑"在白崇禧的广西地盘上并不锋利，与其搞的自己下不了台，还不如继续"张公百忍"。

18日，工兵第8团将任务移交第26军后即经三江口向河池撤退，第48师坦克营、炮兵第14团第8连等亦奉命西撤归还建制，战防炮连改由战区长官部直接指挥。这些特种兵的撤离意味着层峰对怀远防线缺乏根本信心，宝贵的坦克和榴弹炮先走一步，既是规避风险也是降低损失。日军第116联队当日拂晓猛攻第37军北牙阵地，第95师第283团死伤殆尽，罗奇以仅有的两连预备队增援，阵线始趋稳定。19日，日军在安马成功偷渡小环江，第26军炸毁部分物资后放弃怀远，撤向西北方的德胜镇。北牙同时宣告失守，张发奎电令罗奇："万不得已时，以一部移拉利、王巷街、白土街一带，主力于喇仁龙头圩一带占领阵地，逐次抵抗，以掩护金城江右侧方安全。"罗奇这时真是力量无多了，留下第284团残部迟滞敌人，军部和第95师主力转移王巷街，军工兵营即向龙头圩前进。日军第116联队片刻不停追向拉利，赤鹿理根本没把当面的中国军队放在眼里，他指示幕僚："师团当前作战焦点在金城江及河池，即使一个大队或一个中队，甚至一个小队，也要迅速冲进去。"参谋长依知川庸治同样叫嚣："一个小队或一个分队，甚至一个士兵也好，必须尽快闯入金城江。"

丁治磐和罗奇就像是一对难兄难弟，被日军追着屁股打，两人名义上都是军长，可眼下掌握的人马充其量也就团、营级规模。

第20军的情况也很糟糕，连续作战已经半年，杨汉域清点人马还不足4个营，日军突破安马，杨森希望"第20军在百山脚、人和乡之线暨洛平、思恩之线占领两线阵地，阻敌西进。"22日拂晓，日军攻抵思恩，杨汉域无法组织起有效防线，继续朝西北方向撤退，后奉命集结妙石村、甫仪村整顿待命。占有地利优势的桂军最狼狈，据说夏威由金城江到河池这一段路，因害怕被日军追击所害，丢下随从只身搭乘第48师的坦克跑路。周祖晃的第16集团军副总司令部在河池保平被日军袭击，周和副参谋长孙宝刚都挂了彩，差点就被俘虏。说来无人相信，堂堂的集团军副总司令周祖晃后来退到百色，连医疗和营养费用都无着落，竟然还要部属和旧友解囊相助，周为此大发不满，集团军又不是没钱，平日搞集体吃空额，说是做公积金办官佐眷属工读学校，究竟积存多少其实只有夏威个人知道，如今作战负伤却得不到该有的抚恤，你说气不气。

还是广东部队走的最顺畅，第62军全部离开柳州后，在柳州西边的大塘地区与第64军会合，第35集团军总司令邓龙光作为"龙头老大"，指挥部队西撤忻城。不过第62军在忻城以东被日军埋伏袭击，蒙受了重大损失，第157师第471团团长钟光哲阵亡，有些营连被打散。广东部队马不停蹄向都安县城撤退，由于都安地方狭小，没过多久就出现粮食补给困难，邓龙光不得不再向南宁移动，半途中却得到南宁被日军占领的消息。

正不知所措的时候，集团军与第四战区司令长官部的联络终于恢复，张发奎指示邓龙光向那马、果德转移，防备南宁日军西进。

张发奎的宜山、怀远防线被日军无情撕开，在怀远西行的一处弯道上，一团蠕动的黑影绊住了他的汽车：

我叫司机紧急刹车，当我下车查看的时候，原来是一个被母亲遗弃的约三四岁的女孩。她不知道她的家乡和姓名，她只知道不见了母亲。战争的灾难，波及了这无知的小孩，而她的父母家人竟为了逃生而忍痛抛弃了亲爱的女儿。一个战争失败者的罪过，使我感受异常的痛楚。我把这个女孩带回交与我的妻子抚养，并取名"怀远"，以纪念我在怀远心情的创伤，但不幸在数月后，这个怀远的小生命与那个怀远的清风明月都一齐消逝了。

不离张发奎左右的高参李汉冲回忆往事亦不无感慨：

千百万不愿做亡国奴的人民，此时携男挈女在黔桂线上奔逃，与向北飞驶的各种军队车辆交织为极不调和的人流。在怀远以北黔桂公路上，沿途都是难民，风餐露宿，拥塞道路，为了逃命与减轻行李负担，他们沿途抛弃物品，有的最后已是倾家荡产，孑然一身了。

6. 日军轻取桂南

打通从马来亚、泰国、越南经中国大陆至朝鲜的大陆交通线是日军发起一号作战的重要目的。攻占柳州后，这一目的可以说完成了一大半，只要再攻占南宁与打通印度支那，超过日俄战争两倍以上的一号作战即可大功告成，至少表面上，日军可以胜利结束这次空前绝后的世纪大远征。日军大本营、中国派遣军和第11军之间，对于攻占南宁与打通印度支那的方案有过多次变动。1944年3月，中国派遣军的"一号作战计划"策定："1945年1、2月份，第23军由柳州南方地区发动攻势，攻占南宁后，打通并确保通往谅山附近法属印度支那国境的陆路联络线。南方军命令印度支那驻屯军以第21师团主力，由谅山方面策应本作战。第23军随着作战的进展，应在南宁附近建设飞机场。有关细节，根据当时情况确定。"8月初，中国派遣军修订作战计划，规定"第6方面军大致于1945年1月末命第11军进行作战，攻取南宁，并打开通往法属印度支那国境的联络线"。

11月14日，第23军司令部进入来宾，通信队几经努力终于在17日恢复了与第6方面军的联络。18日，冈村宁次电令田中久一："攻占南宁后，即命第22师团纳入第11军司令官的指挥，其余主力返回广州。"田中久一不免有些惆怅，第104师团第161联队第3

七、从柳州之战到南宁不守

大队挺进柳州机场之举,并不能掩盖第23军在柳州之战中未能发挥主导作用的尴尬局面,一旦主力撤回广州,也就意味着"第23军所期待的攻占桂柳作战宣告结束"。冈村宁次似乎考虑到了田中久一的失落情绪,提前攻占南宁并将此任务锁定由第22师团来完成,很明显要给第23军返回广东前最后添上一功。

第22师团此时已全部到达柳州西南方60多公里的思练,归其指挥的独立混成第23旅团位于来宾,平田正判师团长18日先是奉命"应大致集结于思练附近,准备向宾阳前进",随后又接到"应以一部占领宾阳,以主力急进南宁,确保该地并整备机场"的急电。平田摊开地图,思练距离宾阳在90公里以上,从宾阳到南宁大约还有70公里,他下令独立混成第23旅团经黎塘、甘棠攻向南宁;第22师团第84联队分别从东北、西北两个方向进行策应,具体部署是:联队主力从上林县向西进攻果德、隆安,然后再沿右江进攻南宁,第3大队从上林县向南经思陇、昆仑关、七塘直取南宁。

从元代设置广西行中书省,治静江府开始,历史上的绝大部分时间里,桂林一直是广西省的省会,历时540余年,从未改变。1912年2月,陆荣廷爬上广西都督的宝座,经过近半年的争吵,他把广西省会从桂林迁到了南宁。1936年秋,李宗仁以"南宁距离海口太近,极易受敌人海上登陆威胁"为由,重新把省会迁回桂林。1939年11月,日军为遮断广西与越南之间的国际通道,派出精锐的第5师团和台湾旅团登陆钦州湾,南宁很快于11月24日沦陷,李宗仁不幸言中。1940年10月,日军陆续撤离桂南,第64军第156师于30日收复南宁。1944年11月,当日军再度兵临南宁城下的时候,这座南疆重镇竟无正规部队驻防,城内外只有军统系统的中央别动军两个支队约3000人、武装警察1000余人、义勇警察500余人和邕宁县自卫团6个大队以及美军第14航空队一部。第四区行政督察专员兼保安司令李昼新,召集别动军司令徐光瑛、警察局长唐超寰、邕宁县长莫深仁等开会商讨对策,决定由中央别动军和警察守城,紧急疏散市民和机关,飞机转场,同时将机场跑道炸毁,建筑物烧毁。会后,徐光瑛声称奉总部戴笠电令"别动军非作战部队",留下一部,主力向上思转移,只剩警察局所属的武装警察开到长岭一带布防。

11月20日,日军独立混成第23旅团占领宾阳,24日8时40分突破警察部队阵地,攻占南宁飞机场。几乎同一时间,第84联队经上林占领武鸣,9时25分侵入南宁城,李昼新、唐超寰率领武装警察抵抗至17时,终于不支向向坛洛乡转移。历史有时候很巧合,南宁1939年第一次沦陷是11月24日,想不到时隔四年后第二次沦陷也是11月24日。廖碧峰是土生土长的南宁人,少年时亲身经历了南宁两次沦陷:

漓江烽火　桂柳会战

我家因尝透上次在沦陷区之苦，决意离邕远逃，一家6口各挑一担行李向邕武路方向逃难。11月中旬在武鸣住下歇脚。岂料"躲鬼躲入庙"，日寇分兵由宾阳、思陇窜犯武鸣，21日武鸣县政府下令紧急疏散，24日南宁、武鸣相继被日寇占领，我家随大队难民逃至锣圩镇，住了两天，锣圩又告急，难民们消息闭塞，并无疏散目标，有朝公路直上果德方向的，也有从小路向隆安逃走的，难民们日间走路，晚间露宿山腰，不时遇到土匪抢劫，沿途丢箱弃篓，失幼掉老，哭声动地。

为了策应中国派遣军打通大陆交通线的最后一段，11月20日，南方军总司令寺内寿一下令驻越南西贡的第21师团派出一个加强联队，执行"从法属印度支那国境向南宁方向进攻，并负责为第6方面军各队进行补给"的任务。第21师团师团长三国直福接到命令后，立即以步兵第83联队为基干，配属第82联队第3大队、山炮兵第51联队第3大队、工兵第21联队大部、辎重兵第21联队第1、第4中队和独立混成第70旅团工兵队等部组成"一宫支队"，交由第83联队联队长一宫基指挥。11月28日，一宫支队到达中越边境线，一宫基决定兵分两路：支队主力从谅山以北的同登、镇南关、凭祥进攻宁明，然后以一个大队从凭祥攻向以北约30公里的龙州，加强北侧的警戒；支队一部从谅山东南进入广西的爱店、峙浪、兴利、寨安，从南面进攻宁明。

第四战区靖西指挥所是负责桂越边境

■日军独立混成第23旅团占领宾阳。　　■日军第22师团第84联队占领南宁。

的军事机构,指挥所主任由战区副参谋长陈宝仓兼任,辖区包括广西省的天保、龙州两个地区。陈宝仓我们前面有提到过,他是陈诚推荐给张发奎的。抗战胜利后,陈宝仓先是担任军政部山东胶济区接收特派员,后来调任联勤系统的第四兵站总监。1948年春,陈宝仓在香港加入中国国民党中央革命委员会。1950年6月,因"吴石案"暴露身份,被台湾当局特别军事法庭判处死刑。1952年毛泽东签署颁发《革命牺牲工作人员家属光荣纪念证》,授予陈宝仓革命烈士称号。靖西指挥所副主任曾天节是广东五华人,东征军当年攻打五华县城,他作为学生代表受到周恩来亲自接见,20岁即已锋芒初露。1926年7月考入黄埔军校第6期,不久加入中国共产党,历任共青团五华县委书记、中共东江特委委员、中共五华县委书记等职。后来与党失去联系,参加国民革命军第四军,从少尉排长一直升到少将高参。1949年曾天节和李汉冲先后在粤东、闽西起事,脱离国民党,投向中共阵营。

曾天节以靖西指挥所副主任兼任龙州地区指挥官,龙州当时是广西第十一区专员公署所在地,凭祥、宁明等12个县都归其管辖,不过和南宁一样,龙州也没有正规部队驻防,可供曾天节指挥的只有两个讯警营。12月3日,日军一宫支队一部从凭祥杀向龙州,另一股越奸武装从水口关进行迂回包抄。曾天节回忆说:

当我们得到敌人发动进攻的情况时,已做好了疏散并实行坚壁清野,部队则严阵以待,迎击敌人。从镇南关进犯的敌人,看见龙州对岸毫无动静,以为我们放弃了龙州,大摇大摆地进来,聚集在龙州对岸的河滩上,准备渡河。奈因船只被我控制,无船可用,敌人就在河滩上装橡皮艇,作为渡河工具。正当日军搞橡皮艇开始渡河时,我们布置在左江沿岸的部队,集中火力对敌猛烈扫射,并以迫击炮对准龙州对岸的法国领事馆及附近一带猛烈轰击。敌人没有料到我们这一突然袭击,以致乱成一团,伤亡惨重。

然而,讯警营在人数和武器装备上均处于劣势,终究无法与日军长久抗衡,打了一天,曾天节不得不放弃龙州,率部向山区转移。

轻取南宁后,第22师团第84联队主力又于11月30日攻占果德。张发奎严令从都安南下的第35集团军阻敌西犯,邓龙光将此任务交由第62军第151师执行。第151师师长林伟俦毕业于黄埔军校第四期,因在南京保卫战中成功率部突围而名噪一时。接到命令,林伟俦带着各团长和参谋人员前往侦察地形,发现果德县城位于公路和右江河流交汇点上,右边河流湍急,左边是崇高石山,正面进攻非常困难。林伟俦深入乡间了解情况,当地农民听说打日本,抢着要做向导,从小路迂回果德县城。6日,151师主力佯攻果德,日军注意力全部被吸引到正面,到了晚

漓江烽火 桂柳会战

上,林伟俦派出有力一部轻装出发,爬上崎岖石山小径,突然袭击日军侧背。第84联队不明情况,星夜向武鸣方向撤退。林伟俦在《金戈铁马忆当年》一书中这样写道:

> 151师451团乘胜追击三四十里路程,迫近武鸣县城,猛攻猛打,城郊水田平地开阔,敌军退守武鸣西南高山阵地,我军占领武鸣东北高山阵地,停停打打十多天,形成了对峙,师部和其余部队进驻果德县城。是役我军伤亡官兵一百多人,俘获敌机关枪两挺,步枪二十多支及日记多本。

平田正判获悉第21师团一宫支队已经出动,下令果德、武鸣一线的第84联队前往

■第62军第151师师长林伟俦。

接应,深野时之助联队长没敢多派兵,当面的广东部队尚有一定战斗力,他只能分出一个大队从隆安取道金陵、苏圩向邕龙公路推进。10日,一宫支队第83联队在绥禄镇(今扶绥县东门镇)的公路上,与东面开过来的第84联队取得会合。至此,日军经7个月又23天的苦战,终于打通了大陆交通线,但是日军并没有力量确保这条漫长的陆地通道,在中国军队和中美空军的双重打击之下,它始终处于似通非通的状态。日本防卫厅战史坦言:"战局的演变与当初预料的不同,它所发挥的作用也同样要受到战局的限制。总之,从南方向日本送回物资和从日本向南方运送军需品暂时均需作罢。"其实即便通畅无阻,江河日下的日军也已没啥物资可送,"想要依靠打通南宁、法属印度支那间连接线以改善战略态势,实际上却只能利用它作为一部分兵力暂时的行军路线而已"。

至于一号作战日军究竟有多少实际战果可言,防卫厅战史比较谨慎:"中国方面受到很大打击,是无可争议的事实。但另一方面在策划一号作战当时所考虑的,要摧毁威胁我本土的前进基地,因敌在马里亚纳基地的完成而完全失去了意义,并且不能指望利用南方陆上交通代替海上交通。中国派遣军本身的消耗也绝非轻微,如今明显暴露出由于我战场过于偏西,而在美军新的进攻时,处于极不利的态势。关于全盘一号作战,尤其是第二期向桂柳地区挺进的意义和价值,以及是否适当,值得今后深思和检讨。"持

续时间超过7个月的豫湘桂大战，换来重庆和东京的两败俱伤，一向骄横的日军竟然不敢言胜。后悔吗？来不及了，陷入泥沼的困兽用尽最后的一点力气，结果发现自己越陷越深，以至无法自拔。

田中久一返回广东之前有个愿望，就是想要亲自到柳州的土地上走一走，按第23军作战主任参谋小林友一的话说："富有强烈责任的司令官，一定要以亲自视察柳州来证实攻占柳州任务的完成。"田中久一还发出电报邀请横山勇一块到柳州会晤，不过横山勇没来，他已接到调令，要回日本国内担任西部军司令官，没心情陪人散步。12月8日，田中久一坐飞机返抵广州，第23军司令部沿西江陆续乘船下行。10日，第6方面军颁发命令："第23军应以军主力在广州，独立混成第23旅团返回雷州半岛恢复原来态势，力图恢复和增强战斗力。同时应加强广东地区的对美作战准备，且需根据计划准备打通粤汉铁路南段的作战。以12月15日零时为期，命第22师团、独立混成第22旅团纳入第11军司令官的指挥，尔后第11军、第23军之间的作战界线定为广东、广西省境线。"

1945年1月上旬，日军第6方面军以攻占粤汉铁路南段及摧毁江西遂川、赣州、新城机场为作战目的，调集第20军所属的第27师团、第40师团、第68师团第57旅团，兵分两路攻向湖南南部和江西西南部；第23军所属的第104师团、独立第8旅团，进攻粤北韶关等地。至2月上旬，日军占领了中国抗战以来一直是后方的湖南郴县、宜章，广东乐昌、韶关、始兴、南雄，江西大庾、南康、赣州、遂川、永新、莲花等地。5月，日军逐步撤离湘粤赣边区，中国军队得到消息后展开围追堵截，在日本宣布无条件投降之前，收复了不少失地。

八、黔边风暴

1. 陈素农布阵拒敌

日军攻克桂林、柳州之后,面临一个突出问题——如何追击中国军队的主力以及追击到何处?第11军当初制定作战计划时,这一点并不明确,第6方面军也未给过任何指示。10月7日,宫崎周一和天野正一向冈村宁次说明作战设想时,第一次提到了追击问题:"战略追击从作战目的看来无此必要,且也无此余力。攻占柳州后重庆军主力逃跑时应如何追击,除考虑我后方可能使用的兵力及重庆军后方的状况外,并需同时考虑打通粤汉线,攻占南宁等计划,将战场追击稍加扩大,控制在广西省的重要地区,特别要尽可能深入占领黔桂铁路。"冈村宁次对此无异议,在此原则下,11月15日,第6方面军发布命令,确定第11军"大致应追击到广西和贵州省的省境线"。横山勇结合实际情况,当日下令第13师团先向河池、南丹挺进。18日晚上,"为了双重切断重庆军退路",横山勇决定第3师团一并加入追击,

同时规定两个师团"追击至广西、贵州省边境的六寨、麻尾和以东之黎明关"。

黔桂铁路从柳州南站起,经柳城、宜山、河池、南丹、独山、都匀、贵定到贵阳,全长608公里。1939年7月开始兴建,1944年6月修通至都匀清泰坡,完成471公里。其中河池(当时习惯称之为金城江)至都匀段的300公里可以说是全线咽喉所在。这一带山高道险;铁路爬陡坡、绕大弯,有些地方每列火车要用两个车头前拉后推,才能盘旋而上。300公里铁路仅隧道就有25处,在当时缺乏穿山设备的情况下,施工难度可想而知。1944年11月中旬,黔桂铁路工程局由宜山迁往贵阳。在日军隆隆炮声追赶下,铁路、公路沿线挤满了成千上万的难民和退兵,火车却因煤源断绝陷入无谋开车的困境。大约有20万难民滞留金城江、南丹一带,他们扶老携幼,肩挨着肩,脚跟着脚,缓慢地向前蠕动,再加上公路上络绎不绝的各种汽车,便形成了长达数百里的人流车流"奇观"。

11月20日,与大批难民、溃兵移动方向

八、黔边风暴

相反，有一支军队正朝南丹、金城江大踏步行军。从云皋当年是宜山电信局职员，他回忆说：

> 18日我接奉电信管理局命令去南丹工作。19日我步行到车河，次早由车河走出约20余里之打锡圩附近，遇见迎面来的数千人之队伍，佩戴第97军符号，服装整齐，武器精良。当时逃难民众和车辆均让路给军队先过。难民中有人高呼，"我们的大军到了，我们逃难可以告一段落了，我们向第97军致敬！"军队官兵亦举手还礼，军民融和，足见群众对该援军期望之殷。

别说老百姓对第97军抱殷切期望，就连张发奎也对第97军的到来犹如"久逢干旱得雨露"。蒋介石原本计划第四战区再在金城江以西顶一顶，可张发奎根本无法执行："我的部队都西撤了，就只好依靠第97军了。"第97军较长时间驻守在重庆江北白市驿、南岸黄桷垭等地，按理应该是未经损耗的精锐生力，但实际上问题多多，所谓"服装整齐，武器精良"只不过是从云皋看惯散兵游勇后的相对印象。

1943年2月，国民政府为了增加陪都的卫戍力量，决定由重庆卫戍总司令刘峙增编一个军，刘峙首先想到的便是他当初在河南省主席任上以保安团编建的第166师和胡宗南集团的第196师。至于军长人选，刘峙请示何应钦后荐举梁华盛、郜子举两人择任军长。未料蒋介石一个没同意，批示："李明灏如何？"何应钦、刘峙对此有些纳闷，李明灏系湖南醴陵人，大革命时期程潜的左右手，抗战爆发后担任中央军校第二分校（湖南武冈）主任，五年来一直兢兢业业办教育，怎么突然让他带起中央军？李明灏自己也是备感意外，他倒有心整顿部队，但指挥系统直隶刘峙，补给装备又须经过何应钦的核准，各方牵扯较多，以至第97军的战力和士气一直得不到有效提升。

1944年7月，李明灏被调职，蒋介石另派中央军校教育处长陈素农继任军长。陈素农是浙江永嘉人，黄埔军校第3期步科毕业，因成绩优异一度被蒋介石留在校长办公室工作，此后还曾担任过"福安"、"宝壁"、"江汉"三舰舰长、总部副官处副官、南京警卫司令部特务营长等职。1928年10月，陈素农考入陆军大学第9期深造，其间著有《大军统帅学》，深受校方好评。陈素农也是最早参加对日作战的嫡系将领之一，他在第88师团长和参谋长任内两度与日军拼杀淞沪战场，后因功升任预8师师长，率部活跃在晋东南和太行山区，坚持敌后抗战三年之久。1944年5月，蒋介石调陈素农为第10军军长，还在接事半路上，长沙战火再起，临阵换将显然不利于军心士气，陈素农奉命折回重庆，但他对军校教育处长一职表示"不愿再返"，等待两个月后终于当上了第97军军长。

陈素农首先清点官兵员额，结果令他

漓江烽火 桂柳会战

■陈素农（左一）1937年任第88师参谋长，与师长孙元良（中）、副师长冯圣法（右）合影。

很失望，全军总共才8000人，不过一师兵力。陈素农分析原因，认为精壮力强者很大一部分已被选送到驻印军，再说重庆物价较高，部队待遇菲薄，逃亡众多，所以才会出现如此缺额现象。其实抗战到了中后期，国民党军队普遍缺额严重，兵役制度的不完善加上整补过程中的层层腐败，使这一问题持续恶化，犹如"病入膏肓"。陈素农呈报何应钦，请求补充兵员，何应钦也头疼，派兵役署征补司司长何志浩转告说："全军缺额由征补司优先拨补，这事就别报告委员长了。"既然有此承诺，陈素农也就不打算节外生枝了。9月初，张发奎一再要求重庆增派援军，蒋介石以为第97军整训经年，实力雄厚，便命令陈素农率部开赴黔桂建功。

9月19日，第97军由重庆出发，至10月20日到达黔南都匀、独山一带，官兵整整步行一个月下来，体力十分疲乏，关键是没一双好鞋。那时部队穷，草鞋费每月规定两双，平时由士兵自行编制，勉强还够穿，可如此长途跋涉，草鞋能顶什么用，每双鞋穿三五日便烂了，士兵光脚步行，不用几天就会脚掌破裂。到职不久的第166师参谋长曹福谦回忆说：官兵赤足走路哪能走得动、走得快呢？特务连一个士兵睡在公路上不走了，我问他为什么不能走了？那个士兵回答我说，参谋长我真的不能走了，脚都磨肿了，给我一双鞋，我就能跟上部队走。和士兵的惨苦情形相反，第166师部分高级将领十分腐化，师长王之宇和副师长黄淑竟然都不愿意长途行军,借故住在重庆公馆中,打算等部队差不多到达防地后再坐车赶赴前线。幸好曹福谦在第166师的时间很长,又是从营、团长一步步上来的,肖超武、樊雄、郑光杰等几位团长总还言听计从,要不第166师岂不"群龙无首"。

第97军归黔桂边区守备司令韩汉英指挥。韩汉英原为中央军校第四分校主任,他在独山设校多年,人地相熟,因日军进逼黔边,这时又兼任都(匀)独(山)警备司令,其实他兵力无多,只有第四分校练习团,主要负责构筑工事。陈素农请求将扎佐陆军演习场的2个步兵团和1个工兵营,编为1个师,充实第97军,韩汉英做不了主,层峰也不置可否,没有立即批准,迟至12月初才着手进行整编工作。陈素农认为"时机一失,已无用武之地"。总算补充到一批新兵,沿途怕他们逃走,是用绳子绑着送来的,据军部机要参谋任文渊回忆,这些壮丁被捆得连汽车也难爬上,脸色苍白,疾病百出,一路上吃不饱、穿不暖,朝夕想着逃跑。在都匀整训期间根本没有心思学习战斗技术,更谈不上树立抗日救亡决心。

11月15日,宜山失守消息传来,第97军又奉令开南丹、河池布防,归黔桂湘边区总司令汤恩伯指挥。从云皋看到的正是20日早晨陈素农军长率军部甫抵南丹东郊打锡圩的场景。下午,陈素农向蒋介石报告:"军部已于今天到达南丹,据报敌人正在向河池推进。河池以下无险可守,南丹附近则有现成筑好的防御工事,我军是否向前推进,或在南丹布守?"蒋介石回答说:"不必推进,就在南丹布防,布置完毕,再将配备情况报告。"21日,陈素农汤恩伯的电报:"第97军配属炮兵学校炮6门,占领吾隘、大厂、车河、八圩、黎明关之线,保持重点于公路铁路方面,并以一部占领大山塘、六甲之线,为第一线阵地,无命令不得撤退。"汤恩伯划定的吾隘至黎明关一线长约200公里,陈素农感到无力担负,根据实际情况作了一些调整,他把战斗力较强的第166师用于防御铁路和公路正面。这时王之宇、黄淑已赶到南丹前线,据黄淑回忆,第166师部署如下:第496团附炮兵、工兵各一连,主力占领大山塘及左右高地为主阵地,扼守铁路、公路,并以一部进入河池以北占领警戒阵地;第497团占领第二线的车河、拔贡间阵地;第498团集结大厂为师预备队,在大厂构筑预备阵地。

第196师的具体部署因缺乏史料难以考证,仅知袁涤清师长以"一个团占领牛拦关及其左右山地,一个团控置南丹、大厂地区为军预备队,一个团(587团)防守黎明关"。陈素农后来回忆说:"除黎明关派去一团外,即就南丹正面,亦约50公里,以不全之两师五团兵力,担任布防,处处形成薄弱,按学理,每师防御正面约6公里至8公里为适当,两师之军,以担任防御16公里正面为合理,而现在担任防御之正面为50公里,自然无法周密。"21日中午,陈素农与重庆

漓江烽火 桂柳会战

通话，蒋介石认为部署完善，嘱陈亲往前线视察，然后再将视察情况报告。陈素农不敢懈怠，第二天一大早便亲率第97军团长以上军官和作战参谋，前往各预定阵地侦察地形，发现所谓的"既设阵地"基本上无价值，仅沿铁路、公路及交通方便之处，有些极小部分工事材料而已。大家见此情况，面面相觑，只得概略指定阵地工事和重兵器位置，由官兵临时抱佛脚做多少算多少。王之宇见此状况完全泄气，假装掉下马摔伤，便把部队交给黄淑和曹福谦应付，自己借口跑回重庆医治，其实只不过擦破一点皮。

陈素农按时向蒋介石报告视察情况："前线士气旺盛，唯防御工事筑得非常简单，只有薄弱的散兵坑和散兵壕，难抵敌人大炮。敌人有两个多师团兵力向河池方面推进，因我只有一个军的兵力，这样的防御工事，恐支持不了，请委座增加援兵。"蒋介石说："这种情况我已知道，现已加派了汤恩伯的部队来支持你，汤部前锋已进入黔境，你的任务是死守南丹，争取时间，等待援兵，你估计南丹能守多少时间？"陈素农回答："我遵从委员长命令，要我守到什么时候，就到什么时候。"蒋介石说："我要你守南丹一个礼拜，在这期间，非奉我的命令，不能擅自行动。"陈素农不假思索地大声答道："我保证完成委员长交下的任务，与南丹共存亡，虽战至一兵一卒，绝不放弃南丹。"这是蒋介石最想听到的承诺，他拿着电话连声说好，陈素农又问："第四战区司令长官张发奎派有参谋到我部联络，此后我军行动，是否受张指挥？"蒋介石也不假思索："你直接向我负责好了。"

22日晚上，张发奎率第四战区司令长官部抵达大山塘。张发奎这回狼狈到极点，由于难民拥塞公路，他不得不弃车步行，十几个卫士从人群中强行挤出一点空间，左右搀扶着他迈行公路大桥。好不容易挤上桥头，堂堂战区司令长官连鞋子也被人踩掉，又无法停下脚步弯腰觅取，只好光着双脚走到496团阵地。张发奎召来大山塘前线最高指挥官曹福谦，先是要一双好鞋，再是口头命令496团将所有广西溃兵缴械。找鞋照办，缴械曹福谦没有执行，在广西地盘上和广西军队过不去，闹出事情来不好收场，再说又没有书面命令，张发奎现在是气头上，也就这么一说，事后不承认怎么办？你要真想执行，怎么不叫战区特务团呢？曹福谦是山西应县人，毕业于黄埔军校第四期，我们知道山西籍的黄埔系将领并不多，或许"长心眼"正是他脱颖而出的强项。

日军第13师团第116联队距离张发奎只有半日路程，22日15时未遇大的抵抗占领河池，缴获大量武器和军需物资，即有山炮12门、高射炮4门、坦克6辆、装甲车8辆、飞机1架（部件）、飞机用机关炮60门、重机枪85挺、步枪1500支、卡车107台、火车头10台、火车车厢420节、发电机30台、炮弹3000发、各种子弹41000发等等。可见第四战区宜山、怀远防线被突破后，狼狈至极，别说组织不起像样的抵抗，就连重要的军用品也来不及破坏。

颠簸流离的广西民众对国民党军队一败涂地大为不满，据说广西省政府在撤退途中发现这样一副对联："桂省府数次搬迁，宜山不宜，都安不安，百色百变，从此凌云直上，安居乐业。四战区再度撤退，向华失向，夏威失威，云淞云散，盼望龙光返照，气煞健生。"有人说这副对联是广西大学校长白鹏飞所写，也有人说对联无署名作者，是在路边墙上偶然发现的。不管是谁所作，社会舆论对广西军政要员的愤懑情绪跃然"墙"上。

2. 误炸六寨与南丹失守

大山塘在河池北面5公里，是一个狭窄的山谷，黔桂公路从谷中通过，有一座长250米、高30多米的公路桥，桥西是陡壁，桥下是深涧。11月22日下午，第46军的溃兵夹杂着大批难民乱哄哄地挤向大桥，坐镇大山塘指挥第496团的曹福谦回忆说："敌人的先头部队和便衣队混杂在人流中进入我们的警戒线，哨兵没有发觉，不知道混进了多少次及多少人后，才被第一线部队发现了。第一线的连、排长们就不问青红皂白，命令部队向人流乱开枪，才把敌人的便衣队及先头部队打出去，但同时把逃难的老百姓也打死了千把名。"

要延缓日军的进攻步伐，看来只有破坏大山塘公路桥，张发奎下令工兵第8团务必赶在24时之前埋好炸药，等待爆破。23时多，工兵在美国顾问组的帮助下，终于完成任务，可从河池方向过来的大量难民和溃兵，任凭如何喊话阻止，仍源源不断涌上桥头，张发奎实在下不了炸桥决心。23日晨，日军第116联队第1大队攻破496团警戒阵地，情势十分紧急，工兵第8团向逃难人群再三喊叫："不要过桥啦！要炸桥呀！"一连喊了几十分钟，难民、溃兵根本不为所动，眼看日军先头就要追来，张发奎有力一跺脚，大声下令道："丢那妈！不管啦！炸桥！"一声巨响，大桥和桥上五六百人同归于尽，沙石与血肉齐飞，惨绝人寰！时任广西绥靖公署参议的于东聘回忆道：

> 我们急步跑到长桥还有约两里路程的时候，天已大亮，负责夺路的一连士兵，分成两边阻止难民抢入路的中间，我们全体人员与家属，总算得以越过那唯一的通路长桥。我们过桥时，桥头有几个美国人和十多个国军军官站着狂呼，快呀！快呀！敌人的炮声更响了，机枪的声音也已听到，突然几声巨响，几个大火团和黑烟呈现在我们的眼底，长桥顷刻崩毁，桥面上的人全都坠下深冲，粉身碎骨了。

公路大桥既经破坏，日军行动受到相当限制，只得下到谷底仰攻496团。曹福谦有险可恃，信心十足，496团居高临下，火力

漓江烽火 | 桂柳会战

容易发挥,战斗至黄昏,日军占不到任何便宜,干脆偃旗息鼓。第二天、第三天再攻,仍是打不开局面,"敌军以野炮、迫击炮进行猛烈抵抗,联队长大坪进虽命联队炮、山炮展开,并命第3大队一部从铁路北侧向大山塘前进,但至25日战况仍无进展。"张发奎趁第166师暂时与日军对峙,匆匆撤往黔桂边界上的小镇六寨,他对第97军直接对蒋介石负责多少有些遗憾。值得一提的是,张发奎在南丹途中遇到了当时的著名影星胡蝶及其丈夫潘友声,胡蝶夫妇寻求帮助,张发奎安排他们搭乘一辆开往独山的军用汽车,据说胡蝶此后逢人就要称赞张长官的大恩大德。

25日,陈素农叫通蒋介石电话:"据确实谍报,河池、六甲敌人还在整补,在公路上之敌,集结于河池附近各村落,那里村落范围太宽,我飞机往炸不生大效。铁路沿线敌人集中于六甲,那里村落稀少,皆集中于圩上,请派空军前往轰炸。"蒋介石满口答应:"我即刻命令空军往炸。"陈素农的情报本身没有错,美机领航译电员却犯了大错,竟把"六甲"译成"六寨"。六寨距贵州麻尾火车站7公里,数万难民和很多后方机关的工作人员聚集于此,张发奎本人也滞留在汽车站旁的一座小洋房内,一方面收容各军溃兵及安顿机关人员家属,另一方面安排能够转移的物资迅速撤离。

9时许,美机17架低空掠过街市散发传单,大意是要轰炸封锁公路,叫难民避入附近山村。13时许,美机往南丹转一圈后出现在六寨街市上空,目击到盟机标志,人们反而毫无空袭顾虑,看着飞机翱翔,依旧人山人海挤肩后撤。飞机盘旋一阵后突然俯冲低飞,扔下无数重型炸弹,顿时烟火弥天,血肉横飞,哀声遍野。从汽车站往市街约100米处正是难民群集之地,呼爷唤儿,喊爹叫娘之声此起彼伏。

飞机继而盘转俯冲用机关炮轮番扫射,未死伤的人发疯似地向四郊狂奔。炸后的六寨尸满街巷,伤者无数,有焦头烂额者,有残腿断臂者,惨不忍睹。张发奎的贴身警卫当场被炸成两段,他本人幸免于难,不过私人日记和抗战以来的重要资料都在六寨付之一炬。回首往事,张发奎疼心万分:"这是我一生最难忘的往事,对于盟机的作战史上亦是荒唐愚昧的一幕。部队里的一个中将、二个少将、八个上校和200多员官长、800多名士兵都葬身于盟机的炸弹下。民众的死亡最少在5000以上。"

事后,美军译电员被判处死刑,第四战区美军联络组博文上校转来美军顾问团的备忘录,内有"误炸事件给中国军民带来了巨大的损害,不知如何才能弥补这一重大过失"之语。张发奎回忆说:"大祸已经酿成,忏悔又有何用!但我思忖,如果这么多炸弹扔到准备的目标——六甲的日军前锋,敌人的日子一定不会好过。"六寨误炸事件与花园口黄河掘堤、长沙大火并称抗战时期的三大惨案,国民政府军阵亡三员大将,分别是军训部中将监督陈克球、第四战区干训团少将教育长王辉武、高射炮第3区少将指挥官岑铿。与张发奎感情最深的要数怀远阻敌有功的王辉武,"当每个部下死亡的噩耗传来的时候,我悲痛得泪流满面,伤感不已。这些久经征战的官兵和义民没有战死沙场,谁想到会被盟机夺去他们的生命,能不为之哀悼吗?"

负责善后工作的丹池警备司令莫树杰,在日军退出南丹后来到六寨,他简直不敢相信眼前所看到的一切:

遭美机轰炸的六寨,除汽车站一角之外,全市弹坑成密集梅花形,断垣残壁,瓦砾屋桁,混杂堆积,残灰泥尘压盖尸体,缺臂断腿,无头尸、无脚尸、半身尸、童尸、马尸,触目惊心,壮极悲惨。特别是菜市和附近几条小街,各种尸体交叉堆叠,步行无法避足,只能踏尸而过。时值隆冬季节,地冻尸僵,尚无臭气,伤心惨目,战争之罪!

26日,日军第116联队第1大队正面佯攻496团,第2大队和第3大队从两翼迂回包抄,避开第497团的车河、拔贡阵地,直插牛拦关和大厂。496团据守山隘,仗并不难打,第1大队虽然佯攻,还是付出了相当代价,大队长古贺春一被打成重伤,抬着离开战场,后由师团副官田村武夫代理指挥。日军战史这样描述大山塘正面受阻情况:"这一带的地形,公路南侧是横宽约1000米起伏不平的洼地,左侧则是不太高的小丘陵地带,隔公路北面是险峻的石山,特别是野车河南面的洼地十分宽阔,重庆军以野炮猛射,我方损失较大,前进困难。"

27日,绕过大山塘的部分日军穿着缴获来的中国军队服装,冒称柳州警备队,企图通过498团大厂阵地,肖超武团长将信将疑,直接请示军部放不放行,陈素农命令断然拒止。日军的计谋没有得逞,迅速露出本来面目,498团大厂阵地一部被敌突破。几乎同一时间,另一路日军第104联队的两个大队,攻入大厂西北4公里的太平,海福三千雄自信正面进攻兵力已够,下令第3大队迂回南丹西面的罗富。陈素农率军部特务营驰往逆袭,日军用机枪堵住狭隘道口,反击未能得手。陈素农动摇了,他向蒋介石报告:"我军阵地遭到敌人猛攻,防御工事大部被毁,伤亡亦重。大厂被敌攻陷,我右翼被突破,中央暴露,容易受敌侧击。拟将兵力撤到打锡圩、牛拦关防线据守。"蒋介石考虑后表示同意。

协助陈素农指挥的黔桂湘边区副总司令孙元良,鉴于情况危急,不待后续增援部队第98军第42师完成集结,即命先到的第124团和第126团推进打锡圩附近占领阵地。其实第42师总共也就4000人左右,因担任输送的汽车破旧不堪,沿途抛锚许多,赶到南丹的单位建制混乱,营长找不到连长,连长找不到排长。孙元良病急乱投医,实在也是无奈之举。黔桂湘边区副参谋长苟吉堂回忆

漓江烽火　桂柳会战

说："27日经整日激战，我第97军及第42师，勉力抵抗，所蒙敌炮火之杀伤甚大，入夜已呈难再抵抗之艰巨状况。"偏偏这个时候，张发奎又要孙元良、陈素农将空军南丹器材库所存的40000加仑航空汽油妥善处理。陈素农本想拒绝执行，现在战斗已感不济，哪有余力去搬汽油，况且蒋介石不是说过第97军直接归重庆指挥，可一想到陈牧农同学的事情，又怕到时候说不清，于是派人把汽油罐引爆，以免资敌。

28日拂晓，空军器材仓库爆炸声接连响起，房屋为之震动。日军再兴攻势，打锡圩、牛拦关等地陷入混战，第97军联系重庆用的电台亦被日军炮火击中，通信兵死伤惨重。陈素农借用南丹电信局的线路，向重庆报告战况，侍从室值班人员对他说："委员长已睡熟，不便惊扰。"陈素农真是缺乏大将风度，横山勇是"将在外君命有所不受"，他偏偏要24小时报备："前方有紧急军情，非委员长接话不可。"侍从室答道："要不请钱大钧主任来接电话？"钱大钧是侍从室第一处主任，陈素农说："前线经两日激战，阵地大部被毁，为了避免伤亡，争取时间等待援兵到达起见，我想把部队撤至离南丹50华里的芒场，再行抵抗。"钱大钧不敢做主，提醒陈素农就近请示汤恩伯，结果汤恩伯给出五个字——"要再守三天"。

第496团连夜后撤至车河、拔贡之间第二线阵地，第166师特务连、搜索连一并投入战斗。怎料498团及196师方面很快溃败，

黄淑认为侧翼日军远距离迂回包围，第二线阵地势难久守，不如撤至南丹大许家再作打算。曹福谦晚年撰文指出：

第166师496团、497团都打得很好，始终固守原阵地，敌人是突破498团及196师阵地后，直奔南丹，攻击军指挥所的，也就是说跑到我们后边打起来了，军长将军直属营、连组织起来抵抗，还是没能阻止日军。28日，我们奉命向南丹北边撤退，我到达南丹火车站，同黄淑会面，知道军部及军长已于几小时前撤退，只嘱咐我师在天明时要离开南丹，而向哪里去，黄淑没有问，军长也没有交代。

陈素农在1974年8月自印的《回忆录》一书里，这样描述当时的情形："南丹阵地全线，已被击溃，南丹亦在炮火笼罩中，军特务营，早已增援前线，何能变得兵力，再来防守三天？但军人以服从命令为天职，此时唯有坐待殉国，别无他途。"真要"坐待殉国"倒也落个好名声，陈素农当日不是对蒋介石拍过胸脯，"保证完成委员长交下的任务，与南丹共存亡"吗？可惜他没做到，豪情万丈的话成了说说而已，还要把责任推给张发奎："第四战区长官部，在南丹以北约60华里之六寨，张发奎司令长官，闻悉此种情形，觉得徒死不足以报国，即下达命令，退出南丹，改在六寨收容，南丹战斗，就此结束。"

八、黔边风暴

事实并非如此，张发奎的意思是要第97军在南丹、六寨中间的芒场继续阻击日军，毕竟黄淑掌握的496团、497团伤亡不大，还比较完整。曹福谦当时也主张节节抵抗，将两个团及师直属部队组成三个梯队，各相距15里到20里沿汽车路上轮流掩护，这样既可迟滞日军前进，又能争取时间以待援兵的到达。陈素农无心再战，黄淑也不赞成再打，所谓"何能变得兵力，再来防守三天"完全是骗人鬼话。

日军第104联队攻入南丹，第116联队也从大山塘跟踪追击496团到达车河一线，海福三千雄报告南丹附近战果如下：敌遗尸1822具、我俘敌735人、缴获野炮7门、山炮19门、迫击炮7门、速度炮9门、重机枪34挺、轻机枪46挺、掷弹筒24具、步枪405支、载重汽车5台、机车16台、车皮200节。104联队第3大队在南丹北面的小场追上撤退中的第166师，曹福谦在他权限范围之内，又抵挡了二三个小时，日军第13师团承认："从河池附近到车河、大厂附近遭到强劲的抵抗，此一情况师团未曾料及，感到与柳州附近的追击状况不同。"从敌方的评价来看，496团和497团确实表现不错，但498团就差劲了，该团一经接触就往山区跑，直到12月下旬166师在贵州遵义集中时，才陆续走出大山归队。机要参谋任文渊1982年4月撰写回忆文章时，当年的一切历历在目：

黔桂公路上的汽车轰鸣声与军民吵嚷

声充斥于耳，骚乱非凡，军、师的电话联系均被敌人切断，两个师的主力都从前沿阵地上败退下来了。涂着太阳旗的日军飞机，掠过树梢、屋顶，低空轰炸、扫射公路上密密麻麻的撤退人群。随着时间的推移，军部已能清晰听到日军追击的机枪声，大家互相收拾，狼狈向遵义退却。到遵义后，没有一个连队人数够上原来的一半，有不少单位只见几名主官及其随从，部队大都散了、逃了。

张发奎不满陈素农脱离部队径自来到六寨，当即质问为何不守芒场，陈答道："我奉蒋委员长命令，直接向重庆负责，不能接受你的指挥。"张发奎气得直奔都匀，他到独山后叫通重庆向蒋介石报告："第97军不守芒场，直退六寨，据我派往陈部联络的高级参谋回来报称，该军伤亡不大，显是保全实力，不奉命令，擅自撤退。"蒋介石正为黔桂战事一败涂地心情烦躁，闻之大怒，打电话找到孙元良，如果碰到陈素农，立即扣留，就地正法。真要严格执行军法，桂柳会战结束后恐怕不止陈素农一人面临脑袋搬家，事实上和曹福谦没有执行张发奎要他缴广西部队械一样，孙元良也没把这事当回事，校长气头上的话不能作真，陈牧农同学已经把命丢在广西，现在仗也打得差不多了，犯不着再杀一个嫡系将领吧。

南丹战事结束，陈素农撤职查办，有人对此抱不平，认为第97军已经尽力。军法执行总监何成浚约陈素农到重庆面谈，亦抱

漓江烽火 | 桂柳会战

同情态度："南丹战役，军委会各首长，曾开会详加检讨，余亦出席参加，咸认为第97军，在南丹血战七昼夜，已尽最大之努力，打仗时损毁一座电台，那是寻常的事情，算不得什么大罪，最高当局不明了事实，以致批交查办，此事我可完全替你负责。"1945年10月2日，陈素农"以犯罪情节甚轻"获刑5年，何成浚当日在日记中写道："此案本部最初原签请免议，未获邀允，今只得照审判长等所拟，再呈候核示。"从就地正法到判刑5年，陈素农其实一天牢没坐，何成浚早有承诺："如因此监禁你一天，我就对不起中华民国军人。"1946年冬，陈素农应西北行营主任张治中的邀请，担任新疆警备司令部副司令。陈素农以此再起，1947年任国大候补代表，1948年8月任陆军第6军官训练班主任，后又改任海南军官分校主任。国民党败退台湾，陈素农历任"总统府"战略顾问委员会顾问、永嘉县国大代表等职，1983年3月病逝台北。

30日早晨，穿着从柳州缴获来的中国军队棉服的第104联队进占六寨，发现黔桂两省地形地貌截然不同：

从六寨起成为高原波浪式地带，虽偶有柱状岩石屹立，但并不影响战斗行动。在省境铁路西侧约50米处，竖有标志省界的石碑。贵州省的波浪地形，比起广西省来显然大得多。在南丹附近，尚可勉强收集到一些野菜、水果等副食，但从南丹起沿道路两侧

4公里内，找不到任何事物，只能在米饭里加些酱粉和酱油粉凑合着吃。

3. 交兵雄关古道

黎明关位于贵州省荔波县洞塘乡境内，有"黔桂第一关"之称。别看现在的黎明关满目疮痍、破败不堪，历史上却是黔桂交通要塞，兵家必争之地。黎明关脚下有一条全用石板铺成的古道，据说上世纪初，南洋华桥巨商胡文虎、胡文豹兄弟从云贵川采购的药材山货，都是经由这条古道出黎明关运到南洋，又将南洋的百货、布匹、食盐等物质由此运到贵州。黎明关扼守古道之上，两侧为陡山悬崖，仅有一山间小道通行，有"一夫当关，万夫莫开"之险。如今的黎明关已经没落，在寂静的崇山峻岭中再也听不到马帮响起的铃声，再也看不到络绎不绝的来往客商。或许没有多少人知道，1944年初冬，在这片悠悠古道，巍巍雄关之上，还曾演绎过一场中华民族抵御外族入侵的壮丽篇章。

1944年11月18日，"为了双重切断重庆军退路"，横山勇决定第3师团、第13师团"追击至广西、贵州省边境的六寨、麻尾和以东的黎明关"之线。仅仅过去三天，第11军又改变初衷，提出以贵州独山为追击目标，第3师团一直就是横山勇的"急先锋"，山本三男提出"为了完成作战目的，师团的追击目标不仅仅是独山，而以进入其北方要点切断公路为有利"，他又在地图上

八、黔边风暴

■黎明关抗日战场旧址。

把箭头向北推进50公里，选定独山北面的都匀为追击目标。山本三男决定"师团主力（步兵第34联队为前锋）沿思恩、黎明关、荔波、独山路线追向独山以北，以步兵第6联队为基干部队，沿天河、宜北、三合、八寨、都匀路线向都匀追击"。多追50公里就多追50公里吧，横山勇心想，反正已经超出原先的作战设想，事到如今也不差这50公里。

还在10月底的时候，陈素农率领第97军进驻都匀、独山整训，他和副参谋长潘明研判日军由桂入黔不外乎四条路线：一、由龙胜关经通道、锦屏至三穗。二、由融县经下江、溶江、都江、三合、八寨至都匀。三、由德胜关经思恩、黎明关、荔波、三合、八寨至都匀。四、由河池经南丹、六寨、独山至都匀。这几条路线当然是以第四条最重要，黔桂铁路和黔桂公路从河池开始，折向西北经南丹、六寨进入"地无三分平"的贵州。这条原是大路，但沿途难民和各种车辆拥塞，大路也就成了小路。其次是距离铁路、公路不远的第三条路，也很要紧，即便你能固守南丹，我迂回黎明关，还不照样直扑都匀。陈素农统军作战实在不怎么样，研判敌人进军路线倒还八九不离十，日军第3、第13师团主力正是沿第三、第四条路线

227

漓江烽火 | 桂柳会战

迫近贵州,只是第13师团分兵天河、宜北、三合、八寨这一路算是猜对一半。

11月中旬,第97军开赴南丹、河池,陈素农电请重庆另外派兵布防黎明关,军委会回电说没有别的部队可派,"着第97军速派有力一部,前往黎明关"。陈素农不敢违令,分出196师587团赶往雄关古道,他为此自诩:

本军原只有步兵六团,除遵令派一团,赴黎明关布防外,仅有五团赴南丹布防,以后日军行动,果如所料,以主力攻南丹,以一部攻黎明关,故该项建议,实对国家整个战局,甚为有利,至少可使日军,迟滞桂黔边境,达一星期之久,更可使我汤恩伯大军,得以到达黔南,从容部署,然对本军利害而言,则不免兵力分散,任务加重,否则,南丹布防,可有步兵六团,亦可以多支持数日,且日军一部,必轻易经过黎明关,直扑都匀及贵阳,而我汤恩伯大军,恐只能到达贵阳、遵义间,则南丹价值全失,自然不必固守,本军亦可保全实力,向天峨县转进,以待时机,则我不但不受处分,且将随时立功,我从军数十年,每次作战,均着眼大局,绝不仅顾本军及自身之利害,耿耿此心,可质天日。

陈素农这番话无疑是为南丹战败开脱,但仔细想来,倒也不是一点道理也没有。仁者见仁,智者见智,由读者决定好了。

11月20日,第196师587团团长周国仲率官兵1800余人,从独山经荔波赶至黎明关。只见石块砌成的黎明关,主关墙长20米,高3.5米,宽3米,关卡通道2.04米。另依山势修筑有长约50米的石关墙,每隔1.5米,有1个垛口,韩汉英的四分校练习团又临时在关墙右端山上构筑了迫击炮炮位和机枪阵地。看到地形不错,587团官兵顿时忘记了连日爬山涉水的疲劳,立即加固工事,政工人员发挥专长,组织起一批自愿参加抗日的苗族、水族、布依族同胞,担任向导和运输工作。周国仲并派出部分兵力占领黎明关外围的牛筒、都脂、社村乡等作为警戒阵地。

24日下午,第3师团第34联队第2大队开始攻击黎明关东北8公里的牛筒,587团一部凭借有利地形,愈战愈勇,第2大队因缺乏重武器,始终无法前进一步。第二天,联队长二神力把速射炮中队配备给第2大队用于进攻,第2大队又以第8中队担任尖兵向前突进,587团警戒部队渐渐不支,傍晚退到牛筒东北4公里的都脂,继续阻击敌人。都脂地形更为险峻,守军在少数民族帮助下巧妙布置火力,日军被打得晕头转向,竟然抱怨说什么"夜间月光暗淡,似在助长重庆军的射击"。直到26日深夜,第2大队第5中队迂回都脂以西,587团才被迫退守社村乡。警戒阵地迟滞日军两天多,周国仲团长下令所有外围部队集中黎明关。日军紧追不舍,27日来到黎明关下,一看傻了眼,日本防卫厅

八、黔边风暴

战史这样写道:"该地附近是所谓一夫当关万夫莫开的天险,战况不易进展,而且重庆军的抵抗异常顽强。据侦察报告,进路两侧为连绵不断的石山,路外无法行动,因此不能迂回、包围和自由运用兵力,只有设法从正面突破。黎明关是这一带的制高点和分水岭,有如尼泊尔的加德满都附近那样用石头砌起2米厚的关门,上有好像小瞭望楼的建筑物和朱红的栏杆。"

日军第3师团的野炮第3联队尚在思恩附近,587团布置在关墙右端山上的几门八二迫击炮成了"山中无老虎,猴子称大王"。第2大队的中队长非死即伤,分别由吉永寿男等几位少尉军官代理指挥,没过多久,第8中队代理中队长渡边总一郎又被打死,"巍峨群山长满多年的青苔和榕树,重庆军向我前进路线进行纵射和背射,一挺一挺的重机枪和轻机枪,难以对付,而且还遭到可能拥有大量炮弹的迫击炮从后猛烈射击。联队的苦战笔墨难以形容。"现年93岁的季世华老人,当年是587团的下级军官,他回忆说:

凭着优越的地形和天然的屏障,我们以逸待劳,巧妙还击。一阵轰击过后,军号声呜呜吹响,日军凶狠地向我军发起了进攻。一阵阵狼嚎声、咕噪声、喊杀声,漫过山谷。我们俟其接近,充分发挥冲锋枪、手雷、手榴弹的威力,狠狠地打击着这些往上爬的敌军,但见一批批的敌人倒在血泊之中,而冲上阵地的少数敌人,也被我英勇的战士一次次跃出战壕,用白刃刺倒。

张发奎27日黄昏电令杨森"应确保黎明关及其附近地区,竭力阻敌西犯"。杨森的第27集团军此时已经残破不堪,第20军实际不足4个营,在妙石村、甫仪村短暂休整后,正朝思恩西北地区且战且退;第26军历经柳州、宜山、怀远战斗,亦无多少实力,24日晚从东江脱离黔桂铁路,正向荔波以南疾进,丁治磐试图会合杨汉域进出黔边山地;第37军怀远阻敌时划归战区直接指挥,以后并没有归还建制。杨森接到张发奎的电报,下令第20军"即以两营由东向西攻击马安山以北地区之敌,使我587团作战容易",第26军"先以一团星夜兼程前往"黎明关,主力"以洞塘、联保为目标,星夜急进,限28日到达。"杨森并命人通报587团尽力支持。结果还是晚了一步,日军打不开正面,27日下午到社村乡抓人带路,从侧面抄山间小路包围黎明关,587团腹背受敌,周国仲忍痛放弃阵地,向洞塘转移。据目睹黎明关战斗经过的布依族老人姚崇安、蒙琼山等说:"国军在黎明关(附近)抗击日军几昼夜,枪炮轰鸣山谷,从未停止,杀死许多日军。事后日军死尸抬到板王村拆百姓的房子来火化。日军走后,板王村人去捡得铜纽扣有半脸盆,可想日军死亡之多。"

丁治磐顾虑与日军交叉,舍近求远,选择荒无人烟的木伦、中伦、吉洞路线,向洞

漓江烽火 | 桂柳会战

塘行进。29日下午，经过连续14小时片刻不息，丁治磐带领的少数军部人员和特务营方才赶到吉洞。杨汉域的行动要快一些，133师当日击退圆锥山少数日军，正要再攻马安山时，得知黎明关已失守。杨森电话命令第26军迅速集结荔波，第20军驰往黎明关西北一带阻击敌人。杨汉域分兵两路，第133师会合周国仲团集结洞塘，第134师占领洞究东西之线，阻敌北进。

周国仲退守谭家坳，第133师也从大哨坡陆续抵达洞塘，周翰熙师长分出一部协同587团迟滞日军，自己带着另一部到刘家坳、蒙家坳一带构筑工事。29日，日军猛攻谭家坳，守军苦战至半夜，转向刘家坳阵地。据家住洞塘乡街上的傅高贵老人反映，日军攻下谭家坳进占洞塘，就把谭家坳战死的官兵尸体拿到周廷富家门前堆放，拆板壁、门片及桌椅来化尸，因火势过猛，引起一场大火灾，一连烧去洞塘街上十多户民房。傅老的说法可以从日军战史记录中得到印证："步兵第34联队于11月27日攻下黎明关冲入贵州后，经板寨于29日上午攻击洞塘北方高地的重庆军，第5中队中午占领了洞塘北面的石山，此时，第2大队的各中队只剩下大约30人，第8中队中队长已由曹长代理。重庆军除撤退下来的兵力外，似有新增援的部队，利用险要地形进行顽强抵抗。23时攻击（谭家坳）稍有进展。"日军一个中队通常有180人，第3师团没有参加桂林攻城，从柳州到宜山一路又都是打顺风仗，可

见死在崎岖古道上的确实不在少数，要不怎么连军官都派不出，只能以曹长代理中队长。

日军马不停蹄再攻刘家坳、蒙家坳，傅高贵回忆说："我们躲在高山卡上向下看，见日军连续几次冲到刘家坳半山坡后，都被国军猛烈的炮火打退下来，那些日本军官骂个不停，日本兵也哇啦哇啦乱叫。这回日军又死不少人，把尸体抬到街上烧，把受伤的抬到全家、王家和我家，屋里都睡得满满的。"第133师和587团从蒙家坳撤下来后，留下一小部在溪竹村迟滞日军，其余大部急奔穿洞布防。穿洞位于荔波南面15公里处，当年是永康乡进出荔波县城的必经之路，如今是茂兰国际级自然保护区的重要抗日遗址。穿洞原先是一个山洞，过去人们来往两边，总要翻越数百米高的白岩陡山，后来有人挖火硝无意中凿穿了山洞，发现从此可以直接从洞中穿行，故名穿洞。

日军第6联队沿天河、宜北、三合北上，一路上都是连绵大山，山本三男担心道路险阻，出发时对联队长松山良政说："沿途如实报告路况，实在过不去，不要勉强。"松山表示"决死前进"。第6联队遇山开路，逢河搭桥，虽然行军十分艰辛，但沿途没有遇到任何正规部队抵抗，只是剽悍的苗民比较难应付，他们专事袭击三三两两的掉队者。担任联队前卫的第3大队吃亏不少，大队长筑场市郎左卫门指出："在整个作战中，这是一次最困难的行军。征集食物

需要与居民接触，因此，不断有人传染霍乱，加以此地苗族性格剽悍，排外性强，为运送患者费尽了苦心。"28日傍晚，日军翻过十里长坡到达九阡乡石板寨，水族农民潘义高、潘老发等50余人紧闭寨门，拒绝外来者进入。日军天黑不明情况，没敢贸然攻寨，当夜反被潘秀辉派出的突击队袭杀数人。次日黎明，恼羞成怒的日军用迫击炮轰击寨子，水族群众武装抵挡不住，纷纷逃往后山。30日下午，筑场大队进占三都县城。

杨森得知三都失守，立刻打消了集结荔波的想法，他借口"另有约一师团之敌，已经宜北、三都，窜犯都匀"，决定"集团军以攻击由宜北窜犯都匀之敌为目的，即向三都方向前进"。从字面上看，杨森的处置似乎很积极，其实并非如此。第27集团军现有实力是否能与"窜犯都匀"的日军"约一师团"（其实只有第6联队）相抗衡，杨森心里比谁都清楚，所谓"前进三都"，说穿了就是放弃荔坡。杨森下令第20军将穿洞阵地交由第26军第44师接替，然后以第20军、第587团、集团军总部、第26军的次序向周罩、三洞方向转进。

12月2日，二神力亲率第2大队进攻穿洞，第44师尚有1000多人的兵力，面对敌人密集炮火，并不畏惧，时不时派出小股队伍出洞袭扰日军。双方战斗异常激烈，洞外被炮弹炸得碎石横飞，弹痕累累，整个战场硝烟弥漫，遮天蔽日。二神力当日就差点被迫击炮击毙，多亏联队高级会计犬饲英男猛然将他推倒，才捡回一条命。日军战史这样描述当时的惨烈情形："师团司令部12月2日在板寨，此时第一线步兵第34联队正在攻击据守水杠（永康乡驻地）要地的重庆军。……在当时的战斗中，第8中队的全体军官非死即伤，而由军士担任队长继续奋战。在大道前方的石山中央有个凿成隧道的洞穴，是通荔波的唯一进路。前方的石山均被重庆军占据，并以轻重机枪和迫击炮、掷弹筒等雨点般射来。"

3日，第2大队在2门山炮、1门速射炮、1门迫击炮、2门步兵炮的配合下，像输红眼的赌徒一样押上最后仅剩的一点"本钱"——也不过一个步兵中队而已。第44师顽强抵抗，第2大队输得很惨，第5中队代理中队长吉永寿男负伤，第6中队中队长武智通夫阵亡，士兵所剩无几。增援上来的第3大队第10中队同样损失惨重，中队长石川音吉以下多人战死。17时多，第44师的迫击炮又击中第1小队的速射炮，小队长横山佐嘉当场毙命。日军感叹："由于重庆军多为自动武器，经常迅速移动，其士兵战斗动作又非常机智敏捷，所以很难发现敌军火器。重庆军似为美式装备，以瞬发信管的美制手榴弹代替了旧式木柄手榴弹，迫击炮也可能是美国制造的。"

穿洞正面久攻不下，二神力命令第1大队向左迂回，经吉洞、董亥、巴灰攻向荔波县城。傍晚，第44师完成断后任务，奉命撤退，日军第2大队第5中队剩余士兵14人侥幸占领穿洞，二神力率第3大队连夜进入荔波。按照事先制定的作战计划，第34联队还要从荔波追向独山以北，山本三男有点想打退堂鼓了，毕竟伤亡远远超过预先设想，第3师团转战华中多年，还从未遇到过一个大队几近全部覆没的窘迫处境。差一点就要硬着头皮上，刚好横山勇下达了全军停止追击的命令，山本三男急忙命令二神力原路退回，工兵第3联队和第68联队修补黎明关附近的道路，以便第6联队、第34联队容易返还。4日，二神力纵火烧城，退出荔波，沿途老百姓痛恨侵略者破坏家园，纷纷拿起武器截击落单日军，给贵州抗日斗争史留下了光辉的一页。

4. 攻守之间的贵阳

横山勇11月21日下午发出"突破黔桂省境线，向独山、八寨挺进，彻底完成本作战"的命令，完全超出了方面军原先设想的"大致向省境线追击"的规定。从日本防卫厅公布的战史资料来看，第11军进入贵州的追击命令是22日到达第6方面军的，冈村宁次一反常态，并没有加以阻拦，而是"信赖第11军的卓越统帅和兵团精锐，期待其成功"，也就是乐观其成。

那么，第11军为何要越出第6方面军的作战意图，孤军冒险进入贵州呢？原因主要有两个方面：

第一，中国军队的节节败退助长了日军进攻的气焰。具体到第11军，起初的作战计划是按第11军、第23军分别攻取桂林、柳州进行准备的，发现桂林守军力量薄弱，横山勇断然改变计划，决定在进攻桂林的同时分兵进攻柳州。短短几天工夫，第11军占领桂林、柳州，中国军队陷入混乱，除了怀远、大山塘一度有所坚持外，基本上是沿黔桂路大溃退。面对如此弱不禁风的对手，日军又怎么会不贪恋战果的扩大呢？

第二，横山勇的逆反心理。你不让我进攻柳州，我偏偏打下来让你看。你规定我不能越过黔桂省境线，我才不学唐僧，就要跳出你的金箍棒圈圈。要知道第11军从上到下充斥着好战分子，他们岂肯画地自限，当初是高参井本熊男力主抢攻柳州，这次第13师团参谋长依知川庸治甚至建议"应从独山、贵定一直追击到贵阳"。

第6方面不阻挠第11军的独山追击计划，这倒令横山勇有些意外。那冈村宁次又为何默许横山勇冒险呢？笔者认为，冈村宁次是想要尝试一下从贵州进攻四川的可能性，顺便打击中国西南大后方并不强大的战略预备部队。四川是中国抗战的后方大本营，日军曾经计划1943年春从晋南、宜昌两个方向进攻四川，后因太平洋战局不利而放弃。1944年6月，畑俊六预计"一号作战给中国的打击，需要一年后才能恢复"，考虑到日本在全盘战局中将日趋不利，他提出"宜在一号作战结束后尽速攻重庆"。冈村宁次升任中国派遣军总司令官,对接任第6方面军司令官的上月良夫留下这么一句话:"鉴于此次作战(指进攻贵州)的战绩,希望对第3师团、第13师团使用驮马大胆进攻的机动距离加以研究。"冈村宁次从横山勇的冒险中看到了从贵州进攻四川的一线希望,那就是以驮马彻底代替汽车。

11月26日,第11军以"旭参电第393号"正式向大本营、中国派遣军、第6方面军等上级单位报告独山追击腹案:"鹿部队沿河池西北地区,山部队沿黎明关东南约10公里附近追击中,估计在独山附近可结束追击。本军一旦进入独山,立即命令各部队向反转态势转移。"第6方面军参谋长宫崎周一复电:"旭继续猛追,一举将目标指向独山","收到快报,期待战果"。日军大本营作战课高度重视,立即着手研究各种方案,当天晚上就形成了"关于贵阳方面的作战指导"的书面报告,主要内容如下:

方案一 利用当前有利的军事形势,一举攻占贵阳,并予以确保。

方案二 攻至贵阳附近,对周围的军事设施进行彻底破坏,然后适时撤回柳州、桂林地区。

方案三 即按第11军的作战意图,追击至独山并占领附近地区,但须长期确保。

方案四 占领独山及其附近地区,先予以确保,再适时撤回至柳州、桂林。

方案五 追击作战一结束,立即开始撤回。

作战课认为攻占贵阳有利有弊。有利于控制沿途的空军基地,破坏中央军的军事设施及销毁其作战物资;有利于遮断昆明至重庆的交通,给重庆以直接的威胁;有利于增强日军在云、贵地区的战略态势;中央军由于根据地一部丧失,反攻的时间将后延。不利因素也很多:需要增加部队,作战时间至少需二至三个月;部队沿铁路、公路线深入太远,沿途需警备部队太多;长久占领贵州,机动部队减少,容易形成被动;从全盘战略形势看,再分散兵力极为不利;深入、远驻,保持长远的供应有困难;一旦中央军在作战中进行死守,日军遭到更多的消耗之后,形势会很快发生逆转。

至于长期确保独山一案,作战课亦有相当顾虑,主要是担心输送能力不足,反而会削弱桂林、柳州的战略态势。最后得出结论:"目前现地军(第11军)所希望的到独山附近为止的追击作战,即可实行,无需特别处置。……目前作战经过,虽按照第四方案进行,但应以第五方案的宗旨为重点。"

张发奎11月17日向蒋介石呈报战况时指出:"如我能在怀远坚强抵抗,桂柳会战或即至此而止。但一般战力耗损过巨,劲旅亦成疲师,倘敌因此扩张战果追近黔疆,亦非绝不可能。"张发奎对日军入侵贵州有所预见,重庆也未尝无动于衷。早在10月下旬,蒋介石就已未雨绸缪,急令撤职留任第一战区副司令长官的汤恩伯"南调湘黔",担任黔边防守作战。汤恩伯抗战初期被称为"抗日铁汉子",1938年春与孙连仲的第2集团军内外夹击日军第5师团,缔造了闻名中外的台儿庄大捷,这时却因豫中会战失利遭人弹劾,声望跌到了人生谷底。接到蒋介石的命令,汤恩伯带上副参谋长苟吉堂及几个随身幕僚,从陕西商南星夜兼程赶赴重庆领命。11月3日,汤恩伯到达重庆,蒋介石赋予他"确保黔边,屏障陪都,相机击破敌人"的重任。三天后,汤恩伯率同孙元良、苟吉堂和临时向军令部借用的一些参谋人员,分乘一辆吉普车、两辆卡车驰赴贵阳。汤恩伯的吉普车性能较好,7日进入贵阳,路上只用了一天半时间,孙元良、苟吉堂等人坐的卡车相对较破,整整晚一天才到。

10日,蒋介石正式任命汤恩伯为黔桂湘边区总司令,孙元良、张雪中、万建藩为副总司令,抽调第9、第13、第29、第57、第87、第94、第97、第98军统归汤恩伯指挥。以上8个军、20个师,除了第97军已经先期抵达贵州外,最远的第57军尚在关中整补,最近的第29军正从四川合川徒步贵州遵义。汤恩伯的起家部队第13军长途跋涉在川陕公路上,距离重庆至少还有半个月的路程,第87军、第94军系从第六战区抽调,鄂西到贵州也不是一时半刻可以赶到的。苟吉堂因此说:"这一次各兵团的徒步行军距离,多在三千公里上下的远程,所要通过的是崇山大川且很多荒瘠人稀的区域。这一次兵力转用的艰难,像我们这样贫弱苦战的国家,使军队饱尝人世未见的酸辛,决不是我们中外任何兵学家,在图上研究战术的矢标一画那样的轻便。"据第9军第54师师长史松泉回忆,该师9月24日自陕西宝鸡出发,于12月17日抵达贵州都匀,行程超过2000公里,行军时间接近3个月,当时他提出一个口号"长途行军中整军",部队纪律严明,所经之处蒙受各界好评。

1940年代的贵阳,无论从街道、建筑、居民各方面来看,都算不上一座现代化的城市,说它是乡城,又未免有点委屈它。随着湘桂战事失利,贵阳人口由10余万骤增至50余万人,几乎增加了三倍,米价一路疯涨,猪肉和蔬菜的价格甚至超过了重庆。贵阳警备司令宋思一对难民问题感到十分头疼:

当时贵阳的难民每天成千上万拥来,负责这事的机构很多,如社会处、地方人民团体、公路局、警察局,都有不少的人协助办理。我主要是对难民进行守护管理。但由于人数太多,情况紧急,因争寻住食和争车疏散等问题,曾发生过不少行贿诈财和非分勒索的事。事后听说,有时黑市出卖到昆明的车票,竟贵达十两黄金一张。

宋思一另一项重要工作是招待过境部队,从10月初至12月初这段时间内,每天经过贵阳的部队,平均约三五千人以上,总数共约25万人。

蒋介石为安抚军心，下令对所有过境部队，无论官兵，每人到达贵阳时，必须招待半斤肉，四两酒，并请他们洗澡看戏。河滨公园边贵阳师范学院的原址，就是我设站招待过境军队的地方。

汤恩伯在中央军校担任第六期学生总队第2大队大队长的时候，宋思一是中央军校管理处长。汤恩伯一到贵阳便增划贵定、龙里、贵筑、惠水、修文、清镇、平坝等7个县，并归贵阳警备司令部指挥。宋思一是贵定人，对汤恩伯"确保黔边，屏障陪都"帮助很大，约在11月初以后的数星期中，他经常和黔桂湘边区司令部的参谋人员，后来也包括副司令张雪中，经常到贵阳外围勘察地形和工事，对相关防御部署贡献良多。汤恩伯当然比宋思一还要忙，不妨从他的匆匆行程中窥探一斑：

11月15日，率孙元良、荀吉堂一行赴南丹，会晤黔桂边区守备司令韩汉英，了解前线战况。

11月18日，前往河池，与张发奎交换意见。

11月20日，派孙元良协助陈素农指挥南丹战事，指定荀吉堂专门负责独山、南丹各方面联络。晚上返回独山。

11月21日，召开独山党政军联席会议。

11月22日，星夜赶回贵阳，电催第9、第13、第98军等克难兼程急进贵州。电请蒋介石："令由批准陆军大学甲级将官班张雪中副总司令、陆大特7期的万建藩副总司令，暂行休学而赶来贵阳设司令部，以翼赞作战指挥。"

……

南丹、六寨相继失守，战火从广西烧到贵州，何应钦奉蒋介石之命赶到贵阳坐镇指挥，随行的还有张治中、张道藩等军政要员。何应钦即将出任总部设在昆明的中国陆军总司令，贵州形势紧张，蒋介石对他说："黔省战况，危机殊甚，非我二人之一前往督师反攻，无以稳定战局。"何应钦是贵州兴义人，既然蒋介石都这么说了，桑梓之事当然责无旁贷，他对蒋表示"那还是我去吧"，蒋说："如果局势绝望，日军继续深入，即放弃贵阳，固守乌江。"何应钦奉命唯谨，电调中国远征军参谋长萧毅肃入黔参赞，与汤恩伯、宋思一等人，拟定了一个贵阳防御计划，其概要如下：

一、以乌江北岸迤盘江西岸沿线为主要阵地，固守北线，以阻止敌人前进，保卫重庆安全。

二、以贵阳为据点，布置前进阵地，掩护主阵地。

三、在马场坪设立阻击敌人的前进抵抗线，以消耗敌人的战斗力，迟滞其前进，巩固贵阳的部署。

四、以黔桂边境的南丹一带为主要掩护据点，组成掩护阵地，以保证后方部署的安全。

漓江烽火 桂柳会战

五、总司令部设昆明，贵阳为前敌指挥所。

何应钦的作战计划明显秉承蒋介石指示，把主要防御阵地设在贵阳北面的乌江，置贵阳于主阵地之外。接替史迪威继任中国战区参谋长的魏德迈也是这个意思，他根据日军在华兵力及其作战能力，认为日军的南路攻势有可能指向昆明，建议中国军队在贵阳以北的乌江沿岸与敌决战。蒋介石考虑再三，下令遵义的步兵学校教员和学员，立即勘察、指导、构筑乌江防御工事，乌江防线在重庆高层中是达成一致的。何应钦电令第87军、第94军速向黄平、镇远集结，做好侧击北犯黔南日军右翼的准备，并需确保黄平、镇远，以利主决战方面作战；第9军、第13军、第29军集结贵阳、马场坪、都匀、独山之间，相机击破日军。

12月4日，何应钦在贵阳南明堂召集有关各方人士开会。会上，张治中主张贵阳"坚壁清野"，"焦土抗战"，贵州省参议会议长平刚第一个反对："敌侵贵州，欺我张皇失措，统帅应督战前线，现远居后方，下令强迫人民疏散，怎能坚守贵阳和在马场坪与敌作战？"平刚早年参加同盟会，做过孙中山的秘书长，属于辛亥元老，说话底气十足。贵州省主席吴鼎昌赶紧打圆场，平刚当日在日记中这样写道："予以为今日所言，皆不中肯之言也！于是张治中复起而反对予言，谓予身居民众代表，不能鼓励民众而出此颓唐之言，殊属糊涂！予将再起而驳之，吴主席劝予莫言，遂即各散。"因为有争执，何应钦顾全双方体面和各方的舆论，在会上没有作出决定。

会后，何应钦找宋思一单独

■黔桂战况紧急，何应钦坐镇贵阳稳定战局。

八、黔边风暴

谈话,要宋事先计划好,准备在必要时,破坏电厂、纸厂、电报设备、各种军事物资以及主要桥梁,其他一律不作决定。贵州穷乡僻壤,好不容易才有这么一点基本建设,何应钦身为贵州人,当然也不希望毁城式的破坏。宋思一回忆说:

何应钦指定一个美国军官会同我办理此事,我们每天分乘汽车,驰赴各有关指定的地点,如头桥水泥厂、南门外纸厂、中曹司机器厂、贵阳电厂、电话局、电报局、广播电台以及主要桥梁共28处,进行现场查看和拍照。之后,制定破坏计划要图,准备破坏的设备,拟定点火实施办法,并分别准备破坏材料以便必要时使用。

破坏计划决定后,何应钦命令宋思一在不得已时予以执行。宋思一为此寝食不安,"焦土抗战"这事情实在不好超控,什么是"不得已时"?当初长沙也搞这一套,结果黄埔一期同学酆悌被校长枪毙掉,得想法子脱身啊!宋思一找到萧毅肃说:"贵阳防守任务由第13军担任,万一情况突变,石觉军长撤离贵阳时来不及通知我,我就掌握不了时机,难免误事,不如把破坏交给石觉执行较妥。"萧毅肃想想也有一定道理,遂向

■1945年春中美将领于贵阳东南视察炮兵演习。左起:王光汉、冷欣、石觉、凯兹、伊鲍、马克兰诺、夏楚中、牟庭芳、刘廉一。

何应钦反映改令石觉负责，宋思一仅负地方治安责任。石觉是广西临桂人，黄埔军校第3期毕业，宋思一1928年在中央军校当管理处长时，石觉是第6期学生总队第2大队副中队长，大队长就是汤恩伯。1949年1月，汤恩伯任京沪杭警备总司令，宋思一、石觉都是副总司令。宋思一后来选择起义，留在大陆，汤恩伯、石觉都去了台湾，汤1954年6月死于医疗事故，石觉1959年7月升任"联合勤务总司令部总司令"，1963年7月又改任"考试院铨叙部部长"，可算是官运亨通。当然，这些都是后话。

石觉11月下旬率部抵达重庆，因前方战情紧急，片刻得不到休息，当时重庆公私车辆全部用于抢运第13军布防贵阳，据说连副委员长冯玉祥的汽车都拨了出来。贵阳位于盆地之中，四周环山，除东山稍近外，其余距市区都是5公里以上，城区并不好守。石觉第一天到贵阳视察阵地，认为持久防御至少要有4个师才够，傍晚时蒋介石从重庆打来电话："你的部队到了多少？"石觉如实回答："今天才到两个团。"蒋介石又说："你要死守贵阳。"石觉本能回答："一定遵照指示做。"石觉处乱不惊，把两个团部署到贵阳东南隅公路出口处的图云关，意图配合有利地形，等待后续兵团到达。至于破坏任务，他也勇于担责，先令爆破队在各个目标位置挖洞，装填炸药，等待执行命令。

12月4日，占领独山、都匀的日军以进攻时的速度向南退却，贵阳熬过了1944年这个寒冷的冬天。

5. 最后的疯狂

独山是黔桂线上的小县城，以抗战时期的公路状况而言，距离贵阳大约还有240公里以上路程。铁路方面，黔桂铁路虽于1944年6月修通至都匀境内清泰坡，但终点站尚在独山，这就是独山这座小山城的独特性。据川黔公路线区司令部总务科上校科长高岳文回忆，当时军政部、后勤部存于独山各仓库的械弹物资及盟军支援空运到独山的油料、新式武器，如火箭炮、掷弹筒等军品，待运者不计其数，加上前线各省撤到独山的各类物资，在火车站各处及站台上堆积如山，都待汽车转运贵阳、重庆、昆明等地。

我处业务上的紧张繁忙，绝非局外人所能想象，所有全处官兵，虽日夜废寝忘食地工作，也很难完成每天应完成的计划。办公室内外，谈话声、吵嚷声、电话铃声，一片喧哗，大家只好闹中取静，沉着应对，不敢稍有差池。

其实整座独山城都很喧闹，随着大量难民拥入，人口由原本的3万余人，骤增至10余万人，经济呈现畸形的繁荣，不仅四大银行（中央银行、中国银行、交通银行、农业银行）都来独山设支行，就连老凤祥、老天宝、老万年、仁丰、华丰这些大城市才有的金号银楼,一时遍布独山大街小巷竟达18家之多。夜市更是通宵达旦,从四季衣服到稀奇古玩,无不应有尽有,地摊上的主人不乏公务员和军人。据不完全统计,当时滞留独山的军事部门和机关团体共有五六十个,比如都(匀)独(山)警备司令部、中央军校第四分校、贵州省第二区监察专员兼保安司令公署、军政部特务第2团、兵工署44工厂、后勤部第26卫生大队、军委会工程处第29工程队、中国红十字会第44中队、交通部黔桂铁路前方办事处等等。

独山以北65公里的都匀也很糟糕,据说难民总数达30多万,只是军事单位较少,只有陆军炮兵学校和新38师留守处等几家。11月29日,第四战区司令长官部到达都匀,张发奎打电话给蒋介石,要求免除自己黔桂线上的军事指挥权。张发奎认为虽然汤恩伯名义上归第四战区节制,但黔桂湘边区司令部的部队反而超过第四战区,这样的上下级关系难免尴尬。张发奎很识趣地说:"我想避免误会,我在广西就对部队失控,我失去了自己的战区,进入贵州,犹如一支败军进入了邻国,我不想在指挥问题上引起困惑。"蒋介石同意张发奎解除部分指挥权,但第16集团军和第35集团军仍归第四战区战斗序列,可以在适当时候重返广西。

尽管如此,张发奎和汤恩伯还是差点发生内讧。黔桂湘边区总司令部设在贵阳南厂,汤恩伯有令在先,凡是车辆经过三桥,都要有总部发给的放行证。第四战区长官部车运安龙转赴广西百色,总部卫戍部队不放行,张发奎勃然大怒,每车配备机枪两挺,士兵一班,哪个敢阻拦,即刻射击。贵阳市长何辑武问讯急忙出面调停,何辑武是何应钦的弟弟,汤恩伯不能不卖个面子,遂下令取消了第四战区长官部车辆也要放行证的规定。吴鼎昌得知此事很不满张发奎的鲁莽,他对何辑五说:"张发奎有此勇气和汤恩伯拼,何以不再去找日本兵打呢?"

11月30日晚上,日军第13师团第104联队进抵独山以南约45公里的下司,赤鹿理派遣作战主任参谋野野山秀美赶往第104联队,负责攻占独山和撤离独山时"与师团联系并在必要时指导第一线的战斗"。第104联队联队长海福三千雄觉得赤鹿理有些小题大做:"当前敌情问题不大,独山附近具体不详,可能是两个师左右。"野野山秀美转告说:"师团长非常担心重庆军增援部队来攻,特嘱加以注意。"据野野山日记记载:"轻视敌情。告以余之判断后亦向师团长作了报告,师团长要求联队长大致采纳余之判断。"

独山附近究竟有多少中国军队呢?按照荀吉堂的话说,从南丹溃败的第97军和第98军第42师,已经"战力消失,再无任何兵力继续抵抗",第98军的另一个师,"第169师则以交通工具无法跟进到南丹与独山作战,故该军军长仅能于11月底至12月初,于都匀杨柳街一带布防"。就在南丹失守的11

漓江烽火 | 桂柳会战

月28日晚上，第29军先头部队第91师赶到了独山，该师豫中会战后未经补充，实际仅有2500人左右，师长王铁麟毕业于黄埔军校第6期，刚从271团团长晋升上来。因黔桂湘边区副总司令兼第29军军长孙元良尚在南丹撤退途中，汤恩伯急令熟悉独山地形的都独警备司令韩汉英先行指挥第91师，选择防御阵地。韩汉英命令第91师占领黑石关、甲塘及白蜡坡桥之间构筑纵深防御工事，拒止沿黔桂路北进之敌，掩护友军集中并破坏六寨、独山间公路。

黑石关位于独山与南丹之间，由黑石关南下经上司、下司、麻尾等地便是黔桂两省的交界处。黑石关虽然谈不上"一夫当关，万夫莫开"，但在第四分校教育时期，韩汉英曾经作过现地战术演习，相对比较有些把握。29日晚，孙元良脱离混乱的第97军，赶回黑石关北面的格劳河，韩汉英赶紧移交指挥权，回到独山实行"焦土抗战"。独山飞机场与军火仓库都是要"优先"爆破的，至于缝纫机头、汽车轮胎、机件器材、棉纱布匹、白糖之类的公私物品，只能破坏多少算多少。爆破声响起，独山小城顿时人声鼎沸，骚乱暴起，人们争相逃命，满大街的衣物箱笼，从无一人停下脚步俯身拾取。

30日21时，王铁麟下令师部搜索连和272团3营向下司方向搜索，很快遇到了穿着中国军队棉服的日军第104联队步骑300余人正在北上，一问口令不对，两军即发生遭遇战，搜索部队逐次抵抗，退入黑石关以西271团阵地。12月1日，得到山炮兵第19联队火力支援的海福三千雄，分股猛攻黑石关、矮关、白蜡坡一线阵地，第91师在王铁麟师长的指挥下奋起抗击，战况十分惨烈。翌日拂晓，日军再攻，日本防卫厅战史记述道："海福联队在石滨山炮联队协助下，拂晓开始了攻击，但重庆军得到了美机的援助，抵抗极为顽强。本日美机与地面的战斗配合的密切，为此次作战中所罕见。因此，攻击迟迟不得前进"。

野野山文秀觉得强攻不是办法，毕竟日军这次太过深入，汤恩伯大军一到势必陷入被动，唯有迅速攻占独山，才能全身而退。他和海福三千雄商议决定，第2大队继续正面进攻黑石关，第1、第3大队不顾一切从左右两翼迂回突进独山。第1大队从谭窑抓来农民谭宗民等三人强迫带路，从黑石关以北的里旺绕过第91师防守阵地，经翁卡、交摆、大地直奔独山。据第2中队中队长宫本学回忆："迂回队推进到独山通向平舟的路上时，有很多零散的重庆军正从独山西进中，我走在队前与对面来的重庆军擦肩而过，沿道路的一侧向东急进而入独山，予以占领。由于联队全员均换穿了之前在柳州北部缴获的中国军棉服，重庆军可能误认我为友军，故未采取敌对行动。"

2日14时30分，日军占领独山，第91师有线电联络被切断，王铁麟师长为避免陷于不利态势，黄昏后向平塘方面转移，他令第273团掩护师主力变换阵地。海福三千雄这时已经得到第1大队进入独山的报告,发现黑石关守军有所松动,立即部署第2大队再兴攻势。第273团竭力抵抗,3营营长桑振宇负责断后,担任右侧警戒的排长跑来报告敌情,桑营长拿起望远镜观察,不幸暴露位置,饮弹牺牲。王挽危团长平时与桑振宇营长情同手足,闻此噩耗悲痛不已,所幸3营没有因为指挥官阵亡而动摇,王团长处置妥当,确保了师主力顺利占领卡浦、摆卡之线。

3日拂晓,黔南大地寒气逼人,又是刮风,又是下雪,孙元良、苟吉堂带着十几个卫士好不容易挤过独山以北的深河桥,美军爆破队已经埋下炸药,准备炸桥阻敌。据《独山县志》记载,深河桥"建于明隆庆五年(1571),桥高16.35米,跨度12米,桥宽5.7米,全长37米,桥墩高度9.5米"。1647年,孙可望按照张献忠临终前"归明抗清"的嘱咐率大西军以破竹之势直抵贵阳,南明贵州总兵皮熊率部败走黔南,倚仗深河天险,驻守独山州。孙可望追击至此,只见深河桥毁路断,断桥下万丈深潭,两面悬崖似刀削斧劈,不禁勒马长叹:"阻我者、唯此也"。斗转星移,深河桥再次要为战争透支,所不同的是皮熊当年阻敌于桥北,如今抗日要阻敌于桥南。苟吉堂这样描述深河桥附近的险峻地势:"那一座石桥的两侧,在远处眺望,虽像一个山地的缓徐斜坡,但临近俯瞰那儿,才知道是桥的两岸如刀切的绝壁。"

这时,汤恩伯转来蒋介石电令:"积压在独山附近的军公车辆,不准损失,必须

■独山深河桥。

漓江烽火 | 桂柳会战

全部输运后方。"孙元良不知所措,仅从独山机场算起,积压在路上的汽车就足有8公里长,一时间如何处理为好?关键时刻,还是韩汉英拉了孙元良一把,苟吉堂回忆说:"幸孙将军与笔者同在该处山隘得与韩汉英将军把晤,商妥了办法,由韩将军派出四分校的学生约百名,和他的一部分队长教官们,及我们所带的两班人,分段掀除所在汽车所载过重的东西,并且把走不了的车都掀倒在路外,如此经过了大半天的道路疏通工作,在那两千辆车中,救出了约一千四五百辆,其他的废车,仍在原地,我们无能为力,也只好作为防敌的障碍物了。"

中午,第104联队本部进驻独山,在火车站旅馆的墙壁上,海福三千雄写下了四个大字:"无血占领。"这无疑是国民政府军的耻辱,《扫荡报》记者南宫博毫不留情地提笔写道:

独山的失守,也表现军方之无能,守军不战而退,大炮、辎重完全抛弃。敌军尚在数十华里之外,我军即已仓惶逃走,对难民毫不关心。从独山撤退时的难民极为狼狈,自行破坏的爆破声,使公路上的难民误认为敌人炮声。第四战区长官部被误炸后,黔桂路已是每况愈下的局面。然而到达独山时,决未料到日军会进攻到此地。从军队起,官民一齐开始逃走,独山顿形混乱,多处起火,成群的难民沿公路西侧仓惶逃走,离独山约10公里处,突然响起震地的爆炸声,继

又两次、三次巨大轰鸣。公路左方约2华里处浓烟升起,拥挤的难民急于逃跑,陷入一片混乱。其实既非敌机轰炸,又非敌军的大炮,而是我军的主动破坏。

16时许,日军第1大队向北推进深河坡头警戒,与大井的四分校后卫部队发生接触,美军爆破队富兰克上尉大声招呼学生过桥,眼看日军追兵将至,毅然按下了爆炸装置,深河桥又一次选择了悲壮的倒下。半个世纪后的2007年8月,黔南州和独山县党委政府拨款及社会筹资共计600多万元,在独山县城北9公里处的深河桥建立起了"深河桥抗日文化园",文化园占地500亩,设有烽火台、民族门、卵石墙、石级台阶等建筑,陈列实物包括日军侵入黔南时留下的枪械、弹壳、钢盔以及大量贵州各族人民英勇抗敌时使用的鸟枪、火药枪、大刀、长矛等。2008年10月,88岁高龄的富兰克重返黔南战地,他站在深河桥遗址上,心绪感慨万千,仿佛又回到了60多年前那个雪虐风饕的傍晚:"我们准备炸桥,可是难民如潮水一般涌来,如果当时把桥炸掉,那么多难民将遭受日军的残害。于是我下令把炸桥时间从上午推迟到下午。我们把桥炸掉几分钟后,日军的先头部队就来到了深河岸边。"

不少人认为独山深河桥是侵华日军突进中国西南最后的地方,其实这一说法是错误的。翻越重重大山的日军第6联队12月2日下午攻占八寨,继续北进都匀,走在前头的

八、黔边风暴

■独山深河桥抗日文化园中的"黔南事变"碑记。

第3大队大队长筑场市郎左卫门突然野心膨胀，提出下一步目标应该推向贵定，松山良政没有回复，第6联队不比第104联队，沿途不曾遇到被服仓库，穿着贴身单衣走在山路上，滋味很不好受。第3大队从八寨登上高60米的山顶，穿过高原再翻山，小路上人马只能排成一列行进，有些地方积雪达到三四十厘米，人马滑倒无数，也亏筑场来劲还要追到贵定。3日下午，第3大队主力抖抖擞擞到达都匀以东的姬家桥、茅草坪一带，先头的两个步兵小队和两个重机枪小队距都匀县城只剩下不到3公里的路程，成为八年抗战中日军铁蹄深入中国内陆最远之地。

6. 黔南敌退

1944年12月2日21时30分，日军第11军参谋长中山贞武以"旭参电第529号"致电大本营、第6方面军、第23军等："鹿部队于2日12时30分已占领独山，本军作战目的已完成，决定迅速按既定行动计划转移。"3日上午，赤鹿理与参谋长依治川根据上级指示，商议决定4日黄昏后开始总撤退，并命令工兵第13联队对独山地区进行彻底破坏。15时，野野山秀文和海福三千雄接到赤鹿理下达的撤退命令，拟定"从12月4日黄昏后开始反转，在此以前做好各项准

漓江烽火 桂柳会战

备；独山附近的各种设施、工厂、军需品等，由工兵全部炸毁烧光；途中洞窟的弹药库、储油库等亦尽量烧毁；铁路、桥梁、隧道、通讯设施也要极力予以破坏后撤退"。随后，海福举行部队长会餐，庆祝攻占独山及即将离开独山，有几个大队长借着几分酒意，吵着不愿放弃追击势头，主张不惜任何代价挺进贵阳。野野山秀美好说歹说，做好所有人的思想工作。可见赤鹿理知人善用，当日派遣野野山协助海福联队长，并非多此一举。

4日黄昏，日军按照原定计划撤离独山，工兵放火焚烧城区西郊的被服、卫生、粮秣仓库，爆破声震撼大地，火势迅速蔓延。后卫部队离开约10分钟后，独山北部的两个弹药仓库同时引爆，一时间烟火冲天，巨响震地，独山小城变成一片火海。野野山在日记中写道："离开独山翻越大山，隆隆爆炸声宛如为我军送行。"黑石关、下司附近的弹药库、桥梁、隧道随即也被日军炸毁。连同韩汉英撤退前的"焦土抗战"，独山几乎荡然无存，烧毁的房屋超过16000栋，沿途村镇，几成废墟。铁路方面损失最为严重，停放在麻尾、独山的462型蒸汽机车近20台，无一幸免，交通部长侯家源的高级专用公务车（16节车厢）全部烧光，其中有一节为慈禧太后花车，是慈禧为了到奉天谒灵，花钱向英国订购的，车内珠宝装饰，豪华无比。深河车站的缝纫机和棉纺织品，深河至大坪区间的大量锑毫，统统付之一炬，损失不下3000万元。

有一种说法，大意是独山陷落的消息传到重庆，陪都为之哗然，国民政府准备迁都西康，事情真是这样吗？根据新近出版的《陈诚先生回忆录——六十自述》一书：

民国三十三年桂柳会战，白健生将部队调往十万大山，致黔桂路兵力薄弱，日寇乘虚而入。时余由第一战区回渝。12月1日，调任军政部。2日，独山陷落。茇茇乎有进犯贵阳之势，陪都震动。中国战区美军司令官并任中国战区统帅部参谋长魏德迈将军，及其副手麦克鲁将军，谒见介公（蒋介石），余与俞大维随侍在侧。麦克鲁主张放弃四川，退往昆明，并以手拍着介公肩曰，公等不宜在重庆做俘虏。介公不悦。余见其态度傲慢，引入别室商谈。告以我国对敌抗战，兵源粮源，大部取给四川。云南地瘠民贫，若退往昆明，贵国飞机是否能飞越驼峰，转运大量物资，接济军队？主张放弃四川，实不懂战略。现我方惟望贵国迅速派飞机，先由第一战区调精锐一军，往独山阻击。再由远征军及第六战区，各调三军夹攻。料敌孤军深入，不超出三个师团，我必能予以歼灭。商谈结果，魏、麦采纳余言。于是空运第一战区部队至贵阳降落，向独山增援。是月8日，日寇知难而退，自动撤兵。

陈诚错把日军撤离独山的日子记为8

日,但从他的口述回忆来看,重庆的确因日军深入黔南陷入了困境,不得不"惟望"盟邦出手相助。魏德迈后来信守承诺,第一战区的第57军成为中国历史上第一支成建制空运战场的军队,美国报纸当时称之为"亚洲的壮举"。关于这次空运,第57军军长刘安祺1989年接受台湾"中央研究院近代史研究所"访问时,留下了珍贵的历史片断:"日军南进到达广西之后,转向向西,抵达贵州的独山、都匀。贵阳因兵力不够,紧张得要命,政府打算由重庆搬到西昌。我在西安忽然奉命加强装备、充实兵员,由美国的空运大队支援,派了150多架C46型的飞机,从西安起飞,分批运输,目的地是云南沾益。当时西安大雪纷飞,积雪两三尺深,在沾益下飞机之后,我们又分批抵达贵阳以南的盘江八属地区,司令部设在晴隆。"日军独山撤兵,刘安祺最终没有赶上黔南战事。

7日,独山抗日自卫队得知日军已退,先于正规军入城维持秩序,并把一面国旗插上城头。8日拂晓,迟到一步的第91师声称"肃清残敌克复独山",重庆军委会11时30分发表战讯:"我军于击退独山西北附近之敌后,即乘胜向独山城攻击前进,至7日晨攻抵城垣,敌据城顽抗,经一昼夜的激战,我将顽敌击败,于8日拂晓完全克服独山城,计毙敌及夺获战利品甚多,正在清查数字中,残敌已向南狼狈逃窜,我们猛烈追击中。"明明是日军主动撤退,偏要说成自己克敌制胜,战时出于鼓舞士气和稳定大后方民心,也就算了,没想到50年过后,原黔桂湘边区副总司令张雪中变本加厉,说什么"我攻击部队,在麻江以北与敌接触,展开猛烈之攻势,鏖战达四昼夜,敌伤亡惨重,溃向黔边逃窜。我追击部队,沿黔桂路尾追,更以猛烈之炮火集中射击,我空军亦协同作战,敌阵地全毁,我血战三周,毙敌近万,残敌不支,被迫纷纷南溃"。如此信口开河,日军压根没到麻江,何来鏖战四昼夜?

也不是说日军在撤退途中一点损失也没有,都匀一路的第6联队伤亡就比较大。12月3日黎明,第3师团接到第11军命令:"本军决定停止追击,准备尔后向宜山以北地区转进。"4日,松山良政下令筑场大队前卫变后卫,联队主力沿三都、三洞原路返回,一部从都江、坝街拐着弯后撤,造成攻击假象,防备中国军队尾追、侧击。松山良政往南退,刚好第27集团军放弃荔波县城向北"转进",杨森原本说要前进三都,这时又以"对长官张(发奎)通信中断,粮弹两缺,兼无贵州军用地图"为由,打算4日下午通过三洞调头向东,往溶江"前进"。一会"北进",一会"东进",杨森就是要想着法子避开日军。4日中午,第20军行至三洞附近与第6联队先头一部发生遭遇,杨森暗暗叫苦,真是冤家路窄,怎么到哪都遇上。杨汉域留下133师399团及搜索营断后,亲自掩护集团军总部往东避战。三洞到坝街有一段长约30公里的隘路,两山壁立,小

漓江烽火 | 桂柳会战

河蜿蜒其中，当地人俗称"九十九道脚不干"，有时并无路径，人马均在溪中行进，找不到一处歇脚的地方。夜暗风寒，第20军与第26军的炮兵、辎重行列混在一起，杂沓于幽静山谷中，早已无心再战。5日拂晓，拐着弯后撤的日军500多人抵达坝街西端高地，杨森没有勇气冲破敌人阻隔，又改"东进"为"南进"。日军第6联队急于脱离战场，也没展开追击，双方等于打了个照面，各走各的。

第26军这边的战斗相对要激烈一些。12月3日下午，杨森电令丁治磐："三洞刻无敌情，我杨军周师占领掩护阵地，总部由周覃经三洞向溶江前进。第26军即随总部后跟进，于明日黄昏前全部通过三洞。"丁治磐比较谨慎，对集团军总部"三洞刻无敌情"的情报很是怀疑，据他派出的谍报员回来报告，日军"经三洞通过者不下万余人，该处成为敌人主要后方联络线，时有发生战斗之可能"。第26军的情报虽然在日军人数统计上不切实际，但比集团军总部"刻无敌情"要沾边许多，尤其是那句"时有发生战斗之可能"，对指挥官判断敌情帮助很大。丁治磐当即决定第44师一部先经周覃、下寨、弄素、班考至三洞附近担任警戒，掩护军主力顺利通过三洞向东转移。

4日中午，第26军行抵班考附近，三洞方向传来密集枪声，探子回报说杨森后尾部队与300多日军正在交火，丁治磐即令第44师130团向三洞急进，以遭遇战指导方法，立刻向敌展开攻击。日军不支，退到三洞东南侧山地占领有利地形，等待联队主力集结南撤。5日，第44师131团及130团一部再攻三洞，日军牢牢控制道路辐辏点，"妨碍我之通过"。中午，坝街方向日军200余人赶到，第26军前进溶江的道路完全被封死，幸好占领荔波的日军第34联队已经原路撤退，丁治磐"遂于三洞、周覃、荔波之间调整秩序"，权派周继武暂代荔波县长，负责筹备部队主副食和安置伤员。7日，填饱肚子的第26军积极伏击、截击撤退日军，战斗持续了一整天。据三都县政协文史办公室后来调查，当天雨雾弥漫，双方摆开阵势大干，从上午8点打到黄昏，枪声从不间断，日军急于走人，一路渡过上江爬到南岸的党光、巫看寨子方向，直下忙场寨北侧排化坡，另一路登上坡头，向堂皇进发。

8日2时，第26军搜索队侦知"经三洞向宜北回窜之敌先头已过杨柳，后尾尚在中寨以北，计长径四五十里"。丁治磐两眼一亮，老子打不过你先头，就在你后卫身上捡点便宜。"第26军荔波附近战斗详报"这样写道："我44师经两日之准备，以王牖民团在右，喻啸牧团在左，王景星团为预备队，并增加师直属部队，全力于杨柳、三洞之间向敌攻击，拂晓迄午，战斗颇烈，敌掩护队被我击溃，遗尸五六十具，均剥去上衣不及掩埋，至晚，我追击部队仍在杨柳附近战斗中。"对比日本防卫厅战史，还真有其事："联队于12月8日傍晚到达河东寨附近并继续南进。反转行动一开始即遭美机袭扰，并散发许多厌战思乡的传单，与此同时，当地居民的游击战也更加活跃，又因在山谷中前进，不时受到来自两侧高地的狙击。因此前进缓慢，特别对后卫大队的妨害尤甚。在用门板运送伤病员以及夜间火化战死者时，要遭到游击队的射击。为了处理死者尸体，各队官兵是经受无法形容的困难才退下来的。骨灰盒最初是木箱，随后改为饼干袋，再后为空烟盒，最后只得将骨灰装入空的火柴盒了。"

丁治磐的部队从长衡会战打到桂柳会战，时间超过半年，官兵衣服难免破损，重武器亦有很大程度毁坏，第44师对敌军展开拦腰击尾，只有一般轻武器可用，所以被日军误认为游击队。本来这也不足为怪，只是第26军截击第6联队的战绩因此长期淹没史海，时人总以为黔南各种地方武装才是堵截日军撤退的主力。今天再回顾这段历史，切不能因为国民政府军有着太多遗憾和深刻教训就妄自菲薄，该肯定的不应回避。笔者在此为第26军正名，当然也无意贬低黔南各族人民在抗击日军过程中所起到的作用。我们不妨举一些例子。

12月初，水更寨的群众埋伏在三洞、中和交界的低育、姑碰等山坡上，用鸟枪、土炮打死落单日军十数人，缴获步枪12支、子弹390发，水族青年潘鉴、潘海术光荣牺牲。3日，日军开到水更寨报复，大肆掳抢老百姓财物，并开枪打死水族妇女潘牙敖，当晚有部分群众摸进敌营进行偷袭，潘让杀死日军1人，夺得"武运长久"军旗1面、步枪1支、战马1匹。6日晨，日军60余人从三都县城出发向水龙、九阡撤退，尧麓乡的江月波自卫队瞅准日军后尾开火，据三都县县志办调查访问，敌人措手不及，一边还击一边疾步前进，自卫队一直追击到10里远的水龙坡脚，激战两个多小时，击毙日军十多人，缴获轻机枪1挺、步枪11支、子弹1箱、战马1匹。正当自卫队得胜回到灯笼寨时，另一部日军接踵而至，自卫队躲避不及，队长江月波和队员王兴中弹牺牲，其余队员急忙撤出战斗往上沟隐蔽。8日，洞塘乡塘边寨布依族、苗族青年自卫队20多人，围攻撤退日军于洞阿，又打死打伤日军十多人。饥寒交迫、疲惫不堪的侵略者陷入了人民战争的汪洋之中。

从湖南芷江和云南昆明起飞的中美空军几乎每天都飞临黔桂战场，也使撤退中的日军吃尽了苦头。据当时的中共《新华日报》援引重庆军委会战讯，"12月6日，我空军第四大队及第十一大队，连续不断出击黔桂前线各地，对敌后方实施破坏，协助地面部队作战。计在独山、六寨、下司等地炸毁敌仓库数处，予敌重大损失"；"12月7日，我空军第四大队六次出动，轰炸黔桂前线。对南丹车站、河池车站、独山以南营舍仓库等，实施轰炸，予以破坏。并在六寨、下司、南丹、河池一带扫射，敌兵及马匹数十均被我击毙"；"12月9日，我空军第四大

漓江烽火 | 桂柳会战

队数次出击黔桂前线,在思恩城郊附近上空发现了敌炮兵阵地数处,发炮向我射击,我各机即俯冲对准目标,分别予以轰炸。当见敌炮多门被我炸毁。我机出击六寨、南丹一带时,在六寨地区炸毁敌军工事数处,并在南丹击毁敌卡车八辆"。

12月11日,第91师收复六寨、南丹,13日,第98军开抵荔波县城。第27集团军总部和第29军陆续转移施秉附近整补,第26军经丹寨向黄平地区集结整理。施秉、黄平现在都是黔东南苗族侗族自治州的下属县,两地相距不过30公里,杨森、丁治磐从湘南开始并肩作战,又从柳州、宜山一起转道黔东南,还真是一对形影不离的战场兄弟。日军第3、第13师团也一样,从湖南打到广西,又从广西追到贵州,距离长达1000多公里,独山、都匀撤退后,第3师团回防柳州,第13师团布防思恩、河池一线。16日,第46军新19师和175师追到河池,第13师团第65联队死守不退,双方在河池四周山头展开争夺。赤鹿理有些担心,第65联队自湘桂作战以来已战死900余人,还有相当数目的重伤者住进野战医院,目前有一些中队只剩下两个小队维持,能不能顶住重庆军的攻势?经十几天战斗,第46军夺取了一些外围据点,并击毙日军第1大队大队长田畑。20日,获得1678人补充的第65联队突然变得生龙活虎,第46军无力扩大战果,便在与敌对峙中迎来了抗战最后一年——1945年。

元旦那天,蒋介石照例发表告全国军民书:"我们神圣抗战到今天已进入了第九年度。回溯这八年来,要以去年这一年为危险最大而受患最深的一年。敌人侵豫犯滇,窜扰桂柳,猖狂盲进,在最深入的时候,侵犯到了贵州的独山。我们这八个月来,国土丧失之广,战地同胞流离痛苦之深,国家所受的耻辱之重,实在是第二期抗战史中最堪悲痛的一页。"蒋介石几乎声泪俱下,那么,逆境达到极点的抗日正面战场,会不会也有否极泰来的一天?

九、吹响南疆号角

1. 百色整军

1944年12月5日,第四战区长官部的数十辆汽车离开贵阳,朝着安顺缓缓驶去。张发奎的目的地是广西百色,但因安龙县城至八渡镇的公路有待修复,他不得不在安顺停留一段时间,同时也好让步行的特务团、运输团等附属单位从后面跟上来。安顺的冬天对张发奎来说特别寒冷,有些下属辞职离去,有些不辞而别,更多的人表现悲观消极。美军联络组的博文上校决定与张发奎继续战斗:"我已奉到命令组成一个美军战地联络团跟随战区行动,麦克鲁原想派我去担任汤恩伯方面的联络主任,但我拒绝了。"博文的选择无疑使张发奎在寒夜中感到一丝温暖,他对博文说:"我将暂以百色为我司令部的地点,那是一个偏僻荒凉的重镇,恐怕会委屈你过着很苦的生活。"博文的回答很幽默:

我想百色的飞鸟的歌唱会比都市舞厅的爵士音乐来得优美,百色的月亮会比都市的电灯来得明洁而光亮。我想从百色去发现一个奇迹,这个奇迹好像如一颗石子投在水里。它的小小的波浪会掀起太平洋的汹涛,把我俩的相片刊在全世界的报纸上受着人们的崇拜。

22日,第四战区的数十辆汽车在冰天雪地中再次踏上征程,经过5天艰难跋涉,终于抵达桂西重镇百色。百色是滇、黔、桂三省的交通中心,西部与云南相接,北部与贵州毗邻,南部与越南接壤,由于地处边陲,各种政治势力鱼龙混杂,所以又成为桂西及黔滇烟毒的集散地。百色人口原本只有4万人左右,随着第四战区和广西省政府、广西绥靖公署的到来,摇身一变为军政机关云集的战时中心地,市面畸形繁华。张发奎形容百色有如荆棘丛中特别爆出的一朵鲜艳的玫瑰花。事实的确如此,百色有现代建筑的街市,有新式的洋房住宅,有规模宏大的学校,有戏院、咖啡馆、西餐厅、电灯和女子理发院。凡是一切现代城市的条件,百色都

漓江烽火 桂柳会战

粗具规模。

桂柳会战后，张发奎麾下的部队计有第16集团军的第46军、第31军，第35集团军的第62军、第64军，以及归战区直接指挥的第37军、中央军校六分校练习团等部。张发奎把实力尚存的第46军摆在凤山、东兰一线，防御河池地区的日军第13师团；用第64军接替第62军的武鸣防线，与占据南宁的日军第22师团保持对峙状态；第62军调驻靖西一带，归陈宝仓节制，用于应付越南日军。一切部署妥当，张发奎终于在百色这座桂西山城平静地度过了1944年的除夕。

1945年1月下旬，第四战区召开桂柳会战检讨会议，各部队师长以上人员和广西省政府厅、局长、委员及在百色的国民党立法委员、监察委员均应邀出席。张发奎认为："这是战后必须做的一件事。我们要从失败中找出失败的原因，要从教训中去改正以前的过失。还有在战斗间，各级指挥官出于自私与畏怯的动机，而有意发生的罪恶，亦须作一个公正的军法裁判。"检讨会议的另一项重要议题是整军，经过桂林、柳州、桂平、宜山等地的一系列战斗，各部人员和武器损失都很严重，有些军、师只剩下一个空壳子，极需补充整理。张发奎心里很明白："现在战区的范围，纵深不及300公里，这狭小短浅的地域，是战区生命的最后寄托。如果我再不能保持这个弹丸之地和这些残破的部队，则我的军事生命恐将在抗战中途停止。"

检讨会议一连开了十几天，师以上主官轮流报告本部战斗经过，据冯璜回忆，贺维珍的报告对夏威、韦云淞非常不利，夏威休会时对韦云淞说："丢那妈，我们团体栽培了贺维珍，今天反挨他踢了一脚，真唔抵（不值得）咯！"会议对颜僧武、唐纪也是指责颇多，说他们不听指挥，未能在大湟江口、三江圩、东乡圩、武宣一带长时间与敌周旋，以至柳州反比桂林早一日失守。张发奎在总结发言中把第16集团军批评得体无完肤，破罐子破摔，他决心不再"张公百忍"，在事先不与白崇禧打招呼的情况下，宣布撤去韦云淞、贺维珍、颜僧武、唐纪等人的所有职务。韦、贺二人自行去重庆述职，由重庆决定如何进一步处分，颜、唐二人则被直接押送重庆听候惩处。

白崇禧认定张发奎有意打压广西将领，极力为部下开脱，定性桂林防守司令部是奉命突围，而非擅自弃守。韦云淞因此未再受到重责，贺维珍比韦云淞还早一年起用。颜僧武、唐纪一到重庆，白崇禧即以广西绥靖公署重庆办事处的名义给他们办理保释，颜僧武回忆说：

执法总监何成濬接见我们，表示案件必须拖延一个时期，才好解决。我在重庆候案，最初住在广西绥靖公署重庆办事处，后移军训部招待所，最后移居汤峡口温泉白崇禧家住。我妻子也来重庆与我同住。执法总监曾审讯一次，军令部次长刘斐任审判长，

九、吹响南疆号角

审判后判决我和唐纪无罪,但须报蒋介石核准。

抗战胜利后,蒋介石批示重审,颜僧武、唐纪当时已经离开重庆,白崇禧提醒他们不要自投罗网。1946年和1947年,执法总监部两次电报颜、唐到南京结案,二人以各种借口拖延时间,随着国民党政权的垮台,事情也就不了了之。张发奎对此倒是早有心理准备:"我知道韦云淞等人不会受重罚,结果不出我的预料。如果没有白崇禧,韦云淞一定会被枪决。蒋介石对桂系确实是委曲求全,相忍为国。"

张发奎的整军方案更是触动白崇禧的神经。取消2个军级番号——第31、第37军,取消3个师级番号——第135、第155、第170师,所有编余官兵和六分校练习团全部并入保留番号的第46、第62、第64军。调整后的第46军下辖第175、178师和新编第19师,第62军下辖第95、第151、第157、第158师,第64军下辖第131、第156、第159师。第131师的番号是为了纪念殉国的阚维雍将军而专门保留。蒋介石全盘接受张发奎的整军方案,白崇禧简直气炸了,广西军队一下就被裁撤1个军、2个师,广东部队却毫发无损。尽管外界质疑声不断,但张发奎并不承认自己有所偏袒:

我以良心保证,这个整编方案是公正的,我没存有丝毫异己及情感爱恶上的私见或封建的观念。相反地,我想乘这个机会来消除封建意识的存在,我认为一切都是根据战绩及现状而确定的。我确定这个方案和处分这几个将领之前,都没有先向白崇禧征求意见,即直接向最高统帅部提出了建议,会不会因此而引起广西人士和白崇禧的不谅解呢?我没有作这个考虑。

检讨会议的另一项成果是建立突击营。突击营每个营包含2个步兵连和1个运输连,每个步兵连有3个战斗排、1个补给排。每个战斗排配备3挺轻机枪、1具火箭炮、1具战车防御枪、6个掷弹筒、18支步枪,火力相当强大。通讯方面,突击营每营有1具无线电收发报机,可以对空通话,营连之间均配有短距离通话机,指挥上增加了许多便利。张发奎原本计划每一个师都编组一个突击营,因为经费和装备受到限制,只能先成立两个营,分别从第16、第35集团军挑选优秀士兵编练。突击营属于战区直接使用的部队,但武器装备和战斗指导由美军战地联络团负责。张发奎回忆说:"突击营集中在田东,由美国顾问提供敌后快速行动与山地战的特种训练,他们直接从美国人手中接受美式装备。博文通知我,一旦装备运到,无线电台、轻机枪、卡宾枪,都要优先发给突击营。"

中国陆军总司令部于1944年12月25日正式在昆明成立,到了1945年2月,陆军总部着手进行指挥系统改组,准备把第四战区改编为第2方面军,总司令何应钦对张发

漓江烽火 桂柳会战

奎解释说："美国急谋解决远东的战争,应允以大量的装备和充分的炮火,来装备西南的30个步兵师,并计划于装备完毕之后,配合美海军,在西南沿海地带,转取攻势。为了适应战斗的需要,遂将含有消极作战意义的战区名称,改为比较含有积极作战意义的方面军。"张发奎觉得"此举是正确的,有助于加强与集中战斗力",对此并无反对意见。3月3日,军委会正式任命张发奎为第2方面军司令官,夏威、邓龙光为副司令官,第四战区与第16、第35集团军同时撤消,第46、第62、第64军直属第2方面军。令蒋介石、何应钦感到意外的是,原先没有意见的张发奎突然提出辞职,是取消第四战区的缘故吗?还是嫌第2方面军司令官的名称不够威风?其实都不是,张发奎本人对第2方面军的番号挺有感情,他说："第2方面军,在我个人是一个光荣的名词。在我过去的革命史中,第2方面军曾经是威震中原,跃马豫鄂,有过赫赫战功的革命战斗集团。"的确,当年的第2方面军可是左右武汉国民政府的军事支柱。

陆军总部下面有4个方面军,第1方面军司令官卢汉,第2方面军司令官张发奎,第3方面军司令官汤恩伯,第4方面军司令官王耀武。张发奎辞职的原因和《三国演义》中脍炙人口的关羽不满与黄忠同列五虎将的故事有些相似。陆军总部副总司令是卫立煌

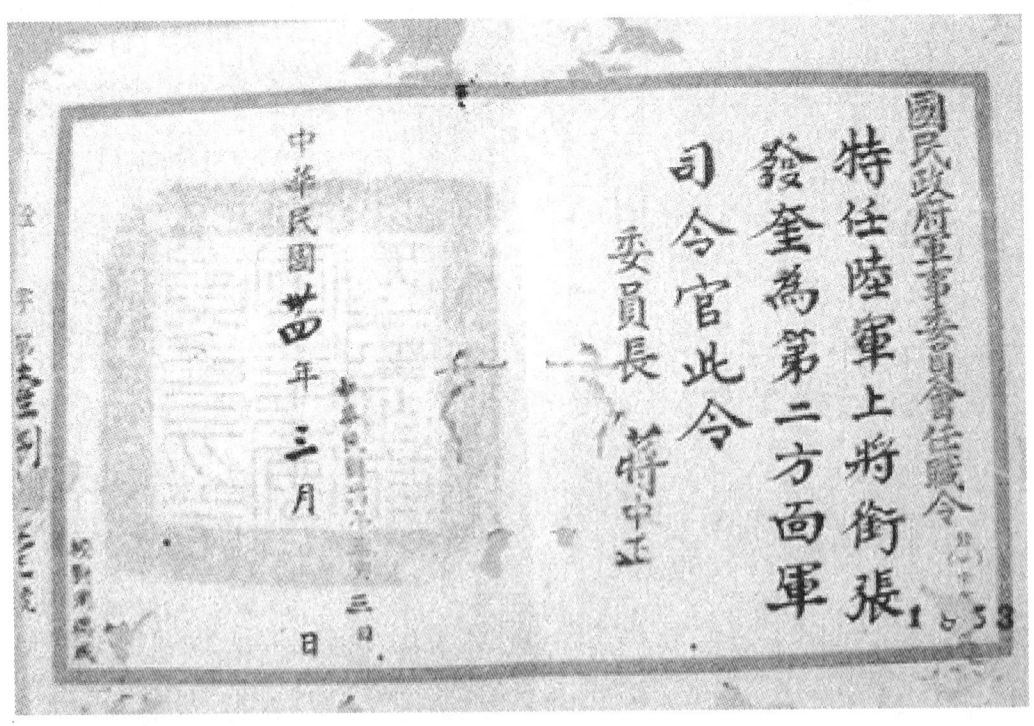

■1945年3月张发奎担任第二方面军总司令的任职令。

和龙云，重庆安排滇军第二号人物卢汉执掌第1方面军，张发奎对此有自己的理解："卢汉的任命是考虑到地方势力，在战前，中央的权力伸不进云南。卢汉既统领滇军，又指挥中央军，龙云保留云南省政府主席一职。"至于汤恩伯，曾经权倾朝野的"中原王"，全盛时期拥有大军60余万人，与陈诚集团、胡宗南集团并称蒋介石嫡系集团中的三大系，张发奎自然要有所"识趣"。方面军司令官中王耀武资历最浅，黄埔军校第三期毕业后分配到第1师第3团第2营第4连任少尉排长，那时张发奎已是第12师师长。王耀武升连长、营长，张发奎升第4军军长和武汉国民政府的第2方面军总司令。于是就有人感到重庆对张发奎不公平，说什么王耀武黄毛小儿哪能和张司令官平起平坐，撤消第四战区之际，至少要任命张司令官为陆军副总司令。被人这么一说，张发奎越发感觉没有面子：

这样的任命使我感到惊诧，卢汉、汤恩伯、王耀武都于不同时期在我麾下任过职。此外，高级将领中比王耀武出类拔萃者比比皆是。我比他们资深得多，我在北伐时期已升任将官。并非我骄矜自负，最重要的是对国家的贡献。

另外引起张发奎不快的是第2方面军的部队无一获得美式装备。4月初，魏德迈的副手麦克鲁沿黔桂公路来到百色，视察了正在田东训练的第2方面军突击营。麦克鲁此行的另一项任务是替重庆捎话，他对张发奎说，第2方面军非常重要，在不久的将来要承担重任，没有其他人够资格统率第2方面军。麦克鲁承诺加大后勤部门对百色的粮食补给，并答应把两个配备美式装备的师所替换下来的武器移交给第2方面军。尽管如此，张发奎仍然试图辞职。4月17日，邓龙光赴重庆述职，将张发奎的辞呈面交蒋介石。蒋介石当然不同意，他函复指出"革命者必须坚韧不拔，不要让盟友小看我们中国人"。麦克鲁也通过博文传递美国方面的意思："我们不接受他的辞呈，因为我们当前比以往更需要他的积极服务。"5月1日和6日，陈诚又两次写信劝说张发奎放弃辞职念头。重庆多管齐下，张发奎最终决定："不应在地位上去争执，如果国家认为我应负这个责务，我只有从这个职务上去努力。"张发奎报请重庆同意，调甘丽初担任方面军参谋长，还特别设立了粤桂南区司令部，以方面军副司令官邓龙光独当一面，同时也好安置一些第35集团军裁撤下来的官佐。

根据军令部拟定的《中国陆军作战计划大纲》，中国陆军要"以开辟海口之目的，于盟军在东南海岸登陆之同时，向桂湘粤转移攻势，特须保持重点于黔桂路方面，攻略宜山、柳州，与盟军会师西江"。大纲规定了4个方面军的作战任务：卢汉部扼守滇越边境，相机进出越北；张发奎部攻略南宁、龙州，确实遮断敌桂、越水陆交通，并对越

漓江烽火 桂柳会战

■1945年8月23日,芷江受降后,何应钦(左四)和王耀武(左一)、卢汉(左二)、张发奎(左三)、汤恩伯(左五)、杜聿明(左六)、萧毅肃(左七)、麦克鲁等将领合影。

北方面构筑坚强阵地,阻止敌军东援;汤恩伯部沿黔桂铁路及其南北地区攻略宜山、柳州后,以主力向梧州、三水突进,与盟军会师西江,以一部经荔浦、平乐、八步向曲江攻击。如盟军已先我进至广(州)三(水)以北地区时,应即以主力使用于荔浦、平乐、八步进取曲江。于攻略宜、柳的同时,即以有力一部兼攻桂林;王耀武部以主力攻略邵阳,遮断粤汉铁路,以有力一部攻略祁阳、东安,并在第3方面军协力下,进攻衡阳。同时,另以一部由常德、桃源方面攻略宁乡、湘乡,掩护主力左侧。

1945年,因为日军困兽犹斗,抵抗激烈,美军确曾计划在中国东南沿海登陆。后因局势变化及多种缘故,计划未能实现,为了加快战争的结束进程,美国直接向日本本土投放了原子弹。《中国陆军作战计划大纲》是为配合美军登陆而拟制的,由于美军未在中国登陆,而日军又发动了老河口和芷江的作战,因而这个计划受到很大影响。不过第2、第3方面军还是抓住日军实施战略收缩的机会,在广西进行了一场规模不大不小的反攻,吹响了南疆号角。

第2方面军战斗序列(1945年3月)
司令官张发奎
副司令官夏威邓龙光
参谋长甘丽初

第46军军长黎行恕

第175师师长甘成城

第188师师长海竞强

新19师师长蒋雄

第62军军长黄涛

第95师师长段沄?

第151师师长林伟俦

第157师师长李宏达

第158师师长刘栋才

第64军军长张弛

第131师师长黄炳歧

第156师师长刘镇湘

2. 收缩战场与追击反攻

1944年11月下旬，冈村宁次升任中国派遣军总司令官，横山勇被调回日本国内担任西部军司令官，冈部直三郎、上月良夫分别接掌第6方面军和第11军。随着铃木内阁上台，日军大本营又对陆军人事进行了一系列调整，其中第11军的变化比较大。屁股还没坐热的上月良夫被调至朝鲜任第17方面军司令官，所遗第11军司令官一职由笠原幸雄接任；山本三男、赤鹿理先后调任第93师团、第122师团师团长，毛利末广撤职；辰己荣一、吉田峰太郎、川俣雄人接任第3师团、第13师团、第58师团师团长。笠原幸雄一上来，就要面临大本营从第11军抽调兵力的尴尬局面。

1945年4月1日，美军登陆冲绳岛，兵锋直指日本本土；5日，小矶国昭内阁总辞职；7日，铃木贯太郎内阁组成，当日就接到苏联通知，不再延长1941年签订的有效期5年的《日苏中立条约》。形势急转直下，迫使日军高层不得不重新研究中国战场的作战问题。冈村宁次判断"华南方面不仅对防卫本土的重要程度已大大减少，同时联军在该方面登陆的话，恐怕也不会超过英军夺取香港的范围"，认为"为防止给战争指导造成不良影响，只留下能确保广州、香港的兵力即可"，决定"把海南岛、金门岛的兵力撤回到广州地区，而从该地区把第27、第40、第104师团经由赣州、南昌调到南京附近"。4月14日，日军大本营通知冈村宁次："为对付美苏，内定将第3、第13、第34各师团及第27师团，调往华北集结待机。"

毕业于日本陆军士官学校第22期的笠原幸雄傻了眼，第11军所属的第22师团、第37师团1月份的时候刚刚调归南方军，如今又要抽调第3、第13、第34师团，我这司令官还怎么当？其实第6方面军早在2月间就曾提醒上月良夫"要估计到第11军将来可能收缩的情况"，只是笠原幸雄比较倒霉，轮到他来当"收缩司令官"。27日，中国派遣军默认大本营的调兵计划，规定第3师团于7月上旬从全县出发，经由汉口、郑州开往徐州；第13师团于8月上旬从全县出发，经由南昌、南京开往天津；第27师团、第40师团于5月下旬从广州附近出发，经由赣州、南昌，然后分别开往济南、南京。5月28日，日本大本营再次强调："为适应形势的演变，准备加强华中、华北的战略态势。中国派遣军总司令官应设法迅速撤出湖南、广西、江西方面的湘桂、粤汉铁路沿线的占领地区，将兵力转用于华中、华北方面。"

收缩中国战场对日本来说无疑是个痛苦的决定，撤出广西意味着劳师动众的一号作战"全功尽弃"，这才距离打通大陆交通线仅仅过去5个多月的时间。6月10日，冈村宁次在南京召开中国派遣军各方面军和军司令会议，下达了新的作战计划，主要内容如下：

第一作战方针

1.派遣军准备以主力控制华中、华北重要地区，对中、苏采取持久战，同时挫败来攻沿海重要地区之美军，使本土决战容易进行。

2.对美准备重点暂时先放在华中三角地带，其次为山东半岛。但应极力在事前识破敌人对华中、华北的登陆企图，以便及时把派遣军的主要战斗力量集中于敌人来攻方面。

3.即使情况已到最后关头，也要确保南京周围、北平周围及武汉周围重要地区。

第二作战指导要领

1.令第23军尽快把驻地较远的部队撤回广州附近，使其确保广州、香港地区……

2.令第13军迅速撤回驻在福州及温州的兵力，而以主力确保华中三角地带……

3.令华北方面军、驻蒙军及直辖兵团确保华北重要地区……

4.要使第6方面军在撤回和转调下列兵力之后以所余兵力确保武汉周围重要地区。

（1）把第34军司令部、第39师团等迅速派遣到南满及北朝鲜，使之入列关东军隶下。

（2）把第47师团迅速派遣到济南，使之列入第43军隶下。

（3）迅速把桂柳地区的第11军撤回，同时把第3、第13、第34师团经九江附近派往南京附近，由总军直辖。

（4）尽快撤回长衡地区的第20军，并把第68师团、第22混成旅团、第88混成旅团等派往北京（必要时派往济南），使之列入华北方面军指挥下，同时把第116师团、独立混成第86、87旅团等派往南京，由总军直辖。

……

笠原幸雄考虑到中国军队必将乘日军撤出广西时跟踪追击，决定采取"先发制人的行动，将其压倒，以利于尔后的撤退行动"，他下令第3师团从南宁、第13师团从宜山，分别进攻隆安和都安，以"全歼都安附近之重庆军第46军"。按照日军的话说就是"为不使敌人跟踪而来，在集中前应先敲打一下敌人"。为了第3师团可以放手一搏，第11军将驻在鹿砦的第58师团独立第94

大队调到南宁接防,结果却很令笠原幸雄失望。第34联队"由于地形险恶在和上林及迁江县自卫队的战斗中多劳而少功,战果不大",第68联队虽然冲入隆安、那马等地,但处处扑空,根本找不到中国军队主力。张发奎将隆安方面的避战解释为"我们先撤退再反攻",其实第2方面军也不是一味消极应对,就在第3师团发动隆安作战之前,第64军还主动袭击了南宁日军独立第94大队的宁村据点。

4月17日晚上,第156师476团吕士杰营长率领300多人,得到金陵乡自卫队的配合,悄然摸到宁村附近,试图以中国军队擅长的夜袭战将敌人打个措手不及。说来也巧,正要下手时,几架美军夜航飞机掠过上空,惊醒了睡梦中的日军。吕士杰营长不甘心无功而返,夜袭不成我就强攻,在迫击炮掩护下,吕营官兵毅然向日军阵地发起冲锋,宁村村长宁廷松冲在前面做向导,不幸中弹牺牲。眼看黎明将至,吕士杰只得下令撤出战斗,改为监围宁村。日军人数不多,也不敢出村追击,喝了几天臭塘水后便主动撤离了宁村。20日晨3时许,日军独立第94大队为了报复,出动150多人偷袭在坛洛休整待命的吕士杰部。吕部早有准备,战斗由清晨至傍晚,日军十多次冲锋均被打退,最后丢下43具尸体败回南宁。

第13师团第65联队于20日傍晚从河池西南的五圩出发,准备"以一部挺进部队先主力潜入重庆军防区,切断重庆军之退路,同时以有力一部占领保平墟;以主力占领九墟,在两地区之间捕捉和消灭重庆军"。该联队联队长伊藤义彦已于2月中旬晋升少将,调任驻保定的预备士官学校校长,接任联队长的正是当初极力策动一号作战的参谋本部作战课长服部卓四郎。22日黄昏,第2大队和山炮兵第7中队从第188师防地的间隙中间穿过,顺利攻占保平墟。第3大队则打得比较艰苦,日军战史这样写道:"21日10时,从河宽70米、水深约80厘米的洛水渡河,追击败走之敌,并向九墟前进。然而由于败走之敌占领着山岩嶙峋的阵地和不足1米宽的小路的要点,顽强抵抗,我军难以进展。大队主力为在22日凌晨从九墟东方约5公里处渡过小河,暂时待机之时,遭到潜伏在附近之重庆军的射击,速射炮中队长中仓中尉战死。"22日,第3大队占领九墟。翌日,服部卓四郎组织第2大队、山炮兵第3大队,对九墟附近进行扫荡,"但不见一个重庆兵"。24日,第13师团下令第65联队"迅速返回原驻地"。

根据第6方面军参谋安崎在复员后的回忆,第11军当时拟定了撤出广西的时间表:

撤出梧州以西西江沿岸独立混成第22旅团,4月下旬

撤出南宁第3师团之一部,5月上旬

撤出宾阳第3师团主力,5月中旬

撤出宜山第13师团,6月

撤出柳州独立混成第22旅团,7月

撤出广西全域,8月末

漓江烽火 桂柳会战

5月3日，第65联队接到命令："自现在起，步兵第65联队改为服部支队，作为第11军的直辖部队，掩护军主力从桂柳地区撤退。在撤退之前，先将侧背之敌击败，使我军易于行动并掩蔽我军撤退企图。"7日，服部卓四郎亲自指挥第2大队及第1大队、山炮兵第3大队主力，沿湘桂铁路进攻六甲。

与日军对峙桂西北的是第3方面军，汤恩伯比起张发奎兵强马壮许多，计辖第13军、第20军、第26军、第29军、第71军、第94军等，其中第13、第71、第94军获得了美式装备。汤恩伯部署在黔桂路方面的兵力有第20、第26、第29军。第20军位于贵州西南部的溶江、永从、黎平、锦屏各县境内；第26军配守在湘桂黔边区通道、城步、靖县一带；第29军第169师防守南丹大山塘，预11师防守荔波黎明关，与日军第13师团对阵河池、思恩地区。第29军原本是要和第93、第97军一起缩编的，后在汤恩伯斡旋之下得以保留，孙元良升任第3方面军副司令官，军长一职由陈金城接任。

8日晨，第169师一部对第65联队第2大队进行阻击，据日军战史记载："在进入湘桂铁路时，突然遭到来自六甲东南侧小路附近的猛烈射击，担任尖兵的第5中队当即应战，但未能使敌方的重火器沉默下去，被钉住在线路两侧。这时山炮兵第7中队长中谷中尉奉命率部来援，第2大队长平林当即命令该中队炮击敌军。"169师打阻击的只有一个加强连，面对火力大大超过自己的日军，他们并不恋战，第65联队第1大队乘机占领六甲。12日，第13师团电令服部卓四郎："迅速摧毁现在之警备地，然后自5月20日开始撤退，迅速到宜山接替师团主力的警备。"回到河池后，第65联队一边放出消息说要进攻南丹，一边销毁带不走的枪支弹药，甚至将多余的食盐倾倒河中。第169师师长曹玉珩头脑比较清醒，他判断日军多半要走，命人时刻注意河池方面的动态。

19日晚上和20日拂晓，第65联队第1、第3大队先行撤退，留下第2大队配属山炮兵第7中队断后。20日10时，第169师得到情报，确认日军正在撤离，曹玉珩下令第505团主力向布山附近攻击，一部向大丈追击，第506团一部攻击鲤龙关之敌，主力向金城江（河池）攻击，第507团攻击五墟及其以北之敌。14时，第505团主力冒着公路两侧高地射来的密集炮火，追上了断后的第2大队。日军战史形容"其中一发在当面重庆军的中央爆炸，但是未能阻止住急追的重庆军"。21时，第505团冒雨进占布山。翌日零时，第2大队全线撤退，第505团紧跟其后收复河池。中午，第506团、第507团先后占领五墟、金城江。陈金城军长获悉战况后，命令第169师、预11师以宜山为目标，立刻进行追击。曹玉珩认为光追不是办法，还得堵，于是抽调精干步兵3个连，配备部分重武器，无线电1个班，组成突击队，先向怀远穿插，截断日军退路。第506团沿黔桂铁路前进，等待预11师到达，即随第505团之后跟进。

24日，第65联队全部到达宜山，分驻怀远、龙头、北牙，警戒西、南、北三个方向，掩护第13师团主力后撤。26日晨，第169师在迫击炮和重机枪火力支援下，猛攻怀远，日军第3大队背靠龙江河拼死抵抗。傍晚时分，突击队一部70余人潜入怀远市街，遭遇日军工兵小队和驮马部队阻击，没有完成破坏怀远渡河点的任务。27日、28日，第169师和预11师展开更为炽热的攻击，双方短兵相接，战斗十分激烈。29日下午，陈金城得到情报："柳州之敌，大部撤退，桂林及其以北之敌，亦相继向湖南退去，桂林以南沿铁路线敌似无重兵。"于是下令曹玉珩、赵琳两位师长大胆迂回，歼灭宜山、怀远日军，迅速进迫柳州。曹玉珩、赵琳一合计，确定第169师505团配属预11师，第506团、第507团分别向北牙、北山攻击；预11师第31团秘密向宜山以北30公里处的天河挺进，攻占天河后，一部对罗城方面警戒，主力侧击宜山，第32团攻击怀远正面，第33团由木逻村渡河攻击怀远侧背。值得一提的是，1987年4月升任台湾当局"国防部长"的郑为元当时就是第33团团长。

服部卓四郎发觉中国军队"可能是改变了企图而向南面大迂回"，先是将第3中队撤守龙江河东岸，接着又于6月4日放弃怀远。至此，第65联队的补给完全中断，连日来各中队都要派出约1个小队的兵力，到20或30公里以外的地方抢掠粮食。第169师4日占领北山，8日占领北牙，与日军对峙于蒙屯、鸡山、石灰峒、北底之线，各无进展。预11师主力13日进至宜山附近，第31团占领天河县城，同时迂回到达宜山北方。就在这时，第65联队奉命撤出宜山，向柳城地区集结。14日，预11师未经激烈战斗收复宜山，第169师各团乘势推进到石鳖、太平、六段之线。陈金城的战斗报告说："此次战斗，前后经过26天，毙伤敌官10员，士兵900余名，虏获亦多，我官兵亦伤亡700余员名。"

结束都安作战，日军第3师团分别集结于宾阳、迁江、来宾，南宁只留下第58师团独立第94大队防守。5月3日，第3师团主力开始北撤，第6联队则留在宾阳担任后卫，负责收容独立第94大队最后从南宁撤出。第2方面军突击营在击毙的日军军官身上搜获文件，其中有"如受压迫，得向谅山撤退"的指示，故对日军放弃南宁有所准备，张发奎回忆说："我决心作克复南宁的尝试，我想如果敌人真的授予我良好的机会，我决不候上级的同意，而独断地向南宁攻击。"5月上旬，张发奎集中两个突击营于邕龙公路两侧地区，用于袭扰桂南日军与越南的交通。张发奎同时也很谨慎，他说："自然我不能由于虚荣心的驱使，而冒昧从事，或妨害整个的作战计划，我不过仅想利用敌人的弱点，来一个反攻计划的提早实施而已。"5月中旬，日军第3师团主力早已远走，张发奎仍是小心翼翼，只是命令第64军

漓江烽火 桂柳会战

部分潜过左江,在南宁侧后活动,主力推进到南宁近郊,严密监视敌人,伺机反攻。

第6联队主力撤往迁江,宾阳、昆仑关只剩下第2大队驻守。5月22日晚上,第175师夜袭宾阳西北角土地庙内的日军第2大队大队部,日本防卫厅战史如此写道:"在迫击炮、重机枪火力配合下,重庆军靠近了大队本部,激战达2小时,警备队将敌击退,并于拂晓扫荡了东北一带村庄。自此,情况逐渐恶化,没有一天不受重庆军的袭击。"张发奎终于出手,他下令第64军以有力一部进出町当、武鸣之线,相机攻占南宁;第46军第175师进出上林,相机攻占宾阳与迁江,第188师一团控制都安、保平,与第3方面军切取联系,主力推进平治、那马;第62军对高平之敌采取积极威胁行动,策应作战。

25日,第64军第156师进至马村、大滩、潭洛、富庶及兴隆街附近,发现日军放弃南宁的企图十分明显,刘镇湘师长"即以第467团主力于黄昏后渡过右江,占领兴安村迄龙潭岭之线,第468团占领钟鼓楼、凤门山迄罗山寺之线,限26日3时前完成攻击准备,另以第467团一营,对沙井之敌攻击,掩护师之右侧"。第159师同日也积极行动,"第476团3营推进至双桥,准备攻击

■第64军反攻南宁。

高峰隘，2营附工兵一班，携带地雷，至昆仑关及马岭间设伏"。傍晚，独立第94大队撤离南宁，沿邕宾公路北走，一宫支队同时也从邕龙公路沿线撤向越南。26日晨，第64军各部相继攻克高峰隘、沙井、白沙等地，第476团不顾伤亡登上城北望仙坡高地，于半夜渗入市区。第467团、468团亦由石埠、心墟经南宁西郊突入市街，分别与敌展开巷战。27日8时，日军抵挡不住，向宾阳、苏墟败退。

光复南宁后，第156师沿邕龙公路尾追逃向越南之敌，6月7日克复思乐，8日收复宁明。突击营与地方团队克复龙州，日军远走凭祥，第156师466团步步紧逼，24日攻占镇南关，将日军完全逐出国境之外。有人对国民政府军这种追击反攻不屑一顾，无非是跟在日军屁股后面收复失地罢了。其实我们也要根据国情啊，中国当时是弱国，仅有的一点工业大都集中在沿海地区，抗战爆发后内迁的很少，不是毁于炮火就是沦于敌手，哪能像欧洲战场、苏联战场、非洲战场那样大规模出动飞机、坦克，势如破竹横扫敌军。抗日战争是一场持久战，关键在于"耗"。

第3方面军战斗序列（1945年3月）
司令官汤恩伯
副司令官孙元良、张雪中、郑洞国
参谋长王光汉
副参谋长兼前方指挥所主任苟吉堂

第27集团军总司令李玉堂
第20军长杨干才
第133师师长周翰熙、第134师师长伍重严
第26军军长丁治磐
第41师师长董继陶、第44师师长蒋修仁
第13军军长石觉
第4师师长骆振韶、第54师师长史松泉、第89师师长万宅仁
第29军军长陈金城
第169师师长曹玉珩、预11师师长王铁麟
第71军军长陈明仁
第87师师长张绍勋、第88师师长胡家骥、第91师师长赵琳
第94军军长牟庭芳
第5师师长李则芬、第43师师长李士林、第121师师长朱敬民

3. 两路会攻柳州

从5月上旬起，宾阳县思隆、昆仑、大守、新桥等乡自卫队连日对沿邕宾公路北撤之敌展开袭击，人们发现日本鬼子变了，很多士兵面带菜色，衣衫褴褛，有些甚至穿着从老百姓家里抢来的棉袍，奇形怪状，无所不有，担担抬抬，病员亦多。距离日本投降还有三个月的时间，东瀛岛国的战争资源看来真是山穷水尽了。第46军第175师一部会同宾阳自卫队连续夜袭宾阳县城，25日晚上发射的迫击炮弹引起城内大火。待到28日，日军第6联队第2大队听到昆仑关方向传来密

漓江烽火 | 桂柳会战

集的枪炮声,判断独立第94大队已经离开南宁,遂决定放弃宾阳走人。31日黄昏,日军悉数到达迁江北岸,第2大队沿邕柳公路急促北上,跟在后面的独立第94大队磨磨蹭蹭,沿途搜索粮食禽畜,牵着十多头抢来的耕牛想要改善伙食,似乎忘记了后有追兵。

第175师收复宾阳,甘成城师长当即下令第523团经马潭墟、莫村、里韦墟向迁江追击,第524团沿公路直追日军,第525团一部牵制迁江之敌,主力向石陵附近截击溃敌。6月1日,第523团攻入迁江,日军独立第94大队被堵在红水河边,只得向柳州发电呼救。5日,第6联队接到"应立即返回迁江北岸,反击尾追之敌,已令4辆坦克协助"的命令,重新调头来援救独立第94大队。8日,第6联队回到红水河北岸的河里,只见东南方高地布满中国军队的重武器,且有一部已渡过红水河,在北岸准备采取攻势。这场遭遇战出人意外地激烈,中国空军的P-40战斗机临空助阵,日军的4辆坦克顺着公路直接协助步兵战斗,明摆着欺负第175师过河部队没有反坦克武器。独立第94大队瞅准机会,迅速泅渡红水河,会合第6联队向北撤退,为了拉几头牛解馋,伤亡400余人真是不值得。

10日,冈村宁次在南京召开军事会议,催促第11军迅速撤出桂柳,进一步明确各师团的去向:第3、第13、第34师团经九江开往南京,由派遣军总部直接掌握;第58师团及独立混成第22、第88旅团派往北平,归华北方面军指挥。15日,中国陆军总司令部以"巳删未谋战电",令"第3方面军即以有力一部,沿黔桂路前进,并限于7月15日前攻占柳州,以第27集团军继续压迫桂林方面之敌,使我对柳州之攻击容易,第94军仍归第27集团军指挥"。令"第2方面军以第46军有力之一部,不受第2、第3方面军作战地境之限制,协同第3方面军进攻柳州"。日军急于收缩战场,国民政府军形成了西、南两路会攻柳州的局面。西路是第3方面军,由第29军军长陈金城一并指挥第71军第91师、第87师炮兵营,从宜山向东攻。南路是第2方面军,由第175师师长甘成城率领,从迁江往北攻。

两路会攻柳州其实并不是中国陆军总司令部的本意。黎行恕反映柳州日军好像要向桂林撤退,张发奎便找来博文商量,决定第46军不待上级命令,向柳州挺进,并且承诺先进柳州城者必有重赏。张发奎同时也知道:"按理我不应该命令挺进柳州,因为该城被划在汤恩伯的辖区。然而,眼看敌人后撤,我绝不能因为忌讳跨进不属于我的辖区而停止追击。"果然,何应钦出面制止,向华你赶紧下令部队退回来,你到汤恩伯辖区去干吗?张发奎的牛脾气上来了,我怎么就去不得?急得何应钦与麦克鲁亲自跑到百色详解反攻计划,麦克鲁这个美国人不简单,他似乎很能揣摩张发奎不甘寂寞的心思:"张将军,你的任务是所有方面军司令官中最重要的,我们准备让你收复雷州半岛,再反攻广州。"张发奎这下来劲了:"进攻海南必须同美国海空军配合,海南可以供美军作为海军基地,日军已在榆林修建了一个深水港,能容纳美国海军的大型舰只。攻占海南岛后,我军能从雷州半岛出发,经阳春、阳江与四邑挺进广州。"

于是何应钦与张发奎达成协议,邕柳公路上的第175师就算了,协同第3方面军收复柳州,其他的部队可不能再擅自北上。其实汤恩伯又何尝不心急,他在传达陆军命令时,自作主张把攻克柳州的时间缩短了半个月,要求陈金城6月底就要打下柳州。汤恩伯为何如此心急?苟吉堂说:"我们虽不能完全把他歼灭,但必须强制退却的敌寇,遭受我们大的打击,一定要使他感到首尾难顾的威胁,而奠定我们中国对日总反攻的基础。"苟吉堂说的是官话,实际上张发奎、汤恩伯明显是在争功,后来会攻柳州产生一些摩擦,也就不足为怪了。

日军第6联队沿公路到达柳州西南50公里的大塘,接到第11军命令:"步兵第34联队的贺屋大队正在大塘以北掩护第13师团的撤退。第6联队应于原地收容贺屋大队以后,再向柳州转进。"大塘是迁江、忻城、宜山三地通往柳州的公路汇集点,大塘以东里高至三都之间,有一段8公里长的劈山公

■张发奎与李汉冲(左一)、麦克鲁(左二)、何应钦(左三)、博文(右一)合影。

漓江烽火 | 桂柳会战

路,地势非常险要,尤其是百子坳一带,公路呈"之"字形,两旁尽是悬崖峭壁,人在公路上走只能看见一线天。要不是上级有令,松山良政联队长一刻也不会停留,巴不得插上翅膀飞过这段险路,如今只好下令第2大队停在原地等待贺屋大队通过,第1大队占领思练、大塘之间的要点,阻止中国军队从西面或南面进行反攻。

15日傍晚,第13师团贺屋大队完成掩护任务,向柳州撤退。松山良政决心16日晚上撤出第一线警备,第2大队先到长洞附近守住狭路,第1大队担任后卫。松山十分忧心:"重庆军集结了全部兵力,从宜山方向及都安、忻城方向北上,向联队周围聚集而来,数量与日俱增。而大塘位于军用公路的三叉路口,板则村、长洞、白见村之间又成狭路,先出发的部队若一停止,后续部队就很难处置。"松山的担心很快变成现实,还真有中国军队在等他钻口袋。柳江县自卫队设伏百子坳,专等日军后卫通过捡便宜,当他们发现日军还有两个大队,就觉得力量不够,便去寻找正规军支援。刚好第175师525团到达思练,卢玉衡团长当机立断,全团急行军绕过北荡,出里高到三都乡,分段设伏日军。2营最快,当晚率先到达百子坳附近的板立村。

16日,第525团在公路两侧山腰上构筑简易工事,利用山岩地形组织斜射、侧射火网,布置迫击炮阵地。当地村民知道中国军队要在百子坳伏击日军,纷纷自发送水送吃的,当天碰巧又是端午节,弟兄们吃到了久违的粽子。21时,日军第6联队第1大队从大塘出发,第1中队开路,后面依次是辎重、伤患运送队、驮马队、第3中队、大队炮小队、重机枪中队、第2中队、救护班、第1大队本部、重机枪小队、第4中队。17日凌晨,第1中队进入伏击圈,卢玉衡不为所动,我先让你过去,待会专打你中间。不想有士兵过于紧张,忍不住发出了咳嗽声,卢玉衡只得提前发出攻击信号弹,顿时我方阵地上轻重武器一齐开火,日军被打得人仰马翻,乱成一团。

日本防卫厅战史这样描述17日的苦战:"重庆军扼守狭路巧妙地用山岩地形斜射、侧射,并使用了迫击炮。从长洞到板则村的狭路口战线长达4公里以上。枪炮声极为炽烈。本队在军用公路上陷于胶着状态。重庆军继续调来援兵,我第一线各中队只能竭尽全力保住要点而不能进行反击,特别是在后卫的尾部和南侧方面,已发现重庆军开始出击。我军的大炮连续不断地射击,炮身都要烧坏了。"或许是崖壁高深,第525团没有选择冲下来进行决战,日军为此暗暗庆幸:"重庆军只是乱打一通,不想短兵相接,所以没有发生悲惨的白刃战。后卫的各中队为确保要点,整天都在与重庆军对峙和奋战。黄昏以后,部队渐有进展,打开了军用公路。"18日,第1大队在第2大队第7中队的掩护下,冒死冲过长洞狭路,快速向白见村进发。

百子坳阻击战打死日军100多人，打死战马60匹，第525团和柳江县地方武装阵亡官兵29人。为了纪念这一胜利，当地群众把百子坳改称"鬼子坳"，并于1945年12月建起一座抗日纪念亭，纪念亭的侧门刻有卢玉衡的一首楹联："百子坳前清血债，蓬莱岛上吊孤魂。"抗战胜利后卢玉衡调任新19师第55团团长，后来定居香港九龙。1986年10月，卢玉衡返乡探亲，在他的老部下原525团2营营长蒙献明的陪同下，驱车前往"鬼子坳"凭吊50多年前的抗日战场，回忆当年的战斗历程，卢玉衡感慨万千，即兴吟诗一首《战地重游有感》，中有"踟蹰登车战地游，万千感慨话从头。当年在此歼敌寇，满岭遗尸鬼哭愁"之诗句。

第525团百子坳伏击日军的史实应该说是清晰的，可是到了苟吉堂笔下却变得有些模糊，苟在《中国陆军第三方面军抗战纪实》一书中这样写道："里高－百子坳的胜利，据本方面军第169师的报告，说是该师前后夹击的收获，而友军第46军第175师声称，又说是他们在那里消灭的。我们不问是谁的战功，消灭敌寇人马，是千真万确。"第29军追击服部支队，6月14日在宜山以东20公里的洛东附近与日军打了一仗，从时间上判断不可能出现在里高、百子坳一带。服部支队18日到达柳城，分驻洛满、上雷、沙埔，守卫柳州的西面和西北面，声言"很少发现从军用公路尾追的敌人，情况平稳"。从武宣撤退过来的日军独立混成第22旅团置于柳州河南，分兵驻守里高、三都、穿山、羊角山等要点，警戒柳州南面的公路和铁路。第58师团独立第95大队驻守柳州河北市区。19日，第11军司令部北撤，柳州日军由独立混成第22旅团旅团长米山米鹿统一指挥，担任总后卫。

八年抗战下来，追着日军打还是第一次，第169师和第175师争相汇集到公路上，彼此都不愿意给对方让路。陈金城电报汤恩伯请示，大塘至柳州公路的攻击任务，究竟是由第169师负责，还是交给第175师担任？何应钦当初只是简单规定第46军有力一部协同第3方面军进攻柳州，至于具体如何协同并没有明确指示，汤恩伯和张发奎也未就此事交换过意见，完全是各打各的。据苟吉堂回忆，汤恩伯表现得很大度，他对陈金城说："可以将公路方面的任务，全部交第175师担任，我们第29军全部北移铁道方面，向柳城进攻；第2方面军的将士多为广西籍人，人地相宜，让他们攻克柳州，我们的部队不可争功，我们准备进攻桂林。"可是下边的人不答应，陈金城没多大工夫又来电报："第169师在公路上已经截断敌后，形成敌我交相包围的状态，很难自由移动，如果硬要北移铁路，势必受敌侧击，陷于不利局面。"汤恩伯与苟吉堂商量后，电复陈金城："将公路以南，交由第175师担任，而与我第169师并肩攻击柳州。"这回甘成城不干，凭什么你们走公路，我们走小路，眼睁睁看着你们捷足先登？经过重新商议，

漓江烽火 | 桂柳会战

协定"以公路为两师公用,即169师攻击公路以北之敌,175师攻击公路以南之敌"。

争来争去争出事情来了。25日,第3方面军炮兵顾问美军凯佛德上校和中、少校各1人,以及5名中国士兵,乘坐指挥车由里高向三都墟急驶,据苟吉堂的说法,因为公路公用的原因,半途有一位第175师的林姓营长搭上了车,该车驶到百子坳以东不远的村落时,第169师哨兵阻止,说是日军虽已退去,但前面还有危险。凯佛德等人不听劝阻,继续沿着公路往白见村方向疾驶,结果开到中和屯小桥头时,遭到断后日军伏击,除了凯佛德被俘以外,其他人全部丧命。

那么究竟是什么原因促使凯佛德执意前行呢?白见村槎山屯的韦卓史老人当年是抗日自卫队成员,亲眼目睹了日军伏击指挥车的全部过程,他给出的答案比较令人信服:"第二天下午,两位美国战地记者在一位中国翻译的陪同下,也乘车到中和现场了解情况。我和韦香草都是大学生,略通英语,就主动向他们简介昨天的所见所闻。他们向我们说明惨剧发生的原因是国军炮兵观察所误导前线情报所致。该情报称,当日追击日军的国军先头部队已占领柳州市附近的拉堡镇。美军作战指挥部闻讯后,即派校级军官往前线观察,未料日军只撤退到三都至六道之间路段,白见村槎山屯仍有日军的岗哨部队在后掩护守卡,不幸酿成了这次美军重大伤亡的惨祸。"至于占领拉堡的情报到底是谁发出,那就无人知晓了。

26日拂晓,第175师攻占柳州西南25公里的百朋,第523团跟踪追击,日军退守甘龙、罗汉山地区。27日,米山米鹿派出200余人,由穿乡山向罗汉山增援,经我阻止截击,徘徊于布山、瓦窑间。28日,大雨倾盆,日军乘机从江中村方面突围,会合增援部队,向双桥方向逃逸。与此同时,第29军也在步步推进,陈金城扬弃阵地战硬攻,而是以团、营、连为单位一点点渗透柳州。21日晚上,第169师尖兵连和柳江县自卫队一部从思贤乡突入柳州南站,与日军独立混成第22旅团发生混战。25日,南站一带即为第169师全部占领。26日,第91师272团开始进攻柳州市区,当晚收复黄村、北站。27日,柳州北市日军独立第95大队撤向窑埠、独凳山。29日14时,第169师第505团一部,突入柳州南市及帽合山机场,潜伏市区的便衣响应部队攻城,到处袭击日军。30日凌晨,曹玉珩师长亲自督率主力,经由柳州城西的鹅山,克复南市。此际,第169师突击大队、预11师的两个营、别动军第3纵队第2支队一部,先后突入柳州北市,战斗至23时,完全肃清残敌,光复柳州。第175师慢了一步,从百朋方向赶过来已是7月1日拂晓。

日军在撤离柳州之前,心态完全失衡,原来繁盛的小南、庆云、培新等主要街道,被付之一炬。柳江南北两岸的大小房屋3000余间,占房屋总数的三分之二,一片焦土,触目伤心。7月2日,第2方面军作战处长李汉冲飞抵柳州视察,随行的中央社记者写下了题为《柳州一片瓦砾》的报道：

当飞临柳州上空时，俯视地面，所看见的只是矗立的危墙和一片红色的火后砖瓦而已。机场上敌人所埋的地雷正待清除，市区房屋十之有九被敌焚毁，从前的繁荣市场已成一片瓦砾。南市损失比北市要重，幸存的房屋，南市只剩下了十分之一，北市还剩下十分之三四，但都已残破不全，比南宁受害更厉害。

跟随第3方面军的《武汉日报》战地记者戴广德认为"柳州之捷是我第29军英勇将士用鲜血和生命换来的成果……我军战术运用成功，迂回、渗透、围困、侧击，均收到预期效果。……最后四天为全战役的顶点，飞机场、火车站、鹅山为敌我争夺最激烈，也是我军攻城战打得最壮烈的地区。"美国新闻处官员格兰姆·贝克对此有不同看法："当我到达柳州时，国军围攻的这座城市战事已在几星期前完毕，而且围攻桂林的战事也在我来柳州的途中结束了。我发觉不管外边报道这次战役多么了不起，事实本身使我感到失望。几万国民党部队使用美国的新武器围攻这两座城市时，使用了不计其数的弹药，而日军主力却早已安然撤退，两座城市

■收复后的柳州满目疮痍。

只各留少数人坚守据点。尽管数量大大超过日军留守部队的国民党军围攻柳州和桂林达数星期之久；然而，依然留下了通道，使这些小股日军得以安然撤退。"格兰姆·贝克目光尖锐，他显然看到了中国军队追击反攻的局限性。

4. 进击桂北

如果说河池、南宁、柳州等地的反攻差不多是跟进接收，那么接下来的桂北进击就要激烈许多。道理很简单，广西日军从各地汇集到桂北折腾了一个多月，中国军队也就赢得了一个多月的集结准备时间，桂北的作战兵力远比收复河池、南宁、柳州时强大，已经能够有组织、有计划地对敌进行围追堵截。日军第34师团、第3师团及第13师团一部当时已退过湖南，留在桂北的部队尚有第58师团、第13师团一部和独立混成第22旅团、第88旅团等，不超过3万人，具体态势如下：

第58师团师团长川俣雄人坐镇桂林，第51旅团司令部和所属的独立第92、第93、第95大队分驻荔浦、平乐、阳朔，担任桂林东南一线防守，独立第94大队从鹿砦开赴桂林西北与第13师团104联队防御义宁、灵川；第52旅团司令部和所属的独立第108大队驻永福，扼守桂林南大门，独立第96大队在桂林以西50多公里的百寿、长安地区，独立第107大队经永福撤往桂林，独立第106大队作为后卫，要在鹿砦殿后。

第13师团司令部驻全县，师团主力包括第116联队在内已进入湖南新宁、祁东，脱离广西战场，服部卓四郎的第65联队刚刚解除后卫任务，尚在柳城一带转进。吉田峰太郎因此差一点成为光杆司令，还好驻防兴安及桂穗路沿线的独立混成第88旅团不久改由他就近指挥。据第11军作战参谋田中回忆："军预计从桂林撤退时敌人的压力将忽然加大，想要从桂林一举后撤到全县完全不可能，因而在桂林和全县中间的大溶江附近部署了独立混成第22旅团，准备接应第58师团从桂林撤出。"

笠原幸雄的担心不是多余的，还没打下柳州，汤恩伯就已盯上桂林。黔桂湘边区总司令部改编为第3方面军，并没有像张发奎百色整军那样引起轩然大波。杨森调任贵州省主席，第27集团军总司令一职由李玉堂升充，第20军军长改为杨森的侄子杨干才。方面军副参谋长苟吉堂兼任前方指挥所主任；孙元良不再担任第29军军长，由黄埔二期出身的陈金城接任；第91师师长王铁麟与预11师师长赵琳对调职务。6月25日，汤恩伯即以"巳有未强汀"电令指示各部："方面军为迅速击灭当面之敌，恢复桂柳之目的，即以有力之一部，分沿湘桂铁路，及桂穗公路，继续追击败退之敌，即以另一部向兴安全县间遮断敌湘桂交通线，以主力沿桂穗路，直向桂林击敌右侧背，拟包围敌于桂林而歼灭之。"按照汤恩伯的设想，反攻桂林

九、吹响南疆号角

■汤恩伯与博文。

分为"支作战"和"主作战"两方面。"支作战"由两路组成：第29军沿黔桂铁路占领永福，然后协同第94军会攻桂林；第71军主力接防柳州，第91师沿湘桂公路进攻荔浦、阳朔，进迫桂林近郊。第27集团军负责"主作战"：第20军第133师出融安攻百寿，目标桂林西郊；第20军第134师和第26军攻灵川、兴安、全县，截断湘桂交通；第94军从龙胜沿桂穗公路南下，直捣桂林。

第3方面军参战部队为4个军10个师，合计约85000人，且超过半数是美械或者说是半美械装备。正如《大公报》战地记者戈衍棣所说，美械装备"火力的加强姑且不论，在精神上实已给予一般部队以莫大鼓舞，因为已经获得美械的部队，有了他的优越感，觉得非打一次胜仗无以对国家统帅与盟方，而没有获得美械的部队，则打算在这一次会战中多卖一点力气，以好的表现来争取美械，于是三军奋勇，个个争先"。不过苟吉堂认为半美械装备反而不好："我们的第94军与第91师名义上已经改换了美械，实际上比之不换械还增加了困难。因为换装未竣，以致青黄不接，致国械与美械在同一单位内使用，发生多元补给的困难。"苟吉堂的话也有几分道理，但第3方面军人数、装备、士气毕竟都比广西日军强出一筹，要再不好好发挥，恐怕真是无颜见江东父老。

1945年7月7日，沿湘桂铁路追击的第169师未遇日军抵抗占领鹿砦，第二天进至中渡追上了第65联队。预11师则从柳城、雒容一路往北，也是咬住服部卓四郎不放。日军战史这样描述第29军的追击："重庆军很凶,一直追到距我后尾200米处,才开始射击。在中渡附近架桥渡河,担任掩护大队主力过桥的第10中队的最后尾,遭到只有100米近距离的重庆军猛烈射击,最后尾的分队濒于无法撤退的危境。最后依靠中队从对岸以全部火器进行掩护才好不容易脱兔般撤出台地,转入过桥行动。"8日,预11师攻占中渡,13日,第169师克复黄冕,进抵永福城南。日军第52旅团司令部奉命撤往桂林北门,留下独立第108大队大队长山田善之辅指挥500余人坚守永福城内外。这时第29军却因弹药接济不上,陷入停顿状态,只能先采取围城战术,威慑日军。第108大队惊呼:"仅仅在几公里的盆地,有两万中国军队把500多名日军包在笼子里。"

19日,陈金城确定两天后将解到一批弹药,他下令第169师奢侈一回,教训一下永福城外据点的敌人。11时,第169师集中迫击炮猛轰卑田日军瞭望哨,第108大队第4中队中队长胆小如鼠,吓得躲到床底下直哆嗦,部队实际由小队长鲛岛指挥。激战至下午,第169师切断了卑田据点与永福城的联络,山田大队长向各中队宣布:"旅团长命令我们死守现阵地,直到最后全员殉职,个人所持有的各种物品全部烧毁或埋掉。"20日零时,预11师第32团第1营迂回永福南门,用梯子翻越城墙,勇敢突入城内。日军第108大队大队部距离南门只有200米,城内的第2中队拼死抵抗,眼看就要不支,紧急关头突然下起瓢泼大雨,1营进攻受阻,天亮后只得从西门和南门退回城外。经此一战,第108大队也是弹药、粮食所剩无多,就在官兵普遍感到绝望的时候,旅团长下达了撤退命令。24日,预11师占领永福,第169师乘胜由罗锦墟向良丰乡追击,进逼桂林南大门。

第71军第87、第88师接防柳州,第91师沿湘桂公路北进,16日通过地势险要的修仁,17日克复荔浦,日军第92大队撤往桂林。第58师团通过飞机侦察反馈报告,发现大批中国军队正成包围之势接近阳朔,于是命令第95大队占领白沙铺、转入阻击作战。19日这天战斗异常激烈,第91师装备的美式60毫米迫击炮命中率极高,日军小队长武藤少尉阵亡,当晚有许多日军士兵开始在笔记本上写遗书。20日,第95大队第1中队撤往阳朔,第91师第272团抄小路跟踪追击,先头一部因警戒疏忽被第2中队打了一个反击,煮好的米饭成了日军的免费午餐。快到中午时,第272团主力尽出,在火力明显占优的情况下却未能报一箭之仇。鱼住孝义原是第58师团野战医院的军医,他在反映湘桂撤退的《大陆殿兵团》一书中这样写道:

果真几百个中国士兵登上来了,中队长命令全体射击,立时枪声大作,把中国士兵打得惊慌失措。一会中国士兵镇静下来,也开始还击,捷克式轻机枪向第2中队阵地连续扫射,把阵地上的草叶打得直飞。战斗进行了近两个小时,第2中队却无一人伤亡,这真是奇迹。

23日,山田大队长调来第4中队担任后卫,掩护第2中队后撤阳朔,他要求第2中队死守到25日上午。第91师全线出击,日军第1中队抵挡不住,从公路左侧转移至碧莲洞,结果发现此洞别无出口,无疑自己走进了"坟墓"。果然赵琳师长集中全师的冲锋枪封锁洞口,不断使用火箭筒、手榴弹往洞内深处倾泻,第1中队中队长实崎以下67人战至24日"全员玉碎"。第58师团原本想要组织兵力去救,无奈笠原幸雄回电制止:"不应该影响我军后撤,沿湘桂公路增援中的中国军队兵力大为增加,致使途中难以应付。贵师团基于个人感情想要救援阳朔方面,这种想法是我军尔后作战的重大障碍。"大队副官岩下博自告奋勇,私自纠集一个步兵中队前往碧莲洞,山田善之辅闻讯严令撤回。25日,第91师攻入阳朔,日军第95大队全部撤退,先是集结桂林东南20余公里的大圩,然后经灵川去全县。

"主作战"方面,第27集团军根据方面军指示,于6月27日颁布了反攻桂林作战计划,主要内容如下:

一、方针

集团军为领有漓江西岸战略要点,即以一部攻击百寿,各以有力一部进出灵川、兴安,断敌交通,以主力攻击桂林而占领之,攻击奏功后,即向全县、黄沙河之线追击。

二、指导要领(略)

三、兵团部署

(1)第20军之第133师为突击兵团,以一部守备长安镇机场,以主力监视百寿之敌,适时向江圩、永福之线进出,掩护第94军右侧安全。尔后依情况自西向东协力第94军攻击桂林,该师暂归本部直接指挥。

(2)第94军为攻击兵团,于7月7日前进驻龙胜以南地区,接替第26军丁岭界、蓝田堡方面防务,完成攻击诸准备后,即攻取丁岭界,略取桂林。

(3)第20军(欠第133师附桂东突击队),为截击兵团,速取捷径,经龙胜限7月6日前集结两渡桥以南地区,完成攻击准备,即向灵川、大溶江口之敌攻击,重点保持于灵川方面,务确实遮断公路、铁路之交通,并截击敌人。

(4)第26军为阻击兵团,速取捷径,经龙胜、社水,限于7月4日前集结于资源以西地区,完成攻击准备后,即向兴安、全县之敌攻击,重点保持于兴安方面,务确实遮断敌铁路交通,阻敌增援。

……

7月11日,第27集团军下令各部队对当面之敌展开进攻。13日,突击兵团第133师兵分两路,第398团主力围攻百寿,第399团走小路直插两江圩。截击兵团比较保守,没有立刻攻向灵川、大溶江,杨干才军长因

漓江烽火 桂柳会战

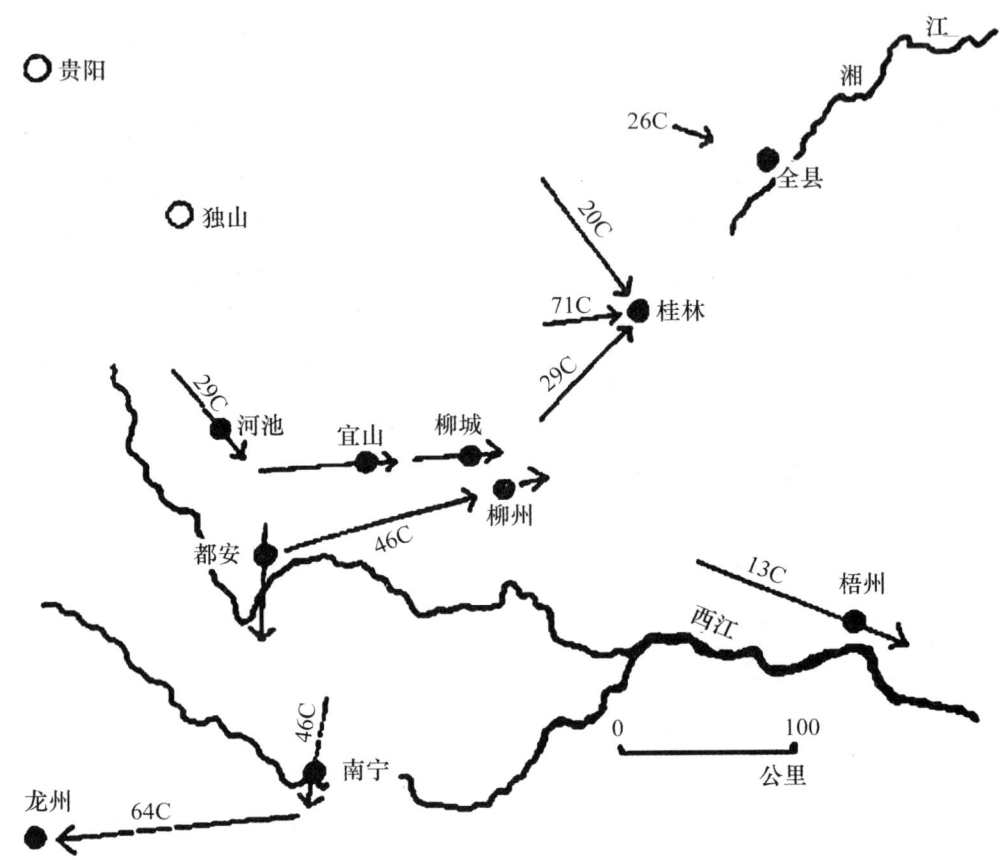

■第2、第3方面军反攻桂林、柳州示意图。

嗜好鸦片，两眼鼓起，人称"杨二筒"，他先以第134师第401团分向塔边屯、淞江口、上潞江等地侦察敌情地形，将第400团控制在砚田附近为预备队。阻击兵团第26军从资源向兴安、全县推进，这一带是莽莽苍苍的越城岭山脉，没有公路，武器弹药由士兵背负，粮食军需靠民众运输。14日，第41师攻下胭脂岭、雷公顶、五福关、老田洞，第44师连克长叶岭、大车岭、五旗岭，予湘桂铁路及公路交通以莫大威胁。何应钦限令第3方面军7月底前占领桂林。汤恩伯立即指示第27集团军："本方面军拟于20日前，先略取永福、百寿、义宁之线，21日起，以全力包围桂林，而总攻之。"李玉堂奉令后，遵即下达第八号作战命令，明确第133师应于7月18日前攻占百寿，第20军（欠第133师）、第26军务必在7月20日前，确实推进灵川、大溶江、兴安、全县间地区，截断敌湘桂交通线。

独立混成第88旅团一部不敌第26军，

九、吹响南疆号角

吉田峰太郎担心退路被断，急忙坐镇白沙铺，从防御义宁、灵川的第104联队抽调第1大队反击五旗岭。17日傍晚，第1大队到达五旗岭东麓杨柳田，半夜时各中队按照第88旅团说明的地形攻击前进，18日拂晓仅夺回一角，第4中队80人中有55人非死即伤，加上弹药接不上，只得重新退回到山脚下。此时第65联队刚好沿湘桂铁路北撤至白沙铺附近，吉田峰太郎向服部卓四郎传达命令："要击退五旗岭附近之重庆军。"第88旅团代号"冲天"，名字虽然响亮，战斗力却很一般，第65联队第2大队刚一赶到五旗岭，他们就诉起苦来："重庆军第26军进至沿军用公路西侧的南北纵行的山地一带，阻止我军撤退，颇为顽强，我们损失很大。"入夜，第2大队发动进攻，第44师没能守住五旗岭山顶，转向西侧的青坪界一带，准备伺机再向东面出击。

第二天，第65联队倾巢而出，丁治磐军长把军直属特务营增加到青坪界，日军战史这样写道："重庆军占据着800至1200米的犹如梳子齿般的山连山要点，我们进攻极为困难，战况迟迟不见好转。"22日，第65联队费尽九牛二虎之力将山炮、速射炮、步兵炮全部抬到山顶，丁治磐"好汉不吃眼前亏"，下令第41、第44师撤至五旗岭以西山地，继续保持对敌交通线的威胁。服部卓四郎打算"抓紧时间一面尾追败走之重庆军，一面经油榨坪深入山中，寻找重庆军根据地将其消灭"，吉田峰太郎没同意，我们的任务是撤退，"赶走了五旗岭的重庆军，在虎留盆地又给了敌人很大的打击，所以说已经达到师团的目的"。25日晚，第65联队返回白沙铺，之后陆续撤过全县，进入湖南境内。

第133师第398团连日猛攻百寿，面对日军独立第96大队的拼死顽抗，18日未能如期完成任务，汤恩伯对川军比较宽厚，答应周翰熙师长请求，将攻克百寿的期限展延至20日。可是到了20日，第133师还是没能达成任务，周翰熙急了，严令第398团团长萧传伦不顾一切拿下百寿，否则提头来见。22日拂晓，第1营通过架云梯冒死攻入城内，日军一部从东门向城内增援，另一部由桥头村、中村迂回398团右翼，阻止2营、3营前进。第1营坚持到傍晚，终因伤亡太大，被迫撤至百寿城外西南郊。萧传伦想想反正横竖是死，倒不如战死沙场，还能图个好名声，当晚带队再攻，碰巧日军第96大队奉命增援岩山圩，午夜时乘着浓雾放弃了百寿。23日晨，第398团总算艰难完成使命，周翰熙擦了一把汗，赶紧捷报汤恩伯，再迟恐怕杨森出面也难保住性命。24日，第399团克复两江圩，进抵桂林城西郊。

第134师于18日拂晓，各以一部由背岭、二渡水，分别攻击易家村、司门前，主力从竹坪、筋竹山向公路铁路方面进攻。日军独立混成第22旅团当晚发起反击，银矿山、筋竹山阵地激战竟夜。22日，第134师失守银矿山、乌岩岭、六槽岭，杨干才集合预备队第400团,交由伍重严师长亲自掌握。23日黎明,第400团奋勇冲入敌阵,一举夺回六槽岭附近的各个要隘,杨干才声言毙敌李田中佐以下200余人,不管战绩是否属实,终究没有完成截断湘桂交通线的任务,只是与日军消极地相峙于铜岭屯、蚊子岭、7861高地、对北岭之线。

5. 血火桂穗路

桂穗路系指广西桂林至贵州东部三穗县的公路,其中龙胜到桂林这一段最为险要,日军独立混成第88旅团分布丁岭界、宛田、磨石岭、岩山圩、义宁等地,企图阻止中国军队接近桂林。第94军作为方面军攻击兵团,集结龙胜南下,势必要与日军来一场硬碰硬的对决。由于桂穗路已经大面积破坏,作战所需的粮食、弹药都要依靠人力翻越山间小道运送前线,第94军反攻桂林之路越发显得艰辛,比起第20军和第26军的阻截任何不知难上多少倍。

第94军下辖第5、第43、第121师,加上军直属部队合计约28000人。第5师的历史最悠久,1928年8月由独立第1师和第7师缩编而成,首任师长熊式辉弃军从政,两度担任淞沪警备司令,主持赣政十年,抗战中期外派访美军事代表团团长。现任师长李则芬是广东兴宁人,黄埔军校第五期毕业,曾经在陆军大学担任兵学教官,1950年代退役后专心治史,著作颇丰。第43师原是孙传芳五省联军残部,1932年5月被第18军缴械改编,成为"土木系"大家庭中的一员,现任师长李士林和前任师长刘绍先、皱洪、周祥初、金德洋一样,都是陈诚保定军校第八期同学。第121师的老底子是黔军犹国才部,王家烈倒台后纳入中央军序列,在日趋国军化的同时,始终保持着"贵州特色",吴剑平、牟庭芳、戴之奇、朱敬民等几任师长无一不是贵州籍。

1942年10月,牟庭芳升任第94军军长,他的前两任郭忏、李及兰都是陈诚"土木系"得力干将。牟庭芳是贵州郎岱人,黄埔军校第一期毕业,留学日本步兵学校,1930年回国后历任团长、中央军校昆明分校副主任、贵州省保安处副处长等职,1936年夏调任第102师副师长,1938年4月晋升师长,两年后又以第94军副军长兼任师长。坊间普遍认为牟庭芳能够脱颖而出,离不开何应钦的关照,何氏偏爱黔籍将领,犹如蒋介石亲信浙江人。牟庭芳也是很少可以在何应钦、陈诚两大派系间寻找平衡的人物,抗战胜利,第94军先后接管上海、天津、秦皇岛,并担任北宁铁路的监护任务。1946年牟庭芳因妻子私下出售贵阳仓库中的旧枪械而东窗事发,后来辗转香港闲居,1953年郁郁而逝时才51岁。

6月27日,第27集团军下令第94军集结龙胜以南,攻取丁岭界,略取桂林,牟庭芳为了适时进入战场,不待正式命令到达,即令第43师(欠第129团及炮、工两营),配属第121师第361团、山炮营及工兵排，于7月1日开始行动，并限6日前到达龙胜以南地区，完成攻击准备，全力夺取丁岭界、宛田、义宁，攻略桂林。并令第121师（欠第361团、山炮营、工兵排）4日出发，沿桂穗路前进，限9日前到达鱼滩、龙胜间，进出蓝田堡、磨石岭一带，截断日军交通。第5师到达后，加入第121师方面抄袭灵川。

7月12日，第43师第127团乘着夜色掩护，悄悄绕到丁岭界背后和侧翼，次日9时，突然出现在丁岭界的攻击线上，一部进攻佛子坳，一部进攻庙坪。配属作战的美式M1A1型75毫米山炮向敌猛轰，观测员刘讯回忆说："步兵从侧背接近敌据点，炮兵则在丁岭界背面隔山相望约千米处的一个山头棱线后放列。我炮兵对友军首轮火力支援时，因当时丁岭界顶尚在云雾弥漫之中，近乎盲目射击，收效差。追云开雾散，我炮改用直接瞄准射击，又因敌据点多数在我炮射程死角内，收效仍不大。"直到中午，第127团才在炮火掩护下攻占庙坪西南高地和佛子坳附近三处据点。13日一大早，丁界岭日军第523大队发动逆袭，第127团死伤排长以下三四十人，但始终顽强坚守阵地，并不断发起反逆袭，随军记者杨魁写道：

敌人非待我军靠近工事的边缘线不肯轻放一枪，然后集中火力猛烈射击。……压制得我军无法抬头，火力稍一停顿，我军便跃进了几步；最后，敌我相距也不过二三十尺，双方的手榴弹乱甩，山岩的石头都炸开了花，丢过去未炸的又被对方手急眼快地投掷回来，一个手榴弹丢在我何排长的脚下，他一脚没有踢开，再用手去抓，可惜迟了一秒钟，作成粉身碎骨的惨局。

第361团由桂穗公路西侧迂回进攻宛田大岭，一小部分日军以为前面有丁岭界顶着，疏于防守，13日拂晓一经战斗即溃散逸去。谢世钦团长是苗族人，贵州崇武学校毕业，他把迫击炮和重机枪阵地布置在宛田大岭上，以居高临下的优势向王能岭猛烈射击，日军哪里招架得住，只片刻工夫就弃山跑向王能村。14日，第361团攻占王能村、大王山，从缴获的文件中发现日军独立混成第88旅团旅团长皆藤喜代志训令一则，内有"汤恩伯决战切，牟庭芳主攻桂林不可轻敌"之语。第128团进展亦比较顺利，从桂穗公路东侧攻克白马庙、惠元圩，切断了日军与桂林的通信联络。16日，第127团团长黎振寰亲临丁岭界火线督阵，有两个勇敢的士兵，带着火箭筒潜至距离日军据点30米处，一发打进射击孔内，工事顶盖夹杂着断臂残腿被整个掀开。杨魁冒着枪林弹雨用笔写下了攻占丁岭界的历史时刻：

我军一拥而上，一部队敌人仍倚靠残破工事挣扎……一个倔强的日本军官握着把战刀隐在工事的一角，向我冲进的士兵猛砍，我四名战士就死在他的战刀下，我一班长跳

漓江烽火 桂柳会战

在敌人的身后,把他拦腰抱住,正面又飞来一脚,他倒下了,在一阵无情的刺刀底下剁成了肉泥。

第121师14日6时行抵蓝田堡,朱敬民师长接奉牟庭芳电令:"着第121师派兵一团,由公平圩进出岩山圩、鸦雀之线,截断义宁、潭下圩敌之联络,策应第43师作战。以一部进出磨石岭及其以南高地,向九屋圩、大塘方面搜索。"15日,磨石岭周围高地尽入我手,日军一个分队凭借有利地形,死守山顶不退。第121师有位连长会日语,向日军喊话说:"看我大军云集,磨石岭你们是守不住的,赶快投降!"日军却用中文回答道:"不要打啦,一两天我们就走!"朱敬民师长哪里相信,当晚又派两连人夜袭,还是没有成功。第二天组织9人突击队再攻,仅生还一人。16日,朱敬民把指挥所向前推进,对担任突击的两位连长说:"一鼓作气冲上山顶,再攻不下来就死在磨石岭上。"突击部队得到灵川抗日自卫队帮助,一部沿祠堂、莲竹,袭击九屋之敌,一部强行冲上磨石岭山顶,经30分钟短兵相接,终于全歼日军。自卫队成员周邦回忆说:"上午9时许,九屋之敌向粟家坳败退,此时我空军飞机第一批6架在大洲头、红浮瓢上空投下罐头、粮食,第二批6架投下大量武器弹药,有些粮食落在敌我之间的阵地上,日本人出来抢被我军打死好几个。"

鉴于日军凭险据守,正面攻击困难,朱敬民师长找来第363团团长饶启尧,嘱其大胆行动,秘密偷越东皋乡附近日军封锁线,越点直趋桂林城北长蛇岭,插入敌人心脏。这一越点作战设想究竟出自何人之手,历来说法不一,第94军参谋长张法乾回忆说:

我的作战计划深得美军顾问团及军长同意。首先说明自己在日本士官学校受过训,了解日军的战斗意志及作战精神。其次指出靖县到桂林沿途地势高峻,且设有防御工事,若依正常攻击作战,一个月内要攻下桂林不易;又因日军顽抗精神,势必迟延,故应以越点进攻方式;以少数部队牵制这些工事,另派一团突入桂林北部长蛇岭,以主力直接向桂林突进。

■第94军参谋长张法乾。

张法乾甚至自诩："后来麦克阿瑟在太平洋上越岛进攻，和我的计划不谋而合，也证明我原先越点进攻的构想不错。"这话听起来很牛皮。

川俣雄人、皆藤喜代志不甘心就此败北，同时也为了能够比较顺利地撤离桂林，从灵川、义宁抽调第104联队一部和独立混成第88旅团第521大队等部，分向惠元圩、宛田大岭大举反扑。第5师、第121师调换美式枪械时没有领到刺刀，与日军近战格斗吃亏不少，所仰仗的冲锋枪每排只有两支，日军一拨接一拨猛冲，子弹消耗很大，第361团在王能村缴获的一批"三八大盖"，这回倒是派上了用场，可惜数量太少。19日晌午，第128团失守惠元圩，退到宛田大岭与敌隔山对峙。20日，第361团大王山阵地不守，当晚宛田大岭也被日军夺去。敌人来势汹汹，牟庭芳立即变更部署，决定由两翼包抄改为集中主力中央突破，他下令第43师固守中江村、合作屯、毛岭南端、上下流峰村之线，第361团至岩山圩归建。第5师第13团取捷径进至中央岭、大王岭附近，归第121师指挥；第121师（欠第363团）向岩山圩东西各5公里地区攻击义宁；第5师（欠第13团）确保农上图、蔡岗界迄大塘之线，并肃清潭下圩以北之敌，进出桂林、灵川间，截断日军退路。

岩山圩是义宁通向灵川的必经之地，牟庭芳意图越点进攻岩山圩、义宁，打破日军反扑桂穗路的汹涌之势，变被动为主动。

22日，第362团利用夜间奔袭，一举占领岩山圩、仙娘庙高地，陶心团长和朱敬民师长分别在岩山圩、新寨设立指挥所，各连分头驻防周围的高地上，只派出一营人向东警戒。23日2时，义宁日军独立第94大队出城反击，岩山圩、仙娘庙顿时陷入混战，朱敬民严令各级军官"死守岗位，擅自移动者就地枪毙"。日军直扑岩山圩第362团团部，陶心团长集合团直属战防炮连、特务排准备巷战，甚至伙夫杂役也拿起武器，各就战斗位置。这场近距离的交锋给杨魁留下了深刻记忆："敌人的攻势非常凶猛，正面的一连人被敌冲散了……敌人也就此冲到内线里混战，每个山头都传来紧密的枪声，掷弹筒尖叫地跳在屋瓦上一阵乱响，敌人的散兵有的窜到离团部二百公尺的地方。"危机关头，第3营的两个连杀进仙娘庙，另一连增援岩山圩，杨魁继续写道："连长先把弟兄带到岩大山的后侧，就好了攻击准备位置，然后集中全连的迫击炮，对当面的高地一同轰击，每炮发射五六发，最后一发刚炸开即刻冲上去，敌人来不及抬头的时候冲锋枪已经到了，一共五个相连的山头，他们像赶羊一样地把敌人赶过山。"

24日，日军卷土重来，第362团分头迎击，仙娘庙炮兵观测所的大批仪器被抢走，炮兵眼看抵挡不住，急忙拆卸山炮零件，预备毁炮走人，幸好工兵连拼命阻击，山炮才不至落入敌手。朱敬民以第362团第1营经下堡岩、大山以南向北包围反击，仙娘庙日军

漓江烽火 桂柳会战

被压迫到一处山坳,利用岩洞负隅顽抗。第1营一部从右翼迂回到距离洞口约100米的地方,十几发火箭筒弹准确射入洞内,日军的机枪声瞬间停了下来,只剩下步枪无力地发出呻吟。连长派班长去招降,班长绕到洞口十多米处喊道:"我们优待俘虏!"话音刚落就被侧翼的日军狙击手一枪打死。本想捉几个俘虏领赏,未料徒增伤亡,最后只得放火烧山,先驱退日军狙击手,再组织敢死队进洞肉搏,才把敌人全部消灭。

25日,第43师夺回宛田大岭、王能岭,沿公路追向义宁,第5师第13团与日军激战中央岭、大王岭,渐渐占据主动。26日,义宁日军104联队剩余部分全部出动,拼死杀开一条血路,退往灵川、全县,独立第96大队也从百寿败下阵来加入撤退队伍,大队长立川头部中弹,当场毙命。"这一天正是桂北全面战事最激烈的一天,我方杀得火热,官兵上下士气旺盛,抢山头的抢山头,烧石洞的烧石洞,勤务兵也架起枪来到处寻找迷路的敌人'发洋财'。"随军记者杨魁的兴奋之情溢于言表。27日,第43师第128团占领义宁,马不停蹄进军桂林西南郊,第121师主力同时大踏步向桂林西北郊跟踪追击残敌,桂穗路成了血与火的海洋,喊杀声在苍茫大地上久久回荡!

此时饶启尧的第363团孤军奋战长蛇岭已经超过一个星期。

7月16日傍晚,第363团踏上奔袭长蛇岭的征途,当晚驱退少数日军,宿营大塘。17日下午,到达千佛楼,中共灵川特支领导的南藩、北障两乡办事处,热情地提供地形、社情等情报,并安排向导带路绕过日军白竹坪、上下涂家等地的封锁线。饶启尧回忆说:

他引导经斜边岭,徒涉溶水往复三次,18日午夜11时许,一线昏月中,长蛇岭矗立眼前,甫感兴奋,枪声暴作,我第3营向其东北高地开始攻击,该地寇兵甚少,约半时已被我歼灭,全部一举登上,黑夜难识路,只附藤攀葛,足手抵地直上了!沿岭西南行,我于蛇山布蛇阵,据登500高峰,集结修整,警戒以待破晓。

天明后,饶启尧总算看清了长蛇岭的形势。桂林有句民谣:大不过尧山,高不过侯山。实际上侯山高不过尧山,但尧山可能长不过长蛇岭。长蛇岭坐落在桂林的东北,长约7公里,609高地是主峰,有一个山头孤立在东南部上和其余的山峰隔个山阴,山头有个庙叫盘古庙。长蛇岭可以控制湘桂铁路、公路和义宁通往灵川的大道,山势易守难攻,唯一的缺点就是山上没有水源。

战后有记者问:"长蛇岭那么险要,离桂林又那么近,敌人就怎么没有驻守?"饶启尧回答:"敌人并不傻,长蛇岭的周围村落像定江街、鸭雀等尽是敌人,长蛇岭是孤山没有摆人马的必要。而且这一冒险的举动也是出敌意外的。"中国军队出动一个整团奔袭长蛇岭，确实出乎日军意料，川俣雄人以为只是少量重庆军协同地方自卫队进行袭扰罢了，仅派人在山的四周搜索警戒，根本没放在心上。20日，609高地上的饶启尧通过望远镜观察到一队日军集合在公路上叽里呱啦，便调来迫击炮集中射击，随着炮弹呼啸而出，1营3连和3营9连乘势冲下山来。日军边战边撤，退至老街屯凭屋抵抗，因缺乏刺刀、手榴弹等近战利器，饶启尧没让出击部队硬攻，弟兄们有些不甘心，烧了甘棠渡的油库和渡船后，怏怏不乐返回山上。

川俣雄人如梦初醒，赶紧派独立第92大队前往收复长蛇岭。21日晚上，第4中队中队长山胁正元想要窥探中国军队防御阵地，结果被363团狙击手一枪爆头。22日，第4中队攻向长蛇岭东端高地，3营9连连长何绍臣以下大部牺牲。第2中队接着猛扑盘古庙，守军2营5连排附李文柱和其他9个战士都是身经百战的老兵，侥幸冲上石级的日军，不是被打死就是被手榴弹炸退。23日，从阳朔撤回桂林的独立第93大队也一并加入反攻长蛇岭，饶启尧为集中兵力，便于指挥掌握计，放弃了一些小山头。1营、2营各以一部反击东头村、山岭底村，主力和3营确保609高地和饮水食粮补给地雷家村，战斗昼夜不停，双方均伤亡惨重。鱼住孝义在《大陆殿兵团》一书中这样写道："夜深之后，日军发起了攻击，但中国军队似乎早有准备，用激烈的火力交叉来封锁日军的突进。日军士兵拼死往前冲，前面的士兵倒下去后，后面的接着往上冲，双方展开肉搏战，日军虽然损失惨重，但第92大队第4中队终于突入了盘古庙的一角，然中队长川越祥七被手枪击中死亡。"盘古庙高地失守，363团失去了逼近公路的前沿阵地。日军第92大队死伤200余人，反击目的部分达到，"第93大队得以确保盘古庙通往衡阳的公路，第2中队这一天作为大队的前卫尖兵中队向灵川方向前进"。

24日，日军第58师团开始撤离桂林，川俣雄人亲自到长蛇岭附近指挥战斗，整个师团主力全部投了进去。饶启尧率第1营官兵沉着固守609高地，打退敌人无数次冲锋，3营8连连长何雨志阵亡。26日这一天，长蛇岭战斗达到高潮，日军殊死反扑，攻到了609高地对面的山头，363团的弹药只剩下一小部分，3营连排长非死即伤，士兵几乎拼光。饶启尧向牟庭芳发出最后一电："全团官兵死伤过半，弹尽粮绝，长蛇岭势将不守，职决与阵地共存亡。"桂穗路到处都在激战，牟庭芳一时也无兵可派，他把电报交给战地记者杨魁看，沉吟许久蓦地说："我信任饶团长，我信任这一团官兵可以支持到最后五分钟，军的主力可以接应到他们的。"黄昏后日军攻势有所缓和，从609高地一眼望去，桂林城区火光冲天，饶启尧意识到敌人又在撤退前干起放火焚城的罪恶行径，无奈部队伤亡太大，且又缺少弹药，无法及时出击，只得任凭第58师团陆续

漓江烽火 桂柳会战

北逸。

6. 胜利凯歌

第3方面军分进合击,有计划地对桂北日军展开围追堵截,到7月26日前后,桂林外围永福、阳朔、百寿、义宁等地均被我攻克。27日,从永福北上的第29军第169师到达桂林南郊,与从百寿东进的第20军第133师取得会合。7时,第169师突击支队攻入桂林城乡东南隅,曹玉珩师长问讯,亲率师主力突进南郊白石山、思村、三仁村,有效控

■桂林收复后的中正桥,可见日军在撤退前进行了彻底破坏。

制了南门一带。午后，第133师突入西门。23时左右，日军独立第94大队从义宁退下来经过桂林城南，原本想要南门进北门出，未料"中国军队凭借城墙顽强抵抗"，只得灰溜溜绕城而走。与此同时，第94军第121师第362团兵临桂林城北，少数日军据守北门和火车站，利用车厢作掩体，在火车头里面架起机枪猛射，我正面进攻一排牺牲颇重，另一排绕到机枪后面，用手榴弹肃清顽敌。28日上午，失守8个多月的桂林宣告光复。杨魁第二天随军入城，他用生动的文字描绘了桂林的残状：

劫后桂林是一片废墟，余火未熄，死人和死马的臭气洋溢在街头上，昔日的繁华一点不可辨识了，独秀峰上高悬着国旗，我们的弟兄正在清除街心上的瓦砾。高楼大厦的旧址中剩下的是枯焦的梁椽和破碎的砖头瓦块，只有夹竹桃花还开着笑脸像在欢迎我们。

29日，日军独立第107大队奉命返回长蛇岭，接应陷入重围的独立第92大队。这时，饶启尧团长派出的突击队还没有回山，一个多连的弟兄守在609高地等处，雷家村只有7个排和一些杂兵，形势再度危急。傍晚时，师部山炮营刚刚赶来增援，日军就已冲到眼前，瞄准镜一时失去作用，炮手情急之下对着炮口直接瞄准，刚好命中一发，接着又连打几炮把敌人整个压下去。是夜风雨大作，饶启尧回忆说："激烈战斗一昼夜，双方伤亡惨重，敌虽数度对我猛扑，但终被我击退，旋团之主力，由雷家东西端之线向敌左右迂回，敌渐不支。"30日黎明，第107大队大队长幸贞雄阵亡，残余部队结合第92大队趁着雷电交加，拼命向灵川方向突围而去。牟庭芳派第43师第128团迂回灵川东北面，先截断日军交通，然后与正面策应的第127团一起夹击灵川，并通报联络第133师协同作战。31日，第128团未遇任何抵抗，进抵灵川东北，可是山洪暴发，不能徒步涉过漓江，于是连夜赶扎竹筏，准备拂晓渡河。8月2日，日军在我前后夹击下逃往全县，第127团收复灵川。

3日，汤恩伯到桂林召集会议，决定分兵两路扩张战果，第29军进军桂东的灌阳和龙虎关，第20、第26军和第94军第5师向桂北追击，攻取全县。6日，第29军行抵灌阳，迎接他们的是唐资生领导的自卫队，原来日军早在数日前已全部撤走。陈金城下令再追，还是没有打上，恭城、龙虎关一带已无敌踪，据老百姓反映，日军已过湖南永明、道县，第29军上演了一出"东线无战事"。第11军司令官笠原幸雄撤至全县，掌握的兵力还有不完整的第58师团、独立混成第22、第88旅团，以及坦克第3联队一部，按照原先制定的撤退计划，全县要守到8月末。鉴于中国军队果敢发起追击，笠原幸雄认识到消极守城绝非好办法，过了全县就是辽阔的两湖原野，到时候后有汤恩伯追击，

漓江烽火 | 桂柳会战

前有湘西的王耀武立马横刀，结果肯定很惨。日本防卫厅战史这样写道："敌人那种恨不得骑上头来的追赶，完全忘乎所以。在此情况下，军司令官认为在全县地区对敌进行一次最后的痛击，将有利于今后的撤退作战。实际上敌军已追到跟前，情况使得必须设法甩掉敌人。"

笠原幸雄把第58师团、独立混成第22旅团埋伏在两边密林覆盖的山上，把独立混成第88旅团主力布置在全县城北，同时派出一部到城南佯装败退。为了把"戏"做足，笠原幸雄下令放火点燃城内的易燃物，造成弃城假象，目的就是要引诱中国军队进入"口袋阵"，进行一场防守反击战。12日，第20军先头部队追击到达全县南门，遥见城区烈焰冲天，以为日军又在实行撤退前的破坏，便沿着公路大胆往里冲。接下去的一幕但凡看过《三国演义》的读者一定很熟悉，只不过是枪炮代替了弓弩，战马换成了坦克。川军弟兄措手不及，死伤自然不在少数，幸存者急忙退出城外，日军一路追杀到绍水，14日方才收队回城。第二天——也就是1945年8月15日，日本宣布无条件投降的消息传遍神州大地，全县日军垂头丧气地退往湖南，鱼住孝义不禁感叹："长眠在山上、山谷里的战友啊！再见了！我们失败了！"

回过头来再说第2方面军。6月上旬，张发奎将司令部迁到南宁，何应钦遵照重庆军委会"打通广州海口之目的，先以有力部队攻略桂林及雷州半岛，再分别攻击衡阳、曲江（韶关），牵制粤北日军，然后以主力沿珠江（西江）攻占广州"的作战方针，指示第2方面军以一军攻略雷州半岛，占领广州湾（湛江），第3方面军以第13军第89师攻略梧州，掩护第2方面军侧背。反攻广州的作战计划因魏德迈、麦克鲁等美方将领参与其中，当时又称之为"白塔计划"和"冰人计划"，显得"洋味"实足。张发奎很兴奋，他说："光复南宁后，美国人真的出手帮助我们了。我们为进攻广州湾作了准备。美国人把新1军完整地从印度空运到南宁，新1军完全是美式装备——最佳的装备。其先遣设营部队于6月12日飞抵南宁。"不光是新1军，何应钦还把陆军总司令部直辖的第54军也划归第2方面军指挥，张发奎高兴得差点蹦起来："第54军陆续抵达南宁，其军长阙汉骞是黄埔四期，1936年在我麾下任第14师第40旅旅长。他是陈诚的人马。该军是中央嫡系部队，美式配备。我命令它卫戍南宁，留作二线部队。"

7月4日，张发奎命令"第62军、第64军守备桂越边境及防城、钦县、合浦沿海，掩护南宁安全。粤桂南区总指挥邓龙光，以原辖部队，并指挥第46军、突击营、新1军重迫击炮营等，任雷州半岛之攻击"。并限"第46军由邕柳公路徒步经贵县，于7月20日前在玉林、陆川间集中完毕；新1军之新38师于7月底经永淳到达贵县，为攻击雷州半岛的第二线兵团"。汤恩伯也比较配合，限令"第13军第89师7月24日前到达柳州，准备梧州之攻略"。此时第46军军长已由原第16集团军参谋长韩练成调任,韩练成原名韩圭璋,宁夏固原人,绝对称得上是一位传奇人物。中原大战时,韩练成在马鸿逵手下当独立团团长,冯玉祥骑兵部队袭击归德(今河南商丘),停靠在月台上的蒋介石"总司令列车行营"危急万分,韩练成闻讯亲率主力驰援,成了火线"救驾"的英雄团长,蒋介石当即下了一道手令:"韩圭璋忠勇可嘉,特许军校三期毕业,列入学籍,内部通令知晓。"蒋校长硬是认了一个学生。全面抗战爆发不久,白崇禧一眼看中韩练成,将其调为第五战区高级参谋,作为一个甘肃人,能够在桂系集团中站稳脚跟并最终脱颖而出,足见韩氏确有过人之处。只是蒋介石、白崇禧当时都不知道,韩练成其实"是一个没有办理过正式入党手续的共产党员"。

新19师率先到达莲塘口东西之线,张发奎、韩练成要求蒋雄师长三日内拿下廉江。雷州半岛日军与桂柳会战前基本无变化,仍是独立混成第23旅团一部和归其指挥的独立混成第22旅团第70大队。8月1日,南宁天气恶劣,飞机不能按计划起飞助战,新19师毅然发起攻击,只经半小时战斗,就占领红头岭、陆军堂、大桥头等据点。中午,第55团攻占西街岭,日军第70大队固守东圣岭不退,第57团屡攻不下。蒋雄师长调整部署,接近傍晚的时候,第55团一部攻克县背岭,另一部由西门突入廉江城内,东圣岭日军无心再战,陆续由南门撤退,第57团乘势迫近东门。21时,新19师收复廉江,主力分成数个纵队,沿通遂溪各道路追击前进。蒋雄提前完成任务,韩练成下令第131师、第175师加快步伐,确保新19师两翼不失。3日拂晓,突击营夜袭遂溪以西20公里处的安铺镇,未料日军早有准备,于是奇袭变成了强攻,直到4日13时,部分突击战士才好不容易冲入街市。遂溪日军调集300余人,在装甲车的掩护下,分由洋箐、后溪增援,突击营为避免与敌决战,重新退出安铺镇。邓龙光、韩练成当然也不打算让突击营攻坚,他们估计日军有可能循遂廉公路反击廉江,便令突击营和第188师退至公路两旁,先截断遂溪、安铺间交通,再图进攻安铺。

7日晨,第188师562团1营驱退向南安、新圩推进的日军。8日4时,安铺之敌主动撤退,突击营迅速跟进,第131师亦赶到后背岭、黄泥地、两家滩一线。11日,张发奎电令韩练成:"东京10日广播,日本政府已接受波茨坦公告无条件投降。方面军为捕捉战机,雷州湾攻击兵团即攻击当面之敌向广州湾进出。"韩练成当即令"突击队以一部守备安铺,主力向洋箐攻击,第188师对南面山飞机场及遂溪城攻击,新19师先攻占马头岭,再协力第188师攻略遂溪,第175师向义合圩、廉江间集结"。谁知命令刚往下传达,张发奎又来了新的指示:"顷据广播,大陆及越南之敌,仍将继续战斗,不能接受东京政府命令,我各军行动应以威力压迫为

漓江烽火 | 桂柳会战

着眼,慎重行事,勿以一时意气之冲动,轻率暴进,作无计划之战斗,致反遭不利。"韩练成比较保守地改令第188师佯攻遂溪,新19师压迫马头岭之敌,第175师集结待命。曾广治当年是新19师第56团第3营副营长,他回忆说:"13日凌晨我们向马头岭发炮进击,13日、14日连续激战两天,15日继续发炮,敌人很少还击。16日清晨敌军全部停止战斗。当时敌军已先我得知投降消息,其后不久我军也欣闻日本全部无条件投降的特大喜讯。"反攻变成了接收,新19师后来渡过琼州海峡,驻榆林、三亚等地,担任琼南的警戒和接收任务。

年轻的中国伞兵部队(当时称突击总队)也参加了反攻行动。7月12日凌晨,突击第1中队的中国官兵159人和美军16人,分乘14架C-47运输机,空降广东开平,成为中国历史上第一次空降作战。情报组会同地方武装多方搜集敌情,获悉西江北岸肇庆县城有日军一个步兵联队,南岸的南江口设有据点,但人数不多,主要是保障西江水运畅通。井庆爽队长决定以主力突击南江口,第1分队配合三罗自卫队袭击南渡口。8月3日2时许,第2、第3分队进迫南江口,拂晓突然发起攻击,日军仓皇应战,一开始反击火力还算猛烈,等伞兵使用火箭筒猛轰后,枪声渐渐稀疏,很快就放弃南江口,向北岸逃逸。进入江边据点,井庆爽发现日军煮的稀饭还是热的,可见事前毫无知觉。南渡口那边因为支援的自卫队未能如期到达,第1分队行动稍迟,日军闻风脱逃。奇袭目的达到,井庆爽率部撤回罗定,准备再伺机执行其他任务。伞兵抗日第一战歼敌20余人,阵亡中尉欧健芬和士兵二人,另有一名上尉分队长和士兵二人负伤。

梧州方面,第13军第89师从贵阳徒步向柳州前进之际,何应钦命令突击总队以3个突击中队编成1个大队,由美军协助,扫荡丹竹机场,以待第89师到达,会同向东推进。7月17日,突击第8、第9、第10中队,总兵力700余人分批空运柳州,然后分乘6艘大型舢舨,沿柳江、黔江东下,26日中午舍船上陆,进入平南境内。大队长林树英与平南自卫队取得联系,掌握了丹竹机场附近的敌情,日军独立混成第23旅团一部约400人,分驻机场北侧的蒲阳崖、凤凰山、土村一带,另有约300人配置于马鹿窝、葛麻岭、丹竹天主堂等地。林树英决定不等第89师到达,先向丹竹机场周边制高点推进,28日下午第10中队占领上峡岭的光秃山头,接下来的几天双方通过迫击炮互射,伞兵未能取得突破性进展。8月2日,第89师陆续进抵平南,经过协商,该师第265团负责进攻土村和马鹿窝,伞兵负责蒲阳崖、凤凰山。3日4时,各部采取行动,第265团比较顺利,没费多大力气便拔掉了土村、马鹿窝两处据点,伞兵则遇到日军一定程度的抵抗,第8中队与蒲阳崖之敌僵持长达4小时之久,西南联大二年级学生翻译官缪弘不幸中弹牺牲,凤凰山阵地激战到14时,第10中队耗尽弹药，无奈撤回上峡岭。日军当晚全部乘橡皮艇顺流东下，第265团次日进占丹竹机场。

12日，第89师绕经藤县东北山地，包围了三面临江的梧州，城内日军约有4个大队，据谍报人员反映，日军把抢来的粮食和百多头猪运上了白云山，扬言要誓死固守梧州。14日拂晓，第13军军长石觉亲自指挥攻城，第89师主力沿桂江东岸攻击白云山制高点，一部沿桂江西岸进攻广西大学和富民坊。师属炮兵营集中8门美式M1A1型75毫米山炮猛轰白云山，部分摧毁了日军工事，但当步兵冲近时，未受炮火损害的暗堡吐出夺命火舌，致使进攻频频受阻。15日，梧州日军还是不愿意停止抵抗，第89师先后攻克石人山、榜山，歼敌1个中队，俘虏30余人，白云山日军开始动摇。16日黎明，我军发起总攻，潜入市区的别动队袭击思达医院等日军驻地，城内反正伪警亦纷纷响应。石觉回忆说："敌人凭永久工事抵抗，我需逐点克服，利用火箭筒及山炮破坏据点。东正面攻克白云山，敌遗尸130多具。西正面攻克石岭，续向市内推进，敌乘快艇400多艘沿西江逃逸。我军在龙船桶口布置两连机枪拦击，但江面太宽，只击沉10余艘敌艇。"第89师遂进入梧州，将残敌完全肃清。

■1945年9月16日，第四战区在广州中山纪念堂举行接受日军投降仪式。

漓江烽火 | 桂柳会战

历史的指针终于走到1945年8月15日，中国人民迎来了抗日战争的全面胜利。这一天张发奎永生难忘："8月15日夜，我在收音机前听到了日本天皇正式颁布投降之敕令，我的耳边突然听到外面一阵沸腾嚣叫的音乐，继而满天爆竹的火光，在天空交错飞舞，我即刻率领了所有的高级幕僚，携了两瓶威士忌酒跑到何应钦的行馆，高举酒杯在大家狂欢中互祝抗战的最后胜利。"作为一名独当一面的抗日将领，张发奎心头又有所遗憾："我参加了淞沪会战、武汉会战、桂柳会战。可以说，在战略上这三次会战都是成功的，我们以空间换取了时间；但在战术上，我们失败了。讲句真话，我从未取得过一次胜利，可是我延宕了敌人的前进，还多次重创敌军。在整个抗战中，我们一直采取守势。在战争快要结束时，我首次负责发动大规模的攻势，可惜攻势刚开始，战争就结束了。"

张发奎发自肺腑的内心话，一言以蔽之，其实也可以看作对整个国民党正面抗日战场的总结。他进一步指出："大多数海内外的同胞认为，我们以劣势装备与粗浅训练，英勇地与武器精良训练一流的敌人鏖战了八年，最终取得了胜利。然而从一个军人观点，我认为谈不上英雄史诗，我们所作的一切只不过是以空间换取时间。"

所幸我们终归取得了胜利！

参考文献

一、中文书

中国第二历史档案馆:《抗日战争正面战场》,凤凰出版社2002年版。

中国第二历史档案馆:《中华民国史档案资料汇编第2编第5辑——军事》,江苏古籍出版社1998年版。

黄铮主编:《广西抗日战争史料选编》,广西人民出版社2005年版。

台湾"国防部"史政编译局:《抗日战史——桂柳会战》,1966年版。

台湾"国防部"史政编译局:《抗日战史——南战场追击》,1982年版。

台湾中国国民党中央委员会党史委员会:《中华民国重要史料初编——对日抗战时期第2编作战经过》,1981年版。

中国人民政治协商会议全国委员会文史资料研究委员会:《粤桂黔滇抗战亲历记》,中国文史出版社1995年版。

中国人民政治协商会议广西壮族自治区委员会文史资料研究委员会:《广西抗战亲历记》,1987年版。

中国人民政治协商会议广西壮族自治区委员会文史资料研究委员会:《新桂系纪实》,1990年版。

中国人民政治协商会议广西壮族自治区委员会文史资料研究委员会:《新桂系纪实(续编)》,2006年版。

中国人民政治协商会议桂林市委员会文史资料研究委员会:《桂林文史资料第5辑——桂林保卫战》,1984年版。

中国人民政治协商会议桂林市委员会文史资料研究委员会:《桂林文史资料第26辑》,1994年版。

中国人民政治协商会议桂林市委员会文史资料研究委员会:《桂林文史资料第49辑》,2005年版。

中国人民政治协商会议柳州市委员会学习文史资料委员会:《柳州文史资料第7辑——纪念阚维雍将军》,1990年版。

中国人民政治协商会议柳州市委员会学习文史资料委员会:《柳州文史资料第5辑》,1987年版。

黔南州政协文史资料委员会：《黔南文史资料选辑第7辑——日军入侵贵州》，1989年版。

广东省政协文史委、韶关市政协文史委、始兴县政协文史委合编：《挥戈跃马满征尘——张发奎将军北伐抗战纪实》，广东人民出版社1990年版。

政协柳州市鱼峰区委员会：《鱼峰文史第13辑》，1995年版。

台湾"中央研究院近代史研究所"：《丁治磐先生访问纪录》，1991年版。

台湾"中央研究院近代史研究所"：《张法乾先生访问纪录》，1992年版。

台湾"中央研究院近代史研究所"：《石觉先生访问纪录》，1986年版。

台湾"中央研究院近代史研究所"：《刘安祺先生访问纪录》，1991年版。

台湾"中央研究院近代史研究所"：《口述历史第7辑》，1996年版。

张发奎口述：《蒋介石与我——张发奎上将回忆录》，香港文化艺术出版社2008年版。

林伟俦著：《铁马金戈忆当年》，香港陈湘记图书有限公司1992年版。

黄仲文编纂：《民国余上将汉谋年谱》，台湾"商务印书馆"1990年版。

陈诚口述：《六十自述》，台湾"国史馆"2012年版。

稻叶正夫编、天津市政协编译委员会译：《冈村宁次回忆录》，中华书局1981年版。

郭汝瑰、黄玉章主编：《中国抗日战争正面战场作战记》，江苏人民出版社2002年版。

沈奕巨著：《广西抗日战争史稿》，广西人民出版社1995年版。

李建平主编：《抗战遗踪——广西抗战文化遗产图集》，广西人民出版社2005年版。

伍德安著：《半个世纪前的硝烟——广西抗战纪实》，漓江出版社1998年版。

程思远著：《白崇禧传》，华艺出版社1995年版。

白先勇编著：《白崇禧将军身影集》，广西师范大学出版社2012年版。

唐凌、付广华著：《战时桂林损失调查研究报告》，社会科学文献出版社2009年版。

邓群、姚蓝著：《湘桂战役与桂林文化城的陷落》，中共党史出版社2004年版。

中共广西柳州市委员会宣传部、柳州文化局：《抗战烽火中的柳州》，广西人民出版社2005年版。

柳州市地方志编纂委员会办公室：《图说柳州抗战》，云南民族出版社2005年版。

梧州市地方志办公室、梧州市人民防空办公室：《抗日战争时期的梧州》，1989年版。

丁晓山著：《鬼子进村——1942年"五一大扫荡"纪实》，山东画报出版社2011年版。

戚厚杰、刘顺发、王楠编著：《国民革命军沿革实录》，河北人民出版社2001年版。

曹剑浪著：《国民党军简史》，解放军出版社2004年版。

苟吉堂著：《中国陆军第三方面军抗战纪实》，台湾文星书店1962年版。

刘忠勇著：《"中华民国"伞兵作战史》，台湾经纬天下出版社2011年版。

新铭著：《国军军史——军级单位战史（一）》，台湾知兵堂出版社2007年版。

新铭著：《国军军史——军级单位战史（二）》，台湾知兵堂出版社2009年版。

日本防卫厅防卫研究所战史研究室：《湖南会战》，中华书局1985年版。

日本防卫厅防卫研究所战史研究室：《河南会战》，中华书局1985年版。

日本防卫厅防卫研究所战史研究室：《广西会战》，中华书局1985年版。

日本防卫厅防卫研究所战史研究室：《昭和二十（1945）年的中国派遣军》，中华书局1984年版。

王辅著：《日军侵华战争》，辽宁人民出版社1990年版。

张明金、刘立勤主编：《侵华日军历史上的105个师团》，解放军出版社2010年版。

徐平主编：《侵华日军通览》，解放军出版社2012年版。

李惠、李昌华、岳思平编：《侵华日军序列沿革》，解放军出版社1987年版。

戈衍棣、黄立文、杨魁等著：《桂林血战实录》，上海1945年版。

二、中文期刊

刘五书：《论抗日战争正面战场的战略反攻》，载《抗日战争研究》，1995年第3期。

李刚：《豫湘桂会战之黔南作战》，载《抗日战争研究》，1996年第4期。

鱼住孝义著、汤礼春译：《大陆殿兵团——日军湘桂大溃退写真》，载《文史春秋》1994年第4、第5、第6期。

三、未正式出版的文献

张力：《白崇禧将军与桂柳会战》，"20世纪30年代的广西建设"研讨会论文2012年5月。

陈素农著：《回忆录》，1974年台北自印。

王莆林编著：《陆军第64军抗战戡乱经过纪实》，1982年台北自印。

作者简介

冯杰，浙江桐乡人，1977年生，毕业于中央广播电视大学行政管理专业，中国近现代史史料学学会会员、浙江省桐乡市作家协会会员。业余时间致力研究抗日战争正面战场，作品先后发表在《军事历史》、《国际展望》、《现代舰船》、《兵器》等刊物上。并著有《国民革命军第5军战史》、《铁血远征·滇缅会战》（与杨刚合著）、《烽火边关·华北抗战》（与王戡合著）等书。

作者新浪微博：@正面战场研究-冯杰